Weyerer · München 1933–1949

Benedikt Weyerer

MÜNCHEN
1933–1949

Stadtrundgänge
zur politischen
Geschichte

Herausgegeben von der
Landeshauptstadt München

Buchendorfer Verlag

Bildnachweis

Wenn nicht anders angegeben, Stadtarchiv München

Kartengrundlage: Stadtkarte,
herausgegeben mit Genehmigung des
Städtischen Vermessungsamtes München

Die Deutsche Bibliothek – CIP-Einheitsaufnahme
Weyerer, Benedikt:
München 1933–1949 : Stadtrundgänge zur politischen
Geschichte / Benedikt Weyerer. Hrsg. von der
Landeshauptstadt München. – München : Buchendorfer Verl.,
1996
  ISBN 3-927984-40-X

© Buchendorfer Verlag, München 1996
Alle Rechte vorbehalten

Produktion: Tillmann Roeder, München
Satz und Reproduktionen: Uhl+Massopust, Aalen
Druck und Bindung: Huber, Dießen
Printed in Germany

ISBN 3-927984-40-X

Vorwort

Mit diesem Band liegt nun der zweite Teil der Stadtrundgänge zur politischen Geschichte vor, der von der Stadt München herausgegeben wird. Die erste Veröffentlichung befaßte sich mit den politischen Entwicklungen der Jahre 1919–1933 in München. Der zweite Band setzt sich mit der Zeit der nationalsozialistischen Herrschaft, mit ihrem Ende, ihrem Erbe und den ersten Nachkriegsjahren auseinander.
Die bayerische Landeshauptstadt war in den zwanziger Jahren zur Geburtsstätte der »Nationalsozialistischen Deutschen Arbeiterpartei« und der »braunen Bewegung« geworden. Eine spezifische Mischung aus reaktionärer Tradition, bürgerlichem Opportunismus, antimodernen Ressentiments und die Bereitschaft, sich von der Propaganda und der Gewalt der nationalsozialistischen Aktivisten faszinieren zu lassen, bildeten den Nährboden für die Erfolge der Nationalsozialisten. Antidemokratische Kräfte hatten hier in einem gegenrevolutionären, antiparlamentarischen Milieu ihre Heimat gefunden und die Stadt zur rechtsradikalen »Ordnungszelle« werden lassen.
Trotz vielfältiger Widerstandsaktivitäten in den unterschiedlichsten gesellschaftlichen Kreisen wurde München während der 30er Jahre Ort des permanenten politischen und gesellschaftlichen Schauspiels der Nationalsozialisten: In München war der Sitz der Reichsleitung der NSDAP, für den Jahreszyklus der NS-Feiern war München mythische Stätte kultischer Festumzüge, 1935 wurde München zur »Hauptstadt der Bewegung« ernannt, 1938 wurde die Stadt durch das »Münchner Abkommen« zum Tatort der imperialistischen Außenpolitik Hitlers. Offener Widerstand war in München wie überall durch den brutalen Unterdrückungsapparat der Nationalsozialisten nahezu unmöglich geworden, versteckt geschah er jedoch auf mehreren Ebenen. So verweisen z. B. die Aktionen der Geschwister Scholl und ihrer Freunde bis heute auch auf das »andere« München.
Der Zusammenbruch der nationalsozialistischen Herrschaft führte bei den meisten Deutschen, die bis gegen Kriegsende das Regime gestützt hatten, zu einer grundlegenden Verunsicherung. Die eigentlich fällige Auseinandersetzung mit der Frage nach individueller Schuld und Mitverantwortung für die nationalsozialistischen Verbrechen mündete überwiegend in einen kollektiven Verdrängungsprozeß. Der Bruch mit dem Vergangenen nach der Befreiung durch die Alliierten vollzog sich oft nur an der Oberfläche. So konnte der Mythos von der »Stunde Null« entstehen.
Trotz allem – nach der Trostlosigkeit der Kriegszeiten traten in München wie anderswo in allen Bereichen Lebenszuversicht und Aufbau-Optimismus an den Tag, die allerdings in starkem Kontrast zu den Versorgungsnöten, dem Wohnraummangel, dem Flüchtlingselend, den psychischen, sozialen und wirtschaftlichen Kriegsfolgen standen.
Mit diesem politischen Stadtteilführer wollen wir Ihnen das nationalsozialistische München und das München der ersten Nachkriegsjahre im wahrsten Sinn des Wortes *anschaulich* vor Augen führen. Gegen die Tendenz, die dunklen Kapitel unserer Vergangenheit zu vergessen oder zu verdrängen und Orte der Erinnerung

verschwinden zu lassen, möchten wir mit diesem Buch Spuren aufdecken und die Orte als Denk-Mal-Orte dem Bewußtsein (wieder) zugänglich machen. Wir möchten Sie zu einer historischen Spurensuche motivieren – zu Fuß, mit dem Rad oder mit öffentlichen Verkehrsmitteln. Anhand der Geschichte von Gebäuden, Straßen, Plätzen und Personen in den verschiedenen Stadtteilen führen wir Sie an Orte der Täter und Orte der Opfer, wir wollen Ihnen die Orte des Widerstands nahebringen und den Neubeginn nach dem Ende des Krieges an Gebäuden und Personen erfahrbar machen.

Lassen Sie sich anhand dieses Buches durch einen Teil der Münchner Stadtgeschichte leiten, der genauso zu unserer Vergangenheit gehört wie die Jahre, die das »Wirtschaftswunder« Deutschland begründeten.

Gehen Sie also auf Spurensuche! Sie werden – sei es als Münchner/Münchnerin oder Tourist/Touristin – vieles entdecken, was Ihnen bislang unbekannt und verborgen war.

Christian Ude
Oberbürgermeister

Siegfried Hummel
Kulturreferent

Inhalt

Einleitung	9
Innenstadt	11
Bahnhofs-Wies'n-Viertel	59
Maxvorstadt	88
Ludwig-/Kaulbachstraße	117
Lehel	150
Haidhausen	175
Giesing/Harlaching	184
Marsfeld/Neuhausen	201
Pasing	208
Allach	216
Schwabing	231
Oberwiesenfeld	250
Freimann/Milbertshofen	261
Bogenhausen	280
Ramersdorf	303
Anhang	319

Einleitung

Die Machteliten Deutschlands strebten seit Anfang des zwanzigsten Jahrhunderts die Dominanz des Deutschen Reiches über Westeuropa und die Unterwerfung Osteuropas an. Diese Ziele sollten durch den 1914 begonnenen Krieg erreicht werden. Der Weltkrieg ging jedoch zu Ungunsten Deutschlands aus, so daß sich das Land den Friedensbedingungen der Siegermächte beugen mußte. Die imperialistischen Ziele selbst wurden aber nicht aufgegeben. Schon 1919 begann die Wiederaufrüstung – vorerst noch im Verborgenen.
Im August 1914 hatte Kaiser Wilhelm II. verkündet, er kenne keine Parteien mehr, sondern nur noch Deutsche. Er wollte damit alle Bevölkerungsgruppen motivieren, für die Kriegsziele des Reiches zu kämpfen. Die Entbehrungen des sich hinziehenden Krieges ließen jedoch die sozialen Spannungen wieder hervortreten. Der bereits verlorene Krieg endete im November 1918 in einer Schein-Revolution im Deutschen Reich.
Aus diesen Ereignissen zogen die Machthaber später den Schluß, daß man den geplanten Zweiten Weltkrieg nur gewinnen könne, wenn vorher jegliche innenpolitische Opposition beseitigt und die gesamte Bevölkerung gründlich militarisiert worden sei. Ein hierzu besonders geeignetes Instrument schien die NSDAP zu sein, die sich seit 1919 in München formierte und in ihrem Programm die vollständige Militarisierung Deutschlands anstrebte. Die Radikalität der Nationalsozialisten gegenüber ihren politischen Gegnern prädestinierte sie dazu, unter Duldung und im Auftrag von Industrie und Militär innenpolitische Tatsachen zu schaffen, die die erfolgreiche Durchführung eines Krieges zu garantieren schienen. Bayern und insbesondere München entwickelten sich während der Weimarer Republik zur rechtsradikalen »Ordnungszelle«, in der sich die Nationalsozialisten organisieren konnten.
Die politische Geschichte Münchens während dieser Jahre 1919 bis 1933 ist Gegenstand eines Stadtführers, den ich 1993, herausgegeben vom Kulturreferat der Landeshauptstadt München, vorgelegt habe.
Mit der Machtübergabe an die NSDAP im Januar 1933 traten die Kriegsvorbereitungen in ihre offene Phase. Die sogenannte Gleichschaltung aller Lebensbereiche und politischer Strukturen auf die Ziele der Nationalsozialisten ermöglichte die rasante Aufrüstung, die schließlich 1939 zum Zweiten Weltkrieg führte und mit ihm zur seit langem angekündigten Massenvernichtung ganzer Volksgruppen.
München nahm als Geburtsstadt des Nationalsozialismus, als »Hauptstadt der Bewegung«, während dieser Jahre eine zentrale Rolle im politischen Leben Deutschlands ein. So befand sich hier die Parteizentrale der NSDAP. Auch ließ die Stadtverwaltung keine Gelegenheit aus, die Vorreiterrolle Münchens im »Dritten Reich« zu betonen. Hingewiesen sei nur auf den Abriß des Hauptsynagoge am 9. Juni 1938, fünf Monate vor der Reichspogromnacht im November 1938.
Der Untergang des »Dritten Reiches« datiert in München auf den 30. April 1945, als Einheiten der US-Armee die »Hauptstadt der Bewegung« besetzten. Die amerikanischen Militärbehörden entfernten Nationalsozialisten von ihren Posten und setzten politisch unverdächtige Personen ihres Vertrauens ein. Der Freistaat

Bayern wurde wieder konstituiert und mit ihm eine bayerische Staatsregierung. Bis zur Gründung der Bundesrepublik Deutschland im Jahr 1949 blieb die Staatsregierung oberste deutsche politische Instanz in Bayern und München.
Die Jahre von 1933 bis 1945 sowie die ersten Nachkriegsjahre bis 1949 haben im kollektiven Bewußtsein ebenso wie im Stadtbild tiefe Spuren hinterlassen. Der vorliegende Stadtführer stellt die politischen Ereignisse jener Zeit dar, wobei er das Jahr 1945 nicht als »Stunde Null« betrachtet, sondern als Übergang von einer selbstgewählten diktatorischen zu einer aufgezwungenen demokratischen Epoche. Der gewählte Zeitraum von 1933 bis 1949 ist gekennzeichnet von Kontinuitäten, aber auch von Brüchen und dem rechtsstaatlichen Neubeginn.
Die Form von Rundgängen durch Stadtviertel bietet sich an, weil sich die »große« Geschichte sehr anschaulich vor Ort und in lokalem Rahmen darstellen läßt.
In einigen Stadtteilen konzentrierten sich während dieser Zeit die politischen Ereignisse, so daß diese Viertel in längeren Kapiteln abgehandelt werden. Auf der anderen Seite spielten sich in einigen Stadtvierteln, die in soziologischer und mikrohistorischer Hinsicht durchaus interessant sind, nur wenige oder gar keine politischen Vorkommnisse im fraglichen Zeitraum ab, die für die gesamte Stadt von Bedeutung waren. Stadtteile wie Sendling, Laim, das Westend oder die Au werden daher in diesem Buch nicht beschrieben.
Wie im ersten Stadtführer über die Zeit von 1919 bis 1933 soll auch hier ganz besonders der Monacensia-Sammlung der Stadtbibliothek München gedankt werden. Ohne die unerschöpflichen Bestände dieser einzigartigen Spezialbibliothek hätte der Stadtführer nicht entstehen können. Noch mehr bedankt sich der Autor bei den Mitarbeiterinnen der Monacensia: Herrn Radu Barbulescu, Frau Irmtraud Stockinger, Frau Christine Wagner sowie Frau Barbara Weimann. Ein weiterer Dank geht an das Kulturreferat der Landeshauptstadt München, das die Arbeit an diesem Buch finanziell unterstützte, sowie an Frau Dr. Angelika Baumann vom Kulturreferat, die die Arbeit intensiv betreute. Ohne ihr großes Engagement und ohne ihren Sachverstand hätte der Text nicht seine endgültige Form erhalten.

Benedikt Weyerer
im Dezember 1995

Innenstadt

Das Zentrum der Stadt überdauerte das »Dritte Reich« stark zerstört. Dennoch und infolge des Wiederaufbaus historischer Gebäude läßt sich der Gang der Geschichte heute noch an vielen Häusern festmachen. In der Innenstadt manifestieren sich staatliche und Parteipolitik und das Verhalten der katholischen Kirche. Täter und Mittäter, aber auch die Gegner und Opfer des »Dritten Reiches« hinterließen Spuren in der Innenstadt. Da nur wenige Gedenktafeln an die Geschichte unseres Jahrhunderts erinnern, soll dieser Rundgang dem Vergessen entgegenwirken.

Karlsplatz Der endgültige Übergang zur Nachkriegszeit und der langsam beginnende Wirtschaftsaufschwung nach der Währungsumstellung vom 20. Juni 1948 zeigten sich im ständig zunehmenden Verkehrsaufkommen. Der Karlsplatz als Verbindung zwischen Bahnhofsviertel und Innenstadt entwickelte sich immer stärker zur Drehscheibe des Verkehrs. Die »Süddeutsche Zeitung« berichtete am 4. Dezember 1948: »*Die Verkehrsverhältnisse in der Innenstadt werden immer chaotischer. In den Hauptverkehrszeiten stauen sich Straßenbahnen und Autos in einem bisher unbekannten Ausmaß.*«
Ursachen für diese Zustände waren zum einen die allgemeine »Regellosigkeit«, wohl als Reaktion auf zwölf Jahre Diktatur, und die vielen, wegen des Wiederaufbaus zerstörter Häuser gesperrten Nebenstraßen. Dadurch wurden die rund 40 000 Autos und 150 000 Radler der Stadt auf die Hauptstraßen gezwungen.
Um Abhilfe zu schaffen, stellte am 23. November 1948 die CSU-Fraktion im Stadtrat den Antrag, die Innenstadt für den gesamten Durchgangsverkehr, zumindest für Lastkraftwagen, zu sperren.

Lenbachplatz 8 Im Künstlerhaus am Lenbachplatz spielte sich der letzte Akt der deutschen, bayerischen und Münchner SPD bis zu ihrem offiziellen Verbot am 22. Juni 1933 ab.
Der Staat Preußen war bereits am 20. Juli 1932 nach einem nationalsozialistischen Wahlsieg bei den Landtagswahlen vom katholisch-konservativen Reichskanzler Franz von Papen gleichgeschaltet worden. Per Notverordnung setzte er die SPD-geführte Regierung unter Otto Braun ab und übernahm als Reichskommissar die Regierungsgeschäfte. Die SPD ließ diesen Putsch kampflos geschehen und ebnete damit der späteren Machtübergabe an die NSDAP den Weg.
Führende Sozialdemokraten aus dem ganzen Deutschen Reich siedelten nach München über, beispielsweise die Par-

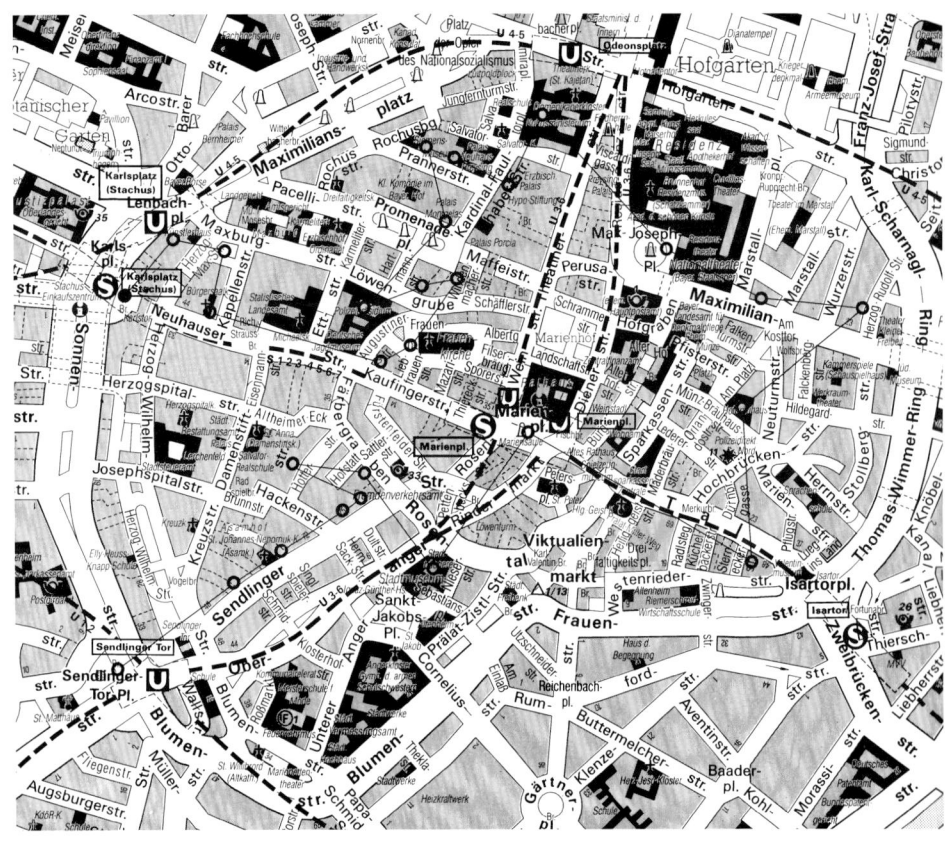

teivorstände der SPD, Wilhelm Dittmann und Arthur Crispien, Rudolf Breitscheid und Rudolf Hilferding sowie Otto Wels, der als Vorsitzender der SPD am 23. März 1933 im Berliner Reichstag seine berühmte Rede gegen das Ermächtigungsgesetz halten sollte. Außerdem lebten in München Julius Leber, der am 5. Januar 1945 wegen seiner führenden Rolle im Widerstand hingerichtet wurde, und Paul Löbe, der im Sommer 1932 von Hermann Göring als Reichstagspräsident abgelöst worden war. Der Parteivorstand der SPD erhielt Räume im Gebäude der Parteizeitung »Münchener Post« zugewiesen.

Zum Treffpunkt hatten sich die Genossen die Gaststätte »Künstlerhaus« gewählt. Wilhelm Hoegner, damals noch Reichstagsabgeordneter der SPD, beschreibt die Szenerie: »*Wir fanden unsere Parteifreunde in einer Nische, die gegen den großen Saal mit einem dicken Vorhang abgeschlossen war. Von der Nische hatte man einen Ausgang in einen stillen Hof und von da auf eine wenig belebte Straße. Hier hielten wir in der Folgezeit bis Ende Juni 1933 unsere geheimen Zusammenkünfte ab. Die Wirtsleute und die Kellnerinnen hielten zu uns, nie kamen wir in Gefahr.*«

Am 9. März 1933 besetzte die SA gewaltsam das Gewerkschaftshaus an der Pestalozzistraße, ohne daß die Behörden oder die Polizei etwas dagegen unternommen hätten, am Rathaus wurde die Hakenkreuzfahne gehißt. Hoegner: »*Ich entgegnete, daß die Staatsregierung früher oder später die staatlichen Machtmittel einsetzen müsse, das bleibe ihr, wenn sie nicht freiwillig abdanken wolle, nicht erspart.*«

Am Abend traf man sich wie gewohnt im »Künstlerhaus«. »*Auf einmal hörte man draußen auf der Straße marschierende Truppen, dann trampelten sie im Laufschritt, wir alle sprangen auf. Gleich wird es krachen, sagte Auer* [Erhard Auer, Vorsitzender der bayerischen SPD, d. V.] *triumphierend, ich habe es ja immer gesagt, auf den Stützel* [Karl Stützel (BVP), bayerischer Innenminister, d. V.] *ist Verlaß. Wir hielten den Atem an – es krachte nicht. Dann unterbrach Otto Wels das Schweigen mit schneidender, überlauter Stimme: Kinder, ick fahre nach Berlin. Da wird es jetzt vielleicht sicherer als bei euch in München sein. Er zahlte und ging, einige Parteifreunde begleiteten ihn zum Bahnhof.*« Der Machtwechsel in München war vollzogen.

Hoegner berichtet über die Zeit unmittelbar danach: »*Eines Abends saßen wir wieder zu viert oder fünft mit Erhard Auer hinter dem Vorhang. Da hinterbrachte uns die Kellnerin flüsternd, daß draußen im Saal mutterseelenallein der damalige Leiter der bayerischen Politischen Polizei Himmler mit seinem Adjutanten Heydrich vor einer Flasche Rotwein sitze.*

Wir spähten durch ein Loch im Vorhang in den Saal und erspähten die beiden verhaßten Gegner kaum zwanzig Schritte von uns entfernt an einem Seitentisch. Wir sahen uns an und errieten unsere Gedanken. Erhard Auer hatte stets eine Pistole bei sich, die Gelegenheit war ungewöhnlich günstig, wir hätten den Rückzug in den Hof und in eine Nebenstraße frei gehabt. Aber wir waren keine Briganten, wir schossen Menschen nicht aus dem Hinterhalt ab. Die Folgen eines Meuchelmordes an den beiden Nationalsozialisten wären für die Sozialdemokraten in den Gefängnissen und Konzentrationslagern furchtbar gewesen. Wir bezahlten und verließen das ›Künstlerhaus‹ durch den hinteren Ausgang.«
Die Geschichte der SPD in Deutschland endete für die nächsten zwölf Jahre (→ Mathildenstraße 3).

Herzog-Max-Straße 3–7

Die Gebäude Herzog-Max-Straße 3–7 gehörten der Israelitischen Kultusgemeinde. Die Häuser Nummer 3 und 5 waren Mietshäuser und beherbergten Betsäle, das Wohlfahrts- und Jugendamt der Gemeinde sowie die Israelitische Armenpflege. An der Ecke zur Maxburgstraße, Nummer 7, stand die Hauptsynagoge. Als drittgrößte Synagoge in Deutschland war sie 1887 eingeweiht worden und symbolisierte mit ihrer das Stadtbild prägenden Architektur das Selbstbewußtsein der jüdischen Gemeinde. Etwa 9000 Juden lebten im Jahr 1933 in München. Die Mehrheit hing der liberalen Glaubensrichtung an, deren geistliches Zentrum die Synagoge an der Herzog-Max-Straße war. Als Gemeinderabbiner wirkte seit 1918 Leo Baerwald (1883–1970).
Das Schicksal der Juden in München und im gesamten deutschen Einflußbereich seit 1933 kann nur in Schlagzeilen dargestellt werden. Dabei wird klar, daß der staatlich organisierte Antisemitismus des »Dritten Reiches« sehr eng mit München, der »Hauptstadt der Bewegung«, verknüpft war. Nach dem mißglückten Putschversuch vom 8./9. November 1923 hatte Hitler während seiner Haft genügend Zeit, sein Buch »Mein Kampf« zu verfassen. Über »den Juden« steht dort unter anderem zu lesen: »*Er ist und bleibt der typische Parasit, ein Schmarotzer, der wie ein schädlicher Bazillus sich immer mehr ausbreitet, sowie nur ein günstiger Nährboden dazu einlädt. Die Wirkung seines Daseins aber gleicht ebenfalls der von Schmarotzern: Wo er auftritt, stirbt das Wirtsvolk nach kürzerer oder längerer Zeit ab ... Siegt der Jude mit Hilfe seines marxistischen Glaubensbekenntnisses über die Völker dieser Welt, dann wird seine Krone der Totenkranz der Menschheit sein, dann wird dieser Planet wieder wie einst vor Jahrmillionen menschenleer durch den Äther ziehen. Die ewige Natur rächt unerbittlich die Übertretung ihrer Gebote. So glaube ich heute im Sinne des allmächtigen Schöpfers zu*

handeln: Indem ich mich des Juden erwehre, kämpfe ich für das Werk des Herrn.«
Diese Thesen waren im Jahr 1925 veröffentlicht worden und in ganz Deutschland wohlbekannt. Dennoch übergaben die Machteliten die Regierungsgewalt am 30. Januar 1933 an die Nationalsozialisten. Bei der letzten halbwegs freien Reichstagswahl am 5. März 1933 wurde die NSDAP mit 44 Prozent der Stimmen stärkste Partei, am 9. März 1933 gelangte die Macht in Bayern in ihre Hände.
Bereits am 1. April 1933 organisierten die neuen Herren Deutschlands den ersten Boykott jüdischer Geschäfte, Rechtsanwälte, Ärzte usw. Der »Völkische Beobachter« (→ Schellingstraße 39–45) kündigte am 29. März auf der ersten Seite an: »*Samstag, Schlag 10 Uhr, wird das Judentum wissen, wem es den Kampf angesagt hat! Die NSDAP wird nun den Kampf aufnehmen gegen das Lügenverbrechen mit allen zur Verfügung stehenden Mitteln.*« Am 30. März lautete die schreiend rote Schlagzeile: »Schlagt den Weltfeind!« Weiter hieß es: »*Am Samstag, den 1. April, beginnt des deutschen Volkes Abwehrreaktion gegen den jüdischen Weltverbrecher. Ein Abwehrkampf hebt an, wie er durch all die Jahrhunderte herauf nie zuvor gewagt worden war. Alljuda hat den Kampf gewollt, es soll ihn haben! Es soll ihn so lange habe, bis es erkannt haben wird, daß das Deutschland der Braunen Bataillone kein Deutschland der Feigheit ist und der Ergebung. Alljuda soll den Kampf so lange haben, bis der Sieg unser ist!*«
Diese unmißverständlichen Drohungen wurden am 1. April 1933 bereits Wirklichkeit: Auf Schaufenstern und Firmenschildern klebten Plakate, auf denen »*Jude!*« und »*Kauft nicht beim Juden!*« zu lesen stand. SA-Männer postierten sich vor den solchermaßen gekennzeichneten Hauseingängen, um Kunden vom Betreten zurückzuhalten. Auf dem Königsplatz hatten sich am Abend zuvor rund 100 000 Menschen eine Rede des Herausgebers der antisemitischen Zeitschrift »Der Stürmer«, Julius Streicher, angehört. Er kündigte einen erbarmungslosen Kampf gegen »den Juden« bis zum Endsieg an.
Am 3. April 1933 empfing General von Epp (→ Prinzregentenstraße 7) Rabbiner Baerwald und den Präsidenten des Verbandes Bayerischer Israelitischer Gemeinden, Alfred Neumeyer (1867–1944). Diese übergaben ihm ein Protestschreiben folgenden Inhaltes: »*Wir legen schärfste Verwahrung ein gegen die ungeheuerlichen Anschuldigungen, die gegen uns deutsche Juden erhoben werden. Wir haben nicht das geringste zu tun mit den Machenschaften, die gewisse Elemente im Ausland gegen Deutschland zu unternehmen suchen. Wir legen aber auch nachdrücklich Verwahrung ein*

gegen den Kampf, der jetzt gegen uns geführt wird. Wir deutsche Juden haben stets für Deutschland gearbeitet, viele Tausende von uns haben im Krieg ihr Leben für Deutschland geopfert, das Wohl des Vaterlandes war uns stets die höchste Aufgabe. Wir können und wollen den Maßnahmen, die sich gegen uns wenden, nicht mit äußeren Mitteln entgegentreten. Aber wir werden sie standhaft ertragen im Bewußtsein, daß uns schweres Unrecht geschieht. Der göttliche Herrscher der Welt wird uns die Kraft dazu geben. Wir beten zu ihm, daß er unseren deutschen Volksgenossen bald die Einsicht schenken möge, daß der Weg zum großen Ziel des nationalen Wiederaufbaus Deutschlands nicht über die Unterdrückung der Juden geht.«

Solche Appelle an Rechtsstaatlichkeit und Anstand erwiesen sich als sinnlos. Diskriminierung und Ausschaltung der Juden aus dem öffentlichen Leben schritten systematisch voran und fanden ihren vorläufigen Höhepunkt in den »Nürnberger Gesetzen«, die am 15. September 1935 auf dem Nürnberger »Reichsparteitag der Freiheit« erlassen und im Reichsgesetzblatt sämtlichen amtlichen Stellen in Deutschland zur Kenntnis gegeben wurden.

Das »Reichsbürgergesetz« bestimmte in § 1: *»Staatsangehöriger ist, wer dem Schutzverband des Deutschen Reiches angehört und ihm dafür besonders verpflichtet ist.«* § 2 lautete: *»Reichsbürger ist nur der Staatsangehörige deutschen oder artverwandten Blutes, der durch sein Verhalten beweist, daß er gewillt und geeignet ist, in Treue dem Deutschen Volk und Reich zu dienen.«* Damit verloren die deutschen Juden praktisch ihre deutsche Staatsbürgerschaft, ohne eine andere angenommen zu haben. Sie waren also staatenlos und genossen keinerlei Schutz mehr.

Das »Gesetz zum Schutze des deutschen Blutes und der deutschen Ehre« ging noch ein Stück weiter. Geschlechtsverkehr in und außerhalb der Ehe zwischen Juden und Nichtjuden wurde staatlich verboten und mit Zuchthausstrafen bedroht. Weiter wurde festgelegt: *»Juden ist das Hissen der Reichs- und Nationalflagge und das Zeigen der Reichsfarben verboten. Dagegen ist ihnen das Zeigen der jüdischen Farben erlaubt. Die Ausübung dieser Befugnis steht unter staatlichem Schutz.«*

Diese Gesetze waren unterschrieben von vier Männern, deren nationalsozialistische Karrieren in München begonnen hatten: Kanzler Adolf Hitler, Innenminister Wilhelm Frick (vormals Leiter der politischen Polizei in der Ettstraße), Justizminister Franz Gürtner (ehemals bayerischer Justizminister) sowie der Stellvertreter Hitlers und Minister ohne Geschäftsbereich, Rudolf Heß.

Wichtiges Merkblatt für die hohen Feiertage

Wir wollen die hohen Feiertage in Ruhe und Frieden begehen. Irgendwelcher Anlaß zu Befürchtungen besteht nicht. Es muß aber verlangt werden, daß die nachfolgenden

Anordnungen

genauestens beachtet werden:

1. **Verboten ist** mit Rücksicht auf polizeiliche Beanstandungen das Stehenbleiben vor den Gotteshäusern vor, während und nach dem Gottesdienst. Wollen mehrere Familienangehörige oder sonstige Gottesdienstbesucher zusammen weggehen, so muß als Treffpunkt ein von der Synagoge entfernterer Platz gewählt werden.

2. **Dringend widerraten** wird, den Weg zum und vom Gotteshaus in größerem Kreise zurückzulegen. In der heutigen Zeit muß alles Auffallende vermieden werden.

3. **Geboten ist** würdig, aber in größter Schlichtheit im Gotteshaus zu erscheinen. Es wird erwartet, daß während dieser Feiertage jedes Hervortreten durch Kleidung, Kopfbedeckung usw. unterlassen wird.

4. **Verboten ist,** Kraftwagen in der nächsten Umgebung der Synagoge (Maxburgstraße, längs der Maxburg, Herzog-Max-Straße, Kapellenstraße) halten zu lassen.

5. **Unbedingt zu vermeiden** ist der Ansturm auf die Straßenbahn, besonders am Schluß des Versöhnungstages.

Der Reichsbund jüdischer Frontsoldaten hat es übernommen, vorstehende Anordnungen zu überwachen. Den Weisungen des mit Ausweis versehenen Ordnungsdienstes ist unweigerlich Folge zu leisten.

Denkt in allem Eurem Tun und Lassen an Eure Verantwortung gegenüber der jüdischen Gemeinschaft!

Der Vorstand der Israelit. Kultusgemeinde München

Beilage zur »Bayerischen Israelitischen Gemeindezeitung« vom 15. 9. 1935

Kurz nach dem 15. September 1935 erschien in der »Bayerischen Israelitischen Gemeindezeitung«, die es nicht mehr wagte, direkten Bezug auf die Lage der deutschen Juden zu nehmen, das Gedicht »Tränen des Volkes«, in dem es hieß: »*Allen Gießbächen der Erde gleich,/Rannen die Tränen der Väter./Sie flossen zurück in die Hände des Herrn./Aus diesem Tränenstrom, reich/wie die Regen der Jahrhunderte,/Blühte empor die Besessenheit,/Da zu sein./ Wir aber haben die Tränen der Väter/Nochmals zu weinen, laßt uns durchwaten/Den ewigen Tränenstrom!/Niemand kann sich der Geißel entwinden./Nur wem das Weinen der Väter/Die Brust geöffnet, der ist begnadet,/Die eigenen Tränen zu mischen/In die Tränen des Volkes.*«

Anfang Juni 1938 machte die »Hauptstadt der Bewegung« klar, daß sie ihre Vorreiterrolle in der nationalsozialistischen Bewegung weiter ausbauen werde: Der Israelitischen Kultusgemeinde wurde mitgeteilt, daß ihre Hauptsynagoge am 9. Juni 1938 abgerissen werde, weil man das Grundstück als Parkplatz benötige. Am Abend des 8. Juni fand unter Leitung des Kantors Emanuel Kirschner (1857–1938) der Abschiedsgottesdienst statt, am Morgen des nächsten Tages begann die Zerstörung. Vier Tage später ereilte die protestantische Matthäuskirche dasselbe Schicksal (→ Sonnenstraße).

Während »Der Stürmer« laut jubelte: »*Ein Schandfleck verschwindet*«, gab sich der »Völkische Beobacher« in seiner Berichterstattung bedeckt. Ein kleiner Artikel in der Ausgabe vom 10. Juni 1938 lautete: »*Die Synagoge wird abgerissen. Bereits mit dem Gerüstbau begonnen – Platz für einen großen Parkplatz. Gestern morgen wurde mit dem Abbruch der großen Synagoge begonnen. Völlig überraschend für die Umgebung fuhren gegen 10 Uhr die Gerüstwagen der Baufirma Moll heran, Löcher wurden zum Setzen der Gerüststangen in den Gehsteig gegraben und Scharten zum Abstützen des Gerüstes in das Mauerwerk des Gebäudes geschlagen. Gleichzeitig kamen die Mitglieder der jüdischen Kultusge-*

Abbruch der Hauptsynagoge, 24. 6. 1938

meinde, um auszuräumen: Die Kultusgegenstände wurden teilweise in einen Lastwagen verladen, alles was einigermaßen des Mitnehmens für wert erachtet wurde, sogar Türbeschläge, wurde von jugendlichen Mitgliedern der jüdischen Kultusgemeinde abmontiert und mitgenommen. Die Abbrucharbeiten an dem Gebäude werden etwa 3 bis 4 Wochen in Anspruch nehmen. Der frei werdende Platz, umschlossen von der Kapellen-, Maxburg- und Herzog-Max-Straße, wird, wie wir vernehmen, als Parkplatz verwendet werden, der in dieser Gegend dringend notwendig ist.«

Der »Völkische Beobachter« teilte seinen Lesern mit, die Firma Leonhard Moll würde die Hauptsynagoge abreißen. Die Firma Moll gehörte zu den Großverdienern am »Dritten Reich«. So profitierte man nicht nur vom Bau des »Hauses der Deutschen Kunst« (→ Prinzregentenstraße 1) und der dazugehörigen Verbreiterung der Von-der-Tann-Straße, sondern eben auch am Abriß der Synagoge. Auch die Matthäuskirche wurde von der Firma Moll dem Erdboden gleichgemacht (→ Sonnenstraße).

Mit der nationalsozialistischen Judenpolitik machte Moll bis zum Ende des Krieges gute Geschäfte. So unterhielt die Firma während der Errichtung der unterirdischen Flugzeugwerke bei Landsberg/Lech eine riesige Baustelle, das berüchtigte »Moll-Kommando«. In zwei Schichten von je 12 Stunden arbeiteten jeweils 800 jüdische KZ-Häftlinge. Einer der wenigen Überlebenden berichtete später: »*Wir kamen in den dichten Wald, es war ganz dunkel, dann plötzlich ein Lichtermeer. Wir standen vor einer mächtigen berghohen Eisenbetonkuppel. Sie sah aus wie ein gigantischer Igel. Daneben eine große Grube aus Eisenbeton. Hier arbeiteten die Polen. Das war Moll, der Todeskessel. Es war nicht leicht, hier lebendig herauszukommen. Zehntausende von Sklaven arbeiteten hier. Maschinen, Dynamos, Bagger dröhnten, rhythmische Kommandos, Hämmern, Geschrei, Prügel, Wehklagen kamen aus der Erde hervor und vermischten sich in babylonischer Verwirrung.*«

Im Jahr 1990 benannte die Stadt München eine Straße nach Leonhard Moll (1870–1945), dem Gründer des Bauunternehmens.

Am 9./10. November 1938 fand die von langer Hand vorbereitete Pogromnacht statt, der die beiden anderen Münchner Synagogen (→ Reichenbachstraße 27, → Herzog-Rudolf-Straße 3) ebenso wie fast alle Synagogen in Deutschland zum Opfer fielen. Daß diese Pogrome von München ausgingen, erstaunt nicht weiter (→ Marienplatz/Altes Rathaus). Die Münchner Kultusgemeinde mußte in die (→) Lindwurmstraße 125 umziehen. Der Besitz des Grundstückes Nummer 7 sowie der stehengebliebenen Häuser 3 und 5 ging auf die Stadt München über.

Am 19. Juli 1945 begannen die wenigen überlebenden Juden, die in ihre Heimat München zurückgekehrt waren, mit dem Neuaufbau der Israelitischen Kultusgemeinde (→ Kaulbachstraße 65). Das einigermaßen unbeschädigte Gebäude in der Herzog-Max-Straße 3 kam wieder in ihren Besitz und nahm die Gemeindeverwaltung mit dem Präsidenten Julius Spanier (1880–1959) auf. In diesem Haus fand am 7. September 1945 der Gottesdienst zum jüdischen Neujahrsfest statt.

Die amerikanischen Befreier und Beschützer förderten die Wiedergeburt jüdischen Lebens stärker als die anderen Besatzungsmächte. So konnte am 20. Mai 1947 die Synagoge an der (→) Reichenbachstraße 27 als erste in Deutschland wieder eingeweiht werden. Die Verwaltung der Kultusgemeinde zog im Jahr 1954 ebenfalls dorthin um; das Haus Herzog-Max-Straße 7 wurde abgerissen. Seit 1955 gehört die große Freifläche der Karstadt AG.

Am 21. Januar 1950 trug die Kultusgemeinde die Bitte an die Stadtverwaltung heran, den Standort der ehemaligen Synagoge ihrer Ehrwürdigkeit entsprechend als Grünanlage zu gestalten. Zu jener Zeit bestanden immer noch Pläne, hier einen Parkplatz anzulegen. Man fand zu einem Kompromiß, der beiden Interessen entgegenkam: Unter der Erde entstand eine Tiefgarage, überirdisch eine Grünfläche.

Oberbürgermeister Hans-Jochen Vogel enthüllte am 9. November 1969 einen Gedenkstein an dem Ort, wo bis 1938 die Hauptsynagoge gestanden hatte.

Neuhauser Straße 14 Rupert Mayer wurde 1876 in Stuttgart geboren. Er trat im Jahr 1900 dem Jesuitenorden bei und wirkte als Volksmissionar in Holland und Österreich. Als solcher kam er 1912 nach München, wo er Menschen geistlich betreute, die es vom Land in die Großstadt verschlagen hatte. Im Ersten Weltkrieg hatter er das rechte Bein verloren, ein Umstand, der später noch Bedeutung erlangen sollte.

Rupert Mayer gewann in den zwanziger Jahren wegen seines überzeugenden Katholizismus große Popularität. Bekannt wurde er auch durch seine Gegnerschaft zum aufkommenden Nationalsozialismus. So trat er schon 1921 in einer NS-Veranstaltung im Bürgerbräukeller ans Rednerpult, um den Anwesenden nach Art des Girolamo Savonarola seine ablehnende Haltung gegenüber dem Nationalsozialismus mitzuteilen.

Rupert Mayer gehörte zu den Unbeugsamen. Am 15. November 1934 wurde auf ihn während der Predigt in der Pasinger Kirche Maria Schutz (→ Schererplatz) ein Attentat verübt, das aber sein Ziel verfehlte. Von der Kanzel herab kritisierte Rupert Mayer die Nationalsozialisten weiterhin, wobei ihn seine Kriegsbeschädigung als tapferen Soldaten auswies und vorerst vor staatlichen Zugriffen schützte.

Die Polizei war jedoch während seiner Predigten als Zuhörer dabei, beispielsweise am 24. Januar 1937 in der Michaelskirche, wo Rupert Mayer unter anderem ausführte: »*Die Zeiten sind vorbei, wo wir geglaubt haben, was in der Zeitung steht! Glaubt überhaupt keiner Zeitung, wenn sie sich mit sittlich-religiösen Dingen befaßt! Hört nicht darauf! Lest keine Zeitungen! Und jetzt, wenn ihr hinausgeht, dann möchte ich, daß eine religiöse Welle von der Kirche aus sich auf die Straße ergießt und von der Straße aus in die einzelnen Häuser!*«

Rupert Mayer, 1937

Am 5. Juni 1937 wurde Rupert Mayer verhaftet, am 7. Juli 1937 Anklage gegen ihn erhoben. Die Begründung lautete: »*... fortgesetzt öffentlich hetzerische Äußerungen über leitende Persönlichkeiten des Staates und deren Anordnungen gemacht zu haben, die geeignet sind, das Vertrauen des Volkes zur politischen Führung zu untergraben ...*«

Der Prozeß fand am 22./23. Juli 1937 im Justizpalast statt, wo inzwischen eine Gedenktafel an Rupert Mayer erinnert (→ Prielmayerstraße 7). Er zeigte sich voll geständig und erklärte, in Zukunft genauso weitermachen zu wollen wie bisher. »Im Namen des Deutschen Volkes« erging das Urteil: sechs Monate Gefängnis, die der Verurteilte aber nicht abbü-

ßen mußte, weil er sich laut Urteilsbegründung »*im Felde äußerst tapfer benommen hat*« sowie »*schwer kriegsbeschädigt ist*«.
Obwohl Rupert Mayer als Überzeugungstäter eingestuft wurde (»*... sich der Angeklagte bewußt war, daß das Kirchenvolk seinen Äußerungen eine weit stärkere Bedeutung beimaß als den Äußerungen irgendeines mehr oder weniger bekannten Geistlichen.*«), zögerte der Staat, wegen dessen Popularität und der Machtstellung der katholischen Kirche (→ Kardinal-Faulhaber-Straße 7) noch härter gegen den Priester vorzugehen. Dieser setzte – wie angekündigt – seine öffentliche Kritik am »Dritten Reich« fort und wurde am 5. Januar 1938 für fünf Monate inhaftiert und mit Predigtverbot belegt. Am 9. Juni 1939 gab er anläßlich einer Vorladung bei der Gestapo folgende schriftliche Erklärung ab: »*Ich erkläre, daß ich im Falle meiner Freilassung trotz des gegen mich verhängten Redeverbotes nach wie vor aus grundsätzlichen Erwägungen heraus predigen werde. Ich werde auch weiterhin in der von mir bisher geübten Art und Weise predigen, selbst dann, wenn die staatlichen Behörden, die Polizei und die Gerichte meine Kanzelreden als strafbare Handlungen und als Kanzelmißbrauch bewerten sollten.*«
Am 3. November 1939 wurde er wiederum verhaftet und dieses Mal in das Konzentrationslager Sachsenhausen bei Berlin verbracht. Dort verschlechterte sich sein Gesundheitszustand infolge von Hunger und seiner Kriegsverletzung, so daß die Behörden befürchteten, der Pater werde als Märtyrer sterben. Er wurde am 5. August 1940 entlassen, aber gezwungen, im Kloster Ettal zu leben, wo er das Klostergelände nicht verlassen und keine Messen in der Öffentlichkeit zelebrieren durfte.
Am 11. Mai 1945 kehrte Rupert Mayer nach München zurück. Während einer Predigt in der Michaelskirche am 1. November 1945 erlitt er einen Gehirnschlag und starb am selben Tag. Im »Stadtanzeiger« vom 7. November 1945 stand zu lesen: »*Am 2. und 3. November waren die sterblichen Überreste in der Michaeliskirche öffentlich aufgebahrt. Endlose Scharen Münchner Männer und Frauen zogen in diesen beiden Tagen an dem Toten vorüber, in dem sie einen heißgeliebten und innig verehrten geistlichen Führer betrauerten.*«
Am 23. Mai 1948 wurde Rupert Mayers Sarg in die Bürgersaalkirche an der Neuhauser Straße 14 (damals 48) überführt. Sein Grab entwickelte sich zu einer Wallfahrtsstätte. Am 3. Mai 1987 sprach Papst Johannes Paul II. während seines Besuches in München Pater Rupert Mayer selig.

Kaufingerstraße 28 Das Anwesen Kaufingerstraße 28 (damals 22) gehörte bis 1939 dem Kaufmann Julius Basch. Als Jude mußte er seinen Besitz verkaufen, und zwar an die Allianz-Versicherung (→ Widenmayerstraße 27). Bis zu den Pogromen am 9./10. November 1938 hieß der Hauptmieter »Bamberger & Hertz, Herren- und Knabenbekleidung«. Dieses jüdische Kaufhaus wurde in jener Nacht stark beschädigt, und seine Besitzer mußten den Schaden auf eigene Kosten beheben lassen (→ Marienplatz/Altes Rathaus). Anschließend übernahm die Firma Hirmer Geschäftsräume, Personal und Warenbestände. An den Besitz- und Mietverhältnissen änderte sich nach dem Krieg nichts.

Frauenplatz Zum 8. Juni 1933 war der 1. Deutsche Gesellentag des katholischen Kolpingvereins nach München einberufen worden, zu dem 25 000 Mitglieder aus dem ganzen Deutschen Reich eingetroffen waren. Diese Demonstration katholischen Selbstbewußtseins war Anlaß für den neuen Polizeipräsidenten Heinrich Himmler und seinen Stellvertreter Reinhard Heydrich (→ Ettstraße), eine erste Machtprobe des »Dritten Reiches« gegen die Kirche zu veranstalten.
Schon am 2. Juni hatte die Politische Polizei den Gesellentag verboten: »*Eine derartige Verbitterung hat sich weitester Kreise der Bevölkerung ermächtigt, daß die für Ruhe und Ordnung verantwortliche Polizei zu ihrem größten Bedauern gezwungen ist, den katholischen Gesellentag nicht zuletzt im Interesse der katholischen Kirche und der Geistlichkeit zu untersagen, um dadurch unter allen Umständen zu verhindern, daß das Ansehen der kirchlichen Stellen und des geistlichen Kleides infolge von Ausschreitungen und Zwischenfällen Schaden leiden könnte.*«
Die Kirche konnte eine Rücknahme dieses Verbotes erwirken, nicht jedoch die Absicht der NSDAP, den Gesellentag dennoch zu verhindern. Als die Teilnehmer den Eröffnungsgottesdienst in der Frauenkirche verließen, wurden sie von mehreren Tausend HJ- und SA-Mitgliedern erwartet, provoziert und anschließend verprügelt. Generalpräses Hürth konnte sich diese Angriffe nicht erklären, hatte er doch gemeint: »*Unsere Hoffnung ist, daß, wie ich es schon vor Monaten gesagt habe, die beiden großen Führer, Adolf Kolping aus dem 19. Jahrhundert und Adolf Hitler aus dem 20. Jahrhundert, sich doch die Hand reichen möchten.*«
Der Terror gegen den Kolpingverein setzte sich in den nächsten beiden Tagen fort. Im »Völkischen Beobachter« hieß es dazu: »*Als spontane Antwort auf das undisziplinierte Auftreten einer großen Anzahl der Mitglieder des Gesellentages veranstaltete die Münchner SA und SS am Sonntag*

Vormittag einen Aufmarsch durch die Straßen der Stadt, der im Gegensatz zum Gesellentag als mustergültig anzusehen war und keinerlei Einschreiten der Polizei erforderte.« Am 11. Juni brach die Veranstaltungsleitung den Gesellentag resigniert ab.

Diese ersten staatlich geschützten Massenausschreitungen gegen eine katholische Organisation waren für die vatikanische Diplomatie einer der Gründe, auf einen schnellen Abschluß der Konkordatsverhandlungen mit dem Deutschen Reich hinzuarbeiten. Man hoffte, dadurch die Kirche schützen zu können (→ Briener Straße 15).

Maffeistraße 7

Von der Aufrüstung des »Dritten Reiches« profitierte in besonderem Maße die Textilindustrie: Hakenkreuzfahnen in allen Größen, Uniformen für die zahlreichen Parteiorganisationen sowie für die Wehrmacht mußten gefertigt werden. Dafür war der strapazierfähige und wasserabweisende Lodenstoff besonders geeignet. Die Firma Loden-Frey an der Maffeistraße 7 mit ihrer Fabrik an der Osterwaldstraße 9–10 verdiente gut seit 1933. Im Jahr 1934 mußte ein neues Fabrikationsgebäude errichtet und bereits im Jahr 1942 erweitert werden. Dort arbeiteten nicht nur – meist weibliche – Angestellte, sondern auch Insassen eines eigenen Außenlagers des KZ Dachau. Dadurch entwickelten sich die Lohnkosten in eine günstige Richtung.

Über jene Zeit heißt es in der offiziellen Festschrift zum 125jährigen Bestehen der Firma aus dem Jahr 1967: *»Schon damals hatte man sich ganz bewußt der Münchner Atmosphäre, einem höchst subtilen Stil, auch vom Angebot her, verschrieben. Dann kam der Zweite Weltkrieg, der eine jähe Zäsur bedeutete. 1944 fiel der gesamte Gebäudekomplex in Schutt und Asche, und – Duplizität der Fälle – auch ein Großteil der Fabrik an der Osterwaldstraße 9 wurde am gleichen Tag von Bomben zerstört.«*

Löwengrube 23

Ebenfalls zerstört wurde das Haus Löwengrube 23, das als Adresse heute nicht mehr existiert. Es gehörte bis 1939 dem jüdischen Kaufmann Heinrich Cohen und wurde dann vom Ehepaar Georg und Irma Frey erworben (→ Widenmayerstraße 27). Diese Besitzverhältnisse blieben nach 1945 bestehen.

Löwengrube 18

Das Bankhaus Aufhäuser an der Löwengrube 18 (damals 18, 19, 20, 21, 22) gehörte wegen seines jüdischen Besitzers Martin Aufhäuser (→ Maria-Theresia-Straße 28) zu den bevorzugten Angriffszielen der Nationalsozialisten. Infolge seines geschäftlichen Erfolges galt es unter seinen Konkur-

renten seit 1933 auch als lohnenswertes Übernahmeobjekt. Im Jahr 1928 beschaffte Aufhäuser der Stadt München auf dem Londoner Geldmarkt eine Anleihe von 33 Millionen Goldmark zum Ausbau der städtischen Energieversorgung und ermöglichte im selben Jahr die Gründung der Gemeinnützigen Wohnungsfürsorge AG (GEWOFAG). Martin Aufhäuser gehörte zu den Gründern der IG Farben und saß in den Aufsichtsräten zahlreicher Firmen: Löwenbräu, Hakkerbräu, Bayerische Hypotheken- und Wechselbank, Bayerische Rückversicherung, Heilmann & Littmann Bau – um nur einige zu nennen. Das Bankhaus gehörte zu den bedeutendsten Förderern der Münchner Universität, des Schwabinger Krankenhauses, des Deutschen Museums und des Münchner Tierparks. Seit 1933 nun wurde systematisch versucht, das Bankhaus Aufhäuser in die Knie zu zwingen.
Der 1. April 1933 brachte den ersten staatlich organisierten Boykott jüdischer Geschäfte. Während man sich damals noch auf das bedrohliche Aufstellen von SA-Posten vor den Eingängen beschränkte, begannen bald einschneidende Maßnahmen. Im Fall des Bankhauses Aufhäuser wurden Großkunden gezwungen, ihre Einlagen abzuziehen, um die Bank in die Zahlungsunfähigkeit zu treiben. Gleichzeitig bemühten sich verschiedene Großbanken um die billige Übernahme der Bank, vorerst allerdings erfolglos. Erst die Pogromnacht vom 9./10. November 1938 bedeutete das Ende der Eigenständigkeit: Nachdem die Geschäftsräume schwer beschädigt und auf Kosten Aufhäusers wiederhergestellt worden waren, mußte die Bank verkauft werden (→ Widenmayerstraße 27). Als neuer Besitzer trat im Dezember 1938 der Hamburger Privatbankier Friedrich Wilhelm Seiler auf, der auch gleichzeitig den Hausbesitz übernahm. Bis 1954 ging das Bankhaus F. W. Seiler seinen Geschäften in München nach, dann traten die Erben Aufhäusers wieder in die Bank ein.
Der nationalsozialistische Terror trieb noch im November 1938 den Mitinhaber Emil Krämer in den Freitod, während Martin Aufhäuser und seine Frau Auguste 1939 in die USA auswanderten ebenso wie der Bruder Siegfried Aufhäuser, der neben seiner Tätigkeit als Bankier seit 1923 auch schwedischer Generalkonsul in München gewesen war.

Ettstraße 2   Das Polizeipräsidium in der Ettstraße trug bereits Anfang der zwanziger Jahre den Beinamen »Mörderzentrale«. Dafür verantwortlich war der Nationalsozialist Ernst Pöhner (1870–1925), der als Polizeipräsident von 1919 bis 1921 München zur rechtsradikalen »Ordnungszelle« werden ließ. Sein Wirken fand in Hitlers »Mein Kampf« Anerkennung: *»An verantwortlicher Stelle war Ernst Pöhner der einzige, der*

nicht um die Gunst der Massen buhlte, sondern sich seinem Volkstum verantwortlich fühlte und bereit war, für die Wiederauferstehung des von ihm über alles geliebten deutschen Volkes alles, auch wenn nötig, seine persönliche Existenz auf das Spiel zu setzen und zu opfern.«
Dies tat Pöhner anläßlich des Hitler-Putsches am 9. November 1923, den er maßgeblich mitvorbereitet hatte, und nach dessen erfolgreicher Durchführung er bayerischer Ministerpräsident geworden wäre. Die bayerische Regierung ließ Pöhner jedoch festnehmen und im Polizeipräsidium inhaftieren. Die ausführende Polizei stand damals unter Führung von Michael von Godin (1896–1982) und Hans von Seisser (1874–1973).
Der Geist Pöhners lebte seit 9. März 1933 in Gestalt des neuen Polizeipräsidenten Heinrich Himmler (1900–1945) (→ Möhlstraße 14) in der Ettstraße weiter. Am 7. November 1937 enthüllte man im Polizeipräsidium eine Gedenktafel für Pöhner. Staatssekretär Max Köglmaier in seiner Festrede: *»Heute stünde er an leitender Stelle in dem Staat, den aufzurichten er mit ganzem Einsatz mitgeholfen hat. Aber Ernst Pöhner ist tot. Das Werk jedoch steht, für das er gekämpft, und in den Reihen seiner Kameraden lebt er weiter.«*
Das Münchner Polizeipräsidium entwickelte sich fortan zu einer für ganz Deutschland zentralen Stätte des Terrors. Himmler gab dem »Völkischen Beobachter« am 13. März 1933 ein Interview, in dem er die Rolle der Polizei im »Dritten Reich« programmatisch definierte: Polizei und SS sowie SA müßten reibungslos zusammenarbeiten. Die beiden terroristischen Parteiformationen sah er also als Hilfspolizei, die gegen alle Gegner des Regimes rücksichtslos vorzugehen hatte. Auch zur sogenannten Schutzhaft äußerte sich Himmler: Er sei zu ihrer Verhängung in ziemlich weitgehendem Maß gezwungen, da in der Stadt große Aufregung herrsche und es auf andere Art unmöglich sei, jede einzelne Persönlichkeit, die sich durch ihr bisheriges politisches Auftreten mißliebig gemacht habe, entsprechend zu »schützen«. Die »Schutzhaft« für eine Anzahl jüdischer Politiker habe zudem berechtigte Gründe.
Über eines ließ Himmler keinen Zweifel: Jede Regung gegen die neuen Zustände würde er *»mit aller Brutalität«* unterdrücken. Die *»Herren von der Presse«* bat er, in ihrer Kritik zurückhaltend zu sein, *»damit sie mich nicht in die unangenehme Lage bringen, Verbote aussprechen zu müssen.«* Der »Völkische Beobachter« resümierte das Gespräch: *»Im ganzen gewinnt man aus der Besprechung den allerbesten Eindruck und die Überzeugung, daß es nur an Münchens Bevöl-*

kerung selbst liegt, für rascheste Wiederkehr normaler Verhältnisse zu sorgen. Die Polizei wird unter ihrem gegenwärtigen Leiter bestimmt ihre Pflicht tun.«
Am 16. März 1933 erhielt Himmler die Aufsicht über die politische Polizei in Bayern, die nun »Bayerische Politische Polizei« hieß. Er bestellte seinen Vertrauten Reinhard Heydrich (1904–1942) mit dieser Aufgabe (→ Brienner Straße 20). Heydrich war über Karl Freiherr von Eberstein (→ Maria-Theresia-Straße 17) mit Himmler bekannt geworden und 1931 der NSDAP und SS beigetreten. Er organisierte den parteiinternen »Sicherheitsdienst« (SD), weil er der Ansicht war, in der NSDAP wimmele es von Verbrechern, Verrätern und asozialen Elementen, die es rücksichtslos auszumerzen gelte. Im März 1933 konnte Heydrich nun seine Tätigkeit auf staatlicher Ebene ausweiten. Allein in München wurden in diesem Monat rund 5000 Menschen aus politischen Gründen festgenommen.
Das Polizeigefängnis in der Ettstraße platzte aus allen Nähten. Schon am 15. März sah sich der »Völkische Beobachter« veranlaßt, sich gegen Gerüchte zu wenden, daß die »Schutzhaft«-Häftlinge schlecht behandelt, ja sogar mißhandelt würden. Wer solche Gerüchte ausstreue, so der »Völkische Beobachter«, müsse mit schärfsten polizeilichen Maßnahmen rechnen.
Am 20. März 1933 richtete das Polizeipräsidium in der Nähe von Dachau das erste deutsche Konzentrationslager ein. Der »Völkische Beobachter« teilte am 24. März mit, ein Teil der politischen Häftlinge werde dorthin verlegt, wo bald Platz für 2500 Menschen geschaffen sein werde. Die Gefangenen würden ein gutes Leben führen können, müßten aber arbeiten, beispielsweise im Straßenbau, bei der Kultivierung von Mooren oder beim Lagerausbau. Die Dachauer Geschäftswelt sei an der Erweiterung und Versorgung des Lagers beteiligt. Ein hoher Stacheldrahtzaun mache jede Flucht unmöglich, zur Bewachung sei vorerst eine Hundertschaft Landespolizei eingesetzt. Für Arbeitsscheue gäbe es verkürzte Essensrationen und, wenn das nicht helfe, gesonderte Haftstrafen.
Himmler erweiterte seine Macht auf ganz Bayern, als er am 28. März 1933 auch zum Polizeipräsidenten von Nürnberg ernannt wurde. Er amtierte nur bis zum 12. April 1933 als Münchner Polizeipräsident, dann übernahm er in Berlin größere Aufgaben. Sein Nachfolger in München wurde der SA-Obergruppenführer August Schneidhuber (1887–1934).
Im Polizeipräsidium bahnte sich nun ein tödlicher Konflikt an: Heydrich bereitete zusammen mit Eberstein die Entmachtung der SA vor, die in dem sogenannten Röhm-Putsch gipfelte (→ Barer-/Karlstraße). Am 30. Juni 1934 fiel die

Entscheidung auch an der Ettstraße. Schneidhuber wurde von der SS ermordet (→ Stadelheimer Straße 12). Die Atmosphäre, die unter seiner Führung in der Ettstraße geherrscht hatte, klingt in einer Beschreibung seiner letzten Minuten an. Erwein von Aretin, als prominenter Monarchist zeitweilig Gefangener im Polizeipräsidium und später in Stadelheim, berichtet: *»Der Polizeipräsident Schneidhuber zündete sich... eine Zigarette an und tat aus ihr ein paar tiefe Züge. Dann blickte er zum Himmel, ging an seinen Platz, hörte sein Urteil und forderte die SS-Leute auf, anständig zu schießen. Dann warf er ihnen seine Zigarette vor die Füße, brachte sein ›Heil Hitler‹ aus und brach zusammen.«*
Am selben Tag noch wurde Heydrich zum SS-Gruppenführer befördert. Er war nun wie Himmler in Berlin tätig und stieg zu einer der mächtigsten und gefürchtetsten Personen des »Dritten Reiches« auf. Unter seiner Leitung und mit Hilfe der aus München übernommenen Polizeispezialisten entstand ein perfekter Unterdrückungsapparat. Einer dieser Beamten war Heinrich Müller (1900–?), von Beruf Kriminalinspektor bei der politischen Polizei und seit 1939 Chef des Reichssicherheitshauptamtes, wo er an vorderster Stelle für den Massenmord an den europäischen Juden verantwortlich war. Müller konnte am 30. April 1945 untertauchen.
Schneidhubers Nachfolger wurde am 3. September 1934 Philipp Bouhler (1899–1945). Dieser Nationalsozialist der ersten Stunde amtierte nur einen Monat, dann wurde auch er nach Berlin berufen, um als Hitlers Kanzleichef zu wirken. In dieser Eigenschaft zeichnete er für die sogenannte Euthanasie, die Ermordung angeblich lebensunwerter Menschen, verantwortlich. Er verübte am 19. Mai 1945 Selbstmord.
Das Polizeipräsidium München war eine zentrale Stelle des nationalsozialistischen Terrors in ganz Deutschland. Es verwundert daher nicht, daß sich hier auch seit 1933 die »Zigeuner-Polizeileitstelle« befand, die die Ermordung der europäischen Zigeuner vorbereitete. Seit dem 16. Mai 1938 in Berlin ansässig, realisierte sie diese Planungen. Ebenfalls in der Ettstraße wirkte der Kriminalkommissar Josef Meisinger, der die Verfolgung der Homosexuellen reichsweit organisierte.
Auf zwei weitere Polizeipräsidenten sei noch verwiesen. Vom 15. April 1936 bis zum 1. Oktober 1942 amtierte der bereits erwähnte Karl Freiherr von Eberstein (→ Maria-Theresia-Straße 17) und vom 12. Mai 1943 bis zum 30. April 1945 Hans Plesch. Dieser SS-Brigadeführer behauptete später, er habe an der Freiheitsaktion Bayern (→ Saarstraße 14) teilgenommen, doch keiner der Beteiligten konnte sich daran erinnern. Er mußte für seine Rolle im »Dritten Reich« fünf Jahre in ein Arbeitslager und eine Strafe von 50 000 Mark bezahlen.

Amtseinführung des Polizeipräsidenten von Eberstein (zweiter von rechts), 15. 4. 1936

Nachdem die US-Armee am 30. April 1945 in München einmarschiert war, herrschte eine Woche lang Anarchie und Faustrecht. Am 7. Mai 1945 wurde dann der anfangs erwähnte Hans Ritter von Seisser zum Polizeipräsidenten ernannt. Ab dem 28. Juli 1945 leitete Michael Freiherr von Godin die Landespolizei. Seissers Nachfolger wurde der Sozialdemokrat Franz Xaver Pitzer (1886–1952), der schon während der unruhigen Revolutionszeit 1918/1919 stellvertretender Polizeipräsident gewesen war und nun am 15. August 1945 das Präsidentenamt antrat, das er bis zum 12. Dezember 1949 innehatte.

Zum Ende des Jahres 1945 gab Pitzer einen Bericht über die Arbeit und Probleme der Polizei. Die vergangenen Jahre seien geprägt gewesen von schrankenloser Willkür und Brutalität seitens der Behörden. Der Nationalsozialismus habe eine allgemeine Verwilderung der Umgangsformen als Erbe hinterlassen.

Franz Xaver Pitzer, 1948

Pitzer schloß seinen Bericht mit der Hoffnung, daß bald wieder zivilisierte Zustände einkehren würden, und nannte als Grundsatz seiner Amtsführung: »*Die Polizei kommt aus dem Volke, die Polizei ist für das Volk da und bleibt, weil sie Freund und Helfer des Volkes sein soll, beim Volk.*«

Promenadeplatz

Jeder einschneidende politische Wechsel führt gewöhnlich zu Umbenennungen von Straßen und Plätzen. Der Promenadeplatz erhielt noch im Jahr 1933 den Namen »Ritter-von-Epp-Platz« zu Ehren des Reichsstatthalters, der in der (→) Prinzregentenstraße 7 residierte. Diese Namensänderung hatte einen hochpolitischen Symbolwert, befanden sich doch der Amtssitz des bayerischen Ministerpräsidenten sowie das bayerische Außenministerium im Montgelas-Palais mit der Adresse Promenadeplatz 2 (damals 22). Mit der Gleichschaltung

Ludwig Siebert, 1934.

Bayerns verschwand das Außenministerium; der Ministerpräsident verlor den größten Teil seiner Kompetenzen, die auf den Reichsstatthalter übergingen. Die wirkliche Macht in Bayern lag jedoch in den Händen des NSDAP Gauleiters (→ Prannerstraße 8). Ritter von Epp war seit 1933 Ehrenbürger Münchens. Ebenfalls 1933 erlangte Adolf Hitler – wie in fast allen deutschen Gemeinden – diese Ehrung, 1935 der Reichsschatzmeister der NSDAP, Franz Xaver Schwarz, 1940 der Gauleiter Adolf Wagner und im Jahr 1943 Hermann Göring. Epp und Hitler waren seit 1933 zusätzlich noch Ehrenbürger Bayerns.

Die Stadtverwaltung begann 1933 mit Um- und Neubenennungen im großen Stil. Zum einen sollten jüdische Namensgeber verschwinden (→ Paul-Heyse-Straße), zum anderen NS-Größen geehrt werden. Im Jahr 1940 hießen in München sieben Straßen und Plätze nach Hitler, drei nach Epp, sechs nach Wagner, drei nach Göring, sechs nach Horst Wessel. Insgesamt 113 Benennungen dieser Art waren zu verzeichnen. 1933 begann man, alle Straßenschilder in lateinischer Schrift auszuwechseln. Die deutsche Frakturschrift schien geeigneter. Für eine Million Reichsmark wurden 70 000 neue Straßenschilder angeschafft. Bezeichnenderweise war es in der Innenstadt einzig der Promenadeplatz, der eine politische Umbenennung erfuhr. Denn in den meisten Fällen fanden politisch motivierte Namensänderungen nur am Stadtrand oder in Neubaugebieten statt.
Am 25. Juni 1945 befahlen die US-Behörden, daß alle Straßen und Plätze mit nationalsozialistisch belasteten Namen bis zum 31. August umzubenennen seien. Am 26. September 1945 meldete die Stadtverwaltung den Vollzug dieser Anordnung.

Promenadeplatz 2

Reichsinnenminister Wilhelm Frick – früher bei der Politischen Polizei in der (→) Ettstraße tätig – ernannte am 10. April 1933 Ritter von Epp zum Reichsstatthalter. Eine seiner ersten Amtshandlungen war am 12. April 1933 die Absetzung des bayerischen Ministerpräsidenten Heinrich Held (1868–1938) von der Bayerischen Volkspartei (BVP) und die Ernennung von Ludwig Siebert (1874–1942) zu dessen Nachfolger. Starker Mann in der Staatskanzlei war nunmehr Reichspropagandaleiter und Parteimitglied Nr. 2, Hermann Esser (1900–1981), der die Geschäfte führte. Hitler hatte einmal über diesen geurteilt: »*Ich weiß, daß Esser ein Lump ist, aber stellen Sie mir einen anderen her. Ein eitler und ränkesüchtiger Mensch, dabei feig, ein Lügner und Schwätzer, den man nicht für voll nehmen kann.*«

Ziel und Zweck des bayerischen Kabinetts Siebert war die Abwicklung beziehungsweise Beendigung des bayerischen politischen Eigenlebens. Im Jahr 1940 bestand das Kabinett nur noch aus zwei Mitgliedern, nämlich Siebert und Adolf Wagner, der hauptberuflich Gauleiter der NSDAP war (→ Prannerstraße 8, → Ludwigstraße 2). Als Siebert wie auch Wagner im Jahre 1942 Schlaganfälle erlitten, ging das Amt des Gauleiters am 26. Juni 1942, das des Ministerpräsidenten am 2. November 1942 auf Paul Giesler über. Damit war Bayerns politische Eigenständigkeit endgültig erloschen.

General Dwight D. Eisenhower proklamierte am 19. September 1945 die Wiederrichtung des Staates Bayern, während gleichzeitig das Deutsche Reich zu bestehen aufgehört hatte. Bereits am 28. Mai 1945 war Fritz Schäffer (1888–1967) auf Vorschlag Kardinal Faulhabers zum vorläufigen Ministerpräsidenten ernannt worden. Schäffer war der letzte Vorsitzende der BVP gewesen und hatte deswegen im Juni/Juli 1933 eine Woche in Haft verbracht. Diese Tatsache wußte er nach dem »Dritten Reich« zu instrumentalisieren. Vor 1933 war er der Ansicht gewesen, die Nationalsozialisten seien willkommene »Hilfstruppen« gegen die SPD.

Die Militärbehörden setzten Schäffer am 28. September 1945 wieder ab, da er ehemaligen Nationalsozialisten gegenüber zu viel Milde walten ließ. Mit der Begründung, er sei ein »*Exponent ultranationalistischer und militaristischer Ideologien*«, verbot man ihm am 24. April 1946 auch jegliche Funktion in der von ihm mitbegründeten CSU (→ Paul-Heyse-Straße 29–31).

Schäffers Nachfolge trat der erwiesene Gegner des »Dritten Reiches«, Wilhelm Hoegner, an (→ Miesbacher Platz 15). Er berichtete später über den Vorgang der Entlassung seines Vorgängers beziehungsweise seine eigene Ernennung: »*Der Oberst stand hinter seinem Schreibtisch, wir stellten uns im Halbkreis vor ihm auf. Herr Schäffer, Sie sind abgesetzt, hier ist Ihr Brief. Dr. Hoegner, Sie sind hiermit zum amtierenden Ministerpräsidenten von Bayern ernannt. Hier ist Ihr Brief. Hat noch einer der Herren eine Bemerkung zu machen?*«

Fritz Schäffer,
28.5.1945

Am 1. Dezember 1946 fand die erste Landtagswahl nach dem Krieg statt, bei der die CSU die Mehrheit der Stimmen auf sich vereinen konnte. Zum 21. Dezember 1946 trat das Kabinett Hoegner zurück, und die Abgeordneten wählten Hans Ehard zum Ministerpräsidenten. Die Staatskanzlei wurde nun in die (→) Prinzregentenstraße 7 verlegt, das Gebäude am Promenadeplatz 2 an das Erzbischöfliche Ordinariat vermietet.

Prannerstraße 10

Die Zerschlagung der unabhängigen Gewerkschaften (→ Theresienwiese) und die Aufrüstung Deutschlands durch die Nationalsozialisten entsprachen den Interessen der Industrie ebenso wie die spätere Eroberung fremder Länder mit den dortigen Bodenschätzen und Arbeitskräften. Als sich das Kriegsglück auf die Seite der Gegner Deutschlands schlug, bereiteten sich die Führungsetagen der Unternehmen auf die Zeit nach dem absehbar verlorenen Krieg vor (→ Maximiliansplatz 8).
Im Februar 1945 gelang es einem leitenden Mitarbeiter des Berliner Siemens-Konzerns, Gerd Tacke, im neutralen Schweden eine Landkarte von Deutschland mit den geheimen Beschlüssen der Konferenz von Jalta zu besorgen. Auf ihr waren die vier Besatzungszonen eingetragen, und man konnte ersehen, daß Berlin in der sowjetischen Zone liegen

Wilhelm Hoegner auf einer Pressekonferenz, 22.1.1946. Im Hintergrund Ludwig Erhard

würde. Daß die Zukunft der Privatwirtschaft nicht in Stalins Machtbereich zu suchen war, war der Konzernführung klar. Unter Leitung von Ernst von Siemens begann man also noch im Frühjahr 1945, den Firmensitz in die künftige amerikanische Zone zu verlegen, nach München, wo Siemens eine Niederlassung in der Prannerstraße 10 (damals 14, 15, 15a) unterhielt. Zwar setzten die Amerikaner im Mai 1945 den Chef des Hauses, Carl Friedrich von Siemens, den Vater von Ernst von Siemens, auf die Kriegsverbrecherliste und inhaftierten ihn, doch behinderte dies die Geschäfte des Konzerns nur zeitweilig. Schon im Jahr 1950 lagen die Umsätze höher als während der Rüstungshochkonjunktur 1938.

Prannerstraße 8

Nach der Reichstagswahl vom 5. März 1933 erklärte Hitler: »*Ich will vier Jahre lang Ruhe haben zur Arbeit. Vier Jahre lang wird nicht mehr gewählt.*« Am 23. März 1933 verabschiedete der neue Reichstag mit verfassungsändernder Zweidrittelmehrheit das »Ermächtigungsgesetz«, mit dessen Hilfe die Nationalsozialisten ihre Terrormaßnahmen legalisierten. Nur die SPD-Fraktion stimmte dagegen.
Der Bayerische Landtag in der Prannerstraße 8 (damals 16–23) setzte sich nach dem »Gesetz zur Gleichschaltung der Länder mit dem Reich« vom 31. März 1933 entsprechend

Eröffnung des bayerischen Landtages, 28. 4. 1933

dem Ergebnis der letzten Reichstagswahlen zusammen: Von den 128 Abgeordneten gehörten 57 der NSDAP, 5 der DNVP, 37 der BVP, 2 dem Bauernbund, 20 der SPD und 7 der KPD an.
Die kommunistischen Abgeordneten befanden sich jedoch bereits auf der Flucht oder in Haft, ebenso vier Abgeordnete der SPD, so daß die NSDAP und die DNVP die absolute Mehrheit besaßen, als dieser neue Landtag am 28. April 1933 zum ersten Mal zusammentrat. Der »Völkische Beobachter« beschrieb die Szenerie: »*Das ehrwürdige Gebäude in der Prannerstraße, das so lange lediglich als ›Zwingburg‹ der Bayerischen Volkspartei gedient hat, ist nicht wiederzuerkennen. Flaggen grüßen, junges Grün ist überall angebracht, am Eingang, auf den Treppen, in den Gängen... überall SS und SA.*« Alle Abgeordneten – mit Ausnahme derjenigen der SPD – wählten Hermann Esser (NSDAP) (→ Promenadeplatz 2) zum Präsidenten und Alfons Probst (BVP) zum Vizepräsidenten.
Esser beraumte die nächste Sitzung für den 29. April an. Wichtigste Tagesordnungspunkte waren Diskussion und Abstimmung über das »Gesetz zur Behebung der Not des bayerischen Volkes und Staates.« In ihm hieß es unter anderem: »*Die Landesregierung darf bei der Ausübung ihres*

Gesetzgebungsrechts von den Bestimmungen der Verfassungsurkunde abweichen.«
Diesem bayerischen Ermächtigungsgesetz stimmte auch die BVP zu. Ihr Fraktionsführer Hans Müller erklärte, seine Partei habe immer das christliche, nationale und soziale Gedankengut gepflegt. Nun sei man bereit, die nationalsozialistische Regierung auf ihrem schweren Weg in die Zukunft zu unterstützen. Man hoffe dabei, daß die bayerische Regierung die Belange Bayerns fördern werde.
Für die SPD erklärte ihr Fraktionsführer Albert Roßhaupter: *»Bayern ist seit uralten Zeiten ein demokratisches Land. Nirgens wird die Unterdrückung der persönlichen Freiheit und der freien Meinung in Wort und Schrift vom Volk bitterer empfunden als von uns. Bis jetzt hat die neue Regierung diesem Volksempfinden nicht Rechnung getragen. Insbesondere befinden sich Hunderte unserer Anhänger noch in Schutzhaft ... Unvergänglich sind allein die großen Ideen, die sich die Menschheit in jahrtausendalten Erfahrungen geschaffen hat, in denen sie die Bürgen für den kulturellen Fortschritt der Völker erblickt. Zu diesen Ideen gehören staatsbürgerliche Freiheit und gleichmäßige Gerechtigkeit. Kein Volk, am wenigsten das deutsche, kann sich von diesen Leitsternen lossagen, ohne schwersten Schaden zu nehmen.«*
Deshalb müsse die SPD das Gesetz ablehnen.
Von den anwesenden 100 Abgeordneten stimmten 84 mit Ja und die 16 Sozialdemokraten mit Nein. Damit war die notwendige Zweidrittelmehrheit zur legalen Abschaffung des Rechtsstaates weit überschritten, und Ministerpräsident Ludwig Siebert konnte verkünden: *»Genug der Worte, wir schreiten jetzt zur Tat.«* Diese zweite Sitzung des Bayerischen Landtags war für 13 Jahre auch seine letzte (→ Geschwister-Scholl-Platz).
Eine Gedenktafel erinnert heute an den parlamentarischen Teil der Geschichte des Hauses bis 1933, nicht aber daran, daß anschließend die Gauleitung München-Oberbayern der NSDAP mit ihrem Führer Adolf Wagner einzog. Das »Haus der Nationalsozialisten«, wie es nun hieß, wurde bald zu klein, da die Partei immer mehr staatliche Kompetenzen auf sich vereinigte (→ Promenadeplatz 2). Im Jahr 1940 zog man in das sogenannte »Zentralministerium« an der (→) Ludwigstraße 2 um. Der Sitz der Gauleitung blieb nominell in der Prannerstraße, bis das Gebäude 1944 in Schutt und Asche sank.

Kardinal-Faulhaber-Straße 7

Im Erzbischöflichen Palais an der Kardinal-Faulhaber-Straße 7 (damals Promenadestraße 7) amtierte Michael von Faulhaber (1869–1952) seit 1913 als Erzbischof und seit 1917

Michael Kardinal von Faulhaber, 1949

als Kardinal. Wie kaum ein zweiter repräsentierte er die katholische Kirche nicht nur in München und Bayern, sondern auch über die Grenzen Deutschlands hinaus. Seine persönliche Freundschaft mit Eugenio Pacelli, der 1917–1925 päpstlicher Nuntius in München und seit 1930 für die vatikanische Außenpolitik verantwortlich war und schließlich 1939 als Pius XII. zum Papst gewählt wurde, verschaffte Faulhaber Einfluß auf allen Ebenen.

Faulhaber setzte seine ganze Autorität für die von ihm als richtig erkannten politischen Ziele ein: Staatskirchentum, Wiedererrichtung der Monarchie, Ablehnung der konfessionsneutralen Demokratie, Rechtsstaatlichkeit gemäß der Zehn Gebote. Sein Leben widmete er der Durchsetzung der kirchlichen Interessen und der biblischen Lehre.

Die Nationalsozialisten waren erbitterte Feinde der christlichen Religion. Sie verachteten die Forderungen der Zehn Gebote als Selbstbeschränkung demütiger »Schafsnaturen«. Sie anerkannten keinen ihnen übergeordneten Gott, sondern setzten sich als selbsternannte Herrenmenschen an die Stelle eines Schöpfers. Dementsprechend exekutierten sie ihren Willen nach selbstgeschaffenen Normen. Die Nationalsozialisten bezeichneten ihre Weltanschauung als »gottgläubig«.

Die katholische Kirche hatte seit 1920 vergeblich versucht, einen Staatsvertrag – ein Konkordat – mit dem Deutschen Reich zu schließen, wodurch ihre Stellung im Staat fest

definiert worden wäre. Nach der Machtübergabe an die Nationalsozialisten im Jahr 1933 schienen sich die Interessen der Kirche und des deutschen Staates verzahnen zu können: Anerkennung des »Dritten Reiches« durch die katholische Kirche, die sich als höchste Macht auf Erden verstand, und Festschreibung der staatsrechtlichen Stellung der Kirche durch den Staat.
Die Ablehnung des Bolschewismus verband beide Seiten. Am 5. März 1933 lobte Faulhaber die staatlichen Kommunistenverfolgungen, wies aber darauf hin, daß die *»kommunistische Gefahr«* nicht vollständig beseitigt werden könne, wenn nicht schärfste Maßnahmen gegen die Wurzeln dieses Übels, gegen Rußland, ergriffen würden. Ziel der Kirche sei aber nicht die Vernichtung der einzelnen Kommunisten, sondern ihre Bekehrung zum Glauben. Hitler dagegen hatte am 10. Februar 1933 erklärt: *»Solange der Allmächtige mich am Leben läßt, wird mein Wille, die Kommunisten zu vernichten, ein unbändiger sein.«* Er berief sich dabei aus taktischen Gründen auf Gott. Am 13. März 1933 sprach Papst Pius XI. Hitler seine Anerkennung dafür aus, daß er als erster Staatsmann klar und deutlich vom Bolschewismus abgerückt sei. Die Konkordatsverhandlungen schienen umso vordringlicher, als die Kirchenfeindschaft der Nationalsozialisten sich nicht nur auf Worte beschränkte, sondern bereits in die Tat umgesetzt wurde – wie im Juni 1933 anläßlich des Kolpingtages (→ Frauenplatz). Am 20. Juli 1933 wurde das Konkordat abgeschlossen (→ Brienner Straße 15). Das »Dritte Reich« erhielt damit eine innen- und außenpolitische Aufwertung. Die katholische Kirche glaubte, die Nationalsozialisten würden sich an den von ihnen unterzeichneten Vertrag halten. Diese taten dies aber nur, so lange es aus taktischen Gründen ratsam erschien.
Der nur beiseite geschobene Konflikt zwischen Kirche und Staat schwelte weiter. In seinen Adventspredigen 1933 zum Beispiel wies Faulhaber darauf hin, daß sich in der deutschen Kultur seit dem frühen Mittelalter zahlreiche Einflüsse aus dem Alten Testament, also aus der jüdischen Kultur, fänden: *»Wir müßten unsere deutschen Klassiker Lügen strafen, wollten wir das Alte Testament mißachten und aus den Schulen und Volksbüchereien verbannen. Wir müßten die Geistesgeschichte unseres Volkes verleugnen.«* Über die Juden sagte er: *»Bei keinem anderen Volk findet sich eine solche Schriftenreihe, worin so klar, so bestimmt, so einheitlich die Grundwahrheiten des religiösen Lebens dargeboten werden.«*
In der Nacht vom 27. auf den 28. Januar 1934 wurden Schüsse auf das Erzbischöfliche Palais abgegeben, am 28. Juni 1934 eine Nummer des »Amtsblattes der Erzdiözese München-

Freising« verboten. In ihm wurde der Nationalsozialismus als Neuheidentum bezeichnet und die katholischen Lehrerinnen und Lehrer, Beamten und Soldaten aufgefordert, bei jeder dienstlichen Anordnung zu prüfen, ob diese mit ihrem Gewissen zu vereinbaren sei.
Am 1. Juli 1934 ermordete die SS im Rahmen des »Röhmputsches« die prominenten Katholiken Erich Klausener, Adalbert Probst und Fritz Gerlich (→ Richard-Wagner-Straße 27), ohne daß der Kardinal dagegen protestiert und den Einfluß der Kirche, vor dem die Machthaber Respekt hatten, geltend gemacht hätte.
Als ein Bombenattentat auf Hitler am 8. November 1939 im Bürgerbräukeller (→ Rosenheimer Straße 29) sein Ziel verfehlte, sandte Faulhaber ein Telegramm an Hitler: *»Eben von verabscheuungswürdigem Verbrechen im Bürgerbräukeller in Kenntnis gesetzt, spreche ich als Ortsbischof und im Namen der bayerischen Bischöfe wärmsten Glückwunsch aus für ihre glückliche Rettung und bitte Gott, er möge auch ferner seinen schützenden Arm über Sie halten.«*
Seit November 1939 organisierte der Staat die Ermordung von etwa 70 000 geistig und körperlich Behinderten. Trotz aller Geheimhaltung wurden die Morde bekannt, und die katholischen Bischöfe protestierten am 1. August 1940 bei Hitler, öffentlich dann am 6. Juli 1941 in einem Hirtenbrief. Daraufhin wurde das sogenannte Euthanasie-Programm am 24. August 1941 eingestellt.
In einem Hirtenbrief vom 22. März 1942 kritisierte Faulhaber in schärfster Form den staatlichen *»Kampf gegen Christentum und Kirche«*. Dem »Dritten Reich« warf der Kardinal vor, das Konkordat systematisch zu brechen, die Christen in ihrer Glaubensausübung zu verfolgen, Priester willkürlich zu verhaften und christentumsfeindliche Schriften in Massenauflage zu verbreiten. Am 25. April 1943 protestierte er gegen den Massenmord an den europäischen Juden.
Noch nie wurden in Bayern so viele Kirchen gebaut, aber auch durch den Krieg zerstört wie in den Jahren 1933–1945. Als die US-Armee am 30. April 1945 in München einmarschierte, lagen neben anderen die Frauen- und Michaelskirche in Schutt und Asche. Im Gegensatz dazu stand die katholische Kirche als Institution unangefochten inmitten der Trümmerwüste. Sämtliches staatliches Leben war erloschen, doch die Kirche als Organisation fand Anerkennung sowohl bei den US-Behörden als auch bei der besiegten Bevölkerung. Gemäß ihrem Grundsatz, bestimmte Ideologien, ihre individuellen Vertreter aber nicht zu verurteilen, öffnete sich die Kirche allen, die bei ihr Halt suchten. Ein zeitgenössischer Bericht schrieb dazu: *»Menschen, die ein Jahrzehnt und*

länger nicht mehr über die Schwelle einer Kirche getreten waren, suchten sie jetzt Sonntag für Sonntag auf. Parteimitglieder, die ehedem bei Fragen nach dem Glaubensbekenntnis stolz ›gottgläubig‹ in die Rubriken eingetragen hatten, knieten, von mehr oder weniger echter Reue erfüllt, in den vollgestopften Kirchen. Zahlreiche heranwachsende Kinder, ja Buben in den Flegeljahren, wurden plötzlich von den Eltern zur Taufe geschickt. Vordem hatte man es nicht für nötig gehalten.«

Auch in politischer Hinsicht konnte die katholische Kirche Einfluß ausüben. So baten die Amerikaner Kardinal Faulhaber, ihnen einen geeigneten Mann für das Amt des Ministerpräsidenten zu nennen. Am 28. Mai 1945 trat Fritz Schäffer auf Empfehlung diesen Posten an (→ Promenadeplatz 2). Er gehörte zu den Gründern der Christlich-Sozialen Union (CSU) (→ Paul-Heyse-Straße 29–31), die sich als Nachfolgerin der katholischen Bayerischen Volkspartei (BVP) verstand. Mit der CSU erhielt die Kirche eine politische Organisation, die ihre Belange durchsetzte. Dies galt insbesondere für das bayerische Konkordat von 1924, das in der Verfassung von 1946 abgesichert wurde. Der Verbindungsmann zwischen Kirche und Partei war Prälat Georg Meixner, der als Vorsitzender des kulturpolitischen Ausschusses der CSU fungierte.

Salvatorplatz 2

Hans Schemm, 1933

Neuer Chef des Kultusministeriums am Salvatorplatz 2 wurde am 9. März 1933 der Volksschullehrer Hans Schemm (1891–1935) (→ Rotbuchenstraße 81). Gerade die Schulpolitik nahm im »Dritten Reich« einen wichtigen Platz ein, da man in ihr ein wichtiges Mittel zur systematischen Beeinflussung der Jugend sah. In einer Rede am 4. April 1933 legte Schemm die Ziele der von ihm durchzusetzenden Politik dar: »*Über allen Unterrichtshandlungen müssen folgende Parolen stehen: Rasse, Wehr, Persönlichkeit und Religiosität. Jedem deutschen Erzieher muß der Satz gegenwärtig sein: ›Am deutschen Wesen muß einmal die Welt genesen.‹ Die wichtigsten Baumeister im deutschen Volk sind die deutschen Lehrer und Erzieher. Insbesondere im Turnunterricht muß ein starkes militärisches Element durchgesetzt werden. Im Geschichtsunterricht muß die nationalsozialistische Revolution als Endpunkt und Höhepunkt des Schicksals des deutschen Volkes ihren Niederschlag finden. Alle Schulbüchereien werden von marxistischen, pazifistischen und atheistischen Schriften gereinigt. An jeder bayerischen Schule wird ein im Freiheitskampf bewährter Erzieher mit der Durchführung dieser Maßnahmen beauftragt.*«

Später, am 8. Juni 1933, ließ Schemm noch weitere Erziehungsinhalte verlauten: »*Das Ziel ist die Heranbildung der deutschen Jugend zum Bekenntnis zum deutschen Volk und Vaterland, zu Gott, Blut und Heimat. Der deutsche Lehrer darf nicht objektiv, er muß deutsch sein. Alles was dem deutschen Volk nicht liegt, ist falsch; alles was dem deutschen Volk schadet, ist ein Verbrechen. Die Losung lautet: ›Ein Volk, eine Schule, ein Erzieher.‹ Und der große Erzieher des deutschen Volkes heißt Adolf Hitler.«* Nachdem der fanatische Nationalsozialist Schemm 1935 tödlich verunglückt war, übernahm Gauleiter Adolf Wagner das Amt des Kultusministers. Damit endete die eigenständige bayerische Schulpolitik (→ Promenadeplatz 2).

Die US-Behörden setzten am 16. Juni 1945 den früheren BVP-Politiker Otto Hipp (1886–1952) als Kultusminister ein. Ihm oblag die fast unlösbare Aufgabe, die bayerischen Schulen zu entnazifizieren, also politisch belastete Lehrkräfte zu entlassen und nationalsozialistische Schulbücher zu entfernen. Diese Maßnahmen, nicht allein die zerstörten Schulgebäude, führten dazu, daß der Unterricht nur unter sehr erschwerten Bedingungen wieder aufgenommen werden konnte. Schon am 29. September 1945 übernahm Franz Fendt (1892–1982) von der SPD das schwierige Amt des Kultusministers.

Alois Hundhammer, 1950

Nach der ersten Landtagwahl nach dem Krieg war seit dem 21. Dezember 1946 der ultra-konservative Alois Hundhammer (1900–1974) von der CSU Kultusminister. Hundhammer hatte bis 1933 dem Bayerischen Landtag für die BVP angehört und war ein gefürchteter Gegner der Nationalsozialisten gewesen. Der NSDAP-Abgeordnete Joseph Bauer, der von 1933 bis 1945 Leiter des Münchner Schulreferats war, drohte am 26. März 1933: *»Ich hatte noch Gelegenheit, einem unserer erbittertsten Gegner, dem Herrn Dr. Hundhammer, im Landtag zu sagen, wieviel es geschlagen hat. Der Mann versuchte noch, die Polizei gegen uns zu hetzen, versuchte noch, die Straße gewaltsam räumen zu lassen, ein Blutvergießen herbeizuführen.«* Hundhammer verstand diesen Wink und stimmte am 29. April 1933 dem bayerischen Ermächtigungsgesetz zu (→ Prannerstraße 8). Die Nationalsozialisten ließen ihn fortan in Ruhe, und er verdiente sich seinen Lebensunterhalt als Schuhmacher.

Als Kultusminister wollte Hundhammer die Zustände der zwanziger Jahre an den bayerischen Schulen wiedereinführen: Trennung der Schülerinnen und Schüler nach Konfession und Einführung der Prügelstrafe für Jungen, die sein Vorgänger Fendt erst abgeschafft hatte. Als die Militärregierung die Einführung der Schulgeldfreiheit und kostenloser Lernmittel zum 1. September 1948 anordnete, erklärte Hund-

hammer diesen Befehl aus finanziellen Gründen für undurchführbar.
Der Schulpolitik Hundhammers entsprach beispielsweise das neue Lesebuch für die Grundschulen aus dem Jahr 1947. In ihm fanden die Kinder keinen Hinweis auf ihre Gegenwart, die von Hunger, Zerstörung und Tod geprägt war. Nicht einmal Flugzeuge oder Radios fanden Erwähnung. Die Welt der Kinder hatte ausschließlich aus Sagen, Märchen und Idyllen zu bestehen.

Max-Joseph-Platz Einer der bekannten Künstler, die sich mit dem »Dritten Reich« bestens arrangierten, war der Münchner Richard Strauß (1864–1949). Anläßlich seines 70. Geburtstages am 11. Juni 1934 wurde er mit einer Festwoche im Nationaltheater am Max-Joseph-Platz gefeiert. Im Gegensatz zur sogenannten Entarteten Musik wie der Zwölftonmusik Arnold Schönbergs, der 1933 Deutschland verlassen mußte, oder dem Jazz erfreute sich die Strauß'sche Musik höchster Anerkennung. Der »Völkische Beobachter« etwa lobte am 11. Juni 1934: *»Richard Strauß ragte wie ein Fels auf, fest und unerschütterlich, ohne je die geringste Konzession an die ›Forderungen der Zeit‹ zu machen. Da zeigte er den Charakter als Künstler, der erst die Größe des Künstlertums bestimmt.«*
Als Ehrengeschenke nahm Strauß ein in Silber gerahmtes Bild des »Führers« entgegen, der es eigenhändig mit folgenden Worten signiert hatte: *»Dem großen Komponisten Richard Strauß in aufrichtiger Verehrung, Adolf Hitler.«* Ferner erhielt Strauß ein Bild des Propagandaministers Goebbels mit der Widmung: *»Dem großen Meister der Töne in dankbarer Verehrung zu seinem 70. Geburtstag.«* Reichspräsident Hindenburg verlieh Strauß den Adlerschild des Deutschen Reiches. Gerührt und stolz zugleich dankte der zu Reichtum gelangte Komponist für die verschiedenen Ehrungen und versprach, seine ganzen Kräfte in den Dienst der ihm in der neuen Zeit zufallenden Aufgabe zu stellen.
Klaus Mann, der Deutschland 1933 mit seinen Eltern und Geschwistern hatte verlassen müssen (→ Thomas-Mann-Allee 10), kehrte im Mai 1945 als amerikanischer Kriegsberichterstatter in seine Heimat zurück. Am 15. Mai besuchte er Richard Strauß in dessen Domizil in Garmisch. Der Meister stellte sich als Opfer des »Dritten Reiches« dar: Nicht nur, daß Hitler seiner Musik zu wenig Aufmerksamkeit geschenkt hätte, auch seine Schwiegertochter habe nicht in dem Ausmaß reiten und auf die Jagd gehen können, wie sie es gewohnt gewesen sei. Schlimmer noch: Man habe Ausgebombte in seiner Villa einquartieren wollen. In letzter Minute habe er

jedoch diese Unverschämtheit abwenden können. Über die Nachkriegszeit mußte sich Klaus Mann anhören: »*Auswandern? Ja, wenn das Essen schlecht wird! Im Dritten Reich gab es sehr gut zu essen, besonders wenn man Tantiemen aus mindestens achtzig Opernhäusern scheffelte.*«
Diese Opernhäuser waren nun zerstört. Richard Strauß blieb aber als Komponist anerkannt.

Maximilianstraße 5

Die verschiedenen liberalen Vereinigungen in Bayern – in München war es die Liberaldemokratische Partei (→ Holzhofstraße 6) – erhielten am 15. Mai 1946 von den US-Behörden die Erlaubnis, sich zu einer landesweiten Partei zusammenzuschließen. Am 30. Mai 1946 fand in Nürnberg die Gründungsversammlung der Freien Demokratischen Partei (FDP) statt, auf der Thomas Dehler (1897–1967) zum Vorsitzenden gewählt wurde. Ihre Büroräume unterhielt die Partei im dritten Stock der Maximilianstraße 5.

In ihrem Parteiprogramm forderten die Freien Demokraten neben dem freien und allgemeinen Wahlrecht und der Gleichheit aller Menschen und Meinungen insbesondere die »*Wertung jeder Frauenarbeit in Haus und Beruf*« und die »*Bindung des deutschen Arbeiters an die Scholle durch Schaffung von Eigenheimen*« sowie ein Ende der »*Einmischung und Betätigung der Kirche auf politischem Gebiet.*« Unter »*Freiheit*« verstand man auch den »*Aufbau einer Wirtschaft nach den Grundsätzen des freien Wettbewerbs – in Notzeiten Lenkung durch den Staat unter selbstverantwortlicher Beteiligung der Wirtschaft.*«

Thomas Dehler, 1948

Bei der Stadtratswahl am 30. Mai 1948 erhielt die FDP zwei von 50 Mandaten. Eines dieser beiden Mandate übte Hildegard Brücher (geb. 1921) aus. Seit ihrer Heirat mit dem CSU-Stadtrat Erwin Hamm trägt sie den Doppelnamen Hamm-Brücher. Über sie schrieb die »Süddeutsche Zeitung« vom 3. Juli 1948: »*Die jüngste Stadträtin Münchens und wohl ganz Deutschlands ist mit ihren 27 Jahren die Journalistin Hildegard Brücher (FDP), eine natürliche, hübsche junge Dame mit braunem Wuschelkopf und modisch langem Rock.*«

Herzog-Rudolf-Straße 3–5

Im deutschen Judentum gab es zwei Hauptströmungen: die liberalen und die orthodoxen Juden. Während die liberale Richtung ihr geistliches Zentrum in der Hauptsynagoge an der (→) Herzog-Max-Straße 3–7 hatte, versammelten sich die orthodoxen Juden seit 1892 in der Synagoge »Ohel Jakob« an der Herzog-Rudolf-Straße 3. Ihr angeschlossen war die Israelitische Volksschule an der Herzog-Rudolf-Straße 5, die den Status einer öffentlichen Bekenntnisschule besaß. Beide Gebäude wurden in der Reichspogromnacht vom 9./10. No-

Synagoge an der Herzog-Rudolf-Straße, 10. 11. 1938

vember 1938 geplündert und anschließend in Brand gesteckt. Die Feuerwehr verhinderte lediglich ein Übergreifen des Feuers auf die benachbarten Häuser. Heute erinnert eine Gedenktafel an die Synagoge.

Platzl 9   Im Hofbräuhaus am Platzl 9 verkündete Hitler am 24. Februar 1920 das Parteiprogramm der sich damals noch »Deutsche Arbeiterpartei« nennenden NSDAP. Darüber hinaus galt eine Saalschlacht im Hofbräuhaus am 4. November 1921 als Geburtsstunde und Feuertaufe der SA. Das weltberühmte Gebäude entwickelte sich deshalb in späteren Jahren zu einer nationalsozialistischen Wallfahrtsstätte. Seit 1934 versammelten sich alljährlich zum 24. Februar die »Alten Kämpfer« mit Hitler an der Spitze zur Parteigründungsfeier im Hofbräuhaus. In dem Reiseführer »München. Weltreiseziel« aus dem Jahr 1935 heißt es dazu: *»Und heute,*

Parteigründungsfeier, 24.2.1935

da wir in einem restlos nationalsozialistischen München und Deutschland leben, hat das alte Münchner Hofbräuhaus auch für unser ganzes Volk jene Weihe kämpferischer Tradition und jene undefinierbare Abgeklärtheit geschichtlichen Bodens erhalten, wie damals für die wenigen Kämpfer.« Mehr noch: »*Das Dritte Reich feiert und sieht hin nach München, nach der Hauptstadt der Bewegung, wo im Hofbräuhaus, an der geschichtlichen Stätte selbst inmitten eines überzeugten Volkes, der Führer allein ist mit seinen alten Kämpfern, denn sie allein waren es, die in Hingabe an das Schicksal zu bluten bereit waren und in Hingabe auch an das Schicksal der Hauptstadt der Schönheit und der Kunst.«* Zum 25. Jahrestag konnten die Feiern nicht mehr im inzwischen zerstörten Hofbräuhaus stattfinden, sondern wurden im Hofbräukeller (→ Innere Wiener Straße 19) abgehalten.

Tal 38

Ein weiteres Parteiheiligtum aus der Frühzeit des Nationalsozialismus war der Sterneckerbräu im Tal 38 (damals 54), wo im Jahr 1919 die erste Geschäftsstelle der Partei eingerichtet worden war. Am 8. November 1933 eröffnete Hitler persönlich das dortige Parteimuseum. Es bestand aus dem Nebenraum, in dem sich das Geschäftszimmer befunden hatte, und einer Vielzahl von Gegenständen aus der frühen NS-Bewegung. Im Stadtführer »München. Weltreiseziel« heißt es zum Sterneckerbräu, hier *»verkörperte sich das urwüchsige,* *bodenständige, jedoch schon schwer erschütterte und darum nach Neuem ringende München um 1918, das einer rücksichtslos erkennenden und ebenso rücksichtslos rettenden Hand dringend bedurfte, um die ewigen Werte zu erhalten, die es in seinem goldenen Herzen barg.«* Alljährlich am 8. November, dem Tag des Hitler-Putsches von 1923, versammelte sich die Parteispitze und die »Alten Kämpfer« im Sterneckerbräu.

Zufall oder nicht: Am 17. Dezember 1949 gründete im Sterneckerbräu, in dem nichts mehr an seine Vergangenheit erinnerte, der ehemalige SED-Funktionär Peter Abel die rechtsradikale »Volksfront-Bewegung«. Unter den etwa 50 Anwesenden befanden sich 18 Zeitungskorrespondenten, sechs Pressefotografen, fünf Kriminalbeamte sowie fünf Beobachter anderer Parteien. Angesichts dieses Teilnehmerkreises wagte Abel nicht, seine Ziele darzulegen, außer daß er für ein Deutschland in den Grenzen von 1937 und einen sofortigen Friedensvertrag eintrete.

Marienplatz

Die Reichstagswahl vom 5. März 1933 hatte in München der NSDAP 178 419 Stimmen, der BVP 103 182, der SPD 96 719, der KPD 55 583 und der DNVP 29 046 Stimmen eingebracht. Die Stimmung in der siegreichen NSDAP gab der »Völkische Beobachter« wider: *»Heil Hitler! Auch in München ist die Schlacht geschlagen – und gewonnen! Auch in München Sieg auf der ganzen Linie: Sieg über den Marxismus, Sieg über die Bayerische Volkspartei! Durch die Reihen aller wahren Nationalsozialisten geht ein unhörbares ›Helm ab zum Gebet!‹ Ihre Herzen neigen sich in Dankbarkeit vor dem Schöpfer. Und, man braucht sich nicht zu schämen, es zu berichten: Alte, harte, kampf- und toderprobte Kämpfer der Bewegung weinten, so sehr ergriff sie die Größe dieses Sieges und die Größe des Führers, die in diesem Sieg ihren überwältigenden Ausdruck findet!«*

»Völkischer Beobachter«, 17. 3. 1933

Abtreten, Herr Oberbürgermeister!
Dr. med. h. c. Scharnagls Schuldkonto

Obwohl es sich nicht um eine Kommunalwahl gehandelt hatte, hißte Max Amann (→ Thierschstraße 11–15) am Rathausturm eine Hakenkreuzfahne. Aber noch war Karl Scharnagl (1881–1963) von der BVP Oberbürgermeister. Gegen ihn begann nun ein propagandistisches Trommelfeuer, damit er von seinem Amt zurücktrete. Am 20. März gab Scharnagl dem Druck nach. Schriftlich erklärte er dem Innenminister Adolf Wagner von der NSDAP: »*Heute wurde mir Ihre dringliche und bestimmte Aufforderung überbracht, zur Herstellung der Gleichschaltung der Gemeindeverwaltung in München mit der Reichsregierung und der gegenwärtigen bayerischen Landesregierung mein Amt als 1. Bürgermeister der Landeshauptstadt München niederzulegen. Diesem an mich ergangenen Befehl komme ich nach und lege hiermit mein Amt nieder unter dem ausdrücklichen Hinweis darauf, daß ich unter Vorbehalt aller meiner Rechte der Gewalt weiche.*«

Scharnagls Nachfolger wurde ein Nationalsozialist der allerersten Stunde, Karl Fiehler (1895–1969). Schon während des Hitlerputsches 1923 hatte er sich als Schläger und Zerstörer der Redaktionsräume der sozialdemokratischen »Münchener Post« einen Namen gemacht. Mit Hitler zusammen verbüßte er dafür eine kurze Haftstraße im Gefängnis Landsberg. Seit 1925 vertrat er im Stadtrat nationalsozialistische Ideen. 1933 nun war seine große Stunde gekommen. Er wurde Oberbürgermeister.

Fiehler war verantwortlich für die »Gleichschaltung« des Stadtrates. Der SPD-Stadtrat Thomas Wimmer (1887–1964) beispielsweise wurde schon am 10. März 1933 in »Schutzhaft« genommen und galt für Fiehler »*wegen Krankheitsurlaub*« entschuldigt, wie er auf der Stadtratssitzung am 9. Mai 1933 mitteilte. An diesem Tag inszenierte die NSDAP den zweiten Schritt zur »Gleichschaltung«, nachdem die sechs Stadträte der KPD bereits verhaftet worden oder geflüchtet waren.

»Völkischer Beobachter«, 10. 5. 1933

Stadtrat Max Amann verlas folgende Erklärung: »*Die sozialdemokratische Fraktion hat in der letzten Sitzung des Stadtrates bei der Ehrung des Reichskanzlers Adolf Hitler und des Herrn Reichsstatthalters General Franz Ritter von Epp ostentativ den Saal verlassen.* [Hitler und Epp wurde die Ehrenbürgerschaft verliehen; d. V.] *Diese Handlungsweise stellt eine unverschämte Provokation nicht nur unserer Fraktion, sondern auch der gesamten Münchner Bevölkerung dar. Die sozialdemokratische Fraktion hat in der letzten Wahlperiode des Stadtrates München die nationalsozialistische Freiheitsbe-*

wegung auf das niederträchtigste, gehässigste und verwerflichste angegriffen und verleumdet. Der Stadtrat Auer und die sozialdemokratische Fraktion haben die Frechheit, heute hier im Stadtrat zu sitzen. Wir lehnen jede weitere Zusammenarbeit mit den marxistischen Arbeiterverrätern ab und fordern die sozialdemokratische Fraktion auf, sofort ein für alle Mal aus der Gemeindevertretung zu verschwinden.« Da die sechs anwesenden SPD-Stadträte – außer Wimmer befand sich auch Adolf Dichtl in Haft, die Stadträte Bernhard Schilling und Ernst Walz hatten sich als rechtsradikale »Deutsche Sozialisten« abgespalten – den Sitzungssaal nicht verlassen wollten, wurden sie hinausgeprügelt.

Anschließend drohte Amann den elf Stadträten der BVP: *»Jede Sabotage unseres Vorgehens von Ihrer Seite verbitten wir uns. Wir lehnen es ab, uns dreinreden zu lassen, wenn wir gezwungen sind, eine Abrechnung zu halten.«* Der BVP-Stadtrat Georg Stang erklärte daraufhin eingeschüchtert, daß es ihm fernliege, sich schützend vor die »Marxisten« zu stellen.

Am 11. Juli 1933 traf es dann auch die Fraktion der bereits aufgelösten BVP. Der Nationalsozialist Christian Weber (→ Residenzstraße 1) verkündete: *»Ich bin beauftragt, ausdrücklich zu betonen, daß die Stadtratsfraktion der NSDAP in ihrer Tätigkeit im Stadtrat durch die Herren der ehemaligen Bayerischen Volkspartei nicht gestört sein will.«* Um nicht ebenfalls aus dem Rathaus geprügelt zu werden, verließen die Unerwünschten schweigend den Sitzungssaal.

»Völkischer Beobachter«, 12. 7. 1933

Denkwürdiger Tag:

Auszug der „Volksparteiler" aus dem Rathaus

Ein rein nationalsozialistischer Stadtrat lenkt nun Münchens Geschicke

In derselben Sitzung nahm die NSDAP-Fraktion die drei Stadträte der DNVP auf und besetzte den von 50 auf fortan 36 Mandate verkleinerten Stadtrat mit ihren Leuten, die sich hochtrabend als »Ratsherren« bezeichneten.

Die letzte Sitzung dieser »Ratsherren« am 20. März 1945 beschäftigte sich mit den Ergebnissen der Politik, die in der »Hauptstadt der Bewegung« ihren Ausgang genommen hatte. Die Tagesordnungspunkte lauteten: Instandsetzungsarbeiten im Rathaus und Erörterung der schlechten Ernährungslage sowie Erweiterung des Westfriedhofes.

Am 28. April 1945 wagte die »Freiheitsaktion Bayern« einen Aufstand gegen die herrschenden Nationalsozialisten, um

München nicht in einen Endkampf mit der nahenden US-Armee zu ziehen (→Saarstraße 14). Dieses Vorhaben mißlang, jedoch setzten sich viele führende Nationalsozialisten aus der Stadt ab. Unter ihnen befand sich auch Karl Fiehler, der in seinem Spruchkammerverfahren später behauptete, er habe persönlich die bereits vorbereitete Sprengung der Isarbrücken verhindert.
Während des Verfahrens bekannte sich Fiehler zum Parteiprogramm der NSDAP und hielt die Entfernung der Juden aus dem Wirtschaftsleben weiterhin für richtig. Die Konzentrationslager seien humane Arbeitslager gewesen, von den dort begangenen Verbrechen habe er nichts gewußt. Er könne sich auch gar nicht vorstellen, daß ein solch lustiger Mensch wie sein Freund Hitler diese Greuel veranlaßt habe.
Die Richter ließen sich jedoch nicht von Fiehlers Auslassungen beeindrucken und stuften ihn als »Aktivisten« ein. Er wurde zu zwei Jahren Arbeitslager verurteilt, die aber durch die Internierungshaft als verbüßt galten. Ein Fünftel seines Vermögens wurde zu Wiedergutmachungszwecken eingezogen. Als Begründung für diese milde Strafe wurde angeführt: eine gewisse geistige Beschränktheit, die es Fiehler erschwert haben soll, den gewalttätigen Charakter des Nationalsozialismus zu erkennen.
Am 30. April 1945 erreichten die ersten amerikanischen Militärfahrzeuge um 16 Uhr kampflos den Marienplatz. Viele Bewohner der »Hauptstadt der Bewegung« begrüßten die Soldaten als Befreier. Viele befürchteten aber auch, die Sieger könnten Rache üben beispielsweise für das Konzentrationslager Dachau, dessen Insassen die Amerikaner am Tag zuvor befreit hatten.
Die US-Militärverwaltung für München unter Oberst Walter Kurtz hatte ihre Räume bis Ende Juli 1945 im Rathaus (→ Sophienstraße 6). Sie setzte am 4. Mai 1945 Karl Scharnagl als Oberbürgermeister wieder ein. Er hatte das »Dritte Reich« in seinem erlernten Beruf als Bäcker überlebt, war aber im Zusammenhang mit dem Attentat auf Hitler vom 20. Juli 1944 zeitweilig inhaftiert worden.
Am 8. Mai 1946 hielt er im Rundfunk eine Rede anläßlich des Jahrestages des Kriegsendes, in der er ausführte: *»Wir müssen auch dauernd dankbar der großen Leistung gedenken, die die amerikanische Armee vollbracht hat mit der Niederwerfung des immer noch beträchtlichen Widerstandes, der in unserer bayerischen Heimat bis hinein in die Umgebung unserer Stadt von den Verteidigern der Naziherrschaft der Niederwerfung und Austilgung ihres Wahnsinnsregimes entgegengestellt wurde. Es bleibt eine geschichtliche Tatsache, daß die Wege zur Freiheit, zu demokratischer Ordnung und Neugestaltung*

unseres Staates und damit zu einer Rückkehr unserer Nation in die Reihen angesehener Völker der Welt uns durch diese Leistung der amerikanischen Armee eröffnet worden sind.«
Eine Gedenktafel im Durchgang zum Innenhof des Rathauses dankt der US-Armee für die Befreiung vom Terror der Nationalsozialisten.

Die Militärbehörde verließ das Rathaus Ende Juli 1945, um Platz zu machen für die neuorganisierte Stadtverwaltung. Am 1. August begannen 14 berufsmäßige und 36 ehrenamtliche Stadträte, die von Scharnagl berufen worden waren, mit der Bewältigung der schier unüberwindbaren Schwierigkeiten. Sie gehörten keinen Parteien an, da diese noch nicht die Gründungserlaubnis von den Militärbehörden erhalten hatten. Unter den Stadträten befanden sich zehn ehemalige Häftlinge des Konzentrationslagers Dachau und nur eine Frau, Zita Zehner.

Karl Scharnagl, 1946

Die erste Kommunalwahl nach dem Krieg am 26. Mai 1946 brachte der CSU 20, der SPD 17, der KPD 2 sowie der WAV (→ Nikolaistraße 10) und den Parteilosen je ein Mandat. In seiner ersten Sitzung am 6. Juni 1946 wählten die Stadträte – unter ihnen fünf Stadträtinnen – Karl Scharnagl (CSU) zum Oberbürgermeister und Thomas Wimmer (SPD) zu seinem Stellvertreter. Des weiteren beschloß man, die Ehrenbürgerwürde von Adolf Hitler, Franz Xaver von Epp, Franz Xaver Schwarz, Adolf Wagner und Hermann Göring abzuerkennen (→ Promenadeplatz).

Thomas Wimmer (Mitte, mit Schirmmütze und Zigarre) beim Schutträumen auf dem Marienplatz, 29. 10. 1949

Bei der zweiten Stadtratswahl am 30. Mai 1948 ergab sich folgendes sensationelles Ergebnis: SPD 15 Sitze, Bayernpartei 13, CSU 10, KPD 6, WAV 3, FDP 2, Parteilose Katholiken 1 Sitz. Ein Fünftel der 50 Mandate wurde nun von Frauen übernommen. Am 1. Juli wählte man Thomas Wimmer zum Oberbürgermeister und Scharnagl zu seinem Stellvertreter. Wimmer amtierte bis 1960, als er von Hans-Jochen Vogel (SPD) abgelöst wurde.

Zwei Ereignisse, die sich im Rathaus abspielten, seien noch erwähnt. Am 8. Januar 1946 fand hier die Gründung der Christlich-Sozialen Union (CSU) statt (→ Paul-Heyse-Straße 29–31).

Am 27./29. Januar 1946 wurde zum ersten Mal seit zwölf Jahren wieder ein internationaler jüdischer Kongreß in Deutschland abgehalten, die »Conference of Liberated Jews«. Die weltweit beachtete Versammlung im Sitzungssaal des Rathauses der ehemaligen »Hauptstadt der Bewegung« beschäftigte sich mit der Entschädigung der überlebenden Juden und der Errichtung eines jüdischen Staates in Palästina. Einer der Redner, David Ben Gurion, der am 14. Mai 1948 den Staat Israel proklamierte, forderte das Recht der Juden auf einen eigenen Staat, in dem sie endlich in Sicherheit leben könnten.

Marienplatz/ Altes Rathaus

Im benachbarten Alten Rathaus traf sich – wie üblich anläßlich des Jahrestages des Hitlerputsches vom 8./9. November 1923 – am 9. November 1938 die gesamte Führungselite der NSDAP (→ Rosenheimer Straße 29).

Am 28. Oktober 1938 hatte das Deutsche Reich rund 17 000 Juden polnischer Staatsangehörigkeit ausgewiesen und sie an die polnische Grenze transportieren lassen. Da der polnische Staat die Einreise seiner Staatsbürger verweigerte, vegetierten die Menschen im Grenzgebiet dahin. Unter ihnen befanden sich die Eltern des 17jährigen Herschel Grynszpan, der in Paris lebte und am 7. November 1938 den deutschen Botschaftsangehörigen Ernst vom Rath anschoß, so daß dieser am 9. November seinen Verletzungen erlag.

Dieser Vorfall ereignete sich gleichzeitig mit den Parteifeierlichkeiten in München. Seit langem schon hatte man Judenpogrome sorgfältig und umfassend vorbereitet. Im Festsaal des Alten Rathauses rief nun Joseph Goebbels am Abend des 9. November zur »*Vergeltung am Weltjudentum*« auf. Kurz vor Mitternacht ließ er ein Fernschreiben an alle Polizeistellen ergehen, in dem es hieß: »*1. Es werden in kürzester Frist in ganz Deutschland Aktionen gegen Juden, insbesondere gegen deren Synagogen stattfinden. 2. Sofern sich in Synagogen wichtiges Archivmaterial befindet, ist dieses durch eine sofor-*

tige Maßnahme sicherzustellen. 3. Es ist vorzubereiten die Festnahme von etwa 20 000 bis 30 000 Juden im Reiche. Es sind auszuwählen vor allem vermögende Juden.«
Reinhard Heydrich präsizierte in einem weiteren Fernschreiben, die Polizei und die Dienststellen der NSDAP sollten gemeinsam die »Demonstrationen« leiten. Weiter hieß es: *»Es dürfen nur solche Maßnahmen getroffen werden, die eine Gefährdung deutschen Lebens oder Eigentums nicht mit sich bringen. Zum Beispiel Synagogenbrände nur, wenn keine Brandgefahr für die Umgebung ist.«*
Sofort in jener Nacht fanden unter passiver Anteilnahme sehr vieler Schaulustiger die geplanten Ausschreitungen gegen die Juden statt. Die Bilanz dieser Nacht in Deutschland: 91 Ermordete, zahllose Verletzte, Mißhandelte und Vergewaltigte, 191 zerstörte Synagogen, 7500 zerstörte und ausgeraubte Geschäfte, Verwüstung unzähliger Wohnungen und fast aller jüdischer Friedhöfe, 30 000 Einlieferungen in Konzentrationslager.
In München wurden ein Jude ermordet und 900 Menschen verhaftet und in das Konzentrationslager Dachau gebracht. Rund 700 Geschäfte und Betriebe wurden demoliert und die beiden Synagogen (→ Herzog-Rudolf-Straße 3–5, → Reichenbachstraße 27) zerstört. Die Hauptsynagoge (→ Herzog-Max-Straße 3–7) war bereits im Juni 1938 abgerissen worden.
Am Morgen nach dieser sogenannten Reichskristallnacht erließ Goebbels einen »Aufruf an Alle!«, der lautete: *»Die berechtigte und verständliche Empörung des deutschen Volkes über den feigen jüdischen Meuchelmord an einem deutschen Diplomaten in Paris hat sich in der vergangenen Nacht in umfangreichem Maße Luft verschafft. In zahlreichen Städten und Orten wurden Vergeltungsaktionen gegen jüdische Gebäude und Geschäfte vorgenommen. Es ergeht nunmehr an die gesamte Bevölkerung die strenge Aufforderung, von allen weiteren Demonstrationen und Aktionen gegen das Judentum, gleichgültig welcher Art, sofort abzusehen. Die endgültige Antwort auf das jüdische Attentat in Paris wird auf dem Wege der Gesetzgebung beziehungsweise der Verordnung dem Judentum erteilt werden.«*
Kurz darauf traten die längst vorbereiteten Verordnungen in Kraft. Am 12. November 1938 erließ Hermann Göring, der »Beauftragte für den Vierjahresplan« zur Kriegsvorbereitung, eine »Sühneverordnung«, die zur Finanzierung der Aufrüstung gedacht war. Die Juden deutscher Staatsangehörigkeit mußten zusammen 1 Milliarde Reichsmark wegen *»ihrer feindlichen Haltung gegenüber dem deutschen Volk und Reich«* zahlen. Weiterhin wurden alle Juden aus dem

deutschen Wirtschaftsleben ausgeschaltet. Und schließlich gab es die »Verordnung zur Wiederherstellung des Straßenbildes«. Sie besagte: »*Alle Schäden, welche durch die Empörung des Volkes über die Hetze des internationalen Judentums gegen das nationalsozialistische Deutschland an jüdischen Gewerbebetrieben und Wohnungen entstanden sind, sind von dem jüdischen Inhaber oder jüdischen Gewerbetreibenden sofort zu beseitigen. Die Kosten der Wiederherstellung trägt der Inhaber der betroffenen jüdischen Gewerbebetriebe und Wohnungen. Versicherungsansprüche von Juden deutscher Staatsangehörigkeit werden zugunsten des Reiches beschlagnahmt.*«

In München wurde eine eigene »Arisierungsstelle« eingerichtet (→ Widenmayerstraße 27), die die Enteignung und Ghettoisierung der jüdischen Bevölkerung durchführen sollte. Innerhalb des isolierten jüdischen Lebensbereiches wurde die Israelitische Kultusgemeinde gezwungen, die staatlichen Terrormaßnahmen durchzusetzen und zu organisieren (→ Lindwurmstraße 125). Der »Völkische Beoachter« kündigte am 18. November 1938 beispielsweise an: »*Die Israelitische Kultusgemeinde richtet im Einvernehmen mit den zuständigen Stellen ab sofort eigene Verkaufsstellen ein, in denen die in München ansässigen Juden ihren notwendigen Bedarf decken können. Zutritt zu diesen Verkaufsstellen haben nur Juden.*«

Ein anderes Beispiel für die Ausgrenzung der Juden aus dem Stadtleben liefert das Vorwort des Adreßbuches 1940, herausgegeben von der Industrie- und Handelskammer (→ Maximiliansplatz 8): »*Die Ausmerzung der Einträge jüdischer Privatpersonen wurde fortgesetzt und zwar in dem Umfang, als zu diesem Zweck amtliche Unterlagen zur Verfügung standen. Eine Gewähr für die restlose Bereinigung und Richtigkeit des Einwohnerbuches kann naturgemäß auch in dieser Beziehung nicht gegeben werden. Im Vorjahr ist trotz der sorgfältigsten Sichtungsarbeiten ein Irrtum unterlaufen (Weglassung der arischen Firma Israel & Co).*«

Der 9./10. November 1938 bezeichnet den endgültigen Wendepunkt im Schicksal der europäischen Juden. Dennoch gibt es keinen Hinweis auf diesen schicksalhaften Tag am Alten Rathaus. Neben dem Eingang wurde im Jahr 1954 lediglich eine Steinplatte angebracht mit dem Text: »*Wir warten auf die Heimkehr unserer Kriegsgefangenen. Ihre Leiden bleiben unvergessen.*«

Rosental 16

Auf dem heutigen Grundstück Rosental 16 standen das Kaufhaus Uhlfelder und das Kaufhaus des »Konsumvereins Sendling-München«. Der sozialdemokratisch ausgerichtete Konsumverein mit seiner Zentrale an der Obersendlinger

Boschetsrieder Straße 101–103 eröffnete in Zeiten wirtschaftlichen Aufschwungs am 20. Oktober 1928 das Kaufhaus in der Innenstadt. Dieses entwickelte sich zu einem Verlustgeschäft, so daß seit Januar 1933 Verkaufsverhandlungen mit Uhlfelder liefen. Mit der Entmachtung der sozialdemokratischen Gewerkschaften am 2. Mai 1933 mußte das Konsum-Kaufhaus schließen und wurde von Uhlfelder übernommen. Schon seit 1930 wurde eine wilde Hetze gegen den Konsumverein organisiert. Einer »Kampfgemeinschaft gegen Warenhaus und Konsumvereine«, hinter der sich der Einzelhandel und die NSDAP verbargen, gelang es durch die Hetzkampagne, den Konsumverein wirtschaftlich zu schwächen. Die Weltwirtschaftskrise tat das ihrige dazu.

Am 3. Mai 1933 wurde ein Beauftragter der »Deutschen Arbeitsfront« als Kommissar für den Konsumverein eingesetzt. Die alte, sozialdemokratische Geschäftsführung wurde fristlos entlassen. Einige Vorstandsmitglieder wurden in »Schutzhaft« genommen. Das ursprüngliche große Unternehmen, das nun als »Verbrauchsgenossenschaft« firmierte, mußte im Juni 1936 liquidieren. Als nunmehrige »Münchner Handelsgesellschaft für Haushaltsbedarf« wurden die Grundstücke, Geschäfte und Produktionsanlagen privatisiert und damit die Genossenschaft endgültig zerschlagen.

Die Masse der sozialdemokratischen Belegschaft konnte ihren Arbeitsplatz bis 1945 behalten mit Ausnahme derjenigen, die zur Wehrmacht eingezogen wurden. Deren Arbeit wurde nun von Zwangsarbeitern aus den deutsch besetzten Gebieten verrichtet. Als am 30. April 1945 die US-Armee in München einmarschierte, plünderten Deutsche wie Ausländer die reich bestückten Vorratslager in der Stadt. Einzig die ehemaligen Konsumgebäude, die ebenfalls als Lager dienten, blieben verschont, weil hier die mehrheitlich sozialdemokratisch denkenden Angestellten ein humanes Verhältnis mit den Zwangsarbeitern gepflegt hatten und nun gemeinsam Plünderungen verhinderten.

Die Handelsgesellschaft als wirtschaftliches Unternehmen der »Deutschen Arbeitsfront« wurde von den US-Behörden beschlagnahmt und ein deutscher Treuhänder eingesetzt. Am 28. Mai 1945 bestätigte Oberbürgermeister Karl Scharnagl die Wiedereinsetzung des »Konsumvereins Sendling-München« in seine früheren Rechte. Seine offizielle Wiederbegründung fand am 8. März 1947 statt, die Rückerstattung seines Vermögens wurde am 10. Dezember 1948 vollzogen. Seit dem 1. Januar 1949 arbeitete der Konsumverein wieder selbständig.

Das Kaufhaus Uhlfelder, das nach seiner Erweiterung das größte Geschäft in München geworden war, fiel den Nationalsozialisten ebenfalls zum Opfer. Schon am 1. April 1933 versperrten SA-Posten die Zugänge, denn die Besitzer bekannten sich zum jüdischen Glauben (→ Herzog-Max-Straße 3–7). Anläßlich der Pogromnacht vom 9./10. November 1938 wurde das Kaufhaus vollständig demoliert (→ Marienplatz/Altes Rathaus). Der Besitzer Max Uhlfelder (1884–1958) verließ 1939 seine Heimatstadt und siedelte nach Indien, später in die USA über. Am 4. Juni 1949 kehrte er nach München zurück, um seinen inzwischen auch durch Bomben zerstörten Besitz wieder zu übernehmen. Aus gesundheitlichen Gründen konnte er den Neuaufbau seines Kaufhauses nicht mehr in Angriff nehmen und verkaufte das Grundstück an die Stadt, die dort die Erweiterung des Stadtmuseums realisierte. Eine Gedenktafel am Eingang der Stadtbücherei erinnert an das Kaufhaus Uhlfelder.

Färbergraben 6

Von der Ausschaltung der lästigen Konkurrenz dürfte auch das Kaufhaus Knagge & Peitz am Färbergraben 6 profitiert haben. Seit 1933 zeigte man sich als nationalsozialistisch und ließ sich im Stadtadreßbuch als »*das deutsche Fachgeschäft für gute Herren- und Knabenbekleidung*« führen.

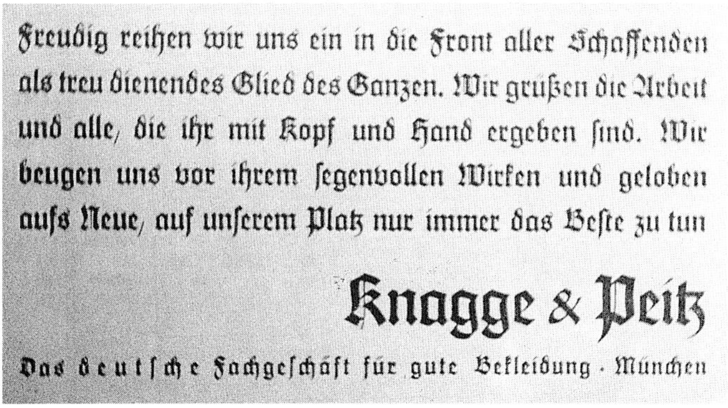

Anzeige aus dem »Völkischen Beobachter«, 1. 5. 1934

Im Februar 1948 standen die Besitzer des Kaufhauses vor der Spruchkammer. Heinrich Peitz hatte der NSDAP angehört und im November 1938 zusammen mit seinem Bruder Gerhard ein jüdisches Geschäft in Stuttgart »arisiert«. Gerhard Peitz war nicht nur Parteimitglied gewesen, sondern war auch der SS beigetreten. Adolf Hitler hatte zudem bei der Hochzeit von Heinrich Peitz als Trauzeuge fungiert. Das Gericht konnte bei keinem der Brüder eine politische Belastung erkennen und stufte sie als »Mitläufer« ein.

Hotterstraße

Zur Aufrüstung Deutschlands ab 1933 gehörten auch der Aufbau der Luftwaffe und der Luftschutz. Schon im Januar

Vorführung von Luftschutzmaßnahmen, 5. 8. 1933(!)

1934 gab es den sogenannten Muster-Luftschutzkeller, der in jedem Haus eingerichtet werden sollte. Ab September 1934 mußten darüber hinaus die Speicher entrümpelt und Verdunkelungen angebracht werden. Auch der Bau von öffentlichen Bunkern begann, von denen einer in der Hotterstraße entstand.

Seit 1933 planten die Militärs Terror- und Vernichtungsangriffe der deutschen Lufwaffe gegen ausländische Städte. Bereits 1937 zerstörten deutsche Flugzeuge die spanische Stadt Guernica vollständig, 1940 wurde die Innenstadt von Rotterdam dem Erdboden gleichgemacht, und 1940/1941 vernichtete die deutsche Luftwaffe große Teile britischer Großstädte. Diese Beispiele deutschen Luftterrors hatten stattgefunden, bevor die Alliierten ihrerseits begannen, Deutschland aus der Luft zu zerstören. Am 4. Juni 1940 warfen britische Flugzeuge die ersten Bomben über München ab, die jedoch keinen nennenswerten Schaden anrichteten. Am 29. April 1945 griffen amerikanische Flugzeuge zum letzten Mal München an.

Der Luftkrieg kostete in München 6632 Menschen – unter ihnen 594 Ausländern – das Leben, 15 801 (davon 481 Ausländer) erlitten Verletzungen. 50 Prozent der Gebäude wurden zerstört, in der Innenstadt 90 Prozent. 265 000 Menschen wurden obdachlos. Hatte die Stadt im Jahr 1939 noch 830 000 EinwohnerInnen, so waren es im April 1945 nur noch 540 000.

Am 8. Mai 1945 kam Klaus Mann, der München im Februar 1933 fluchtartig verlassen mußte (→ Thomas-Mann-Allee 10), als amerikanischer Soldat in seine Heimatstadt zurück. Über seine Rückkehr schrieb er seinen Eltern: »*Ich hatte mir's schlimm vorgestellt, aber es war noch schlimmer. München ist nicht mehr da. Das ganze Zentrum, vom Hauptbahnhof bis zum Odeonsplatz, besteht nur noch aus Trümmern. Ich konnte kaum den Weg zum Englischen Garten finden, so schauerlich entfremdet und entstellt waren die Straßen, in denen ich jedes Haus kannte. War dies die Heimkehr? Alles fremd, fremd, fremd...*«

Der Bunker in der Hotterstraße stand als unzerstörter Koloß inmitten der Trümmerwüste. Ab November 1945 diente er als Durchgangsstation für Flüchtlinge auf ihrem Weg in die Auffanglager.

Am 27. Juni 1947 eröffnete im Bunker an der Hotterstraße das »Bunkerhotel City« mit 106 Betten. Die Bettwäsche mußte allerdings von den Gästen selbst mitgebracht werden.

Sendlinger Straße 8

Die angesehene und weitverbreitete Tageszeitung »Münchner Neueste Nachrichten« (MNN) erschien in der Sendlinger Straße 8 (damals 80). Bis 1920 vertrat sie eine liberal-demokratische Position. Als sie dann von der Gutehoffnungshütte mehrheitlich übernommen und Paul Nikolaus Cossmann (1869–1942) als politischer Leiter eingesetzt wurde, wandelte sich das Blatt schlagartig zu einer nationalistischen Kampfpostille. Als die von den MNN wohlwollend tolerierten Nationalsozialisten immer mehr an Einfluß gewannen, distanzierte sich die Zeitung wieder von ihnen. Anfang der dreißiger Jahre veränderten sich die MNN in die klerikal-monarchistisch-nationalistische Richtung und zogen damit den Mißmut der Nationalsozialisten auf sich.

Am 10. März 1933 konnte man in der MNN über den Machtantritt der NSDAP in Bayern lesen: »*Es ist Vormarschstimmung heute in der siegreichen nationalen Bewegung. Sie ist an sich die Freude jedes Soldatenherzens, aber sie bedarf jenes stillen und tiefen Geistes, der im Schützengraben der täglichen Tagesarbeit bald wird sich bewähren müssen.*«

Am 14. März teilte der »Völkische Beobachter« mit: »*Aufsehenerregende Verhaftungen in München. Am Montag* [den 13. März d. V.] *wurden der Chefredakteur der ›Münchner Neuesten Nachrichten‹, Fritz Büchner, und der politische Schriftleiter dieses Blattes, Freiherr von Aretin, in Schutzhaft genommen, weil Verdacht besteht, daß die beiden mit Männern in Verbindung stehen, die die Loslösung Bayerns vom Reich betreiben.*«

Auch die anderen Redakteure kamen zeitweilig in »Schutzhaft«. Die politische Polizei unter Heinrich Himmler und Reinhard Heydrich übernahm die Leitung der MNN, ihre Direktiven wurden vom »Sonderkommissar« Leo Friedrich

Hausleiter und seiner Frau Charlotte Hausleiter-Westermann ausgeführt. Die so gleichgeschaltete Zeitung erschien noch bis zum 28. April 1945.
Bereits am 18. Mai 1945 erschien die »Bayerische Landeszeitung« in der Sendlinger Straße 8. Sie wurde von der amerikanischen 12. Heeresgruppe herausgegeben und trug den Untertitel »Alliiertes Nachrichtenblatt für die deutsche Zivilbevölkerung«. Ihre Aufgabe sah die Zeitung in der wahrheitsgemäßen Aufklärung über das »Dritte Reich« und in der Weitergabe unzensierter Informationen aus aller Welt. Am 9. Juni 1945 in »Münchener Zeitung« umbenannt, stellte sie am 29. September 1945 ihr Erscheinen ein. Die »Süddeutsche Zeitung« übernahm nun ihre Funktion.
Als erste deutsche Zeitung im östlichen Distrikt der amerikanischen Besatzungszone erhielt sie am 6. Oktober 1945 die Druckerlaubnis. Ihre Verleger waren Edmund Goldschagg (1866–1971), Franz Josef Schoeningh (1902–1960) und August Schwingenstein (1881–1968). In einem Festakt schmolz man den Bleisatz von Hitlers »Mein Kampf« ein und goß daraus symbolisch die Druckplatten für die »Süddeutsche Zeitung«. Anfangs gab es – je nach Ausmaß des allgemeinen Papiermangels – nur zwei oder drei Ausgaben pro Woche, seit dem 19. September 1949 konnte man die »Süddeutsche« dann täglich lesen.
Seit 1946 gehörte Werner Friedmann (1909–1969) der Redaktion der »Süddeutschen Zeitung« an. Unter seiner Leitung erschien in der Sendlinger Straße 8 am 6. Mai 1948 die erste Ausgabe der »Tageszeitung«, die sich seit dem 16. Juni 1948 »Abendzeitung« nannte. Als erstes Blatt in der amerikanischen und britischen Besatzungszone erschien sie täglich außer sonntags. In der ersten Nummer kündigte man an: *»Die Abendzeitung ist kein Erwerbsunternehmen. Sie wird ihre gesamten Reinerträge der Förderung und Ausbildung junger Journalisten zur Verfügung stellen.«*

Sendlinger Straße 34 Seit ihrem Verbot am 28. Februar 1933 arbeitete die KPD im Untergrund (→ Widenmayerstraße 25). So erschien die »Neue Zeitung« in unregelmäßigen Abständen weiterhin, auch Blätter wie »Rote Offensive«, »Pionier« oder »Rote Gewerkschaftsopposition«. Ein Teil der Matritzen wurde im Speicher des Priesterhauses an der Sendlinger Straße 34 geschrieben. Hugo Scheurer, Mitglied der »Marianischen Studentenkongregation«, ermöglichte den Kommunisten den Zutritt zu diesem scheinbar sicheren Ort.
Am 11. August 1933 verkündete der »Völkische Beobachter« auf seiner ersten Seite einen »Vernichtenden Schlag gegen die bayerische KPD«. Am Vortag hatte die politische Polizei

nach längeren Beobachtungen 68 Personen festgenommen und Waffen, Papier sowie Druckmaschinen beschlagnahmt (→ Tegernseer Landstraße 161).
Die kommunistischen »*Funktionäre wurden*«, so der »Völkische Beobachter«, »*soweit sie angetroffen werden konnten, festgenommen und unmittelbar in das Konzentrationslager Dachau überstellt.*« Der Artikel schloß mit der Warnung, »*daß auch nur der geringste Widerstand gegen die Arbeit von Führer und Bewegung gefährlich wird. Zum Wohle des Ganzen.*«
Einer der ins KZ Eingelieferten war der Redakteur der »Neuen Zeitung«, Walter Häbich. Am 1. Juli 1934 wurde er dort ermordet. Am 18. Januar 1935 erhielt Häbichs Mutter per Einschreiben folgende Mitteilung: »*Auf Grund Ihrer am 19. II. 1934 an den Führer gerichteten und nach hier abgegebenen Eingabe teile ich Ihnen im Auftrage des politischen Polizeikommandeurs der Länder, Reichsführer SS Himmler, mit, daß Ihr Sohn Walther Häbich am 1. VII. 1934 im Zuge der Röhmrevolte standrechtlich erschossen worden ist. Da es sich bei der Erschießung Ihres Sohnes um einen Akt der Staatsnotwehr gehandelt hat, liegt für weitere Erklärungen keine Veranlassung vor.*« Trotz der staatlichen Verfolgungsmaßnahmen erschienen die Druckschriften weiter. Die »Neue Zeitung« etwa trug Anfang Dezember 1933 die Überschrift »Die Mörderhölle Dachau.«

Sendlinger Straße 52

Sofort nach dem Ende des »Dritten Reiches« bildeten sich in den Städten sogenannte »Antifaschistische Aktionsausschüsse«. Sozialdemokratische, kommunistische und christliche Gewerkschafter, die schon vor 1933 politisch aktiv gewesen waren, taten sich zusammen, um elementare Lebensbedürfnisse wie z. B. die Beschaffung von Lebensmitteln zu organisieren, aber auch um die Entnazifizierung des öffentlichen Lebens durchzusetzen. Die meisten dieser Gewerkschafter waren politisch verfolgt worden und wollten nun aus der Zeit vor 1933 Lehren ziehen. Während sich damals die verschiedenen Gewerkschaftsrichtungen gegenseitig bekämpft und sich damit im Kampf gegen den Nationalsozialismus selbst geschwächt hatten, sollten nun parteiübergreifende Einheitsgewerkschaften entstehen.

Stadtrat Franz Fackler (CSU), 1948

In München trafen sich diese Gewerkschafter der ersten Stunde in der Wohnung von Franz Fackler (1895–1963) in der Sendlinger Straße 52 (damals 53). Fackler, der seit 1946 für die CSU im Stadtrat saß, hatte die Jahre 1939–1945 wegen »Hochverrats« in Haft verbracht. Dasselbe Schicksal hatte Ludwig Koch (geboren 1909) erlitten. Als Sozialdemokrat war er den Nationalsozialisten von Anfang an verdächtig gewesen. Da er nach 1933 illegale Flugblätter verteilt hatte, wurde er 1937 verhaftet und zu acht Jahren Zuchthaus verurteilt. Im April 1945 wurde er von den Amerikanern befreit. Koch leitete später den DGB-Kreis München und war SPD-Stadtrat. Zu den Teilnehmern dieser Treffen gehörten noch Gustav Schiefer, Max Peschel, Georg Reuter, Fritz Meyer und Linus Funke.

Am 28. September 1945 genehmigten die US-Behörden die Gründung der »Allgemeinen Freien Münchner Gewerkschaft«, die am 28. Oktober im Rahmen einer Veranstaltung im Prinzregententheater (→ Prinzregentenplatz) zum ersten Mal an die Öffentlichkeit trat. Unter dem Vorsitz von Gustav Schiefer konnte die Gewerkschaft dann zum 1. Mai 1946 ihr eigenes Gebäude an der (→) Landwehrstraße 7–9 beziehen.

Sendlinger-Tor-Platz Bereits vor Kriegsende etablierte sich auf dem Sendlinger-Tor-Platz ein behördlich geduldeter Schwarzmarkt. Vorwiegend ausländische Zwangsarbeiter tauschten hier Nahrungsmittel aus Rotkreuzpaketen gegen Zigaretten und Kleidung. 1944 wurde in den Grünanlagen sogar ein abgegrenzter Platz für einen Tauschmarkt geschaffen, der aber nur von Ausländern besucht werden durfte.

Dieser Tauschmarkt entwickelte sich bald zu einem Zentrum der Kriminalität. Im Januar 1945 etwa nahm die Polizei eine Gruppe aus zwei Frauen und vier fahnenflüchtigen SS-Männern fest, die Einbrüche und Raubüberfälle begangen und ihre Beute auf dem Sendlinger-Tor-Platz verkauft hatten. Ende Mai 1945 hatte sich die Polizei so weit reorganisiert, daß sie dieses Zentrum der Kriminalität auflösen konnte. Der Schwarzmarkt verlagerte sich nun in die (→) Möhlstraße.

Bahnhofs-Wies'n-Viertel

Das Viertel zwischen Bahnhof und Theresienwiese spiegelt die Geschehnisse der unruhigen Jahre zwischen 1933 und 1949 in unerwartet dichter Weise wider: Viele überzeugte Nationalsozialisten – insbesondere in akademischem Gewand – gingen hier ihren Tätigkeiten voller Konsequenzen für Menschen und deren Leben nach; viele ihrer Opfer lebten und wirkten hier. Nach der Befreiung organisierte sich ein bedeutender Teil des demokratischen Neubeginns im Bahnhofsviertel. Heute weist keine einzige Gedenktafel auf diese Vorgänge hin.

Bahnhofsplatz In den dreißiger Jahren lebten von den rund 800 000 Münchner Einwohnern etwa 500 000 in einem Umkreis von 3,5 Kilometern um den Hauptbahnhof, der damit das städtebauliche und Verkehrszentrum der Stadt war. Mit dem Wachsen der Stadt und den entsprechend zunehmenden Verkehrsproblemen entstanden schon seit 1926 Pläne, den Hauptbahnhof nach Westen auf die Höhe der Friedenheimer Brücke zu verlegen, um auf dem dann freiwerdenden, großen Gelände stadtplanerisch tätig zu werden. Die Weltwirtschaftskrise verhinderte konkrete Planungen und deren Ausführung.
Seit mit dem Jahr 1933 durch den »Reichsarbeitsdienst« billige Arbeitskräfte zur Verfügung standen, konnten auch Projekte wie die Verlegung des Hauptbahnhofes wieder aus den Schubladen geholt werden. Im Rahmen des geplanten Ausbaus der »Hauptstadt der Bewegung« sollte auf dem Gleisgelände eine gigantische Straßenachse entstehen, im Westen abgeschlossen von der 265 Meter breiten und 136 Meter hohen runden Bahnhofshalle, im Osten begrenzt durch das 189 Meter hohe »Denkmal der Bewegung«. Als Baubeginn war das Jahr 1946 vorgesehen. Man wollte bis dahin einen siegreichen Krieg geführt haben, um anschließend eine unerschöpfliche Zahl von ausländischen Zwangsarbeitern für die Baumaßnahmen des Regimes einsetzen zu können. 1942 wurden alle Planungen eingestellt, die vorhandenen Gebäude und Gleisanlagen fielen den alliierten Bombenangriffen zum Opfer.
Die Deportation der Münchner und vieler südbayerischer Juden aus den Lagern an der (→) Knorrstraße 148 und der (→) Clemens-August-Straße 6 begann am Hauptbahnhof. Erzwungenerweise organisiert, zusammengestellt und notdürftig versorgt von der Münchner Israelitischen Gemeindeverwaltung (→ Lindwurmstraße 125), wurden die Opfer ausschließlich nachts zum Hauptbahnhof transportiert und von hier zur Ermordung nach Osten gebracht. Bis zum 1. März 1943 mußten rund 3800 Juden, davon rund 2800 Münchner

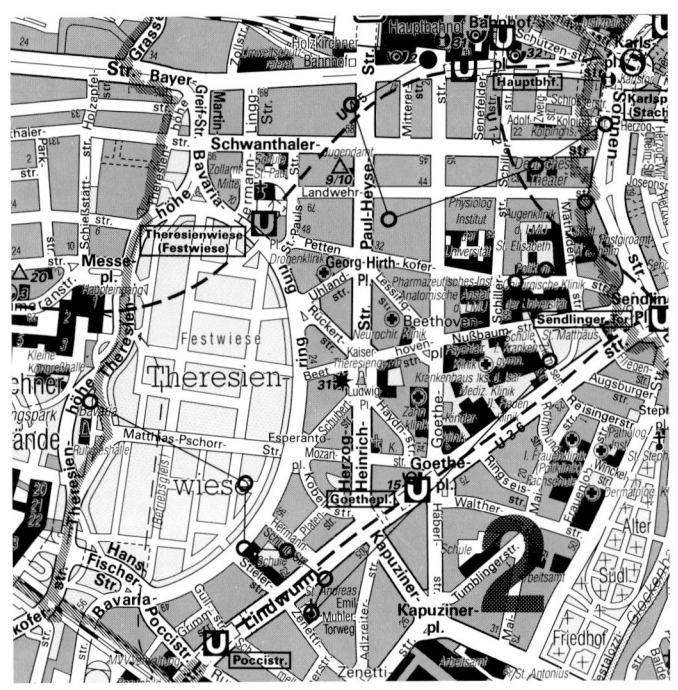

und Münchnerinnen, auf diese Weise den Bahnhof verlassen. Bereits am 13. März 1943 folgten 141 Münchner Sinti und Roma im Alter zwischen fünf Monaten und 70 Jahren ihren jüdischen Schicksalsgenossen vom Hauptbahnhof nach Auschwitz.

Auch die Evakuierungen liefen über den Hauptbahnhof. Ausgebombte, Kinder, Mütter mit kleinen Kindern wurden aufs Land verschickt. Die Bevölkerung sank von 815 000 Einwohnern (1939) auf etwa 400 000 bis Kriegsende. Sofort nach Kriegsende strömte die Bevölkerung – wiederum hauptsächlich über den Hauptbahnhof – in die Stadt zurück. Schon am 1. Oktober 1945 betrug die Einwohnerzahl Münchens wieder 630 000 Menschen.

Die fast völlige Zerstörung der Bahnanlagen ließ nun die lange geplante Verlegung des Bahnhofs nach Westen machbar erscheinen. Doch auch diesmal blieb der große Stadtumbau im Planungsstadium stecken – wohl für immer, da der Hauptbahnhof inzwischen durch die Verknüpfung von Fernbahn, S- und U-Bahn erneut zum Mittelpunkt des Nah- und Fernverkehrs in der Stadt geworden ist.

Nach dem Krieg wurden die Ruinen des Hauptbahnhofs und seiner Umgebung zum Mittelpunkt illegaler und halblegaler Tätigkeiten. Schwarzhandel, Prostitution und kriminelle Aktivitäten erlebten eine ungeahnte Blüte. Eine Großrazzia am 24. April 1947 führte zur Überprüfung von 1000 Personen und 44 Festnahmen. Dabei wurde ein Polizist durch Schüsse verletzt und zwei Verdächtige von der Polizei erschossen. Diese und eine Unzahl ähnlicher Vorfälle führten zu dem Beschluß der Stadtverwaltung, den Bahnhof zu entkriminalisieren. Bis zum September 1947 wuden mehr als 1000 Personen verhaftet und von Schnellgerichten mit harten Strafen belegt oder sogar in Arbeitslager eingewiesen. Aber erst ein Schießbefehl vom 15. Januar 1948 zeigte die erhoffte Wirkung. Die Polizei trat jetzt auffälligen Personen von vornherein mit entsicherter Waffe entgegen und schoß bei jeder verdächtigen Bewegung. Infolge dieser drakonischen Maßnahmen dezentralisierte sich die Kriminalität.

Am 2. Juni 1949 verließ der Alpen-Nordsee-Expreß den Hauptbahnhof. An jenem Tag war ein Sonderwagen mit der Aufschrift »München-New York« angehängt worden. Mit ihm gingen die ersten 40 bayerischen Auswanderer einer neuen Zukunft in den USA entgegen (→ Ludwigstraße 2).

Paul-Heyse-Straße

Ein Wort zur Benennung der Paul-Heyse-Straße: Am 27. Juli 1938 kam ein Erlaß heraus, nach dem *»sämtliche nach Juden und jüdischen Mischlingen I. Grades benannte Straßen oder Straßenteile unverzüglich umzubenennen«* seien. Bereits am

21. Dezember 1936 hatte Oberbürgermeister Karl Fiehler angeordnet, »*die Münchner Straßen daraufhin zu prüfen, ob nicht Straßen vorhanden sind, die nach Juden benannt wurden, und deren Umbenennung in Erwägung zu ziehen.*« Es begann ein gespenstisches bürokratisches Hin und Her. Eine der von dem Erlaß betroffenen Straßen war die Paul-Heyse-Straße. Ihre Benennung beziehungsweise Umbenennung warf ungewöhnliche Schwierigkeiten auf. In einem Schreiben der zuständigen städtischen Stelle vom 30. August 1938 heißt es: »*Die Paul-Heyse-Straße in München wurde bisher nicht umbenannt, obwohl Paul Heyse bekanntlich Halbjude ist; doch waren seine Leistungen bisher anerkannt.*« Heyse hatte 1910 den Nobelpreis für Literatur erhalten. Weiter: »*Anläßlich einer Anfrage hat der Stabsleiter des Stellvertreters des Führers am 25. Oktober 1937 mitgeteilt, daß der Stellvertreter des Führers die Umbenennung der nach Juden benannten Straßen ausgenommen der Paul-Heyse-Straße, für notwendig hält.*« Im Mai 1939 allerdings ordnete das Bayerische Staatsministerium des Inneren die Umbenennung dieser Straße an, da »*der Stellvertreter des Führers zum Ausdruck gebracht hat, daß keinerlei Interesse bestehe, den Namen ›Paul-Heyse-Straße‹ in München weiter zu erhalten.*« Der mit der Straßenbenennung beauftragte Dezernent schlug daher am 25. Mai 1939 vor, die Paul-Heyse-Straße in Treitschkestraße umzubenennen: »*Heinrich von Treitschke war führender deutscher Geschichtsschreiber ... und scharfer Gegner des Judentums. Von ihm stammt das Wort: ›Die Juden sind unser Unglück.‹*« Fiehler entschied am selben Tag: »*Die Umbenennung der Paul-Heyse-Straße wird zurückgestellt. Der Name Treitschke ist für den Münchner Volksmund schwer auszusprechen.*«
Am 17. Oktober 1939 erhielten die Münchner Bescheid aus der Berliner Reichskanzlei: »*Es ist zur Zeit nicht möglich, die Frage der Neubenennung Münchner Straßen beim Führer zum Vortrage zu bringen. Ich bitte Sie daher, die Angelegenheit zurückzustellen und zu gegebener Zeit darauf zurückzukommen.*« Dieser Zeitpunkt trat nie mehr ein, und die Paul-Heyse-Straße behielt ihren Namen. Im Jahr 1960 wurde in Moosach eine Straße nach dem Historiker Treitschke benannt.

Paul-Heyse-Straße 2–4

Zum 13. November 1946 erhielt der »Münchner Mittag« von den US-Behörden die Druckerlaubnis. Diese Zeitung erschien im Verlagshaus Paul-Heyse-Straße 2–4 bis zum 31. Dezember 1947, um ab dem 2. Januar 1948 vom »Münchner Merkur« abgelöst zu werden. Der »Merkur« verstand sich als unabhängiges, modern-konservatives Blatt. Anfangs erschien er – wegen der knappen Druckpapierzuteilung – dreimal pro Woche abwechselnd mit der »Süddeutschen Zeitung«. Seit der »Merkur« ab dem 19. September 1949 täglich gedruckt werden konnte, entwickelte die Redaktion das Konzept der »Heimatzeitungen«. Aus den aufgekauften Amtsblättern oberbayerischer Landratsämter gestaltete man Tageszeitungen, deren Lokalteil am jeweiligen Erscheinungsort zusammengestellt, deren allgemeiner Teil aber zentral aus München beigesteuert wurde.

Die Redaktion gewann vier politische Berater, deren Einfluß auf den »Merkur« bis heute prägend ist: den Schongauer Landrat Franz Josef Strauß für die bayerische Politik, den ehemaligen bayerischen Wirtschaftsminister Ludwig Erhard für die Wirtschaft, den Benediktinerpater und späteren Abt von St. Bonifaz, Hugo Lang, für kulturelle Fragen sowie den Botschafter der Weimarer Republik in Washington, Friedrich Wilhelm von Prittwitz und Gaffron.

Die enge Verbindung mit der CSU, die 1946 zeitweilig ihre Landesleitung im selben Gebäude hatte (→ Paul-Heyse-Straße 29–31), bestimmte den Inhalt des »Münchner Merkurs«. So geriet man in scharfen Konflikt mit der Bayernpartei (→ Rosenheimer Straße 218), deren Partikularismus man vor allem kritisierte. Als erste Zeitung in Deutschland unterstrich der »Merkur« die Notwendigkeit eines deutschen militärischen Beitrags innerhalb eines antisowjetischen Bündnisses unter amerikanischer Führung.

Paul-Heyse-Straße 29–31

Im heute nicht mehr stehenden Gebäude Paul-Heyse-Straße 29–31 hatte die Christlich-Soziale Union (CSU) nach dem Krieg ihre Parteizentrale. Die CSU trat das politische Erbe der Bayerischen Volkspartei (BVP) an.

Als am 23. März 1933 im Berliner Reichstag über das »Ermächtigungsgesetz« und damit die Abschaffung des Rechtsstaates und der Demokratie entschieden wurde, stimmten sämtliche Abgeordnete der BVP dafür. Dennoch mußte sich die BVP am 4. Juli 1933 selbst auflösen.

Sofort nach dem Krieg kamen in München Funktionäre der ehemaligen BVP zusammen, um über eine Neugründung der Partei unter den gegebenen, veränderten Umständen zu beraten. Da der alte Parteiname politisch zu sehr belastet war, entschied man sich für die Bezeichnung »Christlich-Soziale Union«. Das Wort »Union« sollte darauf verweisen, daß die ehemals rein katholische Partei sich nun auch für Protestanten öffnete.

Wilhelm Hoegner, Mitbegründer der SPD und damit politischer Gegner der Konservativen, schreibt in seinen Erinnerungen »Der schwierige Außenseiter«: *»Dagegen hatte sich* *die CSU in Bayern als bürgerliche Sammelpartei gegen den Sozialismus gebildet. In ihre Reihen traten nicht nur lautlos und unbemerkt die früheren Deutschnationalen, sondern auch viele Demokraten vertrauten nicht mehr auf die Werbekraft des Liberalismus und schlossen sich der neuen Partei an. Verschämt schlichen viele ehemalige Bauernbündler, die sich im Jahre 1933 noch mit brauner Farbe hatten bespritzen lassen, zu der neuen Partei, deren Führung in den bewährten Händen der früheren Führer der Bayerischen Volkspartei lag. Viele von denen aber, die das Hakenkreuz angeheftet hatten, krochen zum christlichen Kreuz und suchten Schutz vor drohender Strafe bei Geistlichen, die in pflichtgemäßer Übung der Tugend der christlichen Barmherzigkeit reumütige Sünder unter ihren Schutz nahmen.«*

Die innerparteilichen Spannungen, die zwischen den obengenannten Deutschnationalen, Demokraten und ehemaligen Nationalsozialisten herrschten und die das Parteileben von Anfang an mitbestimmten, lassen sich an einigen ihrer Gründer personifizieren. Die Idee der christlichen Sammlungsbewegung und der Integration Bayerns in einen deutschen Staat wurde vertreten von August Haußleiter, Josef Müller und Adam Stegerwald. Haußleiter (1905–1989) gehörte seit 1946 dem Landtag an. Von 1947 bis 1948 ruhte sein Mandat, da er im »Dritten Reich« als Journalist den Rußlandfeldzug verherrlicht hatte und entnazifiziert werden mußte. Danach amtierte er bis 1949 als stellvertretender Parteivorsitzender der CSU, um anschließend die Partei zu verlassen und die »Deutsche Gemeinschaft« zu gründen. Bis 1954 war er noch im Landtag vertreten. Nach 32 Jahren kehrte er 1986 als Abgeordneter der Grünen noch einmal dorthin zurück und bekleidete das Amt des Alterspräsidenten des Bayerischen Landtags.

Josef Müller (1898–1979), auch als »Ochsensepp« bekannt, war bis 1933 in der BVP tätig. Danach wirkte er als juristischer Berater kirchlicher Institutionen. Seit 1939 arbeitete er in der Abwehrabteilung des Oberkommandos der Wehrmacht und sondierte 1939/1940 im Auftrag der Widerstandsgruppe Beck/Canaris/Oster mit Hilfe des Vatikans die britischen Bedingungen für einen Verständigungsfrieden bei einem eventuellen Sturz Hitlers. Wegen dieser Aktivitäten wurde er 1943 verhaftet und bis 1945 in den Konzentrationslagern Buchenwald, Flossenbürg und Dachau festgehalten worden. 1946 bis 1949 war er der Landesvorsitzende der CSU, 1947 bis 1949 bayerischer Justizminister.

Adam Stegerwald (1874–1945) war 1919 bis 1933 Vorsitzender des Gesamtverbandes der christlichen Gewerkschaften und gleichzeitig 1920–1933 Reichstagsabgeordneter der

Josef Müller, 1949

Zentrumspartei. Als solcher stimmte er dem Ermächtigungsgesetz zu. Während des »Dritten Reiches« lebte er als Privatmann und wurde im Mai 1945 von den Amerikanern als Regierungspräsident von Unterfranken eingesetzt. Er starb am 3. Dezember 1945 kurz vor der Anerkennung der CSU durch die Militärbehörden.

In der BVP-Tradition des politischen Katholizismus und bayerischen Föderalismus standen Josef Baumgartner, Alois Hundhammer, Anton Pfeiffer und Fritz Schäffer. Baumgartner (1904–1964) hatte vor 1933 ein Amt im Bayerischen Bauernbund inne. Von 1945 bis 1948 war er bayerischer Landwirtschaftsminister, von 1946 bis 1962 auch Landtagsabgeordneter. Er verließ die CSU im Jahr 1948 und gründete die extrem föderalistische Bayernpartei (→ Rosenheimer Straße 218), mit der er der CSU schärfste Konkurrenz machte und sich den Haß seiner ehemaligen Parteifreunde zuzog.

Hundhammer (1900–1974) leitete 1927 bis 1933 den Bayerischen Bauernbund als stellvertretender Generalsekretär und hatte 1932 bis 1933 für die BVP ein Landtagsmandat inne. Der sehr konservative und betont katholische Politiker verbrachte den Juni und Juli 1933 im KZ Dachau und verdiente sich danach seinen Lebensunterhalt als Schuster. Von 1939 bis 1945 war er Soldat. 1946 bis 1970 gehörte er dem Landtag an, von 1946 bis 1950 prägte er als Kultusminister das schulische und kulturelle Leben in Bayern mit (→ Salvatorplatz 2).

Pfeiffer (1888–1957) leitete 1918 bis 1933 die BVP als Generalsekretär und wurde deshalb 1933 kurzzeitig in »Schutzhaft« genommen. 1945 übernahm er die Leitung der Staatskanzlei, 1948 bis 1949 war er Vorsitzender der CDU/CSU-Fraktion im Parlamentarischen Rat, der das Grundgesetz ausarbeitete.

Schäffer (1888–1967) gehörte von 1920 bis 1933 als BVP-Abgeordneter dem Landtag an. Anläßlich eines Antrages der SPD im Jahr 1922, die nationalsozialistischen Schlägerbanden zu entwaffnen, hatte er am 21. November 1922 ausgeführt: *»Wir haben keinen Anlaß, uns gegen diese Verbände zu wehren, wir haben keinen Anlaß, ihnen mit Mißtrauen entgegenzutreten... Soll es unsere Aufgabe sein, dem Marxismus einen Gegner zu ersparen?«* 1929 bis 1933 war Schäffer Vorsitzender der BVP und zog sich 1933 aus der Politik zurück, um als Rechtsanwalt zu arbeiten. Die Amerikaner setzten ihn am 28. Mai 1945 als Ministerpräsidenten ein. Am 28. September 1945 wurde er wieder abgesetzt, da er die Überzeugung geäußert hatte, man könne den Wiederaufbau nicht ohne die alten Nationalsozialisten bewerkstelligen.

Die von diesen Männern personifizierten tiefen Gegensätze traten bei der Gründung der CSU am 14. August 1945 – am

5. Dezember 1945 wurde sie von den US-Behörden für München zugelassen – noch nicht in Erscheinung. Im Vorwort des am 31. Dezember 1945 veröffentlichten Parteiprogramms heißt es: »*Eingedenk der unheilvollen parteipolitischen Zersplitterung der Vergangenheit haben sich Männer und Frauen aller Berufsstände aus einst getrennten politischen Lagern zu einer machtvollen Sammelbewegung zusammengeschlossen, deren Ziel es ist, die aus tausend Wunden blutende Heimat im Geist des Christentums und einer wahren sozialen Gesinnung wieder aufzurichten.*«
Bereits am 8. Januar 1946 wurde die Zulassung für ganz Bayern genehmigt, am 21. März 1946 übernahm Schäffer den Vorsitz des Ortsverbandes München-Stadt. Bei den ersten Gemeindewahlen nach dem Krieg wurde die CSU am 26. Mai 1946 stärkste Partei in München (→ Marienplatz), bei der ersten Landtagswahl am 1. Dezember 1946 stärkste Partei in Bayern (→ Geschwister-Scholl-Platz).
Die innerparteilichen Gegensätze brachen endgültig am 20. Februar 1948 auf, als die Delegierten des Bezirksverbandes München Müller und Schäffer ultimativ aufforderten, bei ihren Auseinandersetzungen alles zu vermeiden, was dem Ansehen der CSU in der Öffentlichkeit schaden und die Parteieinheit gefährden könnte. Der gesamte Bezirksvorstand Oberbayern drohte, sich von der bayerischen CSU abzuspalten und mit seinem Vorsitzenden Schäffer zur soeben landesweit zugelassenen Bayernpartei überzuwechseln.
Am 30. Mai 1948 erreichte die CSU bei den Kommunalwahlen nur noch den dritten Platz hinter SPD und Bayernpartei (→ Marienplatz).
In dieser kritischen Lage stellte sich ein führendes Mitglied des Bezirksverbandes Oberbayern zur Verfügung, um Ordnung in die völlig zerstrittene CSU zu bringen. Der junge Franz Josef Strauß (1915–1988) (→ Schellingstraße 44) ließ sich am 18. Dezember 1948 zum Generalsekretär der CSU bestimmen.
Ausdruck des neuen Kurses der CSU war der Ausgang der Abstimmung über das Grundgesetz im Parlamentarischen Rat am 8. Mai 1949, genau vier Jahre nach der bedingungslosen Kapitulation der Wehrmacht. Sechs der acht CSU-Abgeordneten unter Führung von Anton Pfeiffer stimmten gegen das Grundgesetz, das ihnen zu wenig föderalistisch erschien. Pfeiffer erklärte dazu: »*Das Nein der CSU steht nicht dem Gedanken des Zusammenschlusses von ganz Deutschland entgegen. In dem Moment, wo demokratisch die Entscheidung gefallen ist, wollen wir die eifrigsten Mitarbeiter im Bunde sein auf dem Boden des jetzt gegebenen Rechts,*

denn wir wollen den Bund, wollen zusammengehören und wollen Mitarbeit an der Erringung eines ehrenvollen Platzes für Deutschland im neuen Europa und stehen mit ganzem Herzen im Osten.« Mit dieser Entscheidung hatte sich die CSU von der CDU unabhängig und für diese gleichzeitig unverzichtbar gemacht, wenn es um die Bildung von Koalitionsregierungen ging.

Am 20. Mai schließlich lehnte der Bayerische Landtag mit seiner stärksten Fraktion, der CSU, das Grundgesetz ab, erkannte gleichzeitig aber seine Rechtsverbindlichkeit an (→ Max-Planck-Straße 1).

Am 28. Mai 1949 löste Hans Ehard (1887–1980) Josef Müller als Parteivorsitzenden ab. Ehard hatte 1924 als 2. Staatsanwalt beim Hitlerprozeß Anteil an dessen milder Bestrafung gehabt. Von 1933 bis 1945 amtierte er als Senatspräsident am Münchner Oberlandesgericht, von 1946 bis 1954 war er dann bayerischer Ministerpräsident.

Bei der Wahl zum 1. Bundestag am 14. August 1949 konnte die CSU in München keinen ihrer Direktkandidaten durchbringen.

Schwanthaler-
Straße 13

Ein Wort zum Fasching anhand einer seiner Hochburgen, dem Deutschen Theater an der Schwanthalerstraße 13.

Am 13. Januar 1937 beispielsweise fand im Deutschen Theater der Einzug des Prinzenpaares Otto I. von Plakatonien und seiner »holden« Prinzessin Hanna statt. Unter dem Motto »Frohsinn, Kunst und Humor« spiegelte sich laut »Völkischem Beobachter« die deutsche Wirklichkeit wider: *»Frohsinn erfüllt die Menschen, Humor triumphiert, fröhlichlebensbejahender Faschingswirbel beherrscht den Saal. Glaubt einer dem Lustigsein Schranken setzen oder sich als Außenseiter gebärden zu müssen, wird er durch ›Steckbrief‹ verfolgt, vor das närrische Gericht geschleppt und zu allgemeiner Belustigung abgeurteilt. Ein tolles Haberfeldtreiben, das jeden erheischt, der sich durch Betragen, dummes Geschau und ledscherdes Benehmen auszeichnet.«*

Sonnen-/
Schwanthaler-/
Adolf-Kolping-Straße

Um das Jahr 1800 entstand in München eine evangelische Gemeinde, zunächst nur als Hofgemeinde, da die Kurfürstin Friederike Karoline, die spätere bayerische Königin, dem evangelischen Glauben angehörte. Von 1827 bis 1833 wurde als erstes protestantisches Gotteshaus in München die Matthäuskirche auf dem Gelände der heutigen Trambahngleise der Sonnenstraße zwischen Schwanthaler- und Adolf-Kolping-Straße erbaut.

Am 11. Juni 1938, zwei Tage nach Beginn des Abrisses der Hauptsynagoge (→ Herzog-Max-Straße 3–7), teilte Gauleiter

Abriß der Matthäuskirche, Juni 1938

Adolf Wagner (→ Prannerstraße 8) dem Landesbischof Hans Meiser (→ Meiserstraße 13) mit, daß die Hauptkirche der evangelischen Gemeinde zwei Tage später abgerissen werde. Zur Begründung wurde nachträglich im »Völkischen Beobachter« vom 14. Juni 1938 mitgeteilt: »*Im Zuge des Neuausbaus der Hauptstadt der Bewegung ergibt sich die Notwendigkeit, die evangelische St. Matthäus-Kirche in der Sonnenstraße abzureißen ...* (→ Lindwurmstraße). *Der evangelischen Gemeinde St. Matthäus wird bis auf weiteres zur Ausübung des Gottesdienstes der sogenannte Weiße Saal im Polizeipräsidium, der entsprechend würdig ausgestaltet wird, zur Verfügung gestellt.*«
Diese kompromißlose Entscheidung wurde – zusammen mit der Zerstörung der Hauptsynagoge – weltweit als Fanal der Gottlosigkeit des nationalsozialistischen Regimes empfunden. Am 12. Juni 1938 fand der letzte Hauptgottesdienst in der völlig überfüllten Kirche statt. In seiner Predigt sprach Meiser zu der erschütterten Gemeinde: »*Niemand konnte es glauben, als die Nachricht unsere Stadt durcheilte, daß unsere Matthäuskirche, die älteste evangelische Kirche Münchens, die Mutterkirche aller unserer hiesigen evangelischen Gemeinden, in der wie in keiner anderen die Geschichte der Gesamtgemeinde Münchens vom Anfang an verkörpert ist, in Bälde nicht mehr sein wird. Und doch ist es so.*« Meiser mußte den ungeheuerlichen Sachverhalt in vorsichtige Worte fassen, denn die anwesenden Spitzel der Gestapo notierten mit.
Am 13. Juni, abends 20 Uhr, hielt Pfarrer Friedrich Loy den Abschiedsgottesdienst. Er wurde beschlossen mit dem Lied »Unseren Ausgang segne Gott« und dem letzten Läuten der Glocken. Währenddessen begannen vor der Kirche bereits

die Vorbereitungen zum Abbruch, ausgeführt u. a. von der Baufirma Leonhard Moll (→ Herzog-Max-Straße 3–7). Nach vier Wochen war das Werk beendet, und die Sonnenstraße hatte eine neues, kahleres Gesicht.

Bei den »Verhandlungen« zwischen Wagner und Meiser wurde der evangelischen Gemeinde eine neue Matthäuskirche versprochen. Am 15. Oktober 1938 ordnete Hitler persönlich an: »*Der Ersatzbau hat in die Krankenhausanlagen am Sendlinger-Tor-Platz zu kommen.*«

Nach dem Krieg meldete die Gemeinde ihre Ansprüche bei der Stadtverwaltung an. Die neue Kirche sollte möglichst in der Nähe des ursprünglichen Standortes errichtet werden, der inzwischen als Verkehrsfläche diente.

Vorerst aber wurde am 23. März 1947 an der Ecke Ziemssen-/Nußbaumstraße eine Barackenkirche St. Matthäus mit 600 Plätzen aufgestellt. Noch 1949 erachtete die Stadtverwaltung dieses Grundstück für einen endgültigen Neubau als ungeeignet, da die innenstadtnahe Grünfläche erhalten bleiben sollte. Im Jahr 1955 schließlich wurde die neue Matthäuskirche eingeweiht. Sie steht an dem Ort, den ihr die Nationalsozialisten zugedacht hatten.

Landwehrstraße 7–9 Im Jahr 1937 kaufte die »Deutsche Arbeitsfront« (DAF) das Hotel Herzog Heinrich in der Landwehrstraße 7–9 (→ Brienner Straße 26–28). Da das Vermögen der am 10. Mai 1933 gegründeten DAF zu großen Teilen aus dem Besitz der am 2. Mai 1933 aufgelösten, sozialistischen Gewerkschaften bestand, fand nach dem Krieg eine Entschädigung der wiedergegründeten Gewerkschaften statt. Auf diesem Weg erhielt die »Arbeitsgemeinschaft Freier Münchner Gewerkschaften«, die seit November 1945 provisorisch im Hochhaus an der Blumenstraße 28 untergebracht war, das halbzerstörte Anwesen, das seit dem 1. Mai 1946 als Gewerkschaftshaus für München und später auch für ganz Bayern diente.

Vorstand des Ortsausschusses München waren die beiden alten Gewerkschafter und Verfolgten des »Dritten Reiches«, Gustav Schiefer (1876–1956) (→ Armannspergstraße 3) und Max Wönner (1896–1960). Der gebürtige Münchner Wönner war schon als 15jähriger der Gewerkschaftsbewegung beigetreten und hatte ab 1928 in Karlsruhe als Gewerkschaftssekretär gearbeitet. 1933 wurde er festgenommen und inhaftiert und lebte nach seiner Freilassung politisch zurückgezogen als Selbständiger. Sofort nach Kriegsende gehörte er zu den Wiederbegründern der Münchner Gewerkschaften. Am 1. September 1948 übernahm er von Georg Reuter das Amt des Generalsekretärs des Bayerischen Gewerkschaftsbundes (→ Rosenheimer Straße 145). Nach der Gründung des Deut-

schen Gewerkschaftsbundes (DGB) im Jahr 1949 (→ Museumsinsel) gehörte Wönner dem Vorstand des DGB-Landesbezirkes Bayern an. Als Abgeordneter der SPD saß er gleichzeitig im ersten Bundestag. Von 1955 bis 1958 war er Landesvorsitzender des DGB-Bayern.
Die miteinander konkurrierenden sozialistischen und christlichen Gewerkschaften hatten 1933 den Machtantritt der Nationalsozialisten erleichtert. Nach Kriegsende einigten sich Gewerkschafter der verschiedenen politischen Lager darauf, künftig schlagkräftige Einheitsgewerkschaften zu gründen. (→ Sendlinger Straße 53).
Mit dem Einzug in die Landwehrstraße fand am 1. Mai 1946 wieder der traditionelle »Tag der Arbeit« auf der (→) Theresienwiese statt. Der bayerische Ministerrat hatte den 1. Mai einstimmig zum bezahlten Feiertag erklärt, so daß sich etwa 60 000 Menschen zur Maifeier versammeln konnten. Die Gewerkschaften traten wieder in das politische Leben ein. Ab Mai 1946 sendete Radio München einmal wöchentlich »Die Gewerkschaft ruft«, und seit August 1946 erschien die »Gewerkschaftszeitung«. In ihr wurde im November 1946 klargestellt, daß die Einheitsgewerkschaft keinesfalls politisch neutral sei: »*Wird anerkannt, daß die Gewerkschaften, um ihre Aufgabe zu erfüllen, Forderungen an den Staat erheben oder Einwirkungen politischer Tendenzen auf ihren Interessensbereich abwehren müssen, so folgt daraus, daß sie dem politischen Geschehen niemals als unbeteiligte, neutrale Zuschauer beiwohnen können, sondern bemüht sein müssen, auf die Leitung des Staates Einfluß zu nehmen.*«
Anläßlich des 1. Mai 1949, der auf dem (→) Königsplatz begangen wurde, verkündete Max Wönner als Ziel der Gewerkschaften die Wirtschaftsdemokratie und wandte sich dabei sowohl gegen eine freie Marktwirtschaft als auch gegen den östlichen Kollektivismus. Angesichts der Transparente der kommunistischen »Freien Deutschen Jugend« (FDJ) griff er die Politik der Kommunisten an, da sie eine Radikalisierung der Arbeiter provoziere und damit den Wiederaufbau behindere.
Zum ersten Mal war das Gewerkschaftshaus am 1. Mai 1949 nicht mit der roten Fahne, gegen die von christlicher Seite Einspruch erhoben worden war, geschmückt. Statt dessen hißte man die Farben Schwarz-Rot-Gold als Referenz an das Grundgesetz der Bundesrepublik Deutschland, das am 24. Mai 1949 verkündet werden sollte. Die Gründung der BRD sowie der DDR (am 7. Oktober 1949) und damit die endgültige Teilung Deutschlands gaben den letzten Anstoß, die Gewerkschaften in den drei Westzonen zum Deutschen Gewerkschaftsbund (DGB) zu vereinen. Seine Gründung

fand am 13. Oktober 1949 im Kongreßsaal des Deutschen Museums statt (→ Museumsinsel). Ab dem 1. Januar 1950 hatte der Landesbezirk Bayern des DGB seinen Sitz in der Landwehrstraße 7–9.

Seit Dezember 1945 stiegen die Mitgliedszahlen der Gewerkschaften in Bayern von etwa 100 000 auf mehr als 800 000 im Dezember 1949. Rund ein Achtel davon waren Jugendliche beiderlei Geschlechts, deren Erziehung zur Demokratie als besondere Aufgabe empfunden wurde. Jugendsekretär war Ludwig Koch (geboren 1909), der im Widerstand tätig und wegen »Vorbereitung zum Hochverrat« von 1937 bis 1945 inhaftiert gewesen war.

Frauen machten rund ein Fünftel der Mitglieder aus. Auch sie bildeten eine Bevölkerungsgruppe, deren Interessen – sofern sie berufstätig waren – nur von den Gewerkschaften vertreten wurden. Während viele Männer in Gefangenschaft waren, lag die Last des Alltags auf den Schultern der Frauen. Bewältigung der Bombenschäden, Erziehung der Kinder, Finanzierung des Lebensunterhalts – all das oblag ihrer Verantwortung.

Ludwig Koch, 1948

Mit der Rückkehr der Soldaten begann der erzwungene Rückzug der Frauen aus dem öffentlichen Leben, der begleitet war durch eine finanzielle Nichtanerkennung ihrer Leistungen beispielsweise in Form von Rentenansprüchen. Im Arbeitsleben galt darüber hinaus die Praxis der schlechteren Bezahlung bei gleicher Arbeit.

Im Frühjahr 1947 nahm das Frauensekretariat des BGB unter Christa Kern seine Arbeit auf. Vom 5. bis 9. August 1947 fand in München der 1. Landesfrauenkongreß des BGB statt, auf dem ein Landesfrauenausschuß gewählt wurde. Seine Mitglieder sahen ihre Aufgabe in der gesellschaftlichen Gleichstellung der Frauen, insbesondere in der Durchsetzung der gewerkschaftlichen Forderung »Gleicher Lohn für gleiche Leistung«.

Ein Hauptanliegen der Gewerkschaften in jenen Jahren der Not war der Kampf gegen Hunger, überhöhte Preise und Schwarzmarkt. Auf der ersten Münchner Betriebsräteversammlung am 9. März 1947 forderten die Anwesenden härteste Strafen gegen Schieber und Schwarzhändler und gleichzeitig eine Erhöhung der katastrophal niedrigen Lebensmittelrationen. Am 23. Juli 1948 begann dementsprechend eine große Aktion gegen den Schwarzhandel, bei der Flugblätter verteilt und Plakate angebracht wurden. Dabei kam es zu tätlichen Angriffen seitens einiger Schwarzhändler.

Bis 1955 diente das inzwischen abgerissene Gebäude Landwehrstraße 7–9 als Gewerkschaftshaus. Dann zog der DGB an seine heutige Adresse, Schwanthalerstraße 64.

Mathildenstraße 3 Im zweiten Stock des städtischen Altenheimes an der Mathildenstraße 3 (damals 9a) befand sich von 1945 bis 1949 das Parteibüro der Münchner SPD.
Die SPD hatte am 23. März 1933 als einzige Partei im Berliner Reichstag gegen die Abschaffung der Demokratie, gegen das sogenannte Ermächtigungsgesetz, gestimmt. Ihr Parteiführer Otto Wels sprach damals die denkwürdigen Worte: »*Wir deutschen Sozialdemokraten bekennen uns in dieser geschichtlichen Stunde feierlich zu den Grundsätzen der Menschlichkeit und der Gerechtigkeit, der Freiheit und des Sozialismus. Kein Ermächtigungsgesetz gibt Ihnen die Macht, Ideen, die ewig und unzerstörbar sind, zu vernichten.*« Im Juni 1933 spielte sich das dramatische Ende der deutschen Sozialdemokratie im Künstlerhaus am (→) Lenbachplatz 8 ab, bevor die Partei am 22. Juni 1933 endgültig verboten und enteignet wurde. Ihre führenden Mitglieder waren entweder bereits ins Exil gegangen, wurden verhaftet, arbeiteten im Untergrund oder zogen sich ins Privatleben zurück.
Sofort nach der Befreiung vom Nationalsozialismus kehrten die Sozialdemokraten ins politische Leben zurück: Rosa Aschenbrenner (1885–1966) nach Jahren in Gefängnis und Konzentrationslager, Gottlieb Branz (1896–1972) ebenfalls nach langjähriger Leidenszeit in Konzentrationslagern (→ Vollmarstraße), Wilhelm Hoegner aus seinem Schweizer Exil (→ Miesbacher Platz 15), Waldemar von Knoeringen (1906–1971), der 1933 in Österreich, 1934–1938 in der Tschechoslowakei, 1938–1939 in Frankreich und 1939–1945 in Großbritannien im Exil gelebt hatte, und Thomas Wimmer, der in Harlaching (→ Bruggspergerstraße 45) überlebt hatte – um nur einige zu nennen. Hoegner beschreibt in seinen Erinnerungen »Der schwierige Außenseiter« das Wiedersehen: »*In den folgenden Tagen traf ich wieder alte Bekannte und Parteifreunde, die die furchtbaren Jahre überlebt hatten. Rührend war das Wiedersehen mit alten Sektionsführern meiner Partei, sie hatten Tränen in den Augen, umarmten und küßten mich, was sonst bei uns zurückhaltenden deutschen Männern nicht üblich ist.*«
Am 17. November 1945 erhielten Branz, Hoegner und Wimmer von der amerikanischen Militärregierung die Erlaubnis, die SPD für München neu zu gründen. Anders als andere Parteien konnte die SPD an eine unbelastete Tradition anknüpfen und mußte daher auch nicht ihren Namen ändern. Am 25. November 1945 trat die SPD zum ersten Mal mit zwei stark besuchten Veranstaltungen im Prinzregententheater (→ Prinzregentenplatz) an die Öffentlichkeit. Als dann am 8. Januar 1946 die SPD für ganz Bayern zugelassen wurde, erschien am 25. Januar 1946 auch die Parteizeitung »Münche-

Stadträtin Rosa Aschenbrenner (SPD)

ner Post« wieder. Ihre Redaktion und Druckerei waren am 9. März 1933 von SA-Horden in offiziellem Auftrag zerstört worden.

Ihre großen Ziele benannte die Münchner SPD in der »Münchener Post« vom 1. Februar 1946: *»Jetzt stehen wir vor den Trümmern einer Welt und fragen uns, mußte das sein? Nein, es mußte nicht sein. Wir können die in Schutt und Asche liegende Welt nicht wiederaufbauen, wir müssen sie neu bauen. Wir Sozialdemokraten erheben erneut unsere Forderung nach Planwirtschaft und Völkerverständigung. Die Krise, in der wir leben, ist gekennzeichnet durch die Tatsache, daß eine Spannung besteht zwischen den technischen Möglichkeiten und den notwendigen sozialen Folgerungen.«*

Ein Merkmal der Münchner SPD war ihr ausgeprägter politischer Föderalismus, der sich auch gegen nichtbayerische Genossen wandte. Als der Kölner Franz Marx, der vor 1933 Vorsitzender der Metallarbeiterjugend in München gewesen war, nach 1945 ein Parteiamt in München übernehmen sollte, meinte Wimmer: *»Wir brauchen die Preußen nicht! Die sollen droben bleiben!«* Marx wurde später zum Vorsitzenden des SPD-Bezirks Südbayern gewählt.

Auf der ersten Parteiveranstaltung im Prinzregententheater meinte der Redner Hoegner, seit 3. Oktober 1945 bayerischer Ministerpräsident: *»Auch der bayerische Arbeiter hat ein Vaterland, ein schönes Vaterland. Wir wissen nicht, was aus Deutschland wird, aber den bayerischen Staat wollen wir uns so einrichten, daß sich auch der ärmste Arbeiter und Bauer darin heimisch fühlen kann. Unser Verstand sagt Deutschland aus vielerlei Gründen, aber unser Herz gehört Bayern, unserem eigenen Vaterland.«*

In erster Linie ging es in den damaligen Notzeiten natürlich um den Wiederaufbau und die Beseitigung des Hungers und des Elends. Am 1. Dezember 1945 ernannte der Stadtkommandant Eugene Keller Thomas Wimmer zum 2. Bürgermeister. In dieser Funktion war er auch mit der Beschaffung von Bau- und Brennholz befaßt. Bei der Stadtratswahl vom 26. Mai 1946 (→ Marienplatz) erhielt die SPD als zweitstärkste Partei nach der CSU 17 von 41 Mandaten und stellte mit Wimmer weiterhin den 2. Bürgermeister. Bei der Kommunalwahl am 30. Mai 1948 wurde die SPD mit 15 Sitzen die stärkste Partei, und Wimmer wurde vom neuen Stadtrat am 1. Juli 1948 zum Oberbürgermeister gewählt. Bis 1960 hatte er dieses Amt inne. Bei den Wahlen zum 1. Bundestag am 14. August 1949 schließlich konnte die SPD alle vier Münchner Direktmandate für sich gewinnen.

Pettenkoferstraße 8a *»Die Sünde wider Blut und Rasse ist die Erbsünde und das Ende einer sich ihr ergebenden Menschheit«*, verkündete Adolf Hitler in »Mein Kampf«. Die eigentliche Ursache der deutschen Niederlage im Ersten Weltkrieg sei das *»Nichterkennen des Rassenproblems und seiner Bedeutung für die geschichtliche Bedeutung der Völker«* gewesen. Zur Sicherstellung einer besseren Zukunft gelte es deswegen, das deutsche Volk zu regenerieren und die rassisch Wertvollen zu fördern. Voraussetzung dafür wiederum sei die Durchdringung der akademischen Volksschichten mit geistiger Erneuerung.

Zu diesem Zweck entstand im Dezember 1934 das »Rassenpolitische Amt der Gauleitung München-Oberbayern«, das in die Poliklinik an der Pettenkoferstraße 8a integriert wurde. Die Leitung des »Rassenpolitischen Amtes« übernahm der Universitätsprofessor Heinz Kürten (1891–1966). »Kürschners Deutscher Gelehrtenkalender 1940/41« schreibt über dessen Fachgebiete: *»Innere Medizin, Krebsforschung, menschliche Erblichkeitslehre und Rassenhygiene.«* Kürten machte es sich zur Aufgabe, folgende Passage aus »Mein Kampf« in die Tat umzusetzen: »(Der Staat, d. V.) *hat die Rasse in den Mittelpunkt des allgemeinen Lebens zu setzen. Er hat für ihre Reinerhaltung zu sorgen ... Er muß dafür Sorge tragen, daß nur, wer gesund ist, Kinder zeugt; daß es nur eine Schande gibt: bei eigener Krankheit und eigenen Mängeln dennoch Kinder in die Welt zu setzen ... Umgekehrt aber muß es als verwerflich gelten, gesunde Kinder der Nation vorzuenthalten. Der Staat muß dabei als Wahrer einer tausendjährigen Zukunft auftreten, der gegenüber der Wunsch und die Eigensucht des einzelnen als nichts erscheinen und sich zu beugen haben. Er hat die modernsten ärztlichen Hilfsmittel in den Dienst dieser Erkenntnis zu stellen. Er hat, was irgendwie ersichtlich krank und erblich belastet und damit weiter belastend ist, zeugungsunfähig zu erklären und dies praktisch auch durchzusetzen ... Er muß ohne Rücksicht auf Verständnis oder Unverständnis, Billigung oder Mißbilligung in diesem Sinne handeln.«* Kürtens Tätigkeit bestand darin, die Bevölkerungspolitik des nationalsozialistischen Staates theoretisch zu untermauern: Unfruchtbarmachung von als »schädlich« eingestuften Menschen sowie Ermordung angeblich »lebensunwerter« Kranker einerseits, Züchtung »arischen« Nachwuchses andererseits (→ Hermann-Schmid-Straße 5–7).

Nach der Befreiung vom Nationalsozialismus lenkte die Medizinische Fakultät der Universität München das besondere Interesse der Militärbehörden auf sich, denn von den 24 Ordinarien hatten 19 der NSDAP angehört, 12 von ihnen

bereits vor dem 1. Mai 1937. Sie wurden alle entlassen, doch kehrten 21 bald wieder auf ihre Posten zurück.
Auch Kürten gehörte zu den Entlassenen. Der Parteigenosse hatte 1934–1945 der Fakultät als Professor angehört. Schon 1947 erhielt er die Erlaubnis, eine private Krebsforschungsstelle zu eröffnen, 1952 kehrte er als Beamter auf seinen Lehrstuhl zurück. Er behielt diesen bis 1956 inne und zog sich dann aus Altersgründen ins Privatleben zurück. Der »Rassenhygiene« blieb er bis zu seinem Tod treu und erlangte damit sogar Berühmtheit. Er war führendes Mitglied der »Internationalen Gesellschaft für medizinische Prophylaxe und Sozialhygiene«.

Schillerstraße 51 Im Jahr 1890 gründete der Buchhändler Julius Friedrich Lehmann (1864–1935) einen medizinischen Verlag, der bald wegen seiner medizinischen Atlanten und Zeitschriften internationale Anerkennung erlangte. Lehmanns privates Hauptinteresse lag jedoch in der Veröffentlichung nationalistischer und rassistischer Werke, die von der Schillerstraße 51 (damals Pettenkoferstraße 10b) aus in ganz Deutschland reißenden Absatz fanden.
In der Festschrift zum 75jährigen Bestehen des Verlags im Jahr 1965 heißt es über Lehmann: »*Lehmann fühlte sich der Medizin verpflichtet, sie wurde zu seiner Lebensaufgabe, der er mit Ernst und Verantwortungsbewußtsein nachging... Der Arzt sollte wieder als Künstler gewertet, das überspitzte Krankenkassenwesen und die unerfreulichen Folgen der sozialen Versicherungen sollten bekämpft werden... Etwa ab 1910 pflegte der Verlag die Rassenhygiene und Vererbungslehre. Lehmanns Eintreten für die Rassenkunde wurde ihm und später uns oft als Förderung des Rassenhasses verübelt. Günthers* [ein damals bekannter Mediziner, d. V.] *Rassenkunde des deutschen Volkes erschien aber schon 1922, als die NSDAP und ihre Bestrebungen keine Rolle spielten... Lehmann starb im Glauben an ein starkes deutsches Volk, das zur Einigung geführt werden konnte. Sein früher Tod bewahrte ihn vor Enttäuschungen und schweren Kämpfen, denen er seiner ganzen Veranlagung nach nicht hätte entweichen können. Ein Glück, daß er noch im Glauben an Deutschlands große Zukunft sterben konnte!*« Diese Würdigung verfaßte sein Schwiegersohn Otto Spatz.
Bereits 1917 hatte Julius Friedrich Lehmann die nationalistische Zeitschrift »Deutschlands Erneuerung« gegründet, in der er der damaligen politischen Führung schwerste Versäumnisse vorwarf. Sie müsse die moderne Uneinigkeit in der Gesellschaft mithilfe der Wiederherstellung einer uralten, harmonisierenden Volksgemeinschaft beseitigen.

Diese völkischen Ideen führten ihn bereits 1918 zur rechtsradikalen »Thule-Gesellschaft«, in deren Münchner Zweig er eine führende Stellung einnahm. Lehmann finanzierte und organisierte Waffenkäufe, um die verhaßte Revolution vom November 1918 rückgängig zu machen. Demselben Zweck diente im Jahr 1918 der Kauf des »Münchner Beobachters« durch die »Thule-Gesellschaft«, der seitdem als »Völkischer Beobachter« in die Geschichte eingegangen ist. Im April 1919 nahm Lehmann als Freikorpssoldat an der blutigen Niederschlagung der Münchner Räterepublik teil. Seit jener Zeit unterstützte er finanziell und ideologisch die Nationalsozialisten. Während des Hitler-Putsches vom 8./9. November 1923 wurden politische Geiseln in seinem Privathaus gefangengehalten.
Der Verlag Lehmann spielte bei der Ausbreitung der rassistischen Ideen in der Weimarer Republik die führende Rolle. Ein Blick in das Verlagsprogramm von 1930 sagt dabei mehr als viele Worte. Man rühmte sich, die Weimarer Demokratie vom ersten Tag an bekämpft zu haben.
Über die Abteilung »Für den Wehrgedanken« etwa hieß es: *»Trotzdem bejahen unsere Bücher den Krieg als eine im Leben der Völker unentbehrliche, wenn auch furchtbare Waffe, sie bejahen den Geist der Mannhaftigkeit, der Härte gegen sich selbst, der Aufopferung und der Kameradschaft, sie wollen diesen Geist lebendig erhalten bei den Mitkämpfern und ihn der Jugend als heiliges Vermächtnis ihrer Väter weitergeben.«*
In der Reihe »Bausteine zum dritten Reich« kamen Themen wie »Volk ohne Raum« und »Proletarisierung von Geist, Gemüt und Wirtschaft der entwurzelten Stadtmenschen« zur Sprache. Diese Bücher *»tragen gerade unter unserer Studentenschaft erfreulich dazu bei, deutscher Weltanschauung Bahn zu brechen.«* Nicht vergessen sei auch die umfangreiche Abteilung »Rassenkunde und Rassenhygiene«.
Anläßlich des 70. Geburtstages von Julius Friedrich Lehmann am 28. November 1934 erhielt er die beiden höchsten Auszeichnungen des »Dritten Reiches«: Das »Goldene Parteiabzeichen« und das »Adlerschild der deutschen Nation«, dazu die Ehrendoktorwürde der Medizinischen Fakultäten der Universitäten München und Tübingen. Dabei wurden insbesondere seine »Leistungen als Vorkämpfer der Rassenhygiene und Erbbiologie« hervorgehoben.
Nach Lehmanns Tod im Jahr 1935 konnte die Verlagsarbeit bruchlos fortgeführt werden. 1930 war Lehmanns Schwiegersohn Otto Spatz (1900–1989) in das Unternehmen eingetreten. Er schrieb 1940 über das Hauptanliegen des Verlages: *»Die Rassenhygiene wird nach dem Kriege einen weiteren*

Todesanzeige im »Völkischen Beobachter«, 26. 3. 1935

> Nach längerem Leiden entschlief heute abend im 71. Lebensjahre
>
> Verleger
>
> # Julius Friedrich Lehmann
>
> Ehrendoktor der Medizin und der Naturwissenschaften
> Inhaber des Adlerschildes des Deutschen Reiches
>
> Sein ganzes Leben war Kampf und Arbeit für Deutschland, für deutsche Wissenschaft und deutsche Ehre. Im Dienste der Erneuerung deutschen Wesens stand seine mit der hinreißenden Begeisterung seines heißen Herzens geleistete verlegerische Arbeit. Wir verlieren in ihm den schöpferischen und wegweisenden Begründer unseres Verlages und einen unersetzbaren gütigen Freund. Seinem Geiste und Vorbild getreu werden wir sein Lebenswerk weiterführen.
>
> München, den 24. März 1935.
>
> Die Teilhaber von J. F. Lehmanns Verlag
>
> Fritz Schwartz   Dr. Friedrich Lehmann   Otto Spatz
>
> Die Feuerbestattung findet am Mittwoch, den 27. März, um 11 Uhr im Ostfriedhof statt.

Siegeszug antreten. Gewaltig sind die Aufgaben, die ihrer in Deutschland und in der ganzen Welt noch harren.«
Gegen Kriegsende sank das Gebäude des Lehmann-Verlages in Schutt und Asche. Auf Befehl der Amerikaner mußten alle Papier-, Buch- und Klischeebestände abgeliefert werden. Dem Verlag wurde jegliche Tätigkeit untersagt.
Am 15. März 1949 konnte Otto Spatz wieder eine »Buchhandlung für Medizin und Psychologie« am angestammten Standort eröffnen. Gleichzeitig war er Gesellschafter der Verlagsbuchhandlung F. J. Lehmann. Es erschienen erneut medizinische Fachbücher, aber auch Werke aus Gebieten, für die der Verlag bekannt geworden war. 1951 wurde die 13. Auflage des alten Klassikers »Grundzüge der Vererbungslehre, Rassenhygiene und Bevölkerungspolitik« ausgeliefert, ferner Werke zum »Wehrwesen« zu Wasser, Luft und Land und auch Verherrlichungen des Zweiten Weltkrieges wie »Männer und Taten, Ritterkreuzträger erzählen« oder »Panzer im Brennpunkt der Fronten.« Die Buchhandlung Lehmann befindet sich inzwischen an der Pettenkoferstraße 18.

Lindwurm-/Ziemssenstraße

An der Ecke Lindwurm-/Ziemssenstraße sollte ab dem 22. Mai 1938 mit dem Bau der U-Bahn begonnen werden. Der »Völkische Beobachter« berichtete am 23. Mai 1938 über das Zeremoniell, an dem Hitler höchstpersönlich teilgenommen hatte, und das – typisch für die Nationalsozialisten – als militärischer Aufmarsch von Wehrmacht, SS, Polizei, Hitlerjugend usw. inszeniert worden war: »*Der Führer befiehlt Arbeitsaufnahme zum Ausbau Münchens. Der erste Rammstoß zur Münchner U-Bahn.*« In unfreiwilliger Zukunftsschau hieß es: »*Sieben Jahre lang wird München ein einziger riesiger Werkplatz sein, um dann, nach dem Willen des*

Führers als eine der schönsten und blühendsten Gemeinden einzugehen in den herrlichen Städtekranz, dessen vollendete Steigerungen vier neu erstandene kommunale und baulich-ästhetische Zentren sein werden: Berlin, Hamburg, Nürnberg und München.«

Typisch in diesem Zusammenhang auch folgende Sätze des »Völkischen Beobachters« zur Ausschaltung jeglicher kommunalen Selbstverwaltung: »*Ein männlicher, überraschender Entschluß hat vor drei Wochen die Hauptstadt der Bewegung und ihre wägenden und überlegenden Bürger überfallen. Drei Wochen lang hat München Zeit gehabt, sich einzustellen auf seine grundlegende bauliche Erneuerung, auf die glückliche Aussicht, seiner künstlerischen Tradition die moderne Erfüllung zu geben. Und überraschend wie der Plan kam über Nacht die Tat. Vor 48 Stunden erfuhr die Stadt, daß am 22. Mai der Führer den Befehl geben werde zum Baubeginn für ein neues, größeres und unendlich viel schöneres München. Zwei Tage sind eine kurze Frist. Sie erlauben, ja zu sagen, Fahnen aufzuziehen und die glücklichen Schauer eines überwältigenden Entschlusses zu spüren, der das Vermächtnis der großen bayerischen Städtebauer in vergangener Zeit erfüllen und krönen wird.«*

Von allgemeinem Jubel immer wieder unterbrochen, sprach Hitler davon, daß die neue U-Bahn für die nächsten 500, wenn nicht sogar 1000 Jahre gebaut werden würde. Er schloß mit den folgenden, von den vielen tausend Zuhörern frenetisch bejubelten Worten: »*Und deswegen denken wir in dieser Minute alle wieder an unser Deutschland, dem wir ergeben und dem wir verschworen sind mit Leib und Seele. Und damit soll im Gedenken an Deutschland auch diese Arbeit beginnen!*« 21 Böllerschüsse krachten, und die ersten T-Träger wurden symbolisch in die Erde gerammt.

Geplant war der Bau zweier U-Bahn-Linien, die sich unter dem Stachus kreuzen sollten: Die West-Ost-Linie zwischen Pasing und Ostbahnhof sowie die Nord-Süd-Linie von Freimann über den Odeonsplatz zum Goetheplatz nach Mittersendling. Der erste Bauabschnitt zwischen Ziemssenstraße und Goetheplatz wurde im Rohbau fertiggestellt, dann mußten die Arbeiten wegen des Krieges unterbrochen werden. Zu den Baumaßnahmen hatte auch der Abriß der Matthäuskirche am 13. Juni 1938 (→ Sonnenstraße) gehört.

Bereits am 9. August 1945 beriet der kurz vorher von den US-Behörden eingesetzte Stadtrat über den Wiederaufbau der nunmehr zerstörten Stadt. Man beschloß die Ausführung der vorliegenden U-Bahn-Planungen und griff weitblickend die Idee auf, die Vorortzüge unterirdisch durch die Innenstadt zu leiten. Die staatlichen Reichsbahn- und die städtischen U-

Baueröffnung, 22. 5. 1938. Erste Reihe von links: Gauleiter Wagner, Hitler, Reichsverkehrsminister Dorpmüller, Oberbürgermeister Fiehler, General Schobert, General Sperrle

Bahn-Züge sollten in einer Tarifgemeinschaft zusammengefaßt werden.
Aber vorerst galt es, drängendere Aufbauarbeiten zu erledigen. So dienten die U-Bahn-Schächte vorerst einer anderen Bestimmung: Die »Gesellschaft für Champignonkulturen« baute in den leerstehenden, dunklen und feuchten unterirdischen Räumen Pilze an. Die erste Ernte konnte im Sommer 1947 eingefahren und verkauft werden. Seit 1950 füllte man das Bauwerk mit Schutt, der schließlich 1965 wieder entfernt wurde, weil nun die U-Bahn tatsächlich gebaut wurde.

Zenettistraße 44/ Emil-Muhler-Torweg

Im Jahr 1924 wurde Emil Muhler (1892–1963) Stadtpfarrer von St. Andreas an der Zenettistraße 44. (Bis zu ihrer Zerstörung 1944 befanden sich Kirche und Pfarrhaus an der Adelzreiterstraße 22.) Der Emil-Muhler-Torweg erinnert an diesen unerschrockenen Gegner des Nationalsozialismus, dem er Ende April 1945 fast noch zum Opfer gefallen wäre. An der Kirche selbst wird Muhler auf einem Gedenkstein dargestellt. Muhler hatte 1924 den Doktortitel mit einer Arbeit über die »Idee des gerechten Lohnes« erhalten und war 1929 bis 1933 für die Bayerische Volkspartei (BVP) im Stadtrat gesessen. In seiner Pfarrei pflegte Muhler auch Kontakte zu Kommunisten. Dies sowie sein Sinn für Wahrhaftigkeit brachten ihn

Emil Muhler

nach der Machtübergabe mit den Nationalsozialisten in Konflikt.
Ein aus dem Konzentrationslager Dachau entlassener Kommunist berichtete Muhler im Oktober 1933 von den dortigen Zuständen. So würde Gefangenen erklärt, sie seien frei. Wenn diese dann das Lager verlassen hätten, würden sie von hinten »auf der Flucht« erschossen. Anderen Häftlingen, die sich weigerten, sich selbst zu töten, würden die Köpfe von Hingerichteten in die Zelle gerollt. Muhler gab diese Berichte weiter und wurde von zwei Lehrerinnen denunziert.
Am 24. Januar 1934 begann der Prozeß gegen Muhler und seine beiden Kapläne Georg Sollacher und Oskar Thaler, denen vorgeworfen wurde, gemeinsam das »Wohl des Reiches« schwer geschädigt zu haben. Staatsanwalt Adolf Keltsch forderte acht Monate Haft für Muhler. Nach dem Krieg konnte Keltsch zum Präsidenten des Bayerischen Obersten Landesgerichtes aufsteigen.
Die Richter verurteilten Sollacher zu fünf, Thaler zu drei und Muhler zu vier Monaten Gefängnis, die sie in Landsberg absitzen mußten. Im Jahr 1940 wurde Muhler nochmals für ein halbes Jahr verhaftet, weil die Gestapo bei einer Hausdurchsuchung belastendes Material gefunden hatte. Nach dem mißglückten Attentat auf Hitler vom 20. Juli 1944 wurde Muhler am 18. September 1944 ins KZ Dachau gebracht. Auf dem Todesmarsch der Häftlinge nach Süden am 27. April 1945 (→ Eversbusch-/Höcherstraße) gelang es Muhler zu fliehen.
Nach der Befreiung kehrte Muhler in seine Pfarrei zurück und vertrat seit 1947 die Katholische Kirche im Bayerischen Senat.

Lindwurmstraße 125
Nachdem die Hauptsynagoge an der (→) Herzog-Max-Straße 7 am 9. Juni 1938 abgerissen worden war und auch die beiden anderen Synagogen an der (→) Herzog-Rudolf-Straße 3 und an der (→) Reichenbachstraße 27 am 9./10. November 1938 niedergebrannt worden waren, zog die Israelitische Kultusgemeinde in das Rückgebäude der Lindwurmstraße 125. Dieses Anwesen gehörte einem Gemeindemitglied.
In einer ehemaligen Zigarettenfabrik wurden nun eine Synagoge und Verwaltungsräume eingerichtet. Die antisemitischen Ausschreitungen hatten bereits gezeigt, zu welcher Brutalität und Radikalität das »erwachte« Deutschland fähig war. Nun folgte die endgültige Ausgrenzung und Entrechtung der Juden bis hin zu ihrer Deportation in die Vernichtungslager im Osten. Die gegen die Juden gerichteten Maßnahmen erhielten durch ihre Form als Erlasse und Gesetze ein

juristisches Gewand. Der Terror wurde koordiniert durch die sogenannte »Arisierungsstelle« in der (→) Widenmayerstraße 27, genauer durch die dort arbeitenden Staatsdiener. Die Durchführung der Terrormaßnahmen mußte von der Kultusgemeinde selbst unter ihrem Vorsitzenden Alfred Neumeyer (1867–1944) durchgesetzt werden. Neumeyer leitete die Gemeinde bis 1941 und konnte sich dann durch Auswanderung nach Argentinien retten.

Einige wenige dieser Maßnahmen, die den Betroffenen im Mitteilungsblatt ihrer Gemeinde bekanntgemacht werden mußten, seien aufgezählt:

20. September 1939: Alle Juden müssen ihre Radios abliefern;
29. Juli 1940: Juden werden Telefonanschlüsse gekündigt;
1. September 1941: Juden ab dem sechsten Lebensjahr müssen den gelben Stern tragen;
12. Dezember 1941: Juden dürfen öffentliche Telefone nicht mehr benutzen;
13. März 1942: Juden müssen ihre Wohnungen kennzeichnen.

Zudem wurde der Gemeindeverwaltung aufgezwungen, die Judenlager an der (→) Knorrstraße 148 und an der (→) Clemens-August-Straße 6 selbst zu verwalten. Schließlich mußten die Opfer bei der Zusammenstellung der Deportationslisten mithelfen und den Abtransport ihrer Glaubensgenossen in die Vernichtungslager mitorganisieren. Dies galt auch für das Kinderheim an der (→) Antonienstraße 7. Als auf diese Art und Weise fast alle Juden aus München entfernt worden waren, wurden die beiden Lager aufgelöst. Am 1. März 1943 kamen die letzten 483 Verbliebenen in das Gemeindehaus an der Lindwurmstraße 125, um hier auf ihre Deportation zu warten. Am 20. Juni 1943 meldete die »Arisierungsstelle«: *»Die Entjudung in München ist auf allen Gebieten und Lebensbereichen kompromißlos durchgeführt«* und stellte ihre »Arbeit« ein. Etwa 3000 Münchner Juden und Jüdinnen waren deportiert worden.

Das Gebäude an der Lindwurmstraße 125 fiel 1944 einem Bombenangriff zum Opfer. Heute erinnert nichts mehr – nicht einmal eine Gedenktafel – an die menschlichen Schicksale, die sich hier unter Mithilfe der Behörden abspielten.

Hermann-Schmid-Straße 5–7

Im Jahr 1910 entstanden an der Hermann-Schmid-Straße 5–7 das Israelitische Krankenhaus und das Schwesternheim. Besondere Bedeutung für die jüdische Bevölkerung erhielten die beiden Einrichtungen seit 1933, als der Antisemitismus sich immer stärker in der staatlichen Politik äußerte. Juden durften nicht mehr in »arischen« Krankenhäusern behandelt werden, und umgekehrt war »Ariern« das Betreten der

»jüdischen« Kliniken verwehrt. Bis 1938 ließ das Israelitische Krankenhaus noch verlauten: »*Die Klinik steht jedem Arzt zur Verfügung und gewährt Patienten jeder Konfession Aufnahme.*«
Dies änderte sich spätestens mit dem 9. November 1938, dem Tag der antisemitischen Pogrome. Die SS unterstellte das Haus ihrer direkten Kontrolle, entließ die nichtjüdischen Angestellten und reduzierte die ärztliche und materielle Versorgung der Kranken auf ein Minimum. Die Leitung des Hauses übernahm der Kinderarzt Julius Spanier (1880–1959). Er schrieb über jene Zeit: »*Die Seuche des Freitodes unter der jüdischen Bevölkerung wütete wie kaum jemals in der Geschichte. Es war keine Seltenheit, daß im Tage acht bis zehn Selbstmordfälle dem Israelitischen Krankenhaus zur Aufnahme überwiesen wurden, ganz zu schweigen von der Anzahl derer, bei denen eine Aufnahme wegen Aussichtslosigkeit sich von selbst erübrigte.*«
Im Juni 1942 wurden alle Ärzte, Schwestern, Kranken und Schwerstkranken jeden Alters unter der erzwungenen Mithilfe der Israelitischen Kultusgemeinde (→ Lindwurmstraße 125) in Möbelwagen zum Südbahnhof transportiert und von dort ins Konzentrationslager Theresienstadt deportiert. Von ihnen kehrten 1945 nur zwei Schwestern und das Ehepaar Spanier in ihre Heimatstadt zurück. Julius Spanier amtierte 1945–1952 als Präsident der wiedererstandenen, kleinen jüdischen Gemeinde (→ Kaulbachstraße 65) und war seit 1948 führend in der »Gesellschaft für christlich-jüdische Zusammenarbeit« tätig. Für die Versöhnungsbemühungen, die von ihm ausgingen, erhielt er 1953 das Bundesverdienstkreuz.
Im Juli 1942 übernahm die SS das Gebäude an der Hermann-Schmid-Straße und quartierte ein Heim ihrer Organisation »Lebensborn« ein. Diese Anstalt war 1935 auf Veranlassung Heinrich Himmlers gegründet worden, um aus rassischen und bevölkerungspolitischen Überlegungen heraus »arische« Frauen und SS-Männer zum alleinigen Zweck der Erzeugung »hochwertigen« Menschenmaterials zusammenzubringen (→ Pettenkoferstraße 8 a, → Schillerstraße 51).
Nach Kriegsende erhielt die »Reichsvereinigung der Juden in Deutschland« das 1944 zerstörte Anwesen überschrieben.

Julius Spanier

Hermann-Schmid-Straße 8

Im »Italienischen Haus« in der Hermann-Schmid-Straße befanden sich das Faschistische Sekretariat, die Italienische Handelskammer, die italienische Schule und Kindergarten sowie eine italienische Armenküche.

Stielerstraße 6

In der Schule an der Stielerstraße 6 waren Häftlinge in einem Nebenlager des Konzentrationslagers Dachau mit der Bezeichnung »Blindgängerbeseitigungs-Kommando« untergebracht. Unter Lebensgefahr mußten sie Bomben entschärfen. Eine Tafel erinnert an sie: »*Zum Gedenken an das Bombensuchkommando des KZ Dachau, das in der Zeit vom Juli 1944 bis April 1945 hier untergebracht war. Die SS zwang die Häftlinge, unter Einsatz ihres Lebens Bomben in München zu bergen und zu entschärfen. Zahllose Gefangene fanden dabei den Tod. Ihr Opfer ist uns Mahnung und Verpflichtung.*«

Theresienwiese

Die Theresienwiese war und ist der traditionelle Veranstaltungsort des Oktoberfestes und des Landwirtschaftsfestes. Hier fanden bis zum Ende der Weimarer Republik auch die Feiern der sozialistischen Arbeiterbewegung zum 1. Mai statt. Dieser »Tag der Arbeit« war bereits im Königreich Bayern von den Regierungen geduldet worden, blieb aber ein ganz normaler Arbeitstag. Mit der Machtübergabe an die Nationalsozialisten wurde alles anders.

Am 6. April erklärte die Regierung Hitler den 1. Mai als »Tag der Nationalen Arbeit« zum gesetzlichen – und damit bezahlten – Feiertag. Dieser propagandistische Schachzug sollte beweisen, daß die neue Regierung die Interessen der Arbeiterklasse wirksamer vertrete als ihre »marxistischen«, demokratischen Vorgängerinnen. Denn nun war die Forderung der Arbeiterbewegung nach einem offiziellen 1. Mai-Feiertag endlich erfüllt worden. Die Freien Gewerkschaften diskutierten kontrovers darüber, ob sie ihre Mitglieder zu einer Teilnahme an diesem nun unverhofft staatlich gewordenen Feiertag auffordern sollten. Die Führung unter Theodor Leipart (1867–1947) entschloß sich schließlich zu einer Teilnahme und ließ aus taktischen Gründen den neuen Nationalfeiertag sogar als »Tag des Sieges« in der Gewerkschaftspresse feiern. Bereits am 21. April 1933 forderte Robert Ley (1890–1945), der Leiter der »Deutschen Arbeitsfront«, in einem Geheimschreiben die lokalen Parteiführer auf, sich auf einen Schlag gegen die sozialistischen Gewerkschaften vorzubereiten: »*Dienstag, den 2. Mai 1933, vormittags 10.00 Uhr, beginnt die Gleichschaltungsaktion gegen die Freien Gewerkschaften.*«

In München fand die Kundgebung zum 1. Mai 1933 auf der Theresienwiese statt. Der »Völkische Beobachter« berichtete über die Veranstaltung, zu der angeblich 200 000 Menschen aller »Stände« und »Arbeiter der Stirn und der Faust« gekommen waren. Der Sockel der Bavaria war mit einem Hakenkreuzbanner verhängt, flankiert von weiß-blauen und schwarz-weiß-roten Fahnen. Ehrenformationen der bis dahin nie als Unterstützer der Arbeiterbewegung in Erscheinung getretenen Studentenverbindungen, Kriegervereine, Schützenverbände und rechtsradikalen Freikorps hatten sich formiert, ebenso SA, SS, Polizei und hohe Offiziere der Reichswehr.

Der »Völkische Beobachter« kommentierte die Veranstaltung: *»Die gewaltigste Heerschau Münchens – Die ganze Bevölkerung marschiert. Arbeiter, Bauern und Soldaten auf dem Marsch. Der Marsch der Hunderttausende. Das Riesenheer der Arbeit marschiert. Deutschlands Jugend marschiert in eine glückliche Zukunft. Das Arbeiterdeutschland marschiert!«*

Schon Wochen vor dem 1. Mai 1933 finanzierten Rüstungsfirmen wie die Schweinfurter Kugellagerfabriken oder die potentielle Armeestiefelfabrik Salamander und die ebenso potentielle Uniformfabrik Loden-Frey (→Maffeistraße 7) den »Völkischen Beobachter« mit einer Unzahl von Anzeigen, in denen sie der nationalsozialistischen Regierung ihren Dank aussprachen.

Staatsminister Hermann Esser (→ Promenadeplatz 2) beschwor in seiner Rede das völkische Ideal der Einigkeit aller Volksschichten zum Nutzen der einflußreichen Hintermänner der »Machtergreifung«: *»Wir stehen heute am Fuß des herrlichen Wahrzeichens unseres lieben Bayernlandes, zum ersten Mal als das ganze Volk in allen Schichten, in allen Berufen, vereint mit allen Behörden, mit der Wehrmacht, mit der Polizei, mit den staatlichen Machtmitteln.«*

Nach dieser Ansprache wurde die Rede Hitlers, die er in Berlin hielt, nach München übertragen. Er drohte, des Volkes Erwachen sei nun gekommen, und rief den *»Herrn«* an: *»Nun segne unseren Kampf um unsere Freiheit und damit um unser deutsches Volk und Vaterland!... Wir wollen den Frieden, aber die Welt will nicht unser Recht zum Schutz der Heimat anerkennen.«* Dies sei der Sinn des 1. Mai, der von nun ab die Jahrhunderte hindurch gefeiert werden solle.

Einen Tag nach der Vereinnahmung des sozialistischen 1. Mai für die Ziele der deutschen Aufrüstung und militärischen Expansion in Europa wurden die Freien Gewerkschaften wie geplant um 10.00 Uhr zerschlagen. Die SA besetzte die Gewerkschaftshäuser und enteignete die Arbeiterorganisationen. Deren Eigentum wurde Grundstock der am 10. Mai 1933 gegründeten »Deutschen Arbeitsfront« (DAF), deren kriegerischer Name Programm war (→ Karolinenplatz 6). Das Konzentrationslager Dachau füllte sich mit »Schutzhäftlingen« aus der Arbeiterbewegung (→ Ettstraße), künftig bedrohten keine Streiks mehr die Aufrüstung.

Robert Ley ließ am 2. Mai 1933 verlauten: »*Deutsche Arbeiter und Angestellte! Schaffendes Volk in Stadt und Land! Das was die Gewerkschaften aller Richtungen ... auch nicht annähernd zustande brachten, ... der Nationalsozialismus schafft es im ersten Anlauf... Wer war nun der Kapitalistenknecht, wer war der Reaktionär, der Dich unterdrücken und Dich aller Rechte berauben wollte? Jene roten Verbrecher, die Dich gutmütigen, ehrlichen und braven deutschen Arbeiter jahrzehntelang mißbrauchten ...? Schon drei Monate nationalsozialistischer Regierung beweisen Dir: Adolf Hitler ist Dein Freund! Adolf Hitler ringt um Deine Freiheit! Adolf Hitler gibt Dir Brot!*«

Am 1. Mai 1934 »*marschierten die Bataillone der Arbeit*« erneut zur Theresienwiese, um den wiederum aus Berlin übertragenen »*Worten des Führers*« zu lauschen: »*München hat bewiesen, daß es die Stadt Adolf Hitlers, des Führers, ist. Und warum und wofür dies alles? Weil in deutschen Landen der Frühling eingezogen ist, weil der Mai des deutschen Volkes angebrochen ist unter dem sieghaften Zeichen der Bewegung, unter dem Hakenkreuz. Und wofür? Für Deutschland!*« Ein »Feuerwerk der deutschen Arbeit« sowie ein Maitanz rundeten die Veranstaltung ab, zu der auch eine Grußadresse der Reichswehrführung eingetroffen war.

Der 1. Mai 1935 mußte wegen des schlechten Wetters von der Theresienwiese in den Zirkus Krone verlegt werden, wo sich ein ausgewähltes Publikum aus Partei und Wirtschaft traf. Gauleiter Adolf Wagner verdeutlichte in seiner Rede den tieferen Sinn des staatlichen Arbeitsfeiertages: »*Er schildert die Bedeutung der Wiederwehrhaftmachung gerade im Hinblick auf den Schutz der deutschen Arbeit und verwies unter lebhaftem Beifall auf die Verbundenheit der Soldaten der Wehr mit den Soldaten der Arbeit und pries das Schicksal des Deutschen Volkes, dem ein Führer vom Ausmaß Adolf Hitlers beschieden wurde*«, so der »Völkischer Beobachter«.

Der 1. Mai 1936 schließlich stand unter dem von Adolf Hitler ausgegebenen, unmißverständlichen Motto »*Der wahre Sozialismus aber ist die Lehre von der härtesten Pflichterfüllung.*« Am 1. Mai 1939 wurde der für Jahrhunderte gedachte Feiertag zum letzten Mal begangen.

Bereits 1946 erklärte die bayerische Regierung den 1. Mai wieder zum bezahlten Feiertag. Die »Arbeitsgemeinschaft Freier Münchner Gewerkschaften« (→ Landwehrstraße 7–9) rief zur Beteiligung an ihrer Kundgebung für Völkerfrieden und Arbeitsschutz auf der Theresienwiese auf. Ungefähr 60 000 Menschen folgten diesem Aufruf, um der Rede des Gewerkschaftsführers Gustav Schiefer (→ Armannspergstraße 3) zu hören. Er forderte die Wiederherstellung der im

»Dritten Reich« vorenthaltenen Rechte der Arbeiterschaft: 40-Stunden-Woche, Mitbestimmungsrecht der Gewerkschaften in den Betrieben, freies Koalitionsrecht, Reform der Sozialversicherung, Arbeiterschutzgesetzgebung, Einsetzung von Betriebsräten und den 8-Stunden-Tag.
Der 1. Mai 1947 stand vor nur 20 000 Teilnehmern auf der Theresienwiese im Zeichen der tiefgreifenden Ernährungskrise. Mit jenem Tag der Arbeit endete die Tradition der Maifeiern auf der Theresienwiese (→ Königsplatz).
Seit 1811 findet alle zwei Jahre auf der Theresienwiese parallel zum Oktoberfest das Zentral-Landwirtschaftsfest statt. Als Motto für das Jahr 1933 war ein Gedicht des nationalsozialistischen Poeten Dietrich Eckart ausgewählt worden: *»Hoch in den freien Himmelsraum, aus harter Scholle steige, Baum, wie Erz gestrafft, so reckenhaft, ein Sinnbild unserer deutschen Kraft, die unbeachtet ruhig steht, wenn rings die tolle Welt sich dreht.«*
Erst 1949 fand das nächste Landwirtschaftsfest statt. Es stand unter der Devise »Stadt und Land – Hand in Hand«, und im Ausstellungskatalog hieß es vielsagend: *»Die Schau will Dir, lieber Besucher, erzählen vom bayerischen Bauern, der seine Scholle liebt, mit dem Boden auf Gedeih und Verderb verbunden ist und diesem in angestrengter, mühevoller Arbeit das Mögliche abzuringen sucht, um für uns alle das tägliche Brot zu sichern.«* Was bedeutete dieser Satz?
Die katastrophale Ernährungslage nach Kriegsende hatte einen blühenden Schwarzmarkt entstehen lassen, auf dem alles zu haben war, vorausgesetzt man konnte zahlen. Viele Bauern verkauften Lebensmittel an hungrige Städter zu überhöhten Preisen oder im Tausch gegen hochwertige Gebrauchsgüter. Bereits am 11. Mai 1947 hatte Oberbürgermeister Scharnagl die bayerischen Bauern aufgerufen, sich nicht dazu verführen zu lassen, ihre Erzeugnisse auf den Schwarzmarkt umzuleiten, und der notleidenden Stadtbevölkerung zu gedenken. Das Streben nach Profit bei vielen Bauern hatte ein gespanntes Verhältnis zwischen »Land« und »Stadt« entstehen lassen.
Für den Mangel an Lebensmitteln waren jedoch nicht allein der Schwarzmarkt und Kompensationsgeschäfte der Bauern schuld. Es kamen hinzu die ungenügende Versorgung mit Düngemitteln und Saatgut sowie der Verlust der ostdeutschen Agrargebiete. Darüber hinaus mußte Bayern andere, landwirtschaftlich weniger ertragreiche, aber stärker besiedelte Gebiete miternähren.
Der Hunger und die gleichzeitige finanzielle Unmöglichkeit, sich auf dem Schwarzmarkt mit Lebensmitteln zu versorgen, führten zu einem allgemeinen Sinken der Arbeitsmoral und

zu starker Kritik an der Besatzungsmacht und den von ihr eingesetzten demokratischen Politikern, die das Elend verwalten mußten. Am 7. Mai 1948 kam es zu wilden Streiks, die von den Gewerkschaften mißbilligt wurden.
Im Juli 1948 entlud sich – um ein Beispiel zu nennen – der sogenannte »Eierkrieg«. Auf dem Viktualienmarkt wurde ein Überfallkommando der Polizei stationiert, weil immer wieder Eierhändler angegriffen und ihre überteuerte Ware geraubt oder zerstört wurde. Im August 1948 meldete die Presse, daß einzelne Großhändler vor der Währungsreform vom 20. Juni 1948 Millionen von Eiern für 11 Reichspfennige gekauft hätten und nun in Kühlhäusern lagerten. Diese Eier, die 1,1 Pfennig nach der neuen Währung gekostet hätten, würden jetzt für 20 bis 30 Pfennig verkauft. Der ständig weiter steigende Eierpreis wurde am 22. Oktober 1948 vom bayerischen Landwirtschaftsamt auf höchstens 30 Pfennige festgelegt. Viele Bauern wie auch Händler zogen ihre Ware vom regulären Markt ab und lenkten sie auf den Schwarzmarkt. Auf diese Weise wurden 1949 rund 50 Prozent der bayerischen Eierproduktion illegal in außerbayerische Gebiete, wo der Mangel noch größer war, verschoben.

Theresienhöhe

Auf der Theresienhöhe, nördlich der Bavaria, enthüllte man am 20. Juli 1925 das Denkmal für die Kraftfahrtruppen. Der Text erläutert: »*Im Kampfe für das Vaterland starben den Heldentod 260 Offiziere, Unteroffiziere und Mannschaften der Kgl. bayer. Kraftfahrtruppe. 1914–1918.*« Eine Panzernachbildung zeugt vom Stand der damaligen Technik. Nach dem Zweiten Weltkrieg kam eine ergänzende Tafel hinzu mit folgendem Text: »*Sie zogen aus und spähten in die Weiten gleich Rittern, die dem Heer voraus ins Ungewisse reiten. 1939–1945. Allen nicht Heimgekehrten der Panzeraufklärungsabt. 7, 4. Panzerdivision.*« – Der Krieg als romantisches Ritterspiel.

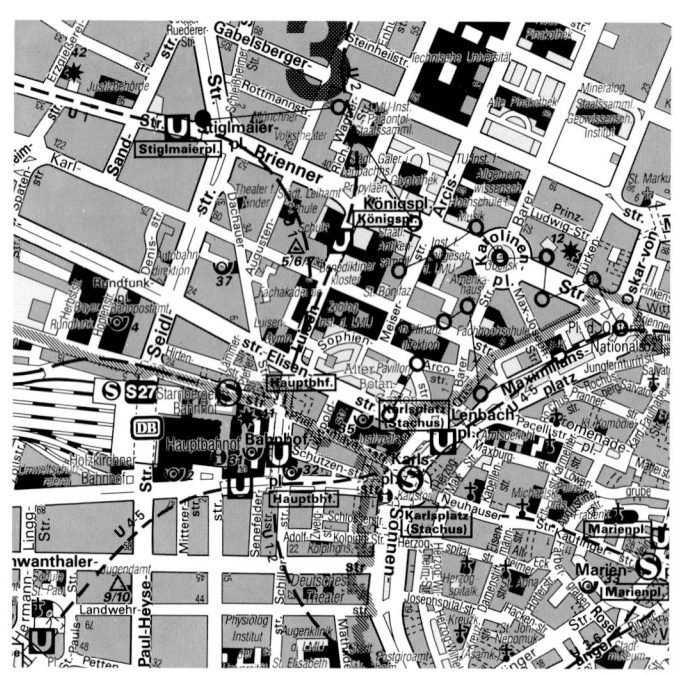

Maxvorstadt

Die Nationalsozialisten hatten den Wert des Königsplatzes als Kulisse für die Präsentation ihrer Macht erkannt. Zudem wählten sie die Maxvorstadt als Ort ihrer Parteizentrale aus. Ausgehend vom 1930 erworbenen »Braunen Haus« breiteten sich hier seit 1933 die Gebäude der Reichsleitung der NSDAP aus. Ganze Straßenzüge gelangten in den Besitz der Partei, die dort ihre Dienststellen unterbrachte.

Stiglmaierplatz

Nach dem mißglückten Attentat auf Hitler am 8. November 1939 im Bürgerbräukeller (→ Rosenheimer Straße 29) wurden die jährlichen Gedenkfeierlichkeiten für den Hitler-Putsch des Jahres 1923 in den Löwenbräukeller am Stiglmaierplatz verlegt. Das Programm lief in veränderter und reduzierter Form ab: kein Fahnenschmuck, kein öffentlicher Aufmarsch der Parteiprominenz, nur Hitlers Rede in gewohnter Form. Während der Feierlichkeiten im Jahr 1940 mußte Luftalarm gegeben werden. Durch die von britischen Flugzeugen abgeworfenen Bomben entstand allerdings nur leichter Sachschaden im Stadtgebiet.

Während die Schlacht um Stalingrad tobte, mahnte der »Führer« am 8. November 1942 im Löwenbräukeller: *»Denkt alle daran, daß in diesem Krieg Sein oder Nichtsein unseres Volkes entschieden wird!«* Er prophezeite: *»Das Schicksal oder die Vorsehung werden denen den Sieg geben, die ihn am meisten verdient haben ... In mir haben die Feinde Deutschlands einen Gegner gegenüber, der an das Wort kapitulieren überhaupt nicht denkt! ... Jetzt gibt es nur eins: einer muß fallen, entweder wir oder sie! Wir werden nicht fallen – folglich fallen die anderen!«*

Über Stalingrad wußte der »Größte Führer aller Zeiten« weiterhin zu berichten: *»Ich wollte zur Wolga kommen, und zwar an einer bestimmten Stelle, an einer bestimmten Stadt. Zufälligerweise trägt sie den Namen von Stalin selber. Dort schneidet man nämlich 30 Millionen Tonnen Verkehr ab, darunter fast neun Millionen Tonnen Ölverkehr. Dort floß der ganze Weizen aus diesen gewaltigen Gebieten der Ukraine, des Kubangebietes zusammen, um nach Norden transportiert zu werden, dort war ein gigantischer Umschlagplatz. Den wollte ich nehmen und – wissen Sie – wir sind bescheiden, wir haben ihn nämlich! Es sind nur noch ein paar ganz kleine Plätzchen da. Nun sagen die anderen: ›Warum kämpfen Sie dann nicht schneller?‹ Weil ich dort kein zweites Verdun haben will, sondern es lieber mit ganz kleinen Stoßtrupps mache. Die Zeit spielt dabei gar keine Rolle.«*

Briefmarke zum 9. 11. 1943

Deutlicher hätte Hitler die Kriegsziele der deutschen Wirtschaft nicht ausdrücken können.
Die Feierlichkeiten zum Jahr 1944 fanden im Zirkus Krone (→ Marsstraße 43) ohne Hitler statt. An seiner Stelle erschien Heinrich Himmler und rief das letzte Aufgebot, den »Volkssturm«, offiziell ins Leben. Der Löwenbräukeller wurde später in ein Lebensmittellager verwandelt und am 3. Mai 1945 von der hungernden Bevölkerung geplündert.

Richard-Wagner-Straße 27

Im ersten Stock der Richard-Wagner-Straße 27 lebte bis zum 9. März 1933 der Journalist Fritz Michael Gerlich (1883–1934). Der ehemalige Chefredakteur der konservativen »Münchner Neuesten Nachrichten« (1920–1928) und Herausgeber der Zeitschrift »Der Gerade Weg« (1930–1933) galt als der unerschrockenste und weitsichtigste Gegner der Nationalsozialisten. Kompromißlos legte er den kriminellen Charakter der nationalistischen Bewegung und ihrer Führer offen und prophezeite im Fall einer Machtergreifung den Untergang Deutschlands. Als die NSDAP am 9. März 1933 die Macht in Bayern erhalten hatte, wurde der militante Katholik Gerlich noch am selben Tag verhaftet und in das Polizeigefängnis an der Ettstraße gebracht, wo man ihn schwer mißhandelte.
Am 30. Juni 1934 wurde die SA (→ Barer Straße 7/11) entwaffnet und ihre Führer von der SS (→ Karlstraße 10) ermordet. Dieser umfangreichen Mordaktion fielen auch viele Gegner der Nationalsozialisten aus der Zeit vor 1933 zum Opfer. Einer von ihnen war Gerlich. In der Nacht zum 1. Juli 1934 holte man ihn aus der Ettstraße ab und brachte ihn ins Konzentrationslager Dachau. Dort wurde er auf der Stelle ermordet. Seine Leiche und die von 16 weiteren Mordopfern wurden – um Aufsehen zu vermeiden – in einem Möbelwagen ins Krematorium des Ostfriedhofes (→ St. Martins-Platz 1a) transportiert und dort verbrannt. Die Asche der Toten wurde wahllos in verschiedene Urnen gefüllt. Damit sollte jegliche Spur der Opfer für immer verwischt werden.

Königsplatz

Zentral gelegen diente der Königsplatz während der Weimarer Republik immer wieder als Ort großer politischer Versammlungen.
Schon lange vor der Machtübergabe an die NSDAP am 30. Januar 1933 hatte die Parteiführung ihr Interesse am Königsplatz gezeigt. Er bot ausreichend Raum für die martialischen Aufmärsche, die für den Nationalsozialismus so typisch waren. Für diesen Zweck wurde er ab 1933 grundlegend umgebaut und zum Kernstück der späteren »Hauptstadt der Bewegung« gestaltet.

Münchner Stadtwappen von 1933 bis 1945

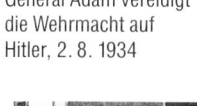

General Adam vereidigt die Wehrmacht auf Hitler, 2. 8. 1934

Im Jahr 1808 erhielt der Platz die Benennung »Königsplatz«. Er war zentraler Punkt der damals planmäßig angelegten Maxvorstadt und stellte den zu Stein gewordenen Machtanspruch des 1806 zum Königreich erhobenen Staates Bayern dar. Seitdem galt der Königsplatz als Symbol des Herrscherwillens der Wittelsbacher. Die politischen Grundsätze der Wittelsbacher widersprachen den Zielen der Nationalsozialisten in jeder Hinsicht. Als diese an die Macht gekommen waren, bezeichneten sie daher den von ihnen auserkorenen Ort als »Königlichen Platz«. Da sie jedoch auf die Duldung der traditionellen bayerischen Machteliten angewiesen waren, wagten sie es nicht, den Königsplatz auch offiziell umzubenennen.

Am 2. August 1934 starb der Reichspräsident und Oberbefehlshaber der Reichswehr, Paul von Hindenburg. Den Tod des 86jährigen hatten die Nationalsozialisten schon lange erhofft, denn nun ließen sich die Ämter des Reichskanzlers und des Reichspräsidenten in der Person Hitlers vereinigen. Seit dem Tod Hindenburgs war Hitler auch Oberbefehlshaber der Wehrmacht (→ Ludwigstraße 14).

Noch am 2. August 1934 marschierte eine Abordnung des Wehrkreises VII (Bayern) auf dem Königsplatz auf. Generalleutnant Wilhelm Adam (1877–1949) hielt eine Ansprache, in der er den toten Hindenburg würdigte und dann ausrief: »*Wer wäre würdiger, wer wäre größer, um an die Spitze des Reiches zu treten, als Adolf Hitler!*« Anschließend nahm er die Vereidigung der Münchner Truppen vor: »*Soldaten! Erhebt die rechte Hand und sprecht mir in heiligem Ernst und reinen Herzens folgende Eidesformel nach: Ich schwöre bei Gott diesen heiligen Eid, daß ich dem Führer des Deutschen Reiches und Volkes, Adolf Hitler, dem Oberbefehlshaber der Wehrmacht, unbedingten Gehorsam leisten und als tapferer Soldat bereit sein will, jederzeit für diesen Eid mein Leben einzusetzen.*«

Im März 1935 begann die Umgestaltung der Platzfläche. Der Rasen verschwand unter 22 000 Granitplatten, die jeweils genau 1 Meter mal 1 Meter maßen. Damit waren Richtung und Schrittlänge der zahlreichen künftigen Aufmärsche in der Pflasterstruktur vorgegeben.

Meiserstraße 10
Arcisstraße 12

Bereits im September 1933 hatten die Bauarbeiten für die beiden repräsentativen Parteigebäude Meiserstraße 10 (damals Arcisstraße 10–14) und Arcisstraße 12 begonnen. Symptomatisch dabei war das Schicksal des Hauses Arcisstraße 12: Es gehörte dem Mathematikprofessor Alfred Pringsheim, der sich nicht nur zum jüdischen Glauben bekannte, sondern dessen Tochter Katharina auch mit Thomas Mann verheiratet war. Das Ehepaar Mann (→ Thomas-Mann-Allee 10) lebte seit Februar 1933 im Exil. Das Gebäude Arcisstraße 12 mußte wegen der genannten Umstände 1933 an die NSDAP verkauft werden und wurde sofort abgerissen. Nach Entwürfen des Architekten Paul Ludwig Troost (1878–1934) entstanden nun der »Führerbau« an der Arcisstraße 12, der den Zwecken des Partei- und Staatsführers Hitler und seiner engsten Mitarbeiter diente, und der »Verwaltungsbau« an der Meiserstraße 10, der die Mitgliederkartei, das Archiv und Teile des Schatzamtes der NSDAP aufnahm. Äußerlich identisch, dienten diese beiden Gebäude in ihrer massigen Horizontalität und Fassadengestaltung, aber auch mit ihrer Innenarchitektur als Maßstab und Vorbild für alle weiteren Baumaßnahmen des »Dritten Reiches«. Damit sie mit dem Königsplatz zu einer Einheit verschmolzen, wurden die als störend empfundenen Bäume, die heute wieder an alter Stelle wachsen, gefällt.

An den beiden östlichen Straßenecken Brienner Straße/Meiser-Arcisstraße entstanden seit März 1935 zwei »Ehrentempel« für die sechzehn »Blutzeugen der Bewegung«, die beim mißlungenen Hitler-Putsch am 9. November 1923 am Odeonsplatz von der Polizei erschossen worden waren.

Briefmarke mit »Führerhaus« in München, 1936

Aufmarsch am
9. 11. 1935

Rechtzeitig zum 9. November 1935, dem 12. Jahrestag des Hitler-Putsches, wurde das neue Heiligtum der »Bewegung« fertiggestellt. Auf dem Königsplatz und den zu ihm führenden Straßen galt fortan ein Fahrverbot für Fahrzeuge aller Art, um der »Heiligkeit« des Ortes keinen Abbruch zu tun. Die sechzehn »Parteiheiligen« wurden exhumiert, am 8. November 1935 auf dem Odeonsplatz aufgebahrt und am 9. November in einem feierlichen Zug in die »Ehrentempel« überführt. Fahnen wehten, Fackeln loderten, Trommeln wurden geschlagen, und die SS trat zur »Ewigen Wache« an. Der »Völkische Beobachter« ließ über den Sinn dieser Veranstaltung verlauten: »*Der Gefallenen Blut tränkte unsere Fahne. Nun war sie geweiht und heiliger uns denn je. Und aus dem Opfertod stieg auf und wuchs für uns zu unendlicher Größe die Verpflichtung. So wurde diese Stunde des Todes an der Feldherrnhalle die Geburtsstunde des werdenden Reiches, so legten die Toten das Samenkorn für den Sieg von heute.*«
Der »Führerbau« an der Arcisstraße 12 war Ort zahlreicher Besuche ausländischer Staatsmänner. Von deutscher Seite wurden dabei die Möglichkeiten eines Krieges ausgelotet. So traf im September 1937 der italienische Diktator Benito Mussolini ein, im November 1937 erschien der britische Lordsiegelbewahrer und Führer des Oberhauses, Lord Halifax, im Februar 1938 führte eine japanische Delegation außenpolitische Gespräche.

Mussolini, Außenminister Ciano, Hitler und Göring nach der Unterzeichnung des Münchner Abkommens, 29.9.1938

In das Rampenlicht der Weltgeschichte rückte das Gebäude, als hier am 29./30. September 1938 das »Münchener Abkommen« geschlossen wurde. Der britische Premierminister Neville Chamberlain mit dem nunmehrigen Außenminister Lord Halifax, Benito Mussolini und der französische Premierminister Edouard Daladier unterschrieben zusammen mit Hitler die Abtretung des Sudetenlandes an das Deutsche Reich. Die beiden westeuropäischen Staatsmänner glaubten, damit die Aggressivität des »Dritten Reiches« endgültig gezähmt zu haben, da sie den deutschen Drohungen und Forderungen nachgegeben hatten. Auf dem südlichen Balkon des Gebäudes zeigten sich die vier Staatschefs und vermeintlichen Friedensbringer den begeisterten Volksmassen.
In Wirklichkeit war dem Deutschen Reich ein Großteil der tschechischen Schwer- und Rüstungsindustrie, alle Verteidigungsanlagen des Landes und ein großes Arbeitskräfte- und Soldatenpotential in die Hände gespielt worden. Von deutscher Seite war niemals an Frieden gedacht worden. Ganz im Gegenteil: Das »Münchener Abkommen« war als notwendiger Schritt zum Krieg hin geplant worden.
Am 18. Juni 1940 weilte Mussolini nochmals in der Arcisstraße 12, um mit Hitler über die Waffenstillstandsbedingungen gegenüber Frankreich zu konferieren.
Am 30. April 1945 stieß die US-Armee kampflos zum Zentrum der »Bewegung« vor und beschlagnahmte die Parteibauten. Der Wille der Besatzungsmacht, alle nationalsozialistischen Erinnerungszeichen und Museen zu zerstören, ließ sich bei den beiden nur gering beschädigten Parteibauten nicht realisieren: Die katastrophale Raumnot erlaubte ihren Abriß nicht.

Anders die »Ehrentempel«: Sie wurden am 9. Januar beziehungsweise am 16. Januar 1947 gesprengt. Die Sockel blieben allerdings stehen und wurden mit Hilfe von Bretterzäunen den Blicken der Passanten entzogen. Inzwischen sind sie vollständig überwachsen und gelten als innerstädtische Biotope. Nichts erinnert an ihre Funktion während des »Dritten Reiches«.

Am 12. Juli 1948 öffnete das »America House Munich« (→ Sophienstraße 6) in der Arcisstraße 12 seine Pforten, nachdem am 23. März 1948 die beiden ehemaligen NS-Gebäude vom Militärgouverneur Murray D. van Wagoner dem Freistaat Bayern, vertreten durch seinen Ministerpräsidenten Hans Ehard, übergeben worden waren. Für alle kostenlos zugänglich, lagen rund 300 meist amerikanische Zeitschriften, 20 000 Bücher aus dem Unterhaltungsbereich, wissenschaftliche Werke und Jugendbücher aus. Märchenlesungen, amerikanische Trickfilme, Vorträge, Konzerte und Sprachkurse – auch sie gratis – sollten der Umerziehung dienen und Verständnis für den »american way of life« und das amerikanische demokratische System wecken. Pro Woche nahmen 12 000 Personen diese Angebote in Anspruch, meist junge Menschen, über die die »Süddeutsche Zeitung« am 12. Oktober 1948 schrieb: *»Backfische, die nach dem Vorbild der amerikanischen Girls aus den Magazinen Pullover mit zurückgeschobenen Ärmeln, karierte Röcke und flache Schuhe anhaben, junge Männer, die, ebenfalls amerika-beflissen, kurz geschorenes Haar und auffallende Krawatten tragen.«* Bereits ein Jahr später zählte man wöchentlich 25 000 Besucher und Besucherinnen. Das Münchner Amerikahaus war damit weltweit zur größten Einrichtung seiner Art geworden.

Der Königsplatz wurde wieder zum Ort großer politischer Veranstaltungen verschiedenster Organisationen. Daß der Ungeist vergangener Zeiten noch nicht überwunden war, zeigte beispielsweise eine Versammlung von 20 000 Menschen am 2. Juli 1947, die dem ehemaligen Sonderminister Alfred Loritz (→ Nikolaistraße 10) und seinen Rechtfertigungsversuchen bezüglich seiner Amtsentlassung lauschten. Walter Kolbenhoff (→ Schellingstraße 48) beschreibt diese Kundgebung: *»Dieser Vogel (Loritz, d. V.) war kein neuer Führer, er war nur gerissen genug, die Unsicherheiten dieser Zeit und die allgemeine Verwirrung auszunützen. Er wollte Kommunismus und Kapitalismus abschaffen, doch ließ er auch verlauten, daß er die Entnazifizierung innerhalb eines Jahres durchgeführt haben würde. Denn nicht die zahllosen kleinen würden bei ihm das Verfahren aufhalten, er würde sich an die großen Tiere heranwagen. Ich stand auf den Treppen der Propyläen und blickte auf die Tausende von*

Max Wönner vom Bayerischen Gewerkschaftsbund spricht am 1. 5. 1948

Menschen auf dem Königsplatz hinab. Sie brüllten, sie jauchzten und schrien ›Heil Loritz‹. Was konnte dieser Scharlatan den Hungernden und Frierenden da unten überhaupt bieten? Warum schrien sie so begeistert? Ich sah ihren Gesichtern an, daß sie ein paar Jahre zuvor ebenso geschrien hatten. Wer ist schuld an den heutigen Zuständen? Die neue Verfassung – ein Schlag gegen das bayerische Volk! Ach, wie kam mir die Melodie bekannt vor. Die meisten Parteigenossen sind nach dem Jahre 1933 nicht freiwillig in die Partei gegangen, sie wurden dazu getrieben! Wie gerne hörten es die jubelnden Leute da unten, wie oft hatten sie es sich selber gesagt?«

Hatten am 1. Mai 1948 bereits 60 000 Menschen auf dem Königsplatz den Tag der Arbeit begangen, so versammelten sich am 25. August 1948 mehr als 100 000 Gewerkschafter und Gewerkschafterinnen, um gegen die rasch steigenden Preise und die schnell sinkenden Löhne infolge der Währungsreform (→ Ludwigstraße 13) zu protestieren. In der amerikanischen Zone galt seit Kriegsende ein Lohnstopp, während der Großhandel bei den knappen, aber lebensnotwendigen Waren eine Gewinnspanne von 33 Prozent durchsetzen konnte. Der Vorsitzende des Bayerischen Gewerkschaftsbundes, Lorenz Hagen, sprach davon, daß die für den Wiederaufbau unabdingbare Arbeiterschaft durch die Währungsreform betrogen worden sei und sich in kürzester Zeit Reichtum bei einigen angehäuft habe.

Meiserstraße

Ganze Straßenzüge in der Maxvorstadt waren seit 1933 von der NSDAP aufgekauft worden, um dort die Dienststellen der Parteileitung unterzubringen. Ein Beispiel dafür ist die

Arcisstraße, deren südlicher Teil 1957 in »Meiserstraße« umbenannt wurde. Die Anwesen Nr. 6, 8, 10, 12 und auf der anderen Straßenseite 5, 7, 9, 11 sowie zwischen Brienner und Gabelsbergerstraße Nr. 15, 17, 19 dienten den Zwecken der »Reichsleitung«, die mit eigenem – nichtöffentlichem – Postamt (Nr. 8) und Heizkraftwerk (Nr. 6) eine Stadt in der Stadt bildete. Nach dem offiziellen Verbot der NSDAP am 10. Oktober 1945 kamen ihre Immobilien größtenteils in den Besitz des Landes Bayern.

Meiserstraße 13

Inmitten dieser nationalsozialistischen Umgebung lag (und liegt) das Gebäude der Evangelisch-Lutherischen Landeskirche in Bayern an der Meiserstraße 13. Die Protestanten lebten bis 1918 in einer unproblematischen Nähe zur staatlichen Obrigkeit. Der jeweilige Landesfürst war zugleich der oberste Beschützer seiner Landeskirche, die sich ihrerseits politisch und theologisch dem Obrigkeitsstaat dienend unterordnete.
Nach der Revolution im November 1918 und dem Verschwinden der deutschen Herrscherhäuser fand sich die Evangelische Kirche ganz auf sich selbst gestellt wieder. Mit der Weimarer Republik, deren Verfassung völlig wertneutral gehalten war, konnten sich die Landeskirchen nie anfreunden. In Bayern beispielsweise bekannte sich während der Weimarer Republik nur ein einziger Pastor offen zur SPD, die überwiegende Mehrheit seiner Amtsbrüder dachte deutschnational antidemokratisch.
Immer mehr Protestanten unterstützten die erstarkende nationalsozialistische Bewegung. Der bayerische Landesbischof Friedrich Veit kapitulierte vor dieser Entwicklung und trat 1933 zurück. Zu seinem Nachfolger wählte die Landessynode am 4. Mai 1933 Hans Meiser (1881–1956). Bereits am 13. April 1933 hatte der Landeskirchenrat nach Veits Rücktritt verlauten lassen: »*Ein Staat, der wieder anfängt, nach Gottes Gebot zu regieren, darf in seinem Tun nicht nur des Beifalls, sondern auch der freudigen und tätigen Mitarbeit der Kirche sicher sein. Mit Dank und Freude nimmt die Kirche wahr, wie der neue Staat der Gotteslästerung wehrt, der Unsittlichkeit zu Leibe geht, Zucht und Ordnung mit starker Hand aufrichtet, wie er zur Gottesfurcht ruft, die Ehe heilig gehalten und die Jugend geistlich erzogen wissen will, wie er der Väter Tat wieder zu Ehren bringt und heiße Liebe zu Volk und Vaterland nicht mehr verfemt, sondern in tausend Herzen entzündet... Wir können unsere Gemeinde nur bitten, sich ernstlich und willig dafür einzusetzen, daß die starken, aufbauenden Kräfte, welche die neue Bewegung in sich trägt, zum vollen, ungehinderten Siege kommen.*«

Hans Meiser, 1949

Landesbischof Meiser setzte sich dementsprechend für die Wahl von Ludwig Müller zum Reichsbischof ein. Dieser Wunschkandidat Adolf Hitlers, ein Antisemit und von ihm zum »Bevollmächtigten für die Angelegenheiten der evangelischen Kirchen« eingesetzt, wollte mit seinen »Deutschen Christen« das Christentum »entjuden« und »arisieren«. Am 27. September 1933 konnte er – auch mit Meisers Stimme – sein neugeschaffenes Amt antreten.
Sehr bald jedoch bemerkte Meiser, daß er einen verhängnisvollen Fehler begangen hatte. In einer Rede vor der Landessynode am 23. August 1934 beschuldigte er Müller, so viel innere Not und Gewissensbedrängung über die Kirche gebracht zu haben wie seit den Tagen der Gegenreformation nicht mehr. Der Reichsbischof sei der Totengräber seiner eigenen Kirche. Fortan beteiligte sich Meiser am Aufbau der Bekennenden Kirche, die dem Reichsbischof den Gehorsam verweigerte. Andererseits aber bemühte sich Meiser um ein Auskommen mit dem NS-Staat, dem er an sich positiv gegenüberstand, solange er nicht versuchte, die Eigenständigkeit der evangelischen Landeskirchen anzutasten. Diese ambivalente Haltung kam zum Ausdruck, als Ludwig Müller Meiser im Oktober 1934 seines Amtes enthob, Hitler ihn aber wieder einsetzte und ihn am 30. Oktober 1934 bei einem persönlichen Treffen in seinem Amt bestätigte.
Die grundsätzliche Kirchenfeindschaft des »Dritten Reiches« zeigte sich spätestens am 13. Juni 1938, als die protestantische Hauptkirche St. Matthäus an der (→) Sonnenstraße – angeblich für den Bau eines Autoparkplatzes – abgerissen wurde.
Mit dem Einmarsch der US-Armee am 30. April 1945 brach jegliche staatliche Ordnung endgültig zusammen, allein die Kirchen blieben als Organisationen bestehen. Sie waren als einzige deutsche Institutionen in der Lage, im Rahmen der engen Möglichkeiten karitativ tätig zu werden. Außerdem entdeckten sehr viele Menschen – wie üblich in Notzeiten – die Religion wieder für sich und suchten bei den Kirchen Halt. Auch den Militärbehörden galten die Kirchen als Ansprechpartner, wenn es beispielsweise um die Besetzung politischer Posten mit unbelasteten Deutschen ging.
Der Rat der Evangelischen Kirche in Deutschland, dem auch Hans Meiser angehörte, unterzeichnete am 19. Oktober 1945 die sogenannte »Stuttgarter Erklärung«, ein Schuldbekenntnis, in dem es hieß: »*Wohl haben wir lange Jahre hindurch im Namen Jesu Christi gegen den Geist gekämpft, der im nationalsozialistischen Gewaltregime seinen furchtbaren Ausdruck gefunden hat, aber wir klagen uns an, daß wir nicht mutiger bekannt, nicht treuer gebetet, nicht fröhlicher geglaubt und nicht brennender geliebt haben.*«

Die Entnazifizierungspolitik der Amerikaner wurde von der Landeskirche scharf angegriffen: Niemand dürfe allein wegen seiner Parteizugehörigkeit aus seinen Ämtern entlassen und bestraft werden. Auch gegen die Angehörigen der SS dürfe nicht pauschal vorgegangen werden. Ebenso sei die Verhaftung führender Industrieller abzulehnen, weil man sie nicht pauschal für Kriegsvorbereitung, Kriegsführung und Massenmord an »Nichtariern« verantwortlich machen könne. Insbesondere ältere Industrielle hätten schwer unter den Haftbedingungen zu leiden (→ Maximiliansplatz 8).

Am 19. November 1948 appellierte der Vorsitzende des Rates der Evangelischen Kirchen in Deutschland, Theophil Wurm, an den amerikanischen Präsidenten Truman, die Hinrichtungen von nationalsozialistischen Kriegsverbrechern einzustellen.

Von den Opfern des Nationalsozialismus hingegen sprach man so gut wie nicht: Der seelsorgerische Auftrag der protestantischen Kirche schien sich nicht auf die Millionen Kommunisten, Sozialisten, Zigeuner, Fremdarbeiter, Kriegsgefangene zu erstrecken. Auch die überlebenden Juden sahen sich nicht vertreten.

Brienner Straße 15

Der Heilige Stuhl richtete im Jahr 1785 eine Nuntiatur im Kurfürstentum Bayern ein. Bis 1919 blieb sie die einzige päpstliche Gesandtschaft in Deutschland, 1920 wurde eine zweite in der Reichshauptstadt Berlin errichtet. Die Münchner Nuntiatur befand sich seit 1887 in dem heute nicht mehr existierenden Gebäude Brienner Straße 15 (südliche Straßenseite zwischen Königs- und Karolinenplatz).

Bereits am 29. März 1924 war das erste Konkordat zwischen dem Heiligen Stuhl und einem deutschen Land abgeschlossen worden, das bayerische Konkordat. Seine Hauptakteure waren Kardinal Michael von Faulhaber (→ Kardinal-Faulhaber-Straße 7) und der damalige Nuntius Eugenio Pacelli gewesen. Dieses bayerische Konkordat diente als Vorbild für das Konkordat mit dem Deutschen Reich vom 20. Juli 1933. Die maßgeblichen Verhandlungspartner auf kirchlicher Seite waren Kardinal Faulhaber und der inzwischen zum Kardinalstaatssekretär aufgestiegene Pacelli. Eine zentrale Rolle spielte dabei die Münchner Nuntiatur, die seit 1925 von Alberto Vasallo di Torregrossa (1865–1959) geleitet wurde. Katholische Kirche und NSDAP waren sich einig in der unbedingten Gegnerschaft zum »Bolschewismus« und zur »Freidenker- und Gottlosenbewegung«. In einem Schreiben vom 5. März 1933 teilte Faulhaber Vasallo dementsprechend mit: »... *Verbot auf die gesamte kommunistische Propaganda und auf die sozialdemokratischen Freidenkerverbände ausge-*

Propaganda der NSDAP: Hitler und Nuntius Torregrossa

dehnt, die ebenso radikal wie die eigentlichen Proletarier gegen christlichen Glauben und christliche Sitte wüteten... Sicher müssen neben den staatlichen Gewaltmitteln heute die kirchlichen Kräfte neu erweckt werden, um den Vormarsch des russischen Bolschewismus zum Weltbolschewismus in Deutschland aufzuhalten.« Am 13. März 1933 sprach Papst Pius XI. öffentlich Hitler seinen Dank dafür aus, daß er als erster Staatsmann klar und deutlich vom »Bolschewismus« abgerückt sei. Hitler wiederum bezeichnete am 23. März das Christentum als die unerschütterliche Grundlage des »Dritten Reiches«.

Im Grunde jedoch waren die Werte der katholischen Kirche mit den Zielen der Nationalsozialisten unvereinbar. Die katholische Kirche war sich bewußt, daß die Nationalsozialisten fanatische Feinde des christlichen Glaubens waren. Der Parteiideologe Alfred Rosenberg (→ Schellingstraße 39–41) hatte in seinem Hauptwerk »Der Mythos des 20. Jahrhunderts« (1930) einen neuen, der »arischen Rasse« gemäßen Glauben gefordert. Er behauptete, daß das Christentum eine »Schafsreligion« sei und damit zum »arischen Herrenmenschen« nicht passe. Das Recht des Stärkeren sei das moralische Prinzip der Zukunft. Die Umsetzung dieser Gedanken praktizierten die neuen Chefs der Münchner Polizei, Heinrich Himmler und Reinhard Heydrich, bereits im Juni 1933 anläßlich des 1. Deutschen Kolpingtages in München (→ Frauenplatz). Mitglieder der Hitlerjugend beschimpften, bespuckten, beraubten und verprügelten die Tagungsteilnehmer. Kurz darauf, am 4./5. Juli 1933, wurde der politische Arm des Katholizismus, die Bayerische Volkspartei beziehungsweise die Zentrumspartei, zur »Selbstauflösung« gezwungen.

Diese Ereignisse drängten die Kirche dazu, Hitlers verbale Friedensangebote so schnell wie möglich in Vertragsform zu bringen. Am 8. Juli 1933 wurde das Konkordat zwischen dem Heiligen Stuhl und dem Deutschen Reich paraphiert und am 20. Juli unterzeichnet. Die Reichsregierung machte der Kirche sehr große Zugeständnisse mit dem Ziel, internationale Anerkennung zu erhalten und die deutschen Katholiken für die »Bewegung« zu gewinnen, so lange deren Macht noch nicht gefestigt war.

Keine der 19 Weimarer Regierungen, auch nicht die Koalitionen mit Zentrumsbeteiligung, war der katholischen Kirche so weit entgegengekommen. Folgende Garantien wurden gegeben: Freiheit des Bekenntnisses und der öffentlichen Ausübung der Religion, Bestätigung der Länderkonkordate, staatlicher Schutz für Geistliche, Schutz des Beichtgeheimnisses, Bestätigung der katholischen Bekenntnisschulen, Schutz der katholischen Organisationen, Kirchensteuer. Die Kirche gestand hingegen den neuen Machthabern nur wenig zu: Entpolitisierung des Klerus (BVP und Zentrumspartei existierten bereits nicht mehr), Treueid der Bischöfe gegenüber dem Deutschen Reich und seinen »*verfassungsmäßig gebildeten Regierungen*«.

Bald darauf wurde Rosenberg von Hitler zum »Beauftragten des Führers für die Überwachung der gesamten geistigen und weltanschaulichen Schulung und Erziehung der NSDAP« ernannt. Er hatte in seinem Hauptwerk »Der Mythos des 20. Jahrhunderts« bereits gefordert, Wahrheit und Recht müßten dem Nutzen der »germanischen Rasse« untergeordnet werden. Der Kampf der Nationalsozialisten gegen die

katholische Kirche begann. Er fand seinen vorläufigen Höhepunkt am 1. Juli 1934, als im Rahmen des »Röhm-Putsches« auch führende katholische Laien ermordet wurden, unter ihnen Fritz Michael Gerlich (→ Richard-Wagner-Straße 27). Bereits am 16. Mai 1934 hatte das Reichsaußenministerium dem Vatikan mitgeteilt, mit der »Gleichschaltung« des Landes Bayern werde dessen Gesandtschaft beim Heiligen Stuhl zum 31. Mai 1934 aufgelöst, wodurch auch die päpstliche Mission in München als aufgehoben zu betrachten sei.
Das inmitten der NSDAP-Reichsleitung liegende Gebäude ging noch im Mai 1934 in den Besitz der Partei über, und es zog der »Stab des Stellvertreters des Führers« ein. Dieses Amt hatte seit dem 21. April 1933 Rudolf Heß inne.
1894 in Ägypten geboren, trat er schon 1919 der antisemitisch-nationalsozialistischen Thulegesellschaft und 1920 der nationalsozialistischen Deutschen Arbeiterpartei (DAP) bei. Er nahm 1923 am Hitlerputsch teil und verbrachte dafür zusammen mit Hitler in Landsberg eine kurze Festungshaft. Während dieser Zeit schrieb er die Äußerungen seines »Führers« auf. Daraus entstand später das Buch »Mein Kampf«. Hitler ernannte ihn im Februar 1925 zu seinem Privatsekretär.
Die Verdienste des »Stellvertreters des Führers« um den Aufbau des »Dritten Reiches« bewogen Hitler, Heß am 1. September 1939, dem Beginn des Zweiten Weltkrieges, nach Hermann Göring zu seinem zweiten Nachfolger zu ernennen.
Am 10. Mai 1941 flog Heß allerdings heimlich nach Großbritannien, sprang mit dem Fallschirm über Schottland ab und ließ sich festnehmen. Er wollte Churchill davon überzeugen, mit Deutschland Frieden zu schließen, um gemeinsam gegen die Sowjetunion vorgehen zu können. Heß war zu der Einsicht gelangt, daß der auf den 22. Juni 1941 festgelegte Angriff auf die Sowjetunion nicht von Deutschland allein und nicht in einem Zweifrontenkrieg erfolgreich durchgeführt werden könne. Rudolf Heß wurde 1946 zu lebenslanger Haft verurteilt, der er in Berlin-Spandau 1987 selbst ein Ende setzte.
Hitler bestimmte am 12. Mai 1941 Martin Bormann (→ Maria-Theresia-Straße 26) zu Heß' Nachfolger. Bormann hatte bereits seit Juli 1933 als Stabsleiter beim »Stellvertreter des Führers« amtiert, nun wurde er selbst Chef der in »Parteikanzlei« umbenannten Dienststelle. Bormann galt als brutaler, konsequenter und intriganter Vollstrecker des Willens Hitlers. Kein Weg zum »Führer« führte an Bormann vorbei, der dadurch großen Einfluß auf Hitler erlangte. Am 1. Mai 1945 verschwand Martin Bormann aus dem brennenden

Berlin und blieb verschollen. Er soll in Südamerika gestorben sein.

Das geschichtsträchtige Gebäude an der Brienner Straße 15 wurde im Krieg zerstört und nicht wieder aufgebaut.

Brienner Straße 45

Im Jahr 1930 erwarb die NSDAP das repräsentative Palais Barlow auf dem heute unbebauten Grundstück Brienner Straße 45 (nördliche Straßenseite zwischen Königs- und Karolinenplatz). Das Gebäude wurde zur Parteizentrale (»Braunes Haus«) umgebaut und galt seitdem als die offizielle Parteiadresse.

Zur Zeit des Erwerbs des Hauses zählte die NSDAP 300 000 Mitglieder, bis Mai 1933 waren es 3 200 000. Davon waren 5 Prozent vor September 1930 beigetreten, 29 Prozent vor der Machtübergabe am 30. Januar 1933 und 66 Prozent sofort danach. Anfang 1945 besaßen 8 500 000 Menschen ein Parteibuch.

Nachdem das »Braune Haus« während zweier abendlicher Luftangriffe am 7. Januar 1945 schwer beschädigt worden war, und in München 70 000 Menschen ihre Wohnung sowie 440 ihr Leben verloren hatten (→ Ungererstraße 130), sah sich der »Völkische Beobachter« am 10. Januar zu einem finsteren Kommentar veranlaßt, für den üblicherweise jeder »Volksgenosse« wegen »Wehrkraftzersetzung« zum Tode verurteilt worden wäre. Unter dem Titel »Frontstadt München« stand zu lesen: »*Mit Handwagen und Schlitten schieben und ziehen sie ihre letzte Habe wieder durch die Straßen. Die Armen, die Ausgebombten. Mit allem, was sie an Kleidung noch gerettet haben, sind sie behangen, alte Frauen, junge Mädchen. Alle suchen sie wieder ein Dach und Ordnung und Wärme. Denn in den Straßen zwischen den Trümmern umgibt sie nichts als staubbedeckter altgewordener Schnee und Frost. Da und dort schlagen die Flammen noch aus den rauchschwarzen Fensterhöhlen... Sonst aber ist alles eisiger Dunst und Rauch – die Macht der Dämmerung ist vom Morgengrauen, bis der frühe Abend beginnt, nicht zu brechen... München ist endgültig Frontstadt geworden.*«

Nach der Befreiung Münchens blieb das »Braune Haus« noch etliche Jahre stehen. Heute ist das Grundstück unbebaut.

Karolinenplatz 1

Seit 1933 kaufte die NSDAP die meisten Häuser auch am Karolinenplatz auf, um Räumlichkeiten für ihre Reichsleitung zu erhalten. In das Gebäude Karolinenplatz 1 zog das »Reichsrechtsamt« ein, dessen Leiter der Jurist Hans Frank (1900–1946) war. Frank war ein Nationalsozialist der ersten Stunde. Er hatte schon am Hitlerputsch vom 8./9. November 1923 teilgenommen und leitete seit 1927 die Rechtsabteilung der NSDAP. In dieser Eigenschaft führte er zahlreiche Prozesse für die Partei. 1928 gründete er den »Bund Nationalsozialistischer Deutscher Juristen«, den späteren »NS-Rechtswahrerbund«. Unter Franks Führung wurde ab 1933 die deutsche Justiz »gleichgeschaltet«. Hans Frank stieg am 12. Oktober 1939 zum Generalgouverneur für die deutsch besetzten polnischen Gebiete auf. Wegen der dort begangenen und von ihm mitverantworteten Verbrechen gegen die Bevölkerung wurde er am 16. Oktober 1946 in Nürnberg gehängt.

Karolinenplatz 2

Am Karolinenplatz 2 amtierte die Reichsführung der »NS-Frauenschaft«. Ihre »Führerin« war Gertrud Scholtz-Klink. Sie bemühte sich, folgende Passage aus Hitlers »Mein Kampf« über die Erziehung der Mädchen in praktische Politik umzusetzen: »*Hier ist das Hauptgewicht vor allem auf die körperliche Ausbildung zu legen, erst dann auf die Förderung der seelischen und zuletzt der geistigen Werte. Das Ziel der weiblichen Erziehung hat unverrückbar die kommende Mutter zu sein*« (→ Steinerweg 1).

Karolinenplatz 3

Im nächsten Haus – Karolinenplatz 3 – war die Dienststelle des Reichsschatzmeisters der NSDAP, Franz Xaver Schwarz (1875–1948), untergebracht.

Karolinenplatz 4

Am Karolinenplatz 4 ging das Oberste Parteigericht der NSDAP seinen Geschäften nach. Als Oberster Parteirichter wirkte hier Walter Buch (1883–1949), SS-Obergruppenführer und auch Schwiegervater von Martin Bormann (→ Maria-Theresia-Straße 26). Einer der von ihm unterzeichneten Beschlüsse war der nachträgliche Parteiausschluß des SA-Führers Ernst Röhm nach dessen Ermordung am 1. Juli 1934 (→ Barer Straße 7/11, → Karlstraße 10).

Karolinenplatz 6
Brienner Straße 28

Am Karolinenplatz 6 hatte die »Deutsche Arbeitsfront, Gau München-Oberbayern«, ihre Räume, ebenso an der Brienner Straße 28 (damals 46). Das Ziel dieser am 10. Mai 1933 gegründeten Organisation war die Ausschaltung jeder eigenständigen Arbeitervertretung, um die Aufrüstung des Deutschen Reiches ohne Konflikte so schnell wie möglich vorantreiben zu können. In § 2 der »Verordnung des Führers über die Deutsche Arbeitsfront« vom 24. Oktober 1934 hieß es dazu: »*Das Ziel der Deutschen Arbeitsfront ist die Bildung einer wirklichen Volks- und Leistungsgemeinschaft aller Deutschen. Sie hat dafür zu sorgen, daß jeder einzelne seinen Platz im wirtschaftlichen Leben der Nation in der geistigen und körperlichen Verfassung einnehmen kann, die ihn zur*

Briefmarke mit Reichsarbeitsdienst, 1944

höchsten Leistung befähigt und damit den größten Nutzen für die Volksgemeinschaft gewährleistet.«

Brienner Straße 26

Das repräsentative Gebäude Brienner Straße 26 (damals 47) gehörte dem jüdischen Hofantiquar Jacques Rosenthal, einem Verwandten Fritz Rosenthals, der sich nach seiner Emigration nach Palästina Schalom Ben-Chorin nannte. Ben-Chorin schreibt in seinen Erinnerungen »Jugend an der Isar« über den *»bekannten Münchner Antiquar Jacques Rosenthal, dessen Geschäft an der Brienner Straße einem Museum glich. Der Inkunabeln-Saal in diesem fürstlichen Haus war ein Wallfahrtsort der Bibliophilen aus aller Welt... Dieser alte Mann, Freund des bayerischen Königshauses und der Hocharistokratie, vertrauter Berater von Kirchenfürsten und führenden Männern des deutschen Geisteslebens... verstand die Zeichen der Zeit. Als er sein schönes, kultiviertes Haus an der Brienner Straße verlassen mußte, übersiedelte er mit seiner Frau in das nahe gelegene Regina-Palast-Hotel, wo ihm ein gütiges Geschick seine Tage beschließen ließ, noch ehe es zum Äußersten, zur Deportation, kam.«*

Im Jahr 1935 mußte Rosenthal sein Anwesen an die »Deutsche Arbeitsfront« sicherlich weit unter Wert verkaufen, die hier ihre Organisation »Kraft durch Freude« für München-Oberbayern unterbrachte.

»Kraft-durch-Freude«-Veranstaltung im Ausstellungspark, 29. 8. 1936, unter dem Motto »Schach dem Griesgram«

Feierlichkeit im Ärztehaus, 27. 4. 1939

Brienner Straße 23

Am 3. November 1935 fand mit einem großen militärischen Aufmarsch und in Anwesenheit Hitlers die Einweihung des »Hauses der deutschen Ärzte« in der Brienner Straße 23 (damals 11) statt. Zum hundertjährigen Jubliäum des »Münchner Ärztlichen Vereins« hieß es damals in einer Festschrift, verfaßt vom Direktor des Schwabinger Krankenhauses (→ Kölner Platz 1), Dr. Hermann Kerschensteiner: *»Nun im Dritten Reich erweitert sich die soziale Medizin in den Ausmaßen der Zeit. Es wird die Aufgabe in Angriff genommen, nicht nur für den einzelnen und nicht nur für die Masse zu denken, sondern für die ganze Volksgemeinschaft, für die, die ist, und für die, die wird. Die soziale Medizin wird zur Rassenbiologie, wird zur Eugenik. Nietzsches Grundsatz: ›Nicht fort sollt ihr euch pflanzen, sondern hinauf!‹, soll zur Tat werden; ein ungeheures Ziel wird mit Wucht angepackt. Auch auf diesem Felde wurde München in den letzten Jahrzehnten führend«* (→ Schillerstraße 51).

Schon am 22. April 1933 war allen »nichtarischen« Kassenärzten die Zulassung entzogen worden. Sie durften fortan nur noch Privatpatienten behandeln. Weiterhin verkündete die NSDAP, Deutschland von allen Medizinstudentinnen und Ärztinnen »befreien« zu wollen. Bis Anfang 1934 wurde daher verheirateten Ärztinnen, deren Männer »genügend« verdienten, die Kassenzulassung entzogen. Am 8. September 1934 erklärte Hitler selbst die Verbindung zwischen Antisemitismus und Frauenverachtung: *»Das Wort von der Frauenemanzipation ist nur ein vom jüdischen Intellekt erfundenes Wort, und der Inhalt ist von demselben Geist geprägt.«*

Das Gebäude an der Brienner Straße 23 gehörte der »Kassenärztlichen Vereinigung Deutschlands«, die auch nach dem Krieg Besitzerin blieb. Über dem Eingang kann man nunmehr lesen: »Haus der Münchener Ärzte«.

Brienner Straße 20

Nach der Machtübergabe an die Nationalsozialisten am 30. Janaur 1933 und verstärkt nach dem Reichstagsbrand am 27. Februar 1933 begann die systematische Verfolgung aller politischen Gegner der neuen Machthaber. Für diese Aufgabe erwies sich das Polizeipräsidium an der (→) Ettstraße bald als zu klein. Im April 1933 zog daher die neugegründete bayerische politische Polizei in das große Wittelsbacher Palais an der Brienner Straße 20 (damals 50) ein.

Unter Führung von Reinhard Heydrich (1904–1942) und Heinrich Himmler (1900–1945) wurde nun die bayerische Geheime Staatspolizei (Gestapo) aufgebaut (→ Maria-Theresia-Straße 17). Ohne jegliche rechtliche Einschränkung hatte die Gestapo die Aufgabe, alle gegen das Regime gerichtete Handlungen aufzudecken und zu verfolgen. Dazu gehörte auch der sogenannte vorbeugende Kampf gegen tatsächliche oder mutmaßliche Gegner des Nationalsozialismus. Ohne jegliche politische oder rechtliche Bindung und ohne Kontrolle führte die Gestapo ihre Aktionen durch. Sie konnte »Schutzhaft« verhängen und »verschärfte Vernehmungen« durchführen. Diese fanden in den Folterkellern der Brienner Straße 20 statt. Häftlinge, die man einer weiteren »Sonderbehandlung« unterwarf, wurden hier erschossen. Ende 1944 wurde dieser Ort des Schreckens durch Bomben stark beschädigt und nach dem Krieg endgültig abgerissen. Eine Gedenktafel erinnert an die Geschichte des Gebäudes.

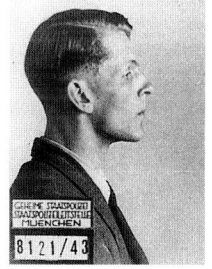

Christoph Probst, Mitglied der »Weißen Rose«, in Gestapohaft

Platz der Opfer des Nationalsozialismus

Zur Mahnung an die Untaten des »Dritten Reiches« wurde am 9. September 1946 der an der Briennerstraße angrenzende Platz mit dem Namen »Platz der Opfer des Nationalsozialismus« versehen. Wo früher das im Krieg zerstörte Schillerdenkmal als Symbol für deutsche Kultur gestanden hatte, erinnert seit dem 9. November 1985, dem Jahrestag der antisemitischen Pogrome von 1938, ein Mahnmal an die Opfer deutschen Ungeistes. In einem symbolischen Kerker brennt eine Flamme als Zeichen der Freiheit, die nicht dauerhaft unterdrückt werden kann. Anläßlich der Einweihung gab Oberbürgermeister Georg Kronawitter zu bedenken, daß der Holocaust nicht hätte von einer Handvoll Verbrecher angeordnet werden können, wenn es nicht übereinstimmende Vorurteile, menschliche Gleichgültigkeit sowie zu viele willige Befehlsempfänger gegeben hätte.

Maximiliansplatz 8

Albert Pietzsch, 1937
(aus: Festschrift anläßlich der Eingemeindung von Obermenzing, Untermenzing, Allach, Ludwigsfeld, Solln am 1. Dezember 1938. München 1938)

Die Industrie- und Handelskammer (IHK) hatte und hat ihren Sitz am Maximiliansplatz 8. Kurz nach dem Regierungsantritt Hitlers traten die 45 Kammermitglieder, unter ihnen sieben Angehörige des jüdischen Glaubens, zusammen und bestätigten den amtierenden Präsidenten Josef Pschorr in seinem Amt. Sofort anschließend wurde Georg Sturm von der NSDAP mit der »Gleichschaltung« der IHK beauftragt. Sturm war »Gaukampfbundführer des Kampfbundes des gewerblichen Mittelstandes«. Am 10. März 1933 berief Sturm eine weitere Kammersitzung ein, auf der die sieben jüdischen Mitglieder nicht mehr erscheinen durften. Er eröffnete den Sitzungsteilnehmern, daß die NSDAP mit mehr als 51 Prozent in der Kammer vertreten sein müsse. Daraufhin trat Pschorr von seinem Amt zurück.

Am 13. Juni 1933 war die »Gleichschaltung« vollzogen. Zum Präsidenten der IHK wurde Albert Pietzsch, zu seinen beiden Stellvertretern Julius Geyer und Otto Pfaeffle bestimmt. Alle drei gehörten der NSDAP an und waren überzeugte Nationalsozialisten.

Pietzsch war am 28. Juni 1874 geboren worden. Im Jahr 1911 gehörte er zu den Gründungsmitgliedern der Elektrochemischen Werke AG in Höllriegelskreuth, deren Vorstandsmitglied er bis zum 31. Dezember 1956 blieb. Seit 1925 arbeitete er als wirtschaftspolitischer Berater für Adolf Hitler, 1927 trat er offiziell der NSDAP bei. 1933 stieg er nicht nur zum Präsidenten der IHK auf, sondern avancierte auch zum Wirtschaftsberater des »Stellvertreters des Führers«, Rudolf Heß. Pietzsch' Karriere verlief weiterhin steil nach oben: 1936 wurde er Leiter der Reichswirtschaftskammer, 1939 Vorsitzender des Allgemeinen Ausschusses des Beirats der Deutschen Reichsbank (→ Ludwigstraße 13).

Der »Führer« verlieh Pietzsch zu dessen 65. Geburtstag am 28. Juni 1939 den »Adlerschild des Deutschen Reiches«, im März 1942 erhielt Pietzsch von Hitler das Kriegsverdienstkreuz I. Klasse für seine Verdienste um die Rüstungsindustrie, im Juli 1944 schließlich ernannte Hitler Pietzsch als 19. Deutschen zum »Pionier der Arbeit«.

Zu seinem 70. Geburtstag im Juni 1944 erklärte Reichswirtschaftsminister Walther Funk: »*Wir gedenken des Mannes, der unermüdlich für eine gesunde, leistungsfähige deutsche Wirtschaft unter nationalsozialistischer Wirtschaftsführung gearbeitet und gekämpft hat, und dessen Lebenswerk als leuchtendes Beispiel unternehmerischen Wirkens aus nationalsozialistischem Geist in die deutsche Wirtschaftsgeschichte eingehen wird. Auch ihm wird als Krönung seines arbeits- und erfolgreichen Lebens der Tag erscheinen, an dem das nationalsozialistische Deutschland alle seine Feinde endgültig*

besiegt hat, und eine glückliche Zukunft des deutschen Volkes gesichert ist.«
Spätestens mit der vollständigen Zerstörung seiner kriegswichtigen Firma durch alliierte Bomben im Herbst 1944 wurde Albert Pietzsch klar, daß er sich nun auf den verlorenen Krieg und insbesondere auf die Zeiten danach einstellen mußte (→ Prannerstraße 10). Er trat von allen seinen Ämtern zurück, angeblich aus Gesundheitsgründen.
Zuerst einmal bereiteten die US-Militärbehörden ihm eine unangenehme Zeit, über die die Betriebszeitung der Elektrochemischen Werke im September 1957 berichtete: *»Die größte Enttäuschung wurde unserem verehrten Senior bereitet, als man ihn nach Kriegsschluß einige Jahre der Freiheit beraubte, ungerecht und ohne Begründung. In seiner menschlichen Größe hat er aber auch diesen Schlag überwunden.«*
Albert Pietzsch nahm im Jahr 1948 als 74jähriger seine Arbeit als Vorstandsmitglied wieder auf. Acht Jahre war er noch tätig. Er starb am 13. Juni 1956, im Juli 1959 wurde eine Straße auf dem Betriebsgelände nach ihm benannt.
Industrie und Handel hatten schon frühzeitig erkannt, daß die Nationalsozialisten für ihre Zwecke nützlich sein könnten. Die Zerschlagung der Gewerkschaften und die Einrichtung der »Deutschen Arbeitsfront« (→ Brienner Straße 26–28) im Mai 1933 schienen eine von Lohnkonflikten unbehinderte Gewinnmaximierung zu garantieren. Anläßlich des 1. Mai 1933, der als »Tag der Deutschen Arbeit« zum ersten Mal als staatlicher Feiertag begangen wurde und ein angeblich klassenloses neues Deutschland symbolisieren sollte (→ Theresienwiese), ließen zahlreiche Münchner Firmen Anzeigen im »Völkischen Beobachter« erscheinen. So warb das »Indanthren-Haus am Marienplatz« für seine *»Fahnenstoffe und fertigen Fahnen: Sofortige Bestellung auf Hausfahnen und Sondergrößen können noch ausgeführt werden«* (28. April 1933). Die Firma Wilhelm Neubert pries sich an: *»Berufskleidung in größter Auswahl. Braunhemden, Braunjacken, Fahnen und Fahnenstoffe. Braune Rabattmarken!«* (28. April). Oder: *»Ein Seidl-Hut, ein deutscher Hut!«* (28. April). Singer-Nähmaschinen seien *»deutsche Qualitätsarbeit. Sie werden von Grund auf aus deutschem Material und von deutschen Arbeitern hergestellt«* (1. Mai).
Lohnstopp, ständig erhöhte Arbeitszeiten, Aufrüstung und der Einsatz billiger Zwangsarbeiter und Zwangsarbeiterinnen ließen das »Dritte Reich« zum Paradies der Unternehmer werden. Später trat infolge des Krieges allerdings etwas Unerwartetes ein: Zuerst die Zerstörung der Produktionsstätten und dann die militärische Besetzung Deutschlands durch die Alliierten. Die Rechnung war nicht aufgegangen.

(aus: Vox Populi. Geflüstertes. Die Hitlerei im Volksmund. Heidelberg 1946)

Während sich die Gewerkschaften sofort nach Kriegsende neu organisieren konnten, untersagten die Militärbehörden zunächst jeden Zusammenschluß der Arbeitgeber. Erst mit dem Ende der Entnazifizierung im Jahr 1948 (→ Wagmüllerstraße 12) und der endgültigen Zementierung der alten Besitzverhältnisse entstanden die Organisationen der Unternehmer, auch die der Industrie- und Handelskammern, wieder.

Lenbachplatz 3

Das weltberühmte Kunst- und Einrichtungshaus Bernheimer am Lenbachplatz 3 fiel wegen des jüdischen Glaubens seiner Besitzer den nationalsozialistischen Machthabern zum Opfer. Die Geschichte des Unternehmens und seiner Menschen steht beispielhaft für das Schicksal jüdischer Bürger und Bürgerinnen in der Zeit zwischen 1933 und 1949.
Bereits am 1. April 1933 forderte der »Völkische Beobachter« seine Leser auf der ersten Seite auf: »*Schlagt den Weltfeind!*« An jüdischen Geschäften wurden Plakate mit der Aufschrift »Jude« und »Kauft nicht bei Juden!« angebracht. Auf Zerstörungen wurde vorläufig noch verzichtet. Fortan waren alle Geschäftsinhaber gezwungen, bei Reden von Hitler ein Radio aufzustellen und die Belegschaft zuhören zu lassen. Auch mußte bei besonderen Gelegenheiten die Hakenkreuzfahne aufgezogen werden. Auch die jüdischen Geschäftsinhaber mußten sich diesen Anordnungen fügen.
Für ihre repräsentativen Parteibauten benötigte die NSDAP passende Inneneinrichtungen. Da diese nur bei der Firma Bernheimer zu erhalten waren, deckte sich die Partei über Mittelsmänner bei dem verhaßten jüdischen Unternehmer ein. Auch hohe Parteifunktionäre ließen sich teure Objekte besorgen. Einer von ihnen kaufte persönlich bei Bernheimer ein: Hermann Göring.
Dennoch machte sich der nun auch offizielle Antisemitismus in den Bilanzen der Firma Bernheimer bemerkbar. Man war gezwungen, unter anderem die Anwesen (→) Karolinenplatz 2 und (→) Karlstraße 21 zu verkaufen. Da sich kein seriöser Käufer um die Objekte bemühen durfte, trat bald die NSDAP als Interessentin auf. Sie erwarb die beiden Grundstücke, die sie für ihre Reichsleitung benötigte, weit unter dem Verkehrswert.
Am 8. November 1938 rief Propagandaminister Joseph Goebbels zu reichsweiten Pogromen gegen Juden auf (→ Marienplatz/Altes Rathaus). Am Morgen des 9. November wurden mehrere Mitglieder der Familie Bernheimer verhaftet und in das KZ Dachau verbracht. Ernst Bernheimer fuhr daraufhin zum Lenbachplatz, wo die Belegschaft mit Brachialgewalt seitens der NSDAP gezwungen worden war,

ihrem Chef den Zutritt zu seinem Geschäft zu verwehren. Derweil zerstörten Nationalsozialisten die Schaufensterscheiben und randalierten in den Verkaufsräumen. Am 11. November teilte das Polizeipräsidium den Bernheimers mit: »*Sie haben Ihr Geschäft aus eigenen Mitteln umgehend instand zu setzen.*«

Am 12. November erschienen sieben Gestapobeamte im Wohnhaus von Ernst Bernheimer, um die wertvollsten Kunstgegenstände, Schmuck etc. abzutransportieren. Um den Wert der Gegenstände erkennen zu können, hatte man einen Fachmann zugezogen: Xaver Scheidwimmer, Kunsthändler und Geschäftskonkurrent der Familie Bernheimer. Mit Hilfe seines »Sachverstandes« wurde eine ganze Lastwagenladung abtransportiert. Er selbst und seine NS-Kumpanen bereicherten sich an dem Beutegut.

Inzwischen hatte es der Reichsfinanzhof (→ Ismaninger Straße 109) für rechtens befunden, nicht nur die Konten aller Juden zu sperren, sondern ihnen auch noch eine spezielle »Judensteuer« aufzuerlegen. Da unter diesen Umständen vielen Juden eine Auswanderung aus dem Deutschen Reich nunmehr unumgänglich erschien, hatte der Reichsfinanzhof eine gesonderte »Reichsfluchtsteuer« eingeführt. Die Bernheimers mußten diese Steuer in einer besonderen Form entrichten. Sie wurden gezwungen, ihren Geschäftsbesitz an Immobilien und Waren 1939 an die »Münchner Kunsthandelsgesellschaft, Kameradschaft der Künstler Münchens e. V.« zu überschreiben. Diese war nun die Eigentümerin des Hauses Lenbachplatz 3 und führte das erbeutete Geschäft unter dem Namen »Kunsthandelsgesellschaft« weiter (→ Widenmayerstraße 27).

Der Familie Bernheimer wurde auch das Verfügungsrecht über ihr Wohnhaus entzogen. Im Januar 1940 erfuhr sie, daß ein Regierungsrat Fischer aus dem Innenministerium das Haus weit unter Preis »gekauft« habe. Die nunmehr ehemaligen Eigentümer mußten diese Transaktion bei einem Notar bestätigen. Damit war auch dieser Besitzerwechsel »legal« abgeschlossen.

Zum Auszug und zur Räumung erhielten die Bewohner eine Frist von 14 Tagen. Fast der gesamte Besitz mußte verschleudert werden, denn die Familie mußte nun in ein Dachabteil eines Hauses in Bogenhausen umziehen, das einer Verwandten – noch – gehörte.

Bis März 1940 gelang es fast allen Angehörigen der Familie Bernheimer, ihre Heimat zu verlassen. Die Familienmitglieder lebten nunmehr verstreut in der Schweiz, den USA, Kuba und Venezuela. In Deutschland blieben acht Angehörige zurück, die sich nicht zu einer Auswanderung entschließen konnten. Zwei von ihnen starben eines natürlichen Todes, drei wurden ermordet, und drei alte Damen im Alter von 83, 85 und 89 Jahren sahen keinen anderen Ausweg als den gemeinsamen Freitod.

Am 19. Oktober 1948 ging die »arisierte« Kunsthandlung Ludwig Bernheimer wieder in die Hände ihrer überlebenden, rechtmäßigen Besitzer über.

Barer Straße

Ab 1933 kaufte die NSDAP alle Gebäude an der Barer Straße zwischen Karlstraße und Karolinenplatz für ihre Reichsleitung auf. Sämtliche Anwesen wurden später im Krieg zerstört.

Barer Straße 7–11

In den Gebäuden Barer Straße 7–11 hatte seit Januar 1934 die Oberste SA-Führung ihr Quartier. Die »Sturmabteilung« (SA) wurde seit Bestehen der Partei im Jahr 1920 zum Schutz von Parteiveranstaltungen eingesetzt. Als offizielles Gründungsdatum galt der 4. November 1921, als die SA im Hofbräuhaus (→ Platzl) die zahlenmäßig überlegenen politischen Gegner aus einer Hitler-Versammlung vertrieben hatte.

Die SA war von Anfang an für die Führung der NSDAP unentbehrlich. Ihre Mitglieder sicherten die zahlreichen Versammlungen, schlugen sich auf den Straßen mit Polizei und politischen Gegnern und bildeten – zusammen mit den großen Geldgebern im Hintergrund – das Rückgrad der Partei.

Im September 1930 ernannte Hitler Ernst Röhm (1887–1934) zum Chef der SA. Dieser ruhelose, kriminelle Abenteurer und ehemalige Generalstabsoffizier war der Prototyp des Bürgerschrecks, zumal er auch noch homosexuell war und daraus kein Geheimnis machte. Voller Verachtung für die Heuchelei und das Pharisäertum des bürgerlichen Lebens organisierte Röhm den Kampf der SA gegen das Weimarer System.

Ernst Röhm

Als Röhm die SA-Führung 1930 übernahm, zählte diese rund 70 000, im Jahr 1933 bereits rund 1 000 000 Mitglieder. Sein Ziel war eine Zweimännerherrschaft. Hitler sollte die politische Führung ausüben, er – Röhm – wollte die Leitung über ein riesiges SA-Volksheer übernehmen, in dem die Reichswehr aufgehen sollte.

Die Reichswehr befürchtete, die rebellische Volksarmee der SA könnte ihr das Waffenmonopol streitig machen. Andererseits benötigte man die Massen der SA als militärische Reserve für die geplante Wiederaufrüstung und den ebenfalls geplanten großen Krieg. Allein in München verfügte die SA 1933 über 169 leichte und 11 schwere Geschütze, 760 Maschinen-

(aus dem sozialdemokratischen Parteiorgan »Vorwärts«, 20. 12. 1932)

gewehre, 21 000 Gewehre, Karabiner und Pistolen, 300 000 Handgranaten und 8 Millionen Patronen.
Als am 30. Januar 1933 die NSDAP die politische Machtausübung von den gesellschaftlichen Eliten übertragen bekommen hatte, wurden die SA-Männer zu Hilfspolizisten ernannt und offiziell bewaffnet (→ Ettstraße). Nun konnten sie ihren Terror gegen Andersdenkende ohne jede staatliche Beschränkung, ja sogar mit staatlicher Unterstützung ausüben. Die Reichswehr und die hinter ihr stehenden Kreise hatten mit dieser »nationalen Revolution« ihr Ziel erreicht. Zu mehr brauchte man die braunen Horden nicht mehr.

Karlstraße 10

Seit November 1925 existierte die »Schutzstaffel« (SS), die sich als Leibwache um die persönliche Sicherheit Hitlers kümmerte. Im Gegensatz zur SA verstand sich die SS als kleine Elitetruppe, die ihrem »Führer« unbedingten Gehorsam geschworen hatte.
Menschen unterschiedlichster Herkunft fanden in dieser Parteigarde Aufnahme: einerseits Adelige wie Karl Freiherr von Eberstein (→ Maria-Theresia-Straße 17), die die parlamentarische Demokratie und jegliche Herrschaft der Masse ablehnten; andererseits Entwurzelte und Psychopathen, die in dem Parteiorden Halt fanden, beispielsweise Theodor Eicke (1892–1943). Beruflich war er als Polizist, Kriminalbeamter, Werkschutzbeauftragter und Kaufmann gescheitert. Im Dezember 1928 fand er zur NSDAP und dort Halt und Bestätigung. In der SS machte er eine steile Karriere. Im März 1932 wurde er wegen mehrerer Bombenanschläge zu einer Zuchthausstrafe verurteilt. Auf Anweisung Heinrich Himmlers (→ Möhlstraße 12 a) floh er nach Österreich und kehrte im Februar 1933 nach Deutschland zurück. Einflußreiche Stellen der NSDAP veranlaßten im März 1933 die Einweisung Eickes in eine psychiatrische Anstalt. Himmler ließ ihn im Juni wieder herausholen, um ihn zum Kommandanten des Konzentrationslagers Dachau zu ernennen.
Die Reichswehr, vor allem General Walter von Reichenau (→ Ludwigstraße 14), forderte Hitler seit Anfang 1934 auf, mit den Volksheer-Plänen Röhms und dem »Sozialismus« der SA endgültig Schluß zu machen. Anderenfalls könne die Reichswehr nicht mehr hinter der Politik des »Führers« stehen. Dieser erkannte den Ernst der Drohung und befahl die Ermordung Röhms.
Am 30. Juni und 1. Juli 1934 wurden in ganz Deutschland 90 Menschen durch die SS ermordet. Unter ihnen befanden sich auch viele politische Gegner der Nationalsozialisten, wie der Journalist Fritz Michael Gerlich (→ Richard-Wagner-Straße 27), der bayerische Föderalist Otto Ballerstedt oder

Gustav von Kahr, der am 9. November 1923 den Hitlerputsch hatte niederschießen lassen. Einige Führer der SA wurden im Gefängnis Stadelheim (→ Stadelheimer Straße 12) ermordet. Dabei erhielt Theodor Eicke den für ihn ehrenvollen Auftrag, Ernst Röhm persönlich hinzurichten.
Die SA wurde entwaffnet und erhielt andere Aufgaben zugewiesen, wie z. B. die Geldsammlungen für das Winterhilfswerk. Die SS stieg zur einzigen bewaffneten Organisation der NSDAP auf, Theodor Eicke wurde mit der Aufsicht sämtlicher Konzentrationslager belohnt. Am 2. August 1934 leistete die Reichswehr den Treueid auf Hitler (→ Königsplatz) und erhielt die umfangreichen Waffenbestände der SA. Im Jahr 1936 zog die Reichsführung der SS von der Gabelsbergerstraße 31 in das der SA-Zentrale benachbarte Eckgebäude Karlstraße 10 um.

Karlstraße 6–30
Karlstraße 12

Karlstraße 14
Karlstraße 16

Karlstraße 18
Karlstraße 20

Karlstraße 21

Seit 1933 kaufte die NSDAP systematisch Häuser auch an der Karlstraße für ihre Reichsleitung auf. Ihr gehörten die Anwesen mit den geraden Nummern 6–30. In der Karlstraße 12 amtierte der »Nationalsozialistische Dozentenverband«, in der Karlstraße 14 die »Reichsjugendführung« unter Baldur von Schirach (1907–1974), in der Karlstraße 16 der »Nationalsozialistische Deutsche Studentenbund«, in der Karlstraße 18 die »Reichspressestelle« (→Widenmayerstraße 18, → Thierschstraße 11/15), und in der Karlstraße 20 der »Reichspropagandaleiter« (»Haus der deutschen Propaganda«) usw. Einen näheren Blick ist das Anwesen Karlstraße 21 wert. Es gehörte bis 1936 dem Kunsthändler Ludwig Bernheimer (→ Lenbachplatz 3). Im Vorderhaus wurden Wohnungen vermietet, im Hinterhaus befand sich das Lager der Firma. Im Jahr 1936 kaufte die Reichsärztekammer die Gebäude unter ihrem Verkehrswert. Dies war ermöglicht worden, da Bernheimer als Jude nach den antisemitischen »Nürnberger Gesetzen« vom 15. September 1935 nicht mehr als rechtlich geschützter Mensch galt. Die Aufgabe der Lagerräume erschwerte die Geschäfte der Firma. Aber auch die Mieter mußten unter dem Besitzerwechsel leiden. Den 27 Parteien wurde fristlos gekündigt, damit die Wohnungen in Büros umgewandelt werden konnten. Nun gingen hier folgende Organisationen ihrer Tätigkeit nach: »Reichsärztekammer«, »Hauptamt für Volksgesundheit der NSDAP«, »Sachverständigenrat für Volksgesundheit der NSDAP«, »Nationalsozialistischer Deutscher Ärztebund« sowie der »Reichsvollkornbrotausschuß«. Nach dem Krieg nahm das Land Bayern das Anwesen in Besitz.

Sophienstraße 6

Die Oberfinanzdirektion heute (Benedikt Weyerer)

An der Sophienstraße 6 wurde in den Jahren 1938 bis 1942 das Oberfinanzpräsidium München errichtet. An seine Entstehungszeit erinnert ein übergroßer steinerner Adler an der Hausfront, dem unverkennbar das Hakenkreuz aus einem von ihm gehaltenen Lorbeerkranz gemeißelt wurde. Im August 1945 zog die amerikanische Militärbehörde für München in das Gebäude ein (→ Marienplatz). Ihr Direktor war Eugene Keller (1894–1971), sein Nachfolger ab 1. November 1946 James Kelly. Die Sorge der Besatzungsbehörden galt vor allem der Umerziehung der Deutschen. Zu diesem Zweck öffnete das Amerikahaus 1946 seine Pforten in der Sophienstraße 6 (→ Arcisstraße 12). Auch der bayerische Landtag (→ Residenzstraße 1) tagte hier von Mai 1947 bis Januar 1949, bis er schließlich im Maximilianeum (→ Max-Planck-Straße 1) seine endgültige Bleibe fand.

Prielmayerstraße 7

Eine Gedenktafel rechts hinter der Pforte des Justizpalastes an der Prielmayerstraße 7 trägt folgende Inschrift: »*Pater Rupert Mayer SJ. Ich werde künftig wie bisher die katholische Kirche, ihre Glaubens- und Sittenlehre gegen alle Angriffe, Anfeindungen und Verleumdungen verteidigen. Das halte ich für mein Recht und meine Pflicht als katholischer Priester*« (→ Neuhauser Straße 14). Diese Erklärung gab der Gegner des Nationalsozialismus am 22. Juli 1937 vor einem sogenannten Sondergericht im Justizpalast ab.

Das gesamte Rechtswesen wurde seit dem Machtantritt der NSDAP in Bayern am 9. März 1933 umgewandelt. An führender Stelle war dabei der Jurist Hans Frank (1900–1946) tätig, der als »Alter Kämpfer« bereits am Hitlerputsch vom 8./9. November 1923 teilgenommen hatte. Frank übernahm am 10. März 1933 den Posten des bayerischen Justizministers und wurde kurz darauf »Reichskommissar für die Gleichschaltung der Justiz in den Ländern und für die Erneuerung der Rechtsordnung.« In dieser Eigenschaft konnte er, der gleichzeitig Präsident der »Akademie für Deutsches Recht« war (→ Ludwigstraße 28), seine Vorstellungen von Recht und Gerechtigkeit im gesamten Deutschen Reich durchsetzen. Nach Hans Franks Meinung war alles, was den Zielen der Nationalsozialisten nützte, rechtens, alles, was diesen entgegenstand, Unrecht.

Daß er seine Auffassungen schnell durchsetzen konnte, lag an der Willfährigkeit der meisten Juristen. Diese »furchtbaren Juristen« sprachen und exekutierten Unrecht als Recht. Seitdem das bayerische Justizministerium am 1. Januar 1935 »gleichgeschaltet« worden war und als »Abteilung Bayern des Reichsjustizministeriums« firmierte, wurden alle politischen Prozesse von »Sondergerichten« abgehandelt. Diese

Gerichte traten als Erst- und Letztinstanz gleichzeitig auf. Sie konnten die von ihnen verhängten Strafmaße sofort vollziehen lassen.

Der heute bekannteste Prozeß, der im Justizpalast stattfand, war die Aburteilung der Mitglieder der Studentengruppe »Weiße Rose« (→ Geschwister-Scholl-Platz). Am 18. Februar 1943 hatten die Geschwister Hans und Sophie Scholl in der Universität Flugblätter verteilt, auf denen zum Aufstand gegen den Nationalsozialismus aufgerufen wurde. Nach ihrer Verhaftung konstituierte sich ein Sondergericht des Volksgerichtshofes in München, um nach kurzem Prozeß die Todesurteile auszusprechen und am 22. Februar vollstrecken zu lassen (→ Stadelheimer Straße 12).

Nach der Befreiung durch die US-Armee unternahmen die Besatzungsbehörden Anstrengungen, den Justizapparat zu entnazifizieren. Dies gelang nur teilweise, da sich viele Juristen gegenseitig entlasteten. Mit der Ernennung des Antifaschisten Wilhelm Hoegner, der bereits vor 1933 im Justizpalast gearbeitet hatte, zum Generalstaatsanwalt beim Obersten Landesgericht kehrten am 23. Juli 1948 offiziell demokratisch-rechtsstaatliche Verhältnisse in den Justizpalast ein.

Ludwig-/Kaulbachstraße

Als die Ludwigstraße in der ersten Hälfte des 19. Jahrhunderts angelegt wurde, sollte sie mit ihrer stattlichen Architektur den Machtanspruch der Wittelsbacher und ihres Königreiches Bayern zum Ausdruck bringen. Auch im 20. Jahrhundert manifestierten sich Politik und Macht in den Gebäuden entlang der Ludwigstraße.

Odeonsplatz Die im Jahr 1822 nach ihrem Initiator benannte Ludwigstraße wird von zwei Bauten begrenzt, die genau 1000 Meter voneinander entfernt liegen und dem Krieg gewidmet sind: Siegestor und Feldherrnhalle. Beide Gebäude stehen für kriegerische Tradition und militaristisches Gedankengut. Am

Feldherrnhalle,
9. 11. 1934

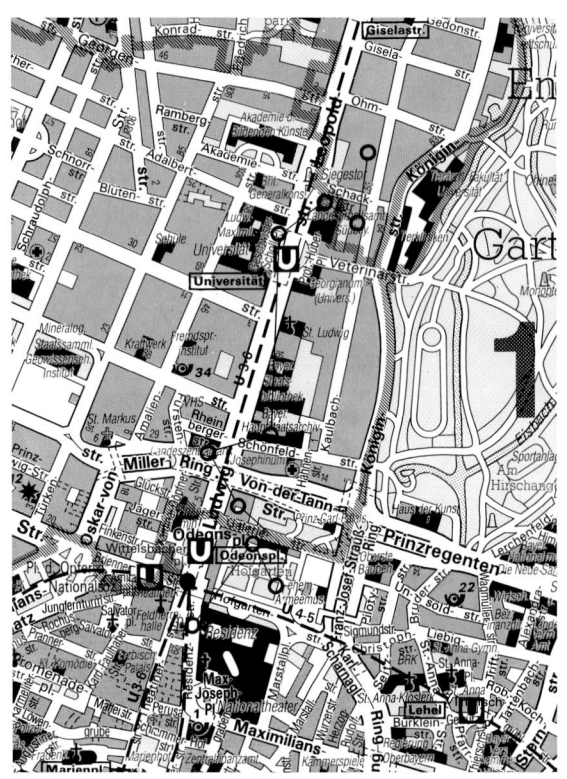

9. November 1923 war an der Feldherrnhalle der Hitler-Putsch von der bayerischen Polizei blutig beendet worden. Zum 10. Jahrestag dieses Ereignisses befanden sich die ehemals erfolglosen Nationalsozialisten tatsächlich an der Macht. Der 9. November wurde zum Staatsfeiertag unter dem Motto »Und Ihr habt doch gesiegt!«; Feldherrnhalle und Odeonsplatz wurden zu Heiligtümern der »Bewegung« erhoben. Seit dem 9. November 1933 inszenierte sich die NSDAP alljährlich selbst, indem die gesamte Parteispitze und die sogenannten »Alten Kämpfer«, die Teilnehmer am Hitler-Putsch, ihren damaligen Weg durch die Stadt mit großem Gepränge nachvollzogen (→ Rosenheimer Straße 29).
1933 fanden laut »Völkischem Beobachter« »*Weiheakt und Gedenkstunde an der Feldherrnhalle*« statt: »*Das neue Bayern sühnt die Schuld von 1923 ... Um 12.30 Uhr klingt ein Trommelwirbel auf, dröhnen Böllerschüsse. Augenblicklich setzt tiefe Stille ein. Kurze Kommandos hallen über den Platz. Zehntausende von Armen heben sich, und in einer Minute ehrfürchtigen Schweigens ehrt ganz München die Toten, aus deren Opfer nach zehn Jahren die herrliche Saat aufgegangen ist.*« Anschließend enthüllte Adolf Hitler das »Mahnmal für die sechzehn Gefallenen des 9. November 1923«.
Die Kosten für dieses Denkmal wurden von der bayerischen Staatskasse übernommen. Hohe Reichswehroffiziere legten in Anerkennung der bereits begonnenen Aufrüstungs- und Kriegspolitik Lorbeerkränze nieder (→ Ludwigstraße 14). Fortan wurden zwei SS-Männer als »Ewige Wache« vor dem Denkmal postiert, die darauf achteten, daß die Passanten den Hitler-Gruß entboten. Das Denkmal wurde am 3. Mai 1945 von der US-Armee entfernt. Zurückgeblieben ist bis heute sein Fundament.
Weitere Ereignisse dieser Art auf dem Odeonsplatz seien herausgegriffen: Einen Tag nach dem Tod des Reichspräsidenten Hindenburg und der Vereidigung der Reichswehr auf Hitler (→ Königsplatz) schworen am 3. August 1934 SS-Rekruten den Fahneneid auf Hitler (→ Ingolstädter Straße 193), am 7. November 1935 Rekruten der Wehrmacht. In der Nacht zum 9. November 1935 schließlich wurden die exhumierten Überreste der sechzehn »Blutzeugen der Bewegung« in der Feldherrnhalle aufgebahrt und dann zum (→) Königsplatz zur vermeintlich ewigen Ruhe gebracht.
Am 20. Dezember 1937 starb General Erich Ludendorff, der den Hitler-Putsch mit angeführt hatte (→ Romanstraße 7). Er erhielt ein Staatsbegräbnis, das nirgendwo sinnreicher begangen werden konnte als an der Feldherrnhalle. Am Siegestor wurde der Leichnam am 22. Dezember öffentlich aufgebahrt und dann zur Feldherrnhalle überführt. Die gesamte Staats-,

Ein Beitrag des Zeichners Eduard Thöny, 1933 (aus: Grundsteinlegung des Hauses der Deutschen Kunst. München 1933)

Partei- und Wehrmachtsspitze versammelte sich am Sarg. Bis heute fehlt eine Gedenktafel oder ein anderer Hinweis auf die zentrale Funktion der Feldherrnhalle während des »Dritten Reiches«.
Die Feldherrnhalle überstand den Krieg fast unbeschädigt. Nach der Befreiung Münchens durch die US-Armee und dem offiziellen Bekanntwerden der in Deutschland begangenen Verbrechen gaben einige nächtens angebrachte Inschriften Auskunft über die Stimmung in der Bevölkerung bei Kriegsende. Am Sockel der Feldherrnhalle stand am 28. Mai 1945 zu lesen: »*KZ-Dachau-Velden-Buchenwald – ich schäme mich, daß ich ein Deutscher bin.*« Kurz darauf war ein zweiter

Spruch angebracht: »*Keine Scham, nur Vergeltung! – Hakenkreuz – Schandkreuz*«. Später kam hinzu: »*Goethe, Diesel, Haydn, Rob. Koch. Ich bin stolz, ein Deutscher zu sein.*« Die KPD (→ Widenmayerstraße 25) rief am 9. November 1946 zu einer Großkundgebung auf dem Odeonsplatz auf. 6000 Teilnehmer kamen, um sich die Rede des ehemaligen Staatsministers für Sonderaufgaben, Heinrich Schmitt (1895–1951), anzuhören. Schmitt hatte an der Universität Moskau studiert und bis 1933 für die KPD dem Reichstag angehört. 1935 war er wegen illegaler Gewerkschaftstätigkeit zu 15 Jahren Zuchthaus verurteilt und am 27. April 1945 aus dem Gefängnis Landsberg/Lech befreit worden. Von Oktober 1945 bis Juli 1946 war er im bayerischen Kabinett für die Bestrafung der Täter und die sogenannte Wiedergutmachung an den Opfern des »Dritten Reiches« verantwortlich. In seiner Rede nun prangerte er die Entnazifizierungspolitik der US-Behörden an. Diese würden, nachdem am 16. Oktober 1946 die Hauptkriegsverbrecher in Nürnberg hingerichtet worden seien, die anderen Hauptschuldigen, wie etwa die Großindustriellen, viel zu sanft behandeln, während man die weniger Schuldigen, die »Kleinen«, weiterhin verfolge.

Am 6. April 1947 sprachen die SED-Vorsitzenden Wilhelm Pieck und Otto Grotewohl vor der Feldherrnhalle zu dem Thema »Moskau und wir«, am 9. Juni 1947 schließlich Walter Ulbricht über »Was wird aus Deutschland?« Anlaß für beide Reden war die tiefer werdende Spaltung Deutschlands und die gegenseitigen Schuldzuweisungen für diese Entwicklung (→ Prinzregentenstraße 28). In diese nunmehr antifaschistische Tradition des Odeonsplatzes reihte sich auch die Kundgebung am 14. September 1947, dem Tag der Opfer des Faschismus, ein. Als Redner traten drei Verfolgte des »Dritten Reiches« auf: der Staatskommissar für politisch und rassisch Verfolgte, Philipp Auerbach von der SPD (→ Holbeinstraße 11), Oberbürgermeister Karl Scharnagl (CSU) sowie der Landesvorsitzende der bayerischen KPD, Fritz Sperling.

Residenzstraße 1

Im Laufe von vier Jahrhunderten hatte sich die Münchner Residenz zu einer kleinen Stadt mit eigenen Theatern, Kirchen, Straßen, Plätzen und Gärten entwickelt. Dieser einmalige Gebäudekomplex war durch einige wenige Bombenangriffe restlos zerstört worden. Die Inneneinrichtungen hatte man allerdings rechtzeitig ausgelagert. Die heutige Residenz ist ein Neubau und ein Meisterwerk der Restaurationskunst.

Sofort nach der Machtübergabe an die Nationalsozialisten nahm sich einer der übelsten Münchner Parteigenossen in der

Christian Weber, 1938

Residenz seinen Wohnsitz, der dem Selbstverständnis dieses Mannes entsprach: Christian Weber (1883–1945). Er personifizierte wie kaum ein zweiter den Prototypen des Nationalsozialisten. Von Anfang an gehörte er zur engsten Umgebung Hitlers, seine Aggressivität – gepaart mit zielsicherem Bereicherungsinstinkt – ließ seine Mitmenschen inner- und außerhalb der NSDAP vor ihm zittern. Sein ganzes Streben galt der Erlangung von Macht, dem Geld, der Verwirklichung seines Hobbys (Pferdesport) und dem Anhäufen von Ehrenämtern. Weber war nach 1933 Stadtrat, Reichstagsabgeordneter, Präsident des Kreistages von Oberbayern, Beirat der Deutschen Reichspost, Präsident des Rennvereins München-Riem, Stifter des »Braunen Bandes«, Gründer des Münchner Jagdmuseums. Bis 1945 konnte Weber ein Vermögen von rund 1 000 000 Reichsmark anhäufen.

Am 10. Mai 1945 kam Weber auf einem Gefangenentransport der US-Armee bei einem Zusammenstoß zweier US-Fahrzeuge ums Leben. Um sein Vermögen für Wiedergutmachungszwecke einsetzen zu können, wurde er posthum am 20. Februar 1948 von einer Spruchkammer (→ Wagmüllerstraße 12) als »Hauptschuldiger« eingestuft. In der Begründung hieß es: »*Großer Geschäftemacher, Beschützer des Rennsports, des Karnevals, aller heiteren Künste, Künstler und natürlich Künstlerinnen mit seiner Freßnatur und seinem Pferdehändlerschnurrbart, eine Art Bier-Göring für Bayern. Der alte Nazi-Kämpfer genierte sich vor nichts, wenn es für ihn reichlich Gewinn einbrachte.*«

Inmitten der Ruinen der Residenz öffnete im Mai 1946 das Theater am Brunnenhof in einer provisorischen Unterkunft seine Pforten. Zwischen Januar und Mai 1947 tagte parallel zum Schauspielbetrieb der Bayerische Landtag auf den hölzernen Theaterbänken, da er in der Universität (→ Geschwister-Scholl-Platz) keinen Platz mehr fand. Im Mai wanderte der Landtag dann weiter in die Oberfinanzdirektion (→ Sophienstraße 6).

Die Residenz war bis zur Revolution im November 1918 Mittelpunkt des bayerischen Staates gewesen. Auch während der Weimarer Republik blieb der monarchische Gedanke lebendig und erfuhr infolge der katastrophalen Realität sogar einen nostalgischen Aufschwung. Als im Januar 1933 die Kanzlerschaft Hitlers unvermeidbar erschien, planten breite politische Kreise in Bayern bis hin zu den Sozialdemokraten, Kronprinz Rupprecht (1869–1955), der nie auf den Thronanspruch verzichtet hatte, zum bayerischen Reichsverweser zu ernennen, um das Land vor den Nationalsozialisten zu retten. Diese jedoch kamen jenen Plänen zuvor (→ Prinzregentenstraße 7).

Kronprinz Rupprecht von Bayern an seinem 80. Geburtstag, 18.5.1949

Nach der »Gleichschaltung« Bayerns am 9. März 1933 verdächtigten die neuen Machthaber Rupprecht, zusammen mit Frankreich ein eigenständiges Bayern angestrebt und damit »Hochverrat« begangen zu haben. Tatsächlich war der Kronprinz Hoffnungsträger des konservativ-monarchischen Widerstandes gegen den Nationalsozialismus. Die Ablehnung sowohl des republikanischen als auch des völkischen Staatsgedankens sowie die Idee eines sozialen Königtums in der Tradition der Wittelsbacher vereinigten sich in der Person des Kronprinzen. Hinzu kam die Abneigung gegen den preußischen Zentralismus, der nun von der neuen Regierung erneut betrieben wurde.

Wie viele Monarchisten wurden zwölf Mitglieder des Hauses Wittelsbach in Konzentrationslagern und Gefängnissen inhaftiert. Rupprecht selbst konnte auf Einladung des italienischen Königs Viktor Emanuel im Dezember 1939 nach Florenz übersiedeln. Auch während der Besatzungszeit durch die Wehrmacht wagten die deutschen Behörden nicht, etwas gegen den persönlichen Gast des Königs zu unternehmen. So konnte Rupprecht über den Vatikan Denkschriften an die Alliierten weiterleiten, in denen er seine politischen Vorstellungen über Deutschland nach dem Krieg erläuterte. In einer Note an die britische Regierung schrieb er im Jahr 1943: *»Die Bauern und Bürger denken wenigstens in Süddeutschland konservativ; sie wollen in ihrer erdrückenden Mehrheit die Wiederherstellung der heimatlichen Monarchie, unter der sie in Ruhe und Frieden ihrer Arbeit nachgehen konnten und wo es ihnen gutging.«* Bezüglich der Arbeiter hoffte er, daß wegen der jüngsten Ereignisse *»ein Wechsel der Anschauungen im obigen Sinne eingetreten ist.«* In London notierte man zu diesen Gedankengängen: *»Alles ziemlich vage und naiv. Er ist wohl ein harmloser alter Junge von fortgeschrittenem Alter. Er will die Krone, nicht nur von Bayern, sondern des ganzen Landes.«*

Nach dem fehlgeschlagenen Attentat auf Hitler am 20. Juli 1944 mußte auch Rupprecht vor der Gestapo fliehen und in Italien untertauchen. Bald jedoch wurde die Toskana von der US-Armee befreit, die den Kronprinzen nach Kriegsende nach Bayern zurückbrachte. Rupprecht lebte im Schloß Leutstetten.

Anläßlich seines 80. Geburtstages äußerte er sich in der »Süddeutschen Zeitung« vom 7. Mai 1949: Er denke an eine konstitutionelle, freiheitliche Monarchie, die dem bayerischen Volk angepaßt sei und in der Tradition der Wittelsbacher stehe. In allen Schichten der Bevölkerung bis weit hinein in die Sozialdemokratie gäbe es Anhänger des monarchischen Gedankens. Er schätze deren Anteil auf 60 bis 70 Prozent.

Innerhalb eines westdeutschen Staates könne durchaus auch eine Monarchie existieren, ebenso wie es im alten Kaiserreich Republiken wie die Freien Hansestädte gegeben habe.
Am 2. August 1955 starb Kronzprinz Rupprecht und mit ihm die politisch ernstzunehmende monarchistische Bewegung in Bayern. Er liegt gegenüber der Residenz in der Theatinerkirche begraben.

Galeriestraße 4

Adolf Hitler sprach seinen Millionen Anhängern auf dem Nürnberger Parteitag von 1933 aus dem Herzen: *»Wer nur das Neue sucht um des Neuen willen, verrennt sich nur zu leicht in das Gebiet der Narreteien, da das Dümmste, in Stein und Material ausgeführt, natürlich um so leichter das wirklich Neuartigste zu sein vermag, als ja in früheren Zeitaltern nicht jedem Narren genehmigt wurde, die Umwelt durch die Ausgeburten seines kranken Hirns zu beleidigen.«*
Waren bereits am 10. Mai 1933 die Bücher unliebsamer Autoren verbrannt (→ Geschwister-Scholl-Platz) und bald darauf ebensolche Komponisten verfemt worden (→ Max-Joseph-Platz), so eröffnete am 19. Juli 1937 in der Galeriestraße 4 die Ausstellung »Entartete Kunst« ihre Pforten. Als Kontrast zu den hier gezeigten Kunstwerken wurde gleichzeitig in der »Großen Deutschen Kunstausstellung« (→ Prinzregentenstraße 1) die Machwerke offiziellen Kunstbedürfnisses vorgeführt.
Die Ausstellung »Entartete Kunst« kostete keinen Eintritt, um möglichst viele Menschen anzulocken. Um die »Gefährlichkeit« der Exponate herauszustellen, war Jugendlichen unter 18 Jahren der Zutritt verboten. Die Bilder waren absichtlich eng, schief und bezüglich der Kunstrichtung ohne jegliche Ordnung aufgehängt, um den Betrachtern das Gefühl des Chaos zu suggerieren. Der Ausstellungskatalog legte als Ziel der Veranstaltung dar: *»Sie will am Beginn eines neuen Zeitalters für das Deutsche Volk anhand von Originaldokumenten allgemeinen Einblick geben in das grauenhafte Schlußkapitel des Kulturzerfalles der letzten Jahrzehnte vor der großen Wende.«*
Weiter hieß es: *»Man sieht die fortschreitende Zersetzung des Form- und Farbempfindens, die bewußte Verachtung aller handwerklichen Grundlagen der bildenden Kunst, die grelle Farbkleckserei neben der bewußten Verzerrung der Zeichnung, die absolute Dummheit der Stoffwahl, lauter Dinge, die nach und nach den Charakter einer frechen Herausforderung jedes normalen, kunstinteressierten Beschauers annehmen ...
Hexenspuk, Hohn auf jede religiöse Vorstellung, Anarchie, Schandfleck der deutschen Kulturgeschichte, gemalte Wehrsabotage, Zuhälter, Idioten, Kretins, Paralytiker, vollendeter*

Wahnsinn ... Dann kann man nicht mehr lachen. Dann kann man nur mit der Wut darüber kämpfen, daß mit einem so anständigen Volk wie dem deutschen überhaupt einmal so Schindluder getrieben werden konnte.«
Unter den derart angeprangerten Künstlern waren Otto Dix, Emil Ludwig Kirchner, Oskar Schlemmer, Emil Nolde, Karl Schmidt-Rottluff, Erich Heckel, Ludwig Meidner, Kurt Schwitters, Paul Klee, Eugen Hoffmann, Oskar Kokoschka. Ihre Kunstwerke wurden am 30. Juni 1939 in der Schweiz in Luzern zugunsten des Deutschen Reiches versteigert und haben dadurch die Barbarei überlebt.

Hofgarten Das Bayerische Armeemuseum und insbesondere das Münchner Kriegerdenkmal im Hofgarten gaben seit der Einweihung des letzteren im Jahr 1924 die Kulisse für militaristische Spektakel ab. Zwei solcher Veranstaltungen aus dem Jahr 1935 seien herausgegriffen.
Am 16. März 1935 führte Hitler die allgemeine Wehrpflicht ein und damit die offizielle Aufrüstung Deutschlands. Ein »Heldengedenktag« der Wehrmacht fand zu dieser Gelegenheit am 16. März 1935 vor dem Armeemuseum statt. General Wilhelm Adam, Kommandeur des Wehrkreises VII (→ Lud-

wigstraße 14), führte in seiner Rede aus: »*Wir sind an einem geschichtlichen Zeitpunkt angelangt. Nach dem Willen des Führers soll nunmehr wie in der alten Armee jeder junge Deutsche durch die Schule des Heeres gehen. Das deutsche Volk ist frei von Rachsucht, wir wollen keine Revanche! Wo immer deutsche Soldaten zu einer Feier sich versammeln, gedenken sie des Oberbefehlshabers der Wehrmacht, dem sie die jetzige Entwicklung verdanken. So wollen wir auch die heutige Feier beschließen, in dem wir rufen: Adolf Hitler, Hurra! Hurra! Hurra! und auf ewig Hurra!*«

Ludwigstraße 2

An der Kreuzung Ludwig-/Von-der-Tannstraße läßt sich erahnen, wie München aussehen würde, wäre den Architekten der Nationalsozialisten nicht der für sie ungünstige Kriegsverlauf dazwischengekommen (→ Lindwurm-/Ziemssenstraße, → Bahnhofsplatz). Architektonische Kleingliedrigkeit sollte ersetzt werden durch breite Straßenzüge und klotzige Gebäude – Ausdruck des sich als revolutionär verstehenden, gewalttätigen Regimes. Die Südseite der Von-der-Tann-Straße wurde niedergerissen; die Häuser an der Nordseite geben heute noch einen Eindruck des ehemaligen Straßenbildes. Durch die verbreiterte Von-der-Tann-Straße sollte das »Haus der deutschen Kunst« (→ Prinzregentenstraße 1) optisch an die Ludwigstraße herangezogen werden. An der nordwestlichen Kreuzungsecke entstand auf dem Gebäude eines abgerissenen Palais das Gebäude der Reichsbank in Bayern (→ Ludwigstraße 13) und an der Ludwigstraße 2 (damals 28) zwischen 1938 und 1940 das Zentralministerium der Landesregierung auf dem Gelände von vier 1937 abgerissenen Gebäuden, die heute noch ihr architektonisches Spiegelbild auf der gegenüberliegenden Straßenseite finden. Die Bezeichnung »Zentralministerium« ergab sich aus zwei Entwicklungen. Zum einen bedeutete die sogenannte »Gleichschaltung der Länder« eine ständige Verringerung der Eigenstaatlichkeit Bayerns (→ Prinzregentenstraße 7), so daß sich die Arbeit der verschiedenen Ministerien in einem einzigen Gebäude zusammenfassen ließ. Zum anderen zeigt diese Zusammenfassung, daß die Verwaltung des Landes spätestens seit Kriegsbeginn immer stärker vernachlässigt wurde. So setzte sich das Kabinett Siebert (→ Promenadeplatz 2) im Jahr 1940 aus zwei Männern zusammen: Ludwig Siebert fungierte als Ministerpräsident, Finanz- und Wirtschaftsminister, und Adolf Wagner firmierte als Innen- und Kultusminister. Daß Wagner gleichzeitig Gauleiter des »Traditionsgaues« München-Oberbayern war (→ Prannerstraße 8), verdeutlicht die Gleichsetzung von Staat und NSDAP. Das Gebäude Ludwigstraße 2 war seit 1940 das wichtigste Macht-

Adolf Wagner als Kinderfreund, 1938

zentrum für München, Oberbayern und Bayern insgesamt. Reichsstatthalter Franz Xaver von Epp war zwar der ranghöchste bayerische Beamte, wurde aber wegen seiner faktischen Einflußlosigkeit als »Muttergottes-General« belächelt.
Adolf Wagner (1890–1944) gehörte der NSDAP seit 1923 an und war Hitlers »*bester, liebster und idealistischster Mitarbeiter in Bayern*«, wie Wagner selbstzufrieden und stolz formulierte. Er, der stets betrunkene, brutale und tobende Gewalttäter, der seit dem 1. November 1929 Gauleiter war, avanzierte nicht nur zum bayerischen Minister, sondern am 3. September 1939 auch noch zum Reichsverteidigungskommissar für Bayern. Seiner Machtfülle, aber auch seiner persönlichen Eitelkeit entsprachen 1940 die Ernennung zum »Ehrenbürger der Hauptstadt der Bewegung« ebenso wie die Umbenennung von sechs verschiedenen Straßen und Plätzen im Stadtgebiet nach ihm.
Am 24. Juni 1942 erlitt der erst 52jährige Wagner einen Schlaganfall und mußte alle Ämter niederlegen. Am 12. April 1944 starb er. Am Trauerakt am 17. April nahmen Hitler, Goebbels, Generalfeldmarschall Wilhelm Keitel sowie weitere Führungskräfte von Partei und Wehrmacht teil. Im Sockel des nördlichen der beiden »Ehrentempel« am (→) Königsplatz wurde Wagner begraben.
Am 26. Juni 1942 ernannte Hitler den Gauleiter von Westfalen-Süd, Paul Giesler (1895–1945), zu Wagners Stellvertreter, am 19. April 1944 zu dessen Nachfolger in allen Ämtern. Gieslers Bruder Hermann (1898–1987) gehörte zu Hitlers Lieblingsarchitekten und war mit der städtebaulichen Umgestaltung Münchens beauftragt worden. Nachdem am 1. November 1942 Ministerpräsident Siebert an einem Schlaganfall gestorben war, vereinte nun Giesler auch dieses Amt sowie alle drei übriggebliebenen Ministerämter in seiner Person.
Es dauerte nicht mehr lange, und Giesler mußte die Führung im »Endkampf« um München übernehmen. Die »Hauptstadt der Bewegung« mit der »Alpenfestung« im Rücken sollte ein »positives Stalingrad« werden und die Wende des Krieges einläuten. Zur Klarstellung dieses Auftrages verkündete Giesler am 13. März 1945, der »Führer« sei der einzige Mann, der den Endsieg verbürge. Derselbe »Führer« erließ am 19. März folgenden Befehl: »*Ich befehle daher: Alle militärischen, Verkehrs-, Nachrichten-, Industrie und Versorgungsanlagen sowie Sachwerte innerhalb des Reichsgebietes, die sich der Feind für die Fortsetzung seines Kampfes irgendwie nutzbar machen kann, sind zu zerstören.*« Außerdem befahl der »Führer«: »*Der Kampf gegen den in Bewegung geratenen*

Ministerpräsident Ludwig Siebert (rechts) führt Paul Giesler in sein Amt ein, 1.7.1942

Feind ist auf das fanatischste zu aktivieren. Irgendwelche Rücksichten auf die Bevölkerung können hierbei zur Zeit nicht genommen werden.«
In der Ludwigstraße 2 ging man also daran, die Durchführung dieser Befehle vorzubereiten. Giesler, sein Stellvertreter Bertus Gerdes und sein Chefadjudant Karl Oberhuber ließen Brücken, Kraftwerke und Industrieanlagen zur Sprengung vorbereiten. Zum »Kampfkommandanten« und wohl notwendig werdenden »Standrichter« wurde Rudolf Hübner ernannt. Am 24. April gab Giesler den Befehl, die Stadt beziehungsweise das, was von ihr übrig geblieben war, vor der Ankunft der US-Armee zu zerstören. Dagegen erhob sich am 28. April die »Freiheitsaktion Bayern« (→ Saarstraße 14). Ihr Versuch, das Zentralministerium zu besetzen und den Gauleiter und seinen Stab festzunehmen, scheiterte am Widerstand der dort verschanzten SS, die noch am selben Tag den Aufstand niederschlagen konnte. Der »Völkische Beob-

achter« berichtete in seiner letzten Ausgabe vom 30. April 1945 noch von einer »*Großschlacht um Bayern. Überall heldenhafter Widerstand – Stoß auf München erneut vereitelt – Zornige Ablehnung des Liliputputsches in München.*«
Bereits am 29. April verschwand das Personal des Zentralministeriums mit Giesler an der Spitze. Sie ließen ein Blutbad zurück. An diesem Tag noch waren im Hof des Gebäudes der Major Günther Caracciola und der Kompaniedolmetscher Maximilian Roth aus Rache für ihre Beteiligung an der »Freiheitsaktion Bayern« erschossen worden. Ebenso fielen der städtische Angestellte Hans Scharrer sowie die beiden Gegner des Nationalsozialismus Harald Dohrn (1886–1945) und Hans Quecke (1901–1945) dem Hinrichtungskommando zum Opfer. An sie erinnert eine Gedenktafel im Innenhof des Gebäudes.
In der Bergarbeiterstadt Penzberg schließlich ermordete eine Wehrmachtseinheit sieben Aufständische, während eine von Giesler gesandte »Werwolf«-Gruppe acht weitere Menschen hinrichtete (→ Habsburger Platz 5). Dasselbe Schicksal widerfuhr fünf Menschen in Altötting. Insgesamt wurden 150 Aufständische im noch nicht befreiten Südbayern ermordet.
Als die US-Armee am 30. April München kampflos besetzte, leistete einzig eine SS-Einheit vom Zentralministerium aus Widerstand. Paul Giesler war in die »Alpenfestung« nach Berchtesgaden geflüchtet und wollte hier seinem Leben mit Gift ein Ende setzen. Nachdem dies nicht gelingen wollte, erschoß er seine Frau und sich selbst am 3. Mai 1945. Sein Bruder, Hermann Giesler, der mit nach Berchtesgaden geflohen war, veröffentlichte 1978 in einem rechtsradikalen Verlag seine Erinnerungen »Ein anderer Hitler«, in denen er *»ein unverfälschtes Bild, frei von Verzerrungen und Mißdeutungen«* von der damaligen Zeit entwarf.
Am 24. November 1947 wurde Major Alfred Salisco zu lebenslänglicher Haft verurteilt. Er, der bereits 1943 zwei Soldaten seiner Kompanie aus Jähzorn ermordet hatte, war der Ausführende der Morde vom April 1945 gewesen. Obwohl nach Paragraph 211 des Strafgesetzbuches für jeden einzelnen Mordfall die Todesstrafe zu verhängen gewesen wäre, machte der Landgerichtsdirektor Burger in seiner Urteilsverkündung mildernde Umstände geltend wegen der allgemeinen Katastrophenstimmung zum Kriegsende. Am 7. Februar 1948 wurde Karl Oberhuber, der Chefadjutant von Giesler, von einer Spruchkammer (→ Wagmüllerstraße 12) als »Hauptschuldiger« eingestuft und für vier Jahre in ein Arbeitslager eingewiesen.
Im Zusammenhang mit den Aktionen vom 28. April 1945 wurde am 2. Juli 1948 der ehemalige NSDAP-Ortsgruppen-

leiter von Berg am Laim, Albin Übelacker, zu 15 Jahren Zuchthaus verurteilt. Er wollte die »Freiheitsaktion Bayern« in seinem Stadtteil stoppen, konnte aber der Beteiligten nicht habhaft werden. Deshalb ermordete er den 76jährigen Vater eines der Aufständischen. Die ihm dafür zustehende Todesstrafe wurde nicht verhängt. In der Urteilsbegründung hieß es: »*Er mußte unter allen Umständen so hart wie möglich zuschlagen, um Berg am Laim sauber zu halten; in dieser Zwangsvorstellung ist es nur ein Ausdruck für die ganze Hilflosigkeit und kopflose Hysterie, die hinter Übelackers Brutalität stand, daß er sich, nachdem ihm die eigentlichen 4 Täter entgangen waren, an den alten N. hielt.*« Aus gesundheitlichen Gründen mußte Übelacker seine pro forma ausgesprochene Haftstrafe nicht absitzen.

Am 24. November 1948 stand der ehemalige »Kampfkommandant« und »Standrichter« Hübner vor Gericht. Seine Urheberschaft an der Ermordung Carracciolas stand zwar außer Zweifel, konnte aber nicht bewiesen werden. Seinen Ausspruch: »*Es wird keine Ruhe, so lange nicht in der Ludwigstraße an jeder Laterne einer hängt!*« stufte das Gericht als nicht entscheidend ein. Hübner, der Sonderbeauftragte Hitlers, erhielt wegen vierfachen Mordes, umgewandelt zu »erwiesenem Totschlag«, zehn Jahre Zuchthaus.

Am 17. Dezember 1948 schließlich mußte sich Bertus Gerdes verantworten. Er hatte Ausschreitungen gegen Juden gutgeheißen und die unmenschliche Behandlung sowjetischer Kriegsgefangener befürwortet. Vor Gericht behauptete er, am 28. April 1945 Erschießungen verhindert zu haben. Außerdem habe er vor der Befreiung die Vernichtung des KZ Dachau mitsamt seinen Gefangenen durch die SS sowie die sinnlose Verteidigung Münchens verhindert. Obwohl das Gericht diesen Behauptungen keinen Glauben schenkte, erhielt Gerdes nur zwei Jahre und sechs Monate Gefängnis als Strafe, die durch die Internierungshaft bereits verbüßt war.

Die Nachkriegszeit im nur mäßig zerstörten Gebäude Ludwigstraße 2 begann am 26. März 1946 mit dem Einzug des Generalkonsulats der USA mit James R. Wilkinson an der Spitze. Das alte Konsulat war am 8. Dezember 1941, einen Tag nach dem japanischen Angriff auf Pearl Harbor und drei Tage vor der deutschen Kriegserklärung an die USA, geschlossen worden. Im Gegensatz zur Militärregierung in der (→) Tegernseer Landstraße 202–250, die sich um die Durchsetzung der US-Politik in Bayern kümmerte, wurde im Generalkonsulat die Auswanderung aus Bayern in die Vereinigten Staaten organisiert (→ Domagkstraße 33).

München war Anziehungspunkt sehr vieler Überlebender des nationalsozialistischen Terrors. Die Stadt lag in der

amerikanischen Zone und die USA galten als bevorzugtes Auswanderungsland (→ Bogenhausen). Am 16. April 1946 berichtete die »Süddeutsche Zeitung« unter der Überschrift »*Das Tor der 1000 Hoffnungen*«, daß sich die Menschen in den Fluren des Generalkonsulats stauten, um ihre Auswanderung in die USA zu beantragen.
Anträge von Deutschen wurden erst ab dem 20. September 1948 angenommen. Bereits an diesem Tag lagen dem Generalkonsulat etwa 12 000 schriftliche Anträge vor. Während die deutsche Auswanderung in die USA am 20. April 1949 begann, konnte eine Bevölkerungsgruppe bereits im Dezember 1948 ausreisen: Die sogenannten Soldatenbräute, die aus unterschiedlichsten Gründen mit den vor kurzem noch bekämpften und verhaßten »Amis« Beziehungen eingegangen waren. Etwa 3000 Frauen ließen sich von München in die USA fliegen. Da die Linienmaschinen dem Ansturm nicht gewachsen waren, mußten Sondermaschinen eingesetzt werden.
Im Gebäude an der Ludwigstraße 2 befand sich von 1946 bis 1950 auch das Generalkonsulat von Großbritannien. Seine Hauptaufgabe war ebenfalls die Organisation der Auswanderung, und zwar von Juden in das damals noch britisch verwaltete Palästina. Die dort herrschenden Spannungen zwischen Juden und Palästinensern sowie den britischen Behörden veranlaßten diese, eine restriktive Einwanderungspolitik zu betreiben. So kam es am 23. Juli 1947 zu einer Demonstration von 5000 Juden vor dem Generalkonsulat, die gegen die Zurücksendung eines Auswandererschiffes aus Palästina protestierten. Außerdem wandte man sich gegen das harte Vorgehen der britischen Behörden gegen gewalttätige jüdische Gruppen in Palästina.
Nachdem das britische UN-Mandat ausgelaufen war und die britischen Truppen Palästina verlassen hatten, wurde am 15. Mai 1948 der Staat Israel gegründet. Am selben Tag begann der erste Israelisch-Arabische Krieg. Am 13. Juli 1948 verließen 600 Juden München; sie waren die ersten, die Deutschland offiziell den Rücken kehrten, um sich in ihrer noch umkriegten biblischen Heimat ein neues, diesmal sicheres Leben aufzubauen (→ Domagkstraße 33).

Ludwigstraße 13 Im Jahr 1937 brach man das 1828 bis 1830 entstandene, städtebaulich bedeutende Herzog-Max-Palais an der Ludwigstraße 13 (damals 8) ab, um an seiner Stelle die Reichsbank-Hauptstelle für Bayern zu errichten. Dieser Neubau, der Teil des geplanten gigantomanischen Umbaus der »Hauptstadt der Bewegung« war, konnte aber nur bis zum 1. Stock fertiggestellt werden, da 1941 die Arbeiten wegen des

Krieges eingestellt werden mußten. Erst 1949 ging die Bautätigkeit nach den alten Plänen weiter, nun im Auftrag der Landeszentralbank in Bayern.
Die Reichsbank mit Zentrale in Berlin spielte eine entscheidende Rolle bei der Durchsetzung der nationalsozialistischen Politik, insbesondere der Aufrüstung. An ihrer Spitze stand 1923 bis 1930 und wieder 1933 bis 1939 Hjalmar Schacht (1877 bis 1970), 1934 bis 1937 auch als Reichswirtschaftsminister und 1935 bis 1937 als Generalbevollmächtiger für die Wehrwirtschaft tätig. Schacht hatte 1918 noch die linksliberale Deutsche Demokratische Partei (DDP) mitbegründet, bald aber erkannt, daß die Interessen der Industrie effektiver von anderen politischen Kreisen befördert würden. So trat er 1926 aus der DDP aus und gehörte Anfang der 30er Jahre schließlich zu denjenigen, die Hitlers Ernennung zum Reichskanzler betrieben.
Das Buch »Naziführer sehen dich an«, 1934 in Paris erschienen, bemerkt zu Schachts Zielen: »*Vertretung der Interessen der Großindustriellen und des Finanzkapitals gegen alle sozialen, nationalen und freiheitlichen Belange. Unter Hitler beherrscht nun Dr. Schacht die Finanzpolitik des deutschen Faschismus. Er brauchte sich im Wesen seiner Finanzpolitik als Vertreter seiner alten Freunde, der Schwerindustriellen, nicht im Geringsten verändern. Nach der Abschaffung des Generalrates der Reichsbank hat er sich eine Finanzposition mit viel größerem Einfluß verschafft, als je in der Zeit, da er sich als Vertrauensmann der Demokraten gab.*«
Da Hermann Göring Schachts Machtstellung zu seinen Gunsten beschränkte, trat der Finanzchef schrittweise von seinen zahlreichen Posten zurück. Als später der Krieg nicht den Ausgang zu nehmen schien, den man sich bei seiner Vorbereitung erhofft hatte, knüpfte Schacht Kontakte zu den Verschwörern des 20. Juli 1944. Diese Kontakte führten zwar zu seiner Inhaftierung bis Kriegsende, waren aber lose genug, um Schacht vor der Todesstrafe zu retten. Von großem Nutzen erwiesen sie sich allerdings nach 1945: Schacht wurde vom Internationalen Militärgerichtshof in Nürnberg freigesprochen. (→ Maximiliansplatz 8)
Am 25. Februar 1947 ernannte der Ministerrat Max Grassmann zum Präsidenten der Landeszentralbank, die am 2. April 1947 offiziell in der Ludwigstraße 13 eröffnet wurde. Ihre Aufgabe bestand in der Sanierung der völlig zerrütteten Nachkriegswirtschaft und der Bewältigung der Folgen der Kriegsfinanzierung und Staatsüberschuldung. Die Währungsreform wurde vorbereitet.
Als der 21. Juni 1948 als Termin der Geldumstellung und deren Modalitäten bekannt wurde, leerten sich die ohnehin

Ausgabe des neuen Geldes an der Schwanthaler-/St.-Paul-Straße, 21. 6. 1948

nicht üppig bestückten Geschäfte. Die »Süddeutsche Zeitung« berichtete am 19. Juni 1948: »*Vor vielen Kleinhandelsgeschäften kann man endlose Schlangen beobachten. Manche Bäckereien geben Brot und Mehlerzeugnisse nur mehr bis zum Gewicht von zwei Pfund ab. Die meisten Gemüseläden sind leer, da die Gärtner, wie manche Ladeninhaber verärgert berichten, Kopfsalat und Rettiche lieber auswachsen lassen, als sie zu verkaufen. Nichtbewirtschaftete Waren wie Salz, Essig oder Suppenextrakte sind grundsätzlich nicht mehr erhältlich.*«

Am 16. Juni 1948 trafen fünfzehn amerikanische Armeelastwagen, eskortiert von schwerbewaffneter Militärpolizei und beladen mit dem in den USA hergestellten neuen Geld, am Seitenausgang der Landeszentralbank in der Rheinbergerstraße ein. Am 20. Juni fand die Ausgabe der »Deutschen Mark« statt.

Alle Bewohner und Bewohnerinnen, unabhängig vom Alter, konnten 60 Reichsmark im Verhältnis 1:1 gegen DM eintauschen. Davon wurden 40 DM am 20. Juni und 20 DM am 6./7. September ausgezahlt. Löhne, Gehälter und Preise veränderten sich nicht. Bis zum 26. Juni mußte das restliche Altgeld abgeliefert und zum Umtausch angemeldet werden. Erst danach wurde bekannt, daß diese Guthaben im Verhältnis 10:1 abgewertet würden, während Aktien ihren Wert ohne Einbußen beibehielten. Ein Gesetz vom 4. Oktober verfügte eine weitere Abwertung, so daß die sogenannten kleinen Sparer im Verhältnis 100:6,5 enteignet, Schuldner hingegen im selben Ausmaß entlastet wurden. Damit waren die Besitzer von Sachwerten und Aktien bevorzugt und die

kapitalistische Marktwirtschaft durchgesetzt worden (→ Landwehrstraße 7–9).
Auf einen Schlag waren die Geschäfte mit gehorteten Waren gefüllt, die Hersteller belieferten die Händler im Übermaß. Allerdings konnten sich nicht alle an dieser Warenschwemme erfreuen. So fanden sich beispielsweise von den 450 000 Sparern der Stadtsparkasse etwa 400 000 als völlig enteignet wieder. Ihre geringen Spareinlagen waren gegen die 60 DM aufgerechnet worden. Zu den Verlierern der Währungsreform gehörten auch die Schwarzmarkthändler, da ihre einzige Profitquelle, nämlich der Warenmangel, nun langsam versiegte (→ Möhlstraße).
Wie bei jeder Währungsumstellung bedeutete der Verlust der Ersparnisse das Absinken in die Armut insbesondere bei alten Menschen und solchen, die aus verschiedensten Gründen keine Arbeit finden konnten. Vom 21. Juni bis zum 6. Juli stieg die Erwerbslosenzahl von 12 000 auf 15 000 Frauen und Männer. Die Arbeitsfähigen drängten zur Arbeit, da sich nun die Möglichkeit eröffnete, mithilfe des neuen Geldes und des erweiterten Warenangebotes der Not langsam zu entkommen. Die 45-Stunden-Woche mit fünf Arbeitstagen war die Norm, Überstunden waren sehr gefragt. Der Krankheitsstand fiel von 10 Prozent auf 4 Prozent, die Produktivität stieg. Der Wiederaufbau und das sogenannte Wirtschaftswunder begannen, insbesondere nachdem die junge Bundesrepublik Deutschland am 15. Dezember 1949 dem Marshallplan-Abkommen beigetreten war. Über die Landeszentralbanken liefen die Kredite aus den USA, die folgenden Zwecken dienten: Beseitigung des allgemeinen Elends, Gewinnung leistungsfähiger Handelspartner und Eindämmung des Kommunismus in Europa.

Ludwigstraße 14/ Schönfeldstraße 7

Das Generalkommando des VII. Armeekorps der Reichswehr befand sich im Gebäude an der Ludwigstraße 14 (damals 24) und Schönfeldstraße 7. Nach dem verlorenen Ersten Weltkrieg begrenzte der Versailler Vertrag vom 28. Juni 1919 das deutsche Heer auf 100 000 Mann. Da außerdem schwere Waffen verboten waren, konnten die Aufgaben der Reichswehr nur im Grenzschutz und in der Aufrechterhaltung der inneren Ordnung liegen. Letzteres verstand man in dem Sinne, daß man die staatliche Ordnung niemals gegen »Rechts« verteidigte. Als »Staat im Staate« fühlte sich die Reichswehr von ihrem verfassungsgemäßen Oberbefehlshaber, dem Reichspräsidenten, unabhängig, so lange dieser Friedrich Ebert (SPD) hieß. Erst nachdem 1925 der Generalfeldmarschall des Weltkrieges, Paul von Hindenburg, zu Eberts Nachfolger gewählt worden war, empfand

die Reichswehr den Staat immer stärker als den ihren. Die schon seit 1919 betriebene geheime Aufrüstung konnte nun mit inoffizieller Billigung verstärkt durchgeführt werden. Am 3. Dezember 1932 ernannte Hindenburg General Kurt von Schleicher (1882–1934) zum Reichskanzler, um diesen am 28. Januar 1933 wieder fallenzulassen. Am 30. Januar wurde Adolf Hitler von Hindenburg zum Reichskanzler befördert.
Bereits am 3. Februar 1933 legte Hitler den Befehlshabern der Reichswehr seine Pläne dar: »*Völlige Umkehrung der innenpolitischen Zustände, Ausrottung des Marxismus mit Stumpf und Stiel, Einstellung der Jugend und des ganzen Volkes auf den Gedanken, daß nur der Kampf uns retten kann, Beseitigung des Krebsschadens der Demokratie, Eroberung neuen Lebensraumes im Osten und dessen rücksichtslose Germanisierung...*« usw. (Protokoll der Ansprache). Diese Ziele entsprachen denen der Generalität vollständig. Schon am 19. Februar 1934 ordnete Hindenburg an, daß das Hoheitszeichen der NSDAP, das Hakenkreuz, bei der Reichswehr eingeführt werde. Auf der Gürtelschnalle der Uniform blieb das traditionelle »Gott mit uns« eingeprägt.
Kommandierender General im Wehrkreis VII wurde am 1. Oktober 1933 Wilhelm Adam (1877–1949). Er kam aus der politischen Schule des Generals Schleicher, wo man mit Hilfe des »linken« Flügels der NSDAP um Gregor Strasser (1892–1934) und Ernst Röhm (1887–1934) ein Volksheer unter Führung der Reichswehr bilden wollte.
Die SA unter Ernst Röhm dachte nicht daran, sich der Reichswehr zu unterstellen. Sie wollte darüber hinaus nach der »nationalen Revolution« nun noch die »sozialistische Revolution« durchführen. Dies widersprach den Zielen derjenigen Kräfte, die Hitler an die Macht gebracht hatten. Das Millionenheer der SA schien gefährlich zu werden. Die Machtzentrale der SA lag in München (→ Barer Straße 7–11). Reichswehr und SS (→ Karlstraße 10) beschlossen, die SA endgültig als Machtfaktor zu beseitigen und zu entwaffnen. Während des sogenannten Röhmputsches wurden am 30. Juni 1934 zahlreiche Personen, die den Machteliten gefährlich werden hätten können, mit Wissen der Reichswehr von der SS ermordet, unter ihnen Strasser und Röhm. Auch die Generale Kurt von Bredow und Schleicher wurden getötet.
Trotz und gleichzeitig wegen dieser Vorfälle vereidigte General Adam am Todestag Hindenburgs, dem 2. August 1934, sein Armeekorps auf dem (→) Königsplatz auf Hitler persönlich. Er hielt dabei eine Rede, in der er sich bedingungslos dem »Führer« verschrieb. Spätestens seit jenem Tag war der

General von Reichenau (links) legt am Kriegerdenkmal einen Kranz nieder, 8. 3. 1936

Großteil der deutschen Generalität zu einem Zirkel hochrangiger Verbrecher geworden.
Adams Nachfolger wurde am 1. Oktober 1935 General Walter von Reichenau (1884–1942). Schon vor 1933 galt er als einer der wenigen Vertrauten Hitlers im Generalstab. In den Nationalsozialisten sah er ein kraftvolles Instrument zur Vernichtung des »Marxismus« im Inneren und zur Aufrüstung gegen Außen. Reichenau war die Schlüsselfigur bei der Eingliederung der Reichswehr in den NS-Staat. Für den sogenannten Röhmputsch hatte er zusammen mit Reinhard Heydrich die Durchführung geplant und die SS mit Waffen und Kraftfahrzeugen ausgestattet.
Eine Rede, die Reichenau anläßlich der Rekrutenvereidigung am 7. November 1937 hielt, steht beispielhaft für den Geist, der in der Wehrmacht wehte. Der General führte unter anderem aus: »*Adolf Hitler hat in unseren Reihen gekämpft. Wir müssen uns dieser Ehre wert erzeigen. So wie er ein Vorbild ist für jeden Deutschen, so ist er es erst recht für jeden deutschen Soldaten. Adolf Hitler, der im Zeichen des Hakenkreuzes das neue Reich und die neue Wehrmacht schuf, gab beiden das gleiche Symbol. Das ist die Fahne, der zu folgen ihr schwört, schauet auf sie, so schaut ihr auf Führer und Reich, bleibt ihr treu bis zum letzten Tropfen Blut, so wird das Reich nie untergehen!*«
Am 15. Februar 1938 übergab Reichenau das Kommando an General Eugen Ritter von Schobert (1883–1941), der bei seiner Antrittsrede ein »*Trommelfeuer der Arbeit für Führer, Volk und Vaterland*« ankündigte. Reichenau blieb aber dem VII. Armeekorps erhalten: Zum 12. März 1938 organisierte er den »Anschluß« Österreichs (→ Rosenheimer/Chiemgau-

straße), am 1. Oktober 1938 kommandierte er die Truppen, die das Sudetenland besetzten (→ Arcisstraße 12). Am 1. September 1939 schließlich führte er die 10. Armee nach Polen, wo hinter der Front SS und Polizei ihre Greueltaten anrichten konnten, ohne daß die Wehrmacht etwas dagegen unternommen hätte.
Zumindest General von Reichenau hätte das aber auch gar nicht gewollt. Inzwischen 1940 zum Generalfeldmarschall befördert, kommandierte er die 6. Armee in der Sowjetunion. Nach dem Blutbad bei Babi Jar in der Nähe von Kiew, wo am 29./30. September 1941 rund 35 000 Juden von der SS ermordet worden waren, erließ Reichenau am 10. Oktober 1941 einen Tagesbefehl, in dem es hieß: »*Als Träger einer unerbittlichen völkischen Idee habt ihr für die Notwendigkeit der harten, aber gerechten Sühne am jüdischen Untermenschentum volles Verständnis aufzubringen.*«
Die Wehrmacht kämpfte – wie angekündigt – bis zum letzten Blutstropfen für den Nationalsozialismus und dessen »Führer«, dem man sich verbrecherisch verschrieben hatte. Bevor München und Oberbayern am 30. April 1945 von der US-Armee auch von der Wehrmacht befreit wurden, hatte diese allerdings noch ihre letzten Befehle ausgeführt. So wurden am 29. April mehrere Menschen in Penzberg von einer Wehrmachtseinheit ermordet (→ Ludwigstraße 2).
Stellvertretend für das gesamte Offizierskorps verurteilten die Siegermächte am 1. Oktober Wilhelm Keitel, den letzten Chef des Oberkommandos der Wehrmacht, zum Tode. Er wurde am 16. Oktober gehängt, etliche seiner Kollegen kamen zehn Jahre später bei der Bundeswehr wieder zu Amt und Würden.

Geschwister-Scholl-Platz

Die Akademiker Deutschlands fühlten sich spätestens seit dem verlorenen Ersten Weltkrieg mehrheitlich auf der rechtsradikalen Seite politisch beheimatet. Zwar gab es auch einige Liberale und Linke unter ihnen, insbesondere bei den Professoren, aber die große Masse dieser »Arbeiter der Stirn« glaubte, die angebliche nationale Demütigung Deutschlands durch den Versailler Vertrag und ihre eigene berufliche Perspektivlosigkeit infolge der schlechten wirtschaftlichen Lage seien Grund genug für vernunftswidriges politisches Denken.
Aufhänger des mentalen Durcheinanders bei vielen Akademikern waren »die Juden«. Zum 1. April 1933, dem »*Tag des Abwehrkampfes gegen die immer noch andauernde jüdische Greuelhetze*« (»Völkischer Beobachter«), erging folgender Aufruf an die deutschen Studenten: »*Die in der ganzen Welt planmäßig betriebene jüdische Hetz- und Greuelpropaganda*

gegen das erwachte Deutschland und dessen Führer Adolf Hitler ist derartig niederträchtig, daß das ganze Deutsche Volk zu den schärfsten Gegenmaßnahmen gezwungen wird. Im Hinblick auf die fast vollständige Verjudung der deutschen Hochschulen hat der Bundesführer des Nationalsozialistischen Deutschen Studentenbundes zusammen mit dem Vorsitzer der Deutschen Studentenschaft bei den zuständigen Behörden des Reiches und der Länder die Einführung des Numerus clausus für Juden als auch die restlose Entfernung sämtlicher jüdischer Dozenten und Assistenten von den deutschen Hochschulen als die erste Voraussetzung für die Umgestaltung der deutschen Hochschulen gefordert. Ab 1. April 1933 stehen vor den Hörsälen und Seminaren der jüdischen Professoren und Dozenten Posten der Studentenschaft, die die Aufgabe haben, die deutschen Studenten vor dem Besuch solcher Vorlesungen und Seminare zu warnen, mit dem Hinweis, daß der betreffende Dozent als Jude von allen anständigen Deutschen berechtigt boykottiert wird.«

Und so geschah es: Immer mehr jüdische Studenten und Studentinnen mußten die Universität verlassen. Gemäß dem »Reichsgesetz zur Wiederherstellung des Berufsbeamtentums« vom 7. April 1933 verdrängte die Universitätsverwaltung auch Professoren »nichtarischer« und »halbarischer« Herkunft sowie »jüdisch versippte« Kollegen. Zu ihnen gehörten beispielsweise Hans Nawiaski, Richard Hönigswald und Ludwig Quidde.

»Die Studenten feiern den Sieg der nationalsozialistischen Revolution«, hieß es im »Völkischen Beobachter« über den denkwürdigen 10. Mai 1933, dem Tag der Bücherverbrennung. Er nahm seinen Anfang im überfüllten Lichthof der Universität. Auf den Treppen standen die Vertreter der Studentenverbindungen in ihrem »Wichs«. Der Rektor, Geheimer Rat Professor Doktor Leo Ritter von Zumbusch (1874–1940), führte aus: *»Wir sind durch ein Tor getreten, das einen Abschnitt auf unserem steilen Pfade, einen Abschluß seines ersten, des schlimmsten und wie wir hoffen, längsten Teiles bildet. Dieses Tor ist geschmückt mit der alten Fahne des Reiches und mit der neuen Fahne des Volkes und trägt die Aufschrift: Glaube an Deutschland, Hoffnung auf siegreichen Aufstieg, Liebe zum Vaterland. Dem Führer-Kanzler des Deutschen Reiches gilt unser erster Gruß und Dank dafür, daß er aus einer Gemeinschaft der Not den rettenden Gedanken der Gemeinschaft des Volkes gewonnen, der Arbeit wieder den geistigen Adel, die germanische Führertugend gegenüber dem fremden Mehrheitsprinzip gegeben hat.«*

Gleich anschließend zogen die Akademiker in nächtlichem Fackelzug zum (→) Königsplatz. Als die ersten dort eintrafen,

Studenten bei der
Bücherverbrennung am
Königsplatz, 10. 5. 1933

um die »*marxistischen, jüdischen, pazifistischen Zersetzungsschriften*« zu verbrennen, hatten die letzten die Universität noch gar nicht verlassen. Am Königsplatz »*haben die Chargierten der Verbindungen mit ihren Fahnen Aufstellung genommen. Ein Bild von unvergeßlicher Schönheit. In machtvoller Geschlossenheit bekennt sich die studentische Jugend zu ihrem großen Führer Adolf Hitler.*«
Dann folgte die »*Verbrennung volkszersetzenden Schrifttums*«, das »*mit folgenden Feuersprüchen den Flammen übergeben*« wurde: Karl Marx und Karl Kautski (»*Klassenkampf und Materialismus*«), Heinrich Mann, Ernst Gläser und Erich Kästner (»*Dekadenz und moralischer Verfall*«), Friedrich Wilhelm Förster (»*Gesinnungslumperei und politischer Verrat*«), Emil Ludwig und Werner Hegemann (»*Verfälschung unserer Geschichte und Herabwürdigung ihrer großen Gestalten*«), Theodor Wolff und Georg Bernhard («*volksfremder Journalismus demokratisch-jüdischer Prägung*«), Erich Maria Remarque (»*literarischer Verrat am Soldaten des Weltkrieges*«), Alfred Kerr (»*dünkelhafte Verhunzung der deutschen Sprache*«), Kurt Tucholski und Carl von Ossietzki (»*Frechheit und Anmaßung*«). Auch die Schriften Siegmund Freuds wurden verbrannt – wegen »*seelenzerfressender Überschätzung des Trieblebens, für den Adel der menschlichen Seele*«.

Die Werke eines Münchner Schriftstellers, der bereits am 17. Februar 1933 nach Österreich emigriert war, waren nicht berücksichtigt worden, weil man sie als »ländliche Sachen« verkannt hatte und daher für nationalsozialistische Zwecke einspannen wollte: Am 12. Mai protestierte Oskar Maria Graf in der Wiener »Arbeiterzeitung« dagegen und forderte, seine Bücher nachträglich zu verbrennen. Dies hatte die Aberkennung seiner deutschen Staatsbürgerschaft am 24. März 1934 zur Folge.

Für das Sommersemester 1934 trat ein »Gesetz gegen die Überfüllung der Hochschulen« in Kraft, das den Antisemitismus und die Frauenfeindlichkeit der Nationalsozialisten und ihrer akademischen Anhänger in eine juristische Form goß. Von den neuzugelassenen Studenten durften nur noch 1,5 Prozent jüdischer Abstammung und 10 Prozent weiblichen Geschlechts sein.

Am 19. November 1936 wurde in der Aula der Universität die »Forschungsabteilung Judenfrage des Reichsinstituts für Geschichte des neuen Deutschland« eröffnet. Ihr Leiter, der Präsident der Bayerischen Akademie der Wissenschaften, Karl Alexander von Müller, sprach über diese »*Waffenstätte für den Kampf der Geister*«: Es sei zum ersten Mal, daß die wissenschaftliche Forschung eines Volkes der arischen Rasse sich dieses Gegenstandes grundsätzlich und mit völkischer Zielsetzung annehme. Aufgabe der Forschungsabteilung sei, einen jungen Stab von Kämpfern heranzubilden, die das deutsche Volk in eine seiner wichtigsten Schlachten führen könne. Müller fuhr fort: »*Jeder von uns Älteren hat eine Schuld an den Führer abzutragen für frühere Versäumnisse. Die Jugend aber rüstet sich, wert zu sein der großen Stunde im Leben unseres Volkes, in die sie geboren wurde. Gemeinsam diesem Volk zu dienen, jeder auf dem Feld, auf das er gestellt ist, mit allen unseren deutschen Brüdern, ist uns heilige Pflicht.*«

Inmitten der großen Masse der Akademiker, die sich für das neue Regime engagierten, gab es aber auch einige wenige, die dem »nationalen Aufbruch« anfangs positiv gegenüberstanden waren, bald aber seinen wahren Charakter zu durchschauen begannen. Erst die militärische Niederlage in Stalingrad im Winter 1942/1943 war für einige von ihnen der Anlaß, den Schritt in den aktiven Widerstand zu machen. Die Rede ist von der »Weißen Rose«, einer Gruppe von Münchner Studenten, der Alexander Schmorell (1916–1943) (→ Habsburgerplatz 2), Christoph Probst (1919–1943), Willi Graf (1918–1943) (→ Mandlstraße 28), Hans (1918–1943) und Sophie Scholl (1921–1943) (→ Franz-Joseph-Straße 13) angehörten sowie Professor Kurt Huber (1893–1943). Ihr Ziel war der Sturz der nationalsozialistischen Diktatur und die Tötung Hitlers. Der Krieg sollte beendet werden, auch wenn dies nur durch einen schrittweisen Rückzug aus den Kampfhandlungen möglich war.

Als Gauleiter Paul Giesler anläßlich der 470-Jahr-Feier der Universität im Kongreßsaal des Deutschen Museums (→ Museumsinsel) am 13. Januar 1943 in seiner Ansprache die Studentinnen aufgefordert hatte, dem »Führer« jedes Jahr ein Kind zu »schenken«, kam es zu heftigen Mißfallenskundgebungen – ein beispielloser Vorgang in der damaligen Zeit. Als am 2. Februar 1943 dann die 6. Armee in Stalingrad kapitulierte und damit für alle ersichtlich die militärische Niederlage Deutschlands besiegelt war, entschloß sich die »Weiße Rose« zum offenen Widerstand.

An der Universität und an der Feldherrnhalle malte man nachts die Parolen »Nieder mit Hitler« und »Freiheit« an die Wände, am 18. Februar schließlich warfen Hans und Sophie Scholl am Morgen vor Vorlesungsbeginn Flugblätter in den Lichthof der Universität. Sie riefen das deutsche Volk zum Tag der Abrechnung mit den Staatsverbrechern und zur Selbstbefreiung auf.

Kaum waren die Flugblätter verteilt, lief der Hausmeister Jakob Schmid auf die beiden zu und erklärte sie für verhaftet. Die Geschwister Scholl ließen sich ohne Gegenwehr zum Hausverwalter Albert Scheithammer und zum Rektor Walter Wüst führen. Letzterer besetzte eine Professur für »arische Kultur und Sprachwissenschaften« und war außerdem SS-Oberführer. Die herbeigerufene Gestapo verhaftete Hans und Sophie Scholl und sehr schnell auch ihre politischen Freunde.

Am 22. Februar 1943 wurden die Mitglieder der »Weißen Rose« in einem Schnellverfahren des Volksgerichtshofes unter Vorsitz seines Präsidenten Roland Freisler zum Tode verurteilt (→ Prielmayerstraße 7) und am selben Tag hingerichtet (→ Stadelheimer Straße 12). Huber und Schmorell mußten ihr Leben am 13. Juli 1943 lassen, Graf am 12. November 1943.

Am 23. Februar 1943 wurde den Zeitungslesern mitgeteilt: *»Todesurteile. Wegen Vorbereitung zum Hochverrat. Der Volksgerichtshof verurteilte am 22. Februar 1943 im Schwurgerichtssaal des Justizpalastes Hans Scholl, Sophie Scholl und Christoph Probst wegen Vorbereitung zum Hochverrat und wegen Feindbegünstigung zum Tode und zum Verlust der bürgerlichen Ehrenrechte. Das Urteil wurde am gleichen Tag vollzogen. Die Verurteilten hatten sich als charakteristische Einzelgänger durch das Beschmieren von Häusern mit staatsfeindlichen Aufforderungen und durch die Verbreitung hoch-*

verräterischer Flugschriften an der Wehrkraft und dem Widerstandsgeist des deutschen Volkes in schamloser Weise vergangen. Angesichts des heroischen Kampfes des deutschen Volkes verdienen derartige verworfene Subjekte nichts anderes als den raschen und ehrlosen Tod« (»Münchner Neueste Nachrichten«).
In derselben Zeitung vom 3. März 1943 erschien folgende Mitteilung der Fußpflegefirma Scholl: *»Nicht verwandt. Sanitätsrat Dr. Hermann Scholl legt auf die Feststellung Wert, daß er und seine Familie mit den vom Sondergericht zum Tode verurteilten Geschwistern Scholl weder verwandt noch bekannt sind.«*
Am 15. Juni 1946 fand im Justizpalast die erste Spruchkammersitzung (→ Wagmüllerstraße 12) statt. In ihr wurden die an der Festnahme der Geschwister Scholl Beteiligten zur Rechenschaft gezogen. Jakob Schmid war im Auditorium Maximum von Gauleiter Giesler öffentlich belobigt worden und hatte 3000 Reichsmark Belohnung erhalten. Nun wurde er zu fünf Jahren Arbeitslager verurteilt. Albert Scheithammer mußte 2000 Mark Sühnegeld zahlen. Walter Wüst stand im Oktober/November 1949 vor der Spruchkammer. Von Zeugen unterstützt machte er geltend, er sei bei der Verhaftung der Geschwister Scholl vor vollendete Tatsachen gestellt worden. Seine Bemühungen, bei Gauleiter Giesler etwas für die Verhafteten zu tun, seien leider erfolglos geblieben. Wüst konnte allerdings nicht abstreiten, die Geschwister nach ihrer Hinrichtung aus der Universität ausgestoßen zu haben. Am 9. November 1949 wurde Wüst als »Aktivist« eingestuft. Eine unmittelbare Schuld am Tod der Widerstandskämpfer konnte ihm nicht nachgewiesen werden. In der Urteilsbegründung wurde jedoch betont, daß sich Wüst in Wort und Schrift für den Nationalsozialismus eingesetzt und damit die deutsche Jugend an Geist und Seele vergiftet habe. Er wurde zu drei Jahren Arbeitslager, Einzug der Hälfte seines Vermögens und zu zehn Jahren Berufsverbot verurteilt.
Am 9. September 1946 wurde der Platz vor der Universität nach den Geschwistern Scholl beziehungsweise nach Professor Huber benannt. Am 2. November 1946 wurde in der Aula eine Gedenktafel für die Opfer des akademischen Widerstands enthüllt.
Die Gebäude der Universität waren durch Bomben schwer beschädigt worden. Dennoch begann sofort nach der Befreiung wieder das akademische Leben, das unter Rektor Wüst bis in die letzten Kriegstage fortgedauert hatte. Am 15. Mai 1945 wählten die Dekane der einzelnen Fakultäten Albert Rehm, der schon 1930/1931 als Rektor amtiert hatte, erneut in diese Funktion.

Unter den rund 6000 Studierenden, die sich an der Universität zum Studium anmeldeten, waren auch 2500 Studentinnen. In gewohnter Weise wurden diese Frauen dringend vor einem Studium gewarnt. Die Universitätsverwaltung gab ihnen angesichts der schlechten Berufsaussichten den Rat, ein langes und kostspieliges Studium erst nach reiflicher Überlegung aufzunehmen.

Am 8. März 1946 ernannte Kultusminister Franz Fendt den Romanistikprofessor Karl Voßler (1872–1949) zum neuen Rektor. Voßler hatte sich bis 1933 als scharfer Kritiker des nationalsozialistischen Ungeistes hervorgetan, weswegen er 1938 die Universität verlassen mußte. Das frühere Lehrpersonal mußte sich einer von den US-Behörden verordneten Säuberung unterziehen, doch kehrten die entlassenen Professoren bald wieder auf ihre Posten zurück (→ Pettenkoferstraße 8 a). Unter den 9500 Studierenden, die an dem am 8. Januar 1947 beginnenden Lehrbetrieb teilnahmen, waren 1400 ehemalige Mitglieder der NSDAP.

Die Aula der Universität hatte den Krieg fast unbeschädigt überstanden und war damit einer der wenigen benutzbaren, großen Räumlichkeiten im Nachkriegs-München. Dadurch wurde die Universität ein wichtiger Schauplatz für den Beginn des demokratischen Bayerns. Am 17. März 1946 fand hier eine Kundgebung der Betriebsobleute der »Arbeitsgemeinschaft der Freien Münchner Gewerkschaften« (→ Sendlinger Straße 53) statt, mit der das gewerkschaftliche Leben in Bayern offiziell begann. Gustav Schiefer, Gewerkschaftsführer bis 1933 und wieder seit 1945 (→ Landwehrstraße 7–9), bezeichnete in seiner Rede das monopolkapitalistische System als endgültig überholt und forderte eine demokratisch-sozialistische Planwirtschaft mit 40-Stunden- und 5-Tage-Woche.

Ebenso wichtig war der Bayerische Beratende Landesausschuß, der am 26. Februar 1946 in der Aula zu seiner ersten Sitzung zusammentrat. Seine 128 Mitglieder waren von den Parteien und der Staatsregierung berufen worden, zu seinem Präsidenten ernannte Ministerpräsident Hoegner Georg Stang (1880–1951) von der CSU. Stang hatte dem bayerischen Landtag von 1912 bis 1933 für die Bayerische Volkspartei angehört und war der letzte Landtagspräsident gewesen. Der Landesausschuß besaß keine konkreten Befugnisse. Er sollte die Regierung in wichtigen Entscheidungen beratend unterstützen.

Am 15. Juli 1946 trat die Verfassunggebende Landesversammlung in der Aula zusammen. In Anwesenheit von US-General Walter J. Muller als demokratischem Schirmherrn (→ Tegernseer Landstraße 202–205) und Ministerpräsident

Erste Sitzung des Landtages, 16.12.1946; Militärgouverneur Walter J. Muller

Hoegner wählten die Anwesenden einen Verfassungsausschuß, dem zwölf CSU-Abgeordnete, sechs von der SPD, einer von der KPD, einer von der Wirtschaftlichen Aufbauvereinigung (WAV) sowie einer von der FDP angehörten. Zum Vorsitzenden wurde Michael Horlacher (1888–1957) von der CSU gewählt, zum beratenden Sachverständigen Hans Nawiaski (1880–1961). Der Staatsrechtler hatte 1919 bis 1933 an der Universität gelehrt und war wegen seiner demokratischen Gesinnung und seines jüdischen Glaubens Ziel nationalsozialistischer Ausschreitungen geworden. 1933 hatte er Deutschland verlassen müssen.

Am 26. Oktober 1946 nahm die Landesversammlung mit 136:14 Stimmen die neue Bayerische Verfassung an. In ihrer Präambel heißt es: »*Angesichts des Trümmerfeldes, zu dem eine Staats- und Gesellschaftsordnung ohne Gott, ohne Gewissen und ohne Achtung vor der Würde des Menschen die Überlebenden des zweiten Weltkriegs geführt hat, in dem festen Entschlusse, den kommenden deutschen Geschlechtern die Segnungen des Friedens, der Menschlichkeit und des Rechts dauernd zu sichern, gibt sich das Bayerische Volk,*

eingedenk seiner mehr als tausendjährigen Geschichte, folgende demokratische Verfassung...«
Über diese Verfassung fand am 1. Dezember 1946 ein Volksentscheid statt. Mit 2 092 385 Ja-Stimmen gegen 871 027 Nein-Stimmen wurde sie angenommen. Am selben Tag fand die Wahl zum ersten Bayerischen Landtag statt. Die CSU erhielt 104 Sitze, die SPD 54, die WAV 13 und die FDP 9. Dieser Landtag konstituierte sich am 16. Dezember 1946 in der Aula der Universität. An dem Festakt nahm auch General Muller teil. Entsprechend dem Wahlergebnis erklärte der amtierende Ministerpräsident Hoegner, der ja nicht gewählt, sondern von den US-Behörden eingesetzt worden war, seinen Rücktritt.

Obwohl die CSU die absolute Mehrheit im Landtag besaß, konnte sie keine Regierung bilden. Die erbitterten parteiinternen Streitigkeiten (→ Paul-Heyse-Straße 29–31) verhinderten dies. So wurde am 21. Dezember 1946 in der Aula der Universität Hans Ehard (CSU) zum neuen Ministerpräsidenten gewählt, der daraufhin eine »Regierung der Konzentration aller aufbauwilligen Kräfte« aus CSU, SPD und WAV bildete (→ Prinzregentenstraße 7). Der Landtag blieb nur bis zum 7. Januar 1947 in der Universität, dann mußte er dem Lehrbetrieb weichen und zog in die Residenz (→ Residenzstraße 1) um.

Eine bayerische Besonderheit ist der Senat. In den Paragraphen 34–42 der bayerischen Verfassung wurde er als Institution verankert: *»Der Senat ist die Vertretung der sozialen, wirtschaftlichen, kulturellen und gemeindlichen Körperschaften des Landes.«* Da seine 60 Mitglieder nicht gewählt, sondern von den verschiedenen Interessengruppen delegiert werden, hat er nur beratende Funktion. Der Senat trat am 4. Dezember 1947 in der Aula der Universität zum ersten Mal zusammen.

Ludwigstraße 28   Die »Akademie des Deutschen Rechts« zog 1939 in das neu erbaute Gebäude an der Ludwigstraße 28 (damals 18). Die Akademie war am 28. Juni 1933 in München von Hans Frank (1900–1946) gegründet worden. Der Rechtsanwalt Frank war 1927 in die NSDAP eingetreten, leitete dort die Rechtsabteilung der Partei und gründete 1928 den »Bund Nationalsozialistischer Deutscher Juristen« (→ Karolinenplatz 1). Als einer der Hauptverantwortlichen für die Verbrechen des »Dritten Reiches« wurde er am 16. Oktober 1946 in Nürnberg mit dem Tod bestraft.

Hans Frank wollte das deutsche Justizwesen zu einer *»Waffe von ungeheurer Bedeutung für das deutsche Volk«* umgestalten. Daß die neuen Machthaber bei ihrer Umgestaltung der

Richtfest des Hauses des Deutschen Rechts, 31. 10. 1937

Rechtsprechung in Deutschland auf keinen nennenswerten Widerstand seitens der Juristen stießen, kann man im »Völkischen Beobachter« vom 1. März 1935 nachlesen. Unter der Überschrift »Ein artgemäßes Deutsches Recht wird geschaffen« steht: »*Die Erkenntnisse der Rasse, der Volksgemeinschaft, der nationalen Sicherheit mußten den Rechtsdienern vor allem vermittelt werden. Erfreulicherweise zeigte sich bei dieser Schulungsarbeit sehr bald, daß eine große Anzahl von deutschen Juristen sich ein volksnahes Gemüt bewahrt hatte, und daß die Abkehr von formalistischem Denken und von falsch verstandener Objektivität zum mindesten ein starkes Bemühen zu nationalsozialistischer Denkart auslöste.*«

Zum Richtfest des »Hauses des Deutschen Rechts« am 31. Oktober 1937 legte Hans Frank die »*Aufgaben des neuen Hauses*« dar: »*Es möge dienen dem Glauben an das Recht, das in uns lebt, dem Recht auf das Leben unseres Volkes, auf sein Glück, auf seinen Platz an der Sonne in der Welt ebenso wie dem Glauben an die Gemeinschaftsordnung unseres nationalsozialistischen Volksganzen. Hier steht ein zu Stein gewordener Programmpunkt der Nationalsozialistischen Deutschen Arbeiterpartei.*« Frank bezog sich dabei auf Punkt 19 des am 24. Februar 1920 im Hofbräuhaus (→ Platzl) von Hitler verkündeten Parteiprogramms: »*Wir fordern Ersatz für das der materialistischen Weltordnung dienende römische Recht durch ein Deutsches Gemein-Recht.*« Im Klartext bedeutete dies, daß sich die Rechtsprechung den Bedürfnissen des nationalsozialistischen Staates unterzuordnen hatte (→ Ismaninger Straße 109).

Siegestor Das im Jahr 1850 fertiggestellte Siegestor schließt die Ludwigstraße im Norden ab und soll an die siegreichen Feldzüge der Jahre 1813 bis 1815 gegen Napoleon erinnern. »Dem bayerischen Heere« ist es gewidmet, wie die Inschrift an der Nordseite erklärt. Da das Bauwerk 1944 den Bomben zum Opfer fiel, lautet seit 1958 eine Inschrift auf der Südseite: *»Dem Sieg geweiht, im Krieg zerstört, zum Frieden mahnend.«*

Kaulbachstraße 65 Das jüdische Altenheim in der Kaulbachstraße 65 bestand seit 1905. Im Jahr 1937 mußten seine Bewohner ausziehen, um Dienststellen der NSDAP Platz zu machen. Da das Gebäude nur gering beschädigt war, wurde es sofort nach Kriegsende den überlebenden Juden wieder zur Verfügung gestellt. Nur noch 84 Juden – meist mit Nichtjuden verheiratet – lebten gegen Kriegsende in München (→ Thierschstraße 7). Am 23. Juni 1945 kehrten 297 Münchner Juden aus Theresienstadt zurück, unter ihnen der Kinderarzt Julius Spanier (1880–1959) (→ Hermann-Schmid-Straße 5–7). Für sie wurde das Haus in der Kaulbachstraße zum Lebensmittelpunkt. Alle Arten von Fürsorgemaßnahmen wurden dort organisiert: Wohnungsbeschaffung, Arbeitsvermittlung, finanzielle Betreuung, Behandlung von Wiedergutmachungsanträgen, Verteilung von Lebensmitteln usw.
So wurde am 19. Juli 1945 hier auch die Israelitische Kultusgemeinde neu gegründet (→ Lindwurmstraße 125). Zum Präsidenten wählte man Julius Spanier, zu seinem Vertreter Siegfried Neuland (1889–1969). Am 23. Oktober 1945 schließlich wurde Aron Ohrenstein zum Rabbiner der Gemeinde bestellt (→ Herzog-Max-Straße 3–7). Laut Satzung waren alle Israeliten, die in München und Oberbayern ihren ständigen Aufenthalt hatten, Mitglieder der Kultusgemeinde. Diese Gemeindemitglieder teilten sich in zwei unterschiedliche Gruppen. Zum einen in die kleine Gruppe der Münchner und Münchnerinnen, die die liberale Tradition ihrer untergegangenen Gemeinde fortsetzen wollten. Zu diesen gehörten Spanier und Neuland, die sich gegen den Einfluß der zweiten, sehr viel größeren Gruppe wehrten. Diese setzte sich zusammen aus den rund 120 000 osteuropäischen Juden, die in Oberbayern auf die Auswanderung nach Palästina und Amerika warteten. Ihnen war gemeinsam, daß sie die Konzentrationslager überlebt hatten. Dazu kamen noch zahlreiche Juden, die erst 1946 aus Osteuropa geflohen waren, um den

dortigen, erneuten Pogromen zu entkommen. Diese Osteuropäer repräsentierten die orthodox-jüdische Tradition, die auch zionistisch geprägt war. Ihr Sprecher war Aron Ohrenstein, der gegen die Diskriminierung der Ostjuden kämpfte. Julius Spanier, ein gebürtiger Münchner, repräsentierte die Münchner und bayerischen Juden auch auf politischer Ebene. 1946 wurde er von Ministerpräsident Wilhelm Hoegner in den bayerischen Beratenden Landesausschuß, den Vorläufer des Landtages, berufen, und im Dezember 1947 gehörte er als Vertreter der Israelitischen Kultusgemeinden zu den Gründungsmitgliedern des Bayerischen Senats, dem er bis 1951 angehörte (→ Geschwister-Scholl-Platz).

Kaulbachstraße 49 In der Kaulbachstraße 49 befand und befindet sich immer noch ein Studentenheim. Das damalige »Maria-Antonien-Haus für Studentinnen« wurde durch Bomben beschädigt. Anfang August 1949 eröffnete hier eine private Organisation auf eigene Kosten das Studentenwohnheim neu und übergab das renovierte Anwesen seinem Besitzer, dem Studentenwerk. Hinter dieser Organisation standen amerikanische Quäker, deren Hilfsleistungen in Form von Kinderspeisungen nach dem Ersten Weltkrieg ebenso in Vergessenheit geraten sind wie die nach dem Zweiten Weltkrieg.
Um 1665 war die »Gesellschaft der Freunde« – so nannten sich die Quäker – in England entstanden. Aus religiösen Gründen lehnten sie die Staatskirche, den Kriegsdienst und Eidesleistungen auf irdische Autoritäten ab. Sie mußten daher Verfolgungen erdulden und wanderten nach Nordamerika aus. Als politisch Verfolgte setzten sich die Quäker gegen die Sklaverei und für den Weltfrieden, einen humanen Strafvollzug, Schulbildung für alle und für die rechtliche Gleichstellung der Frauen ein.
Aus diesen Grundsätzen erwuchs auch die Hilfe, die die ehemals selbst bedrohten Quäker deutschen Juden während des »Dritten Reiches« zukommen ließen. Else Behrend-Rosenfeld (→ Clemens-August-Straße 6) berichtet in ihrem Tagebuch »Ich stand nicht allein« unter dem 17. März 1940: *»Ich war am Mittwoch bei den Quäkern, wie seit Monaten schon jede Woche. Mit Annemarie hat sich ein freundschaftlich nahes Verhältnis entwickelt. Sie hat sofort ihre für uns unendlich wichtige Hilfe versprochen.«*
Im Jahr 1949 konnten sich alle Studenten und auch die wenigen Studentinnen, unabhängig von ihrer Nationalität und ihrem Glauben, kostenlos tagsüber in dem Heim an der Kaulbachstraße aufhalten und arbeiten. Dies war wegen der katastrophalen Wohnungslage für viele von großer Wichtigkeit, insbesondere während der kalten Jahreszeit. Abends

fanden Vorträge, Diskussionen und andere Veranstaltungen statt – auch diese kostenlos. Das Studentenheim der Quäker entwickelte sich damit zu einem Zentrum des studentischen Lebens in München.

Kaulbachstraße 47 Seit die Kommunisten im Jahr 1917 ihre Revolution im Zarenreich erfolgreich durchgeführt hatten und später daran gingen, die Russifizierungspolitik der Zaren fortzuführen, setzte eine starke Auswanderungswelle gerade aus der Ukraine ein. Ein großer Teil dieser meist katholischen, nationalistischen und antikommunistischen Emigranten fand sich in München, der rechten »Ordnungszelle« der Weimarer Republik, wieder.

Den Einmarsch der deutschen Wehrmacht in die Sowjetunion und damit auch in die Ukraine 1941 empfanden viele Ukrainer als Befreiung vom sowjetisch-russischen Joch. Dementsprechend nahmen zahlreiche Ukrainer am Kampf gegen die Rote Armee und an den Greueltaten der Deutschen teil. Als die Rote Armee die Ukraine 1944 zurückeroberte, flohen diejenigen, die Rache zu fürchten hatten, nach Deutschland, insbesondere in die »Hauptstadt der Bewegung« (→ Donaustraße 5). Ein vielschichtiges Leben der ukrainischen Emigranten, von denen sich gegen Kriegsende etwa 15 000 in München befanden, entwickelte sich. Ihr geistlicher Mittelpunkt war die Kirche der Redemptoristen in der Kaulbachstraße 47, die ihnen von Kardinal Faulhaber zur Verfügung gestellt worden war.

In München ließ sich nach Kriegsende die »Organisation ukrainischer Nationalisten« nieder, deren Vorsitzender Jaroslaw Stetzko von 1941 bis 1944 als »Ministerpräsident der Ukraine« fungiert und die Zusammenarbeit mit den deutschen Besatzern organisiert hatte. Aus Angst vor dem sowjetischen Geheimdienst lebte er nun unter dem Namen Wasyl Dankiw als »Schriftsteller« in München.

Im Rahmen des Kalten Krieges beteiligten sich auch die USA am Kampf gegen die Sowjetunion. Am 17. Februar 1947 nahm die »Stimme Amerikas«, die im Generalkonsulat an der (→) Ludwigstraße 2 ein ganzes Stockwerk mit ihren Büros und Studios füllte, ihre Sendungen in russischer Sprache auf. Am 28. September 1948 schließlich gründete sich in München die »Revolutionäre Befreiungsfront der Jugend des antibolschewistischen Blocks der Nationen in der Fremde.« München entwickelte sich seither zu einem Zentrum der antisowjetischen Propaganda im südlichen Deutschland.

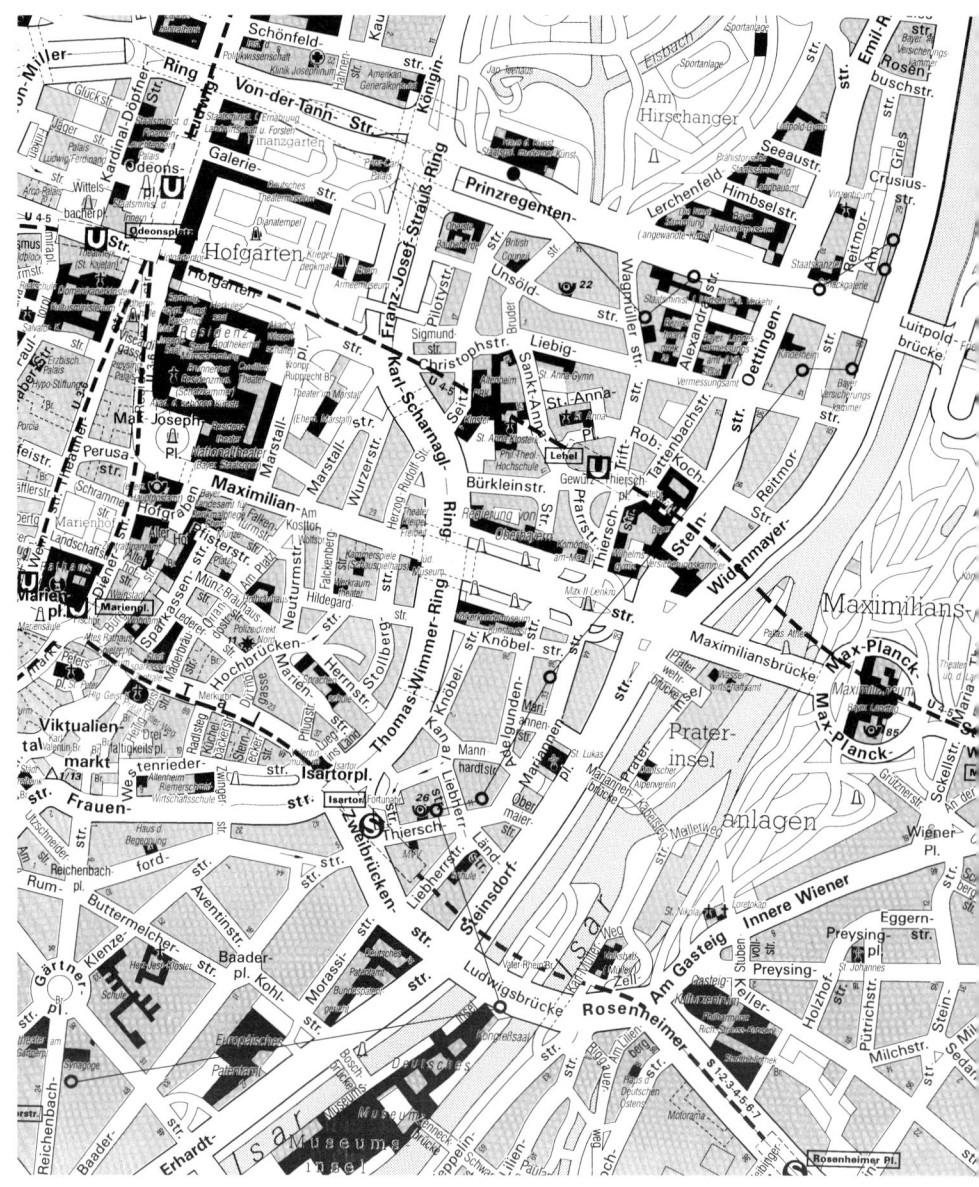

Lehel

Das Lehel war bereits in den dreißiger Jahren nicht nur ein Wohn-, sondern auch ein Verwaltungs- und Büroviertel. So wurde von einigen hier gelegenen zentralen Einrichtungen der NSDAP und Behörden Politik betrieben, die München, Bayern und ganz Deutschland betraf. Wie meist in München, erinnert nichts an diese Zeit.

Prinzregenten- Am 29. März 1933 teilte der »Völkische Beobachter« mit, das
straße 1 »Groß-Reinemachen beim Reichsverband bildender Künstler« habe stattgefunden. Der »Führer« verlange von der Kunst das Bekenntnis zu Volk, Ehre und Rasse. Der Künstler müsse es als sein persönliches Glück empfinden, an dieser großen Aufgabe mitwirken zu dürfen. Das deutsche Volk sei eine neue, junge und starke Gemeinschaft geworden, die in das Morgenrot einer neuen deutschen Freiheit marschiere. München müsse dabei zum Kunstzentrum Deutschlands werden.

Hitler persönlich legte am 15. Oktober 1933 den Grundstein für das monumentale »Haus der Deutschen Kunst«, das nach Plänen von Paul Ludwig Troost erbaut wurde. Der bayerische Staat schenkte der »Anstalt des öffentlichen Rechts Haus der Deutschen Kunst« den Bauplatz am Rand des Englischen

Eröffnung der Großen Deutschen Kunstausstellung, 16. 7. 1939. Baron von Finck begrüßt Hitler.

Gartens, die Reichsbahn transportierte das Baumaterial kostenlos nach München. Finanziert wurde das Projekt durch Spenden aus der Großindustrie: Flick, Siemens, Sachs, Opel, Bosch, um nur einige Namen zu nennen.
Um dem neuen Ausstellungsgebäude eine architektonische Mittelpunktstellung zu geben, wurde der südliche Teil der Von-der-Tann-Straße abgerissen (→ Ludwigstraße 2) sowie der Vorplatz des Nationalmuseums völlig umgestaltet (→ Prinzregentenstraße 28).
Am 18. Juli 1937 fand die Eröffnung des Gebäudes durch Hitler statt. SA, SS, Heer, Luftwaffe, Arbeitsdienst und die Spitzen der deutschen Industrie sowie die gesamte Führung der NSDAP und eine unübersehbare Volksmenge waren zusammengekommen.
Der Vorsitzende des Vorstandes des »Hauses der Deutschen Kunst«, August von Finck (→ Möhlstraße 27), übergab seinem »Führer« das Gebäude, dessen Finanzierung er organisiert hatte, mit den Worten: *»Die Walter dieses Werkes, die Sie berufen, übergeben Ihnen nun das Haus. Nehmen Sie es hin mit den Wünschen aus tiefstem Herzen, es möge ein Markstein sein auf Ihrem Wege, den Sie das deutsche Volk zu Frieden und Wohlstand führen werden.«*
Hitler dankte Finck: *»Ihnen, Herrn von Finck, danke ich, daß Sie in so hingebungsvoller Arbeit und – ich darf wohl sagen – mit so seltener Fähigkeit es zuwege brachten, die Mittel für dieses Haus aus einem Kreise, der nicht groß war, in Form freiwilliger Spenden zusammenzubringen.«* Im Laufe seiner Rede klärte Hitler auch über den Zweck der »deutschen« Kunst auf: Sie müsse das deutsche Volk erziehen und ihm die Augen öffnen über das Ausmaß seines Zusammenbruchs und Verfalls, den es unter den Auspizien seiner westlich orientierten demokratischen Völkerbundsideologen erlitten hätte.
In der »Akropolis des Dritten Reiches« war die »Erste Deutsche Kunstausstellung« aufgebaut worden. Hitler dazu: *»Mit der Eröffnung dieser Ausstellung hat das Ende der deutschen Kunstvernarrung und damit der Kulturvernichtung unseres Volkes begonnen.«* Zu sehen gab es Statuen heroischer Arbeiter, Mütter, Bäuerinnen und Bauern, außerdem idyllische Familienszenen. Am Abend jenes Tages fand der bombastische »Festzug 2000 Jahre deutsche Kultur« statt. Germanische Priester und Jungfrauen, Wieland der Schmied, friderizianische Soldaten traten im Zug auf – bis hin zu einer marschierenden Wehrmachtseinheit – ein bunter Verschnitt vermeintlich deutscher Kultur.
Nicht weit entfernt vom »Haus der Deutschen Kunst« öffnete am nächsten Tag, dem 19. Juli 1937, die Ausstellung

Rundgang durch das Haus der Deutschen Kunst, 16. 7. 1939; links hinter Hitler: von Finck, links neben Hitler: Gerdi Troost, Witwe des Architekten Paul Ludwig Troost

»Entartete Kunst« ihre Pforten (→ Galeriestraße 4). Hier konnte man zum letzten Mal moderne Kunst betrachten, *»kulturbolschewistische Machwerke, Niedrigstes und Gemeinstes, Werke des Verfalls, Verschwörung des Unzulänglichen und Minderwertigen«*, so der »Völkischer Beobachter«.

Wagmüllerstraße 14–16

Als die US-Armee am 30. April 1945 München besetzte, verschwand die nationalsozialistische Führung des Bayerischen Roten Kreuzes (BRK), unter ihnen der ehemalige Präsident und SA-Brigadeführer Gotthold Dziewas und sein Nachfolger seit 1938, SS-Brigadeführer Granitz. Nachdem die allgemeine Not unvorstellbare Ausmaße angenommen hatte, waren die Dienste des international organisierten Roten Kreuzes unverzichtbar. Deshalb förderte die Militärregierung den Neuaufbau des BRK, das von der Wagmüllerstraße 14–16 aus seine Arbeit koordinierte. An seiner Spitze standen die beiden Gegner des »Dritten Reiches«, der Philosophieprofessor und spätere Landtagsabgeordnete für die CSU, Josef Stürmann (1906–1959), und der SPD-Stadtrat Gottlieb Branz (1896–1972) (→ Vollmarstraße 12). Fast die gesamte Bevölkerung suchte beim BRK um Hilfe nach: befreite KZ-Häftlinge, heimkehrende Soldaten, Ausgebombte, heimatlose Kinder und Erwachsene, Flüchtlinge, ehemalige Mitglieder der NSDAP, die zur Strafe für ihr politisches Verhalten Arbeit und Wohnung verloren hatten, deportierte Ausländer, überlebende Juden, an ihren Erlebnissen seelisch Zerbrochene usw. Einen großen Teil der Arbeit des Roten Kreuzes hatte der Suchdienst übernommen, der nach Vermißten und Verschollenen forschte. An den Ausfallstraßen am Stadtrand entstanden Auffanglager und Proviantstellen, um die gröbste Not, die auf der großen Völkerwanderung nach dem Krieg herrschte, zumindest zu registrieren. Ohne massive Hilfe aus dem Ausland, zumeist aus der Schweiz und den USA, hätte das Rote Kreuz seinen Aufgaben nicht nachkommen können.

Wagmüllerstraße 12 Nach Kriegsende wurden alle Mitglieder der NSDAP, sofern sie eine Funktion in der Partei innegehabt hatten und die US-Behörden ihrer habhaft werden konnten, verhaftet und in ehemaligen Kriegsgefangenen- und Zwangsarbeiterlagern interniert. Schon lange vor Kriegsende hatten die Alliierten beschlossen, Deutschland von der nationalsozialistischen Vergangenheit zu reinigen. Am 5. März 1946 schließlich unterzeichneten die Ministerpräsidenten der drei Länder der amerikanischen Besatzungszone in München das »Gesetz zur Befreiung von Nationalsozialismus und Militarismus«. Spruchkammern aus Vertretern der demokratischen Parteien sollten die Angeklagten in die Kategorien Hauptschuldige, Aktivisten, Militaristen, Nutznießer, Mitläufer oder Entlastete einteilen und entsprechende Sühnemaßnahmen festlegen, etwa Internierung und Enteignung unrechtmäßig erworbenen Vermögens. In München wurden zehn Spruchkammern eingerichtet, von denen sich die meisten in der Wagmüllerstraße 12 befanden. Die Durchführung des Entnazifizierungsgesetzes lag in deutschen Händen. Darin lag denn auch ein Hauptgrund dafür, daß die Entnazifizierung nur schleppend vorankam und am Ende erfolglos eingestellt wurde. Vom 18. bis 20. April 1946 wurden Fragebögen ausgegeben, die von allen Männern und Frauen über 18 Jahren beantwortet werden mußten. Wer den ausgefüllten Fragebogen nicht bis zum 25. April zurückgegeben hatte, erhielt keine Berechtigung zum Erhalt von Lebensmittelkarten. So mußten sich alle erwachsenen Deutschen fügen. Die Richtigkeit ihrer Angaben konnte anhand der gefundenen Mitgliederkartei der NSDAP überprüft werden.
Allein schon die große Zahl der Befragten ließ die Entnazifizierung von vornherein als undurchführbar erscheinen. In Bayern hatte die NSDAP rund 800 000 Mitglieder gehabt; bereits im August 1946 stockte die Bearbeitung der Angaben wegen des Mangels an Schreibmaschinen. Hinzu kamen parteipolitische Einflußnahmen, Bestechung, Denunziationen und offene Obstruktion der sich anschließenden Spruchkammerverfahren (→ Maria-Theresia-Straße 17). Ausdruck

dieser Situation war der Rücktritt von 41 Vorsitzenden der Münchner Spruchkammern am 12. September 1947.
Am 15. März 1948 fand im Landtag eine erregte Debatte über die Entnazifizierung statt. Der CSU-Abgeordnete Josef Donsberger hatte in Nürnberg eine Versammlung ehemaliger Gestapobeamter und anderer Polizisten mit nationalsozialistischer Vergangenheit abgehalten und sich für ihre Wiedereinstellung verwandt. Der SPD-Abgeordnete Franz Haas warnte Donsberger davor, »*ein Bündnis mit dem Teufel einzugehen*«, worauf dieser wiederum der SPD vorwarf, allein ihr Klassenhaß habe den Nationalsozialismus hervorgebracht.
Im April 1948 wurden drei Spruchkammervorsitzende wegen Bestechlichkeit, im August 1948 verschiedene Kammermitglieder wegen Vernichtung von Akten verhaftet. Die Arbeit der Spruchkammern stieß auf immer breitere Ablehnung, weil die Belasteten sich teure Anwälte leisten und damit eine unverhältnismäßig geringe, wenn überhaupt eine Bestrafung aushandeln konnten, während die Mitläufer oft Arbeit, Wohnung und Eigentum verloren.
Zum 31. Dezember 1948 wurden die Münchner Spruchkammern aufgelöst. Mit der Währungsreform und der Berlin-Blockade hatte der Kalte Krieg einen Höhepunkt gefunden. Aus den ehemaligen Kriegsfeinden wurden Beschützer, die ein Interesse daran hatten, daß sich die Deutschen mit der Demokratie anfreundeten. Durch die Entnazifizierungsmaßnahmen empfanden sich viele frühere Nationalsozialisten als Opfer der US-Militärbehörden. Seit 1949 versandete die Verfolgung der Täter, die sich nun in der Bundesrepublik Deutschland einrichteten.

Prinzregenten-straße 24–28

Der Versailler Vertrag aus dem Jahr 1919 verbot es dem Deutschen Reich, eine Luftwaffe zu unterhalten. Diese Beschränkung ließ das »Dritte Reich« nicht mehr gelten. In München wurde die Aufrüstung in der Luft im Gebäude des Luftgaukommandos VII an der Prinzregentenstraße 24–28 geplant. Im Auftrag des Reichsluftfahrtministers Hermann Göring entstand 1937 bis 1938 der 225 Meter lange imposante Komplex mit seinen Stahlhelmen als Fenstersimse und den Adlern als Symbole des Selbstverständnisses der Luftwaffe. An der Oettingenstraße sind auch noch einige Fenstergitter in Hakenkreuzform erhalten.
Architekt dieses Gebäudes war German Bestelmeyer (1874–1942). Schon vor 1933 nannte man ihn, den Präsidenten der Akademie der Bildenden Künste, »Akademiepräsident des Dritten Reiches«. Nicht zu Unrecht, denn als hoher Beamter hielt Bestelmeyer Vorträge für Alfred Rosenbergs

»Kampfbund für deutsche Kultur«, in denen er die moderne Architektur als »kunstbolschewistische Zersetzung« brandmarkte. Diese Aktivitäten hätten beinahe zu seiner Suspendierung als Akademiepräsident geführt, wäre nicht die politische Wende des Jahres 1933 gekommen. So konnte Bestelmeyer nun seine Ansichten in offiziellem Auftrag vertreten, beispielsweise am 16. April 1933 in einem von ihm mitunterzeichneten »Protest der Richard-Wagner-Stadt München«, in dem die Ausbürgerung Thomas Manns gefordert wurde.

Am 12. Mai 1937 fand das Richtfest des Gebäudes statt, von dem aus der rasante und gigantische Aufbau der Luftkriegsindustrie und ihrer Infrastruktur in Bayern organisiert wurde. Zwangsarbeit und Vernichtung durch Arbeit wurden seit dem Krieg für diesen Aufbau einkalkuliert. Der Staatssekretär und General der Flieger, Erhard Milch (1892–1972), dankte in seiner Festansprache Hitler und Göring dafür, daß sie die deutsche Luftwaffe geschaffen hätten, aber auch allen »Arbeitern der Stirn und der Faust«, daß sie in kurzer Zeit einen solchen Bau hätten erstehen lassen. Ihnen gebühre daher der erste und schönste Dank der Luftwaffe.

Das Gebäude des Luftgaukommandos blieb von alliierten Bomben verschont. Deshalb zog im Dezember 1946 das neueingerichtete Staatsministerium für Wirtschaft ein, um am Wiederaufbau Bayerns mitzuarbeiten.

Fahnenübergabe, 5. 12. 1937

General der Flieger
Sperrle übergibt elf neue
Fahnen, 5. 12. 1937

Bayerischer Wirtschaftsminister von Oktober 1945 bis Dezember 1946 war der damals noch parteilose Ludwig Erhard (1897–1977). Das vorwiegend agrarisch strukturierte Bayern hatte während des »Dritten Reiches« insbesondere durch die Luftrüstung eine moderne industrielle Basis erhalten. Die Ost-West-Wanderung der deutschen Industrie aus dem sowjetisch in den amerikanisch besetzten Teil des Landes (→ Prannerstraße 10) knüpfte an diese Entwicklung an und verstärkte sie. Die riesigen Flüchtlingsströme bedeuteten für Bayern kurzfristig eine starke Belastung, wirkten sich langfristig jedoch als Zustrom von Arbeitskräften und Verbrauchern wirtschaftlich stimulierend aus. Negative Folgen hatte der »Eiserne Vorhang«, der wirtschaftlich traditionell starke Gegenden Bayerns zu Randgebieten machte. Dies war die Situation, mit der sich das Staatsministerium für Wirtschaft auseinanderzusetzen hatte.

Erhard war ein Mann der Unternehmer, der den Einfluß der Gewerkschaften (→Landwehrstraße 7–9) auf das Wirtschaftsgeschehen so gering wie möglich halten wollte. Erst als die Regierung Hoegner (SPD) am 21. Dezember 1946 von der Regierung Ehard (CSU) abgelöst wurde, verlor auch Erhard sein Amt an Rudolf Zorn (1893–1966) von der SPD. Man anerkannte zwar Erhards persönliche Integrität und sein verbindliches Wesen, kritisierte aber seine fachliche Inkompetenz. Unter Rudolf Zorn und seinem Nachfolger Hanns Seidel (1901–1961) von der CSU konnten die Gewerkschaften dann eine paritätische Beteiligung in den Beiräten der Wirtschaftsverwaltung, den Arbeitsämtern und in der Gewerbeaufsicht erreichen.

Am 5. Juni 1947 wurde in der Prinzregentenstraße 28 ein Stück deutsche Nachkriegsgeschichte geschrieben. Aus den zwölf westdeutschen und den fünf ostdeutschen Ländern waren die Ministerpräsidenten zu ihrer ersten und zugleich letzten gemeinsamen Sitzung zusammengekommen. Bei den Beratungen über die Tagesordnung der am nächsten Tag offiziell beginnenden Konferenz zeigte sich die faktisch bereits vollzogene Teilung Deutschlands. Die Sowjetunion favorisierte einen deutschen Zentralstaat, der von allen in ihrem Sinn demokratischen Kräften geschaffen werden sollte. Diese Politik wurde von den fünf ostdeutschen Ministerpräsidenten vertreten. Frankreich, Großbritannien und die USA bevorzugten ein föderalistisches Deutschland. Ihnen ging es in erster Linie um einen wirtschaftlichen Zusammenschluß ihrer drei Besatzungszonen. Dem entsprechend handelten die westdeutschen Ministerpräsidenten.

Diese konträren Positionen führten noch am 5. Juni zur Abreise der ostdeutschen Delegation. Die Schuld an dieser

Konferenz der Ministerpräsidenten; Carlo Schmid (Südwürttemberg) spricht.

nun sichtbar gewordenen Teilung Deutschlands schob man sich gegenseitig zu. Am 6. Juni 1947 eröffnete der bayerische Ministerpräsident Hans Ehard im Sitzungssaal des Wirtschaftsministeriums die Konferenz, auf der die Westdeutschen unter sich waren. Zwei Tage lang beriet man über die Wohnungs- und Ernährungskrise, die wirtschaftlichen Probleme, das Schicksal der Flüchtlinge und Kriegsgefangenen. Die Frage der deutschen Einheit stand nicht mehr auf der Tagesordnung.

Am 29. Juli 1949 hielt Thomas Mann im Rahmen einer Reise durch Ost- und Westdeutschland einen stark besuchten Vortrag mit dem Thema »Goethe und die Demokratie« im Sitzungssaal des Wirtschaftsministeriums. Im Februar 1933 waren er und seine Familie ins Exil gegangen, und auch jetzt noch schien seine Person vielen als verwerflich und unpatriotisch. Die »Süddeutsche Zeitung« schrieb am 30. Juli 1949: *»In all dem seit 1945 andauernden und aus Anlaß seines Deutschlandbesuches womöglich noch erbitterter gewordenen Meinungsstreit um Thomas Mann ist nichts so merkwürdig wie die Tatsache, daß hie und da sogar Zweifel an der Größe und immer noch wachsenden Bedeutung seiner Leistung laut werden.«*

Prinzregentenstraße 7

In Hitlers »Mein Kampf« wird der deutsche Föderalismus als Schwächung des Reiches abgelehnt. Voraussetzung für die Durchsetzung der angeblich naturgesetzlichen Interessen Deutschlands sei ein straff organisierter Einheitsstaat.

Am 9. März 1933 begann die sogenannte Gleichschaltung des traditionell auf seine Eigenständigkeit bedachten Landes Bayern. Ministerpräsident Heinrich Held von der konservativen Bayerischen Volkspartei (BVP) mußte am 15. März der Gewalt weichen und zurücktreten, und am 16. März 1933 übernahm Franz Xaver Ritter von Epp (1868–1946) als kommissarischer Reichsstatthalter und Ministerpräsident die Macht in Bayern. Am 10. April erfolgte seine offizielle Ernennung zum Reichsstatthalter in Bayern durch den Reichspräsidenten Hindenburg. Zum Amtssitz wurde die ehemalige Gesandtschaft des Staates Preußen, der schon 1932 seine Eigenständigkeit verloren hatte, an der Prinzregentenstraße 7.

Hier ging nun Epp bis 1945 seinen Geschäften nach. Er stammte aus der katholischen Oberschicht Münchens, und sein Beitritt zur NSDAP im Jahr 1928 hatte dazu beigetragen, die Partei seriös erscheinen zu lassen. Ebenfalls seit 1928 war er Reichstagsabgeordneter der NSDAP, im September 1932 wurde er zum »Reichsleiter der Wehrpolitischen Amtes der NSDAP« ernannt.

Ritter von Epp an seinem 70. Geburtstag, 1938

Der Reichsstatthalter war nur ein Symbol für die »Gleichschaltung« Bayerns. Wegen seines trotz allem aufrechterhaltenen Katholizismus von den radikalen Nationalsozialisten als »Muttergottesgeneral« verachtet, hielt er keine wirkliche Macht in Händen. Diese war konzentriert beim nationalsozialistischen Gauleiter, einem Parteifunktionär (→ Prannerstraße 8, → Ludwigstraße 2).

Prinzregentenstraße 11

Als Ausgleich für seine geringe Machtausstattung durfte Epp seit Mai 1934 das neu gegründete »Kolonialpolitische Amt der NSDAP« in der benachbarten Prinzregentenstraße 11 leiten. Bereits im Kaiserreich hatte er sich auf diesem Gebiet zweifelhafte Verdienste erworben, als er 1900 bis 1901 an der Niederschlagung des chinesischen Boxeraufstandes teilnahm. 1904 bis 1906 hatte er als Kompaniechef in Südwestafrika mitgeholfen, die dort lebenden Völker der Hereros und Hottentotten zu vernichten.

General von Epp wurde am 28. April 1945 von der Freiheitsaktion Bayern (→ Saarstraße 14) festgenommen und sollte als oberster bayericher Beamter die Kapitulationsverhandlungen mit der US-Armee führen. Dies lehnte er jedoch ab. Unter Ehrenwort, die Aufständischen nicht an die nationalsozialistischen Machthaber zu verraten, ließ man ihn frei. Epp begab sich in die Gauleitung an der (→) Ludwigstraße 2. Von dort wurde er am 29. April nach Salzburg gebracht, wo ihn bald die Amerikaner gefangennahmen. In der Internierung starb Epp am 31. Dezember 1946.

Das Gebäude Prinzregentenstraße 7 war 1933 in den Besitz des Deutschen Reiches übergegangen. Da dieses nach 1945 nicht mehr existierte, und auch das Land Preußen nicht mehr neuerstand, erhielt der Staat Bayern das Anwesen übereignet. Als am 1. Dezember 1946 zusammen mit der ersten Landtags-

Kabinett Erhard, 21. 12. 1946; v.l.n.r.: Josef Baumgartner (CSU; Ernährung, Landwirtschaft und Forsten), Albert Roßhaupter (SPD; Arbeit), Alois Hundhammer (CSU; Kultus), Hans Erhard (CSU; Ministerpräsident), Josef Seifried (SPD; Innen), Wilhelm Hoegner (SPD; stellvertretender Ministerpräsident, Justiz), Alfred Loritz (WAV; Sonderaufgaben).

wahl nach dem Krieg die Bayerische Verfassung durch einen Volksentscheid angenommen wurde, wehte zum ersten Mal die weiß-blaue Fahne an dem repräsentativen Gebäude. Der Ministerpräsident, der bisher von den amerikanischen Besatzungsbehörden eingesetzt worden war, verlegte seinen Amtssitz vom (→) Promenadeplatz 2 in die Prinzregentenstraße 7. Der erste gewählte bayerische Ministerpräsident war Hans Ehard von der CSU (→ Geschwister-Scholl-Platz).

Widenmayerstraße 27

Bereits am 1. April 1933 fanden die ersten staatlich geduldeten und geförderten antisemitischen Ausschreitungen statt, die später ihren Ausdruck in entsprechenden »Gesetzen« und schließlich in der Pogromnacht vom 9./10. November 1938 (→ Herzog-Max-Straße 3–7) fanden. Im November 1938 begannen die systematische Enteignung und Ghettoisierung der Juden durch die Behörden (→ Ismaninger Straße 109). Zu diesem Zweck wurde die sogenannte »Vermögensverwertung München GmbH« gegründet, die zusammen mit dem »Beauftragten des Gauleiters für die Arisierung« in das Haus Widenmayerstraße 27 einzog. Besitzer dieses Anwesens war bis 1939 Karl Hirsch. Sein Besitz wurde enteignet, da er Jude war, und von Karola von Griesheim übernommen. Diese behielt das Haus auch nach 1945.

Aufgabe der »Arisierungsstelle« unter ihrem Leiter Hans Wegner war die »Arisierung« und »Entjudung« der Münchner Wirtschaft. Mit Hilfe von Rechtsanwälten und Notaren, die dabei gut verdienten, gingen jüdische Geschäfte erzwungenermaßen und unter Preis an »Arier«, meist verdiente Parteigenossen, über (→ Lenbachplatz 3, → Löwengrube 18–20).

Ende 1939 waren auf diese Art und Weise praktisch alle 600 Münchner Firmen in jüdischem Besitz enteignet worden. Der »Arisierungsstelle« fielen nun neue Aufgaben zu, und zwar der Vollzug der endgültigen Entrechtung und Ghettoisierung der jüdischen Bevölkerung. Jüdische Hausbesitzer mußten ihren Besitz abgeben, Juden ihre Wohnungen verlassen. Sie wurden in sogenannten Judenhäusern zusammengepfercht (→ Thierschstraße 7). Von den zahllosen Terrormaßnahmen, die formal korrekt und damit juristisch abgesichert im Reichsgesetzblatt verkündet wurden, seien einige aufgezählt: 29. Juli 1940: Juden werden von der Reichspost die Telefonanschlüsse gekündigt. 1. September 1941: Juden müssen ab dem sechsten Geburtsjahr den gelben Stern tragen. 12. Dezember 1941: Jüden dürfen öffentliche Telefone nicht mehr benutzen. 1. Juli 1942: Jüdische Schüler und Schülerinnen dürfen nicht mehr in öffentlichen Schulen unterrichtet werden.

Der Israelitischen Kultusgemeinde (→ Lindwurmstraße 125) oblag es erzwungenermaßen, ihren Mitgliedern diese Verordnungen mitzuteilen und für deren Durchführung zu sorgen. Außerdem mußte sie die von der »Arisierungsstelle« befohlene Einweisung in die Lager an der (→) Knorrstraße 148 und an der (→) Clemens-August-Straße 7 organisieren ebenso wie den Abtransport ihrer Gemeindemitglieder nach Osten. Darüber hinaus war es aber für die Terroropfer notwendig, das Gebäude der »Arisierungsstelle« in der Widenmayerstraße 27 persönlich aufzusuchen – ein Gang, vor dem die Menschen oft mehr Angst hatten als vor der Gestapo. Denn die Angestellten zeichneten sich durch besondere Brutalität aus: Der extrem rüde und unflätige Befehlston, den man hier für angebracht hielt, wäre schon demütigend genug gewesen, wären nicht auch noch Prügel und Folterungen der Entrechteten in dieser Behörde hinzugekommen.

Im Juni 1943 gab es noch 483 Juden in München, von denen später bei Kriegsende nur 64 von den US-Truppen befreit wurden. Die »Arisierungsstelle« als organisatorisches Zentrum des Antisemitismus in München hatte somit ihre »Aufgabe«, die bereits 1925 in Hitlers »Mein Kampf« formuliert worden war, erfüllt und stellte in ihrem Abschlußbericht zufrieden fest, die »Entjudung« in München sei auf allen Gebieten und in allen Lebensbereichen kompromißlos durchgeführt. Am 20. Juni 1943 stellte die »Arisierungsstelle« ihre »Arbeit« ein.

Nach Kriegsende inhaftierten die US-Militärbehörden die vier an leitender Stelle Verantwortlichen der »Arisierungsstelle«. Am 21. Dezember 1948 verurteilte eine Spruchkammer (→ Wagmüllerstraße 12) Hans Wegner, Franz Mugler, Ludwig Schott und Richard Westermayr zu je 10 beziehungsweise 5 Jahren Arbeitslager und Einzug ihres Vermögens bis auf 1000 DM.

Widenmayerstraße 25

In Erwartung des baldigen und unabwendbaren Zusammenbruchs des Kapitalismus entwickelte die Kommunistische Partei Deutschlands (KPD) gegen Ende der Weimarer Republik die These vom »Sozialfaschismus«. Danach galt die SPD als Hauptfeindin der Arbeiterklasse, da sie dem Proletariat mit ihrem Reformismus angeblich Illusionen über das kapitalistisch-faschistische System vormachte. Getreu Stalinscher Strategie und Taktik wurde die NSDAP mit ihren brutalen Unterdrückungsmaßnahmen als »Eisbrecher der Revolution« angesehen, da sie den Zusammenbruch des »Ausbeutersystems« nur beschleunigte.

Als am 27. Februar 1933 der Berliner Reichstag brannte, war dies der Anlaß, den lange vorbereiteten Schlag gegen die KPD

durchzuführen. Sofern ihre Funktionäre nicht untertauchen konnten, wurden sie verhaftet und zum Teil ermordet. Die Partei setzte ihre Arbeit, so gut es ging, in der Illegalität fort. Sie hatte sich ihrerseits darauf vorbereitet.
Alle Versuche, die Organisation aufrechtzuerhalten und Schulungs- und Propagandamaterial zu verbreiten, scheiterten entweder an der Polizei (→ Sendlinger Straße 32, → Augustenstraße 98) oder an Denunzianten (→ Tegernseer Landstraße 161). Die Kommunisten zahlten einen sehr hohen Blutzoll für ihre Gegnerschaft zum Nationalsozialismus. Dabei blieben sie ebenso wie vor 1933 Spielball der Politik der Sowjetunion. So propagierte man beispielsweise seit 1935 plötzlich eine Volksfrontpolitik zusammen mit der SPD.
Den letzten Schlag gegen den kommunistischen Widerstandswillen versetzte die Sowjetunion selbst mit dem Hitler-Stalin-Pakt vom 23. August 1939. Die beiden Großmächte teilten in imperialistischer Manier Osteuropa untereinander auf und stellten gemeinsame Interessen fest. Dazu gehörte auch die Unterstützung der deutschen Kriegsmaschinerie durch sowjetische Rohstofflieferungen. Als Zeichen ihres guten Willens lieferte die Sowjetunion darüber hinaus 1940 auch einige Hundert geflüchteter Kommunisten an das Deutsche Reich aus, wo sie umgehend in Konzentrationslager gebracht wurden. Von diesem Schlag erholten sich die Kommunisten im Untergrund erst mit dem deutschen Angriff auf die Sowjetunion am 22. Juni 1941. Der Widerstand formierte sich erneut, nun auch in Verbindung mit sowjetischen Kriegsgefangenen (→ Schwansee-/Ständlerstraße). Doch auch diesmal wurde er von den deutschen Behörden unerbittlich zerschlagen.

Bericht von der ersten Landeskonferenz der KPD, Landesbezirk Bayern, 23./24. 2.1946

Als der Nationalsozialismus militärisch vernichtet worden war, wurde die KPD am 1. November 1945 als erste Partei in Bayern wieder zugelassen. Ihre Parteizentrale befand sich in der Widenmayerstraße 25. Landesvorsitzender wurde Fritz Sperling. Von den 25 Gründungsmitgliedern hatten 24 für ihre Überzeugung in Gefängnissen und Konzentrationslagern eingesessen. Bereits am 11. November trat die KPD im Prinzregententheater (→ Prinzregentenplatz) zum ersten Mal an die Öffentlichkeit.
Am 23./24. Februar 1946 tagte die Landeskonferenz der KPD Bayern in der Widenmayerstraße 25. Der Tagungsraum war mit Bildern von Marx, Lenin, Thälmann und Pieck sowie mit Transparenten »*Die Spaltung führt zur Nazidiktatur!*«, »*Alles für die Einheit der Arbeiterklasse!*« sowie »*Einheit führt zum Sieg der Demokratie über die Reaktion!*« geschmückt. Auch einige Vertreter der US-Militärregierung nahmen als Beobachter an der Veranstaltung teil.

Parteisekretär Fritz Sperling legte als Grundsatz für den zukünftigen Aufbau Deutschlands dar: »*Die Vernichtung der politischen und wirtschaftlichen Macht der großen Herren, der Monopole und Banken, die identisch sind mit den faschistischen Kriegsverbrechern und Kriegsinteressenten, macht die Bahn frei für die Ingangsetzung der Produktion.*« Konsequente Entnazifizierung (→ Wagmüllerstraße 12) und die staatliche Einheit Deutschlands seien zudem Voraussetzungen für den Wiederaufbau. Am Ende der Konferenz gelobten die Teilnehmer: »*Wir Kommunisten wollen nicht eher ruhen und rasten, als bis es uns gelungen ist, die Einheit der Arbeiterklasse herzustellen!*«

Am 21. April 1946 verschmolzen sich auf Geheiß Moskaus in der Ostzone die KPD und die SPD zur Sozialistischen Einheitspartei Deutschlands (SED). Dieser Vorgang war Ausdruck des Kalten Krieges zwischen den beiden Großmächten und blieb daher auf die sowjetische Besatzungszone beschränkt. Auf ihrem zweiten Landesparteitag am 5./7. April 1947 beschloß die KPD in München ihre Verschmelzung mit der ostzonalen SED. Die beiden Vorsitzenden der SED, Wilhelm Pieck und Otto Grotewohl, waren mit entsprechenden Direktiven aus Ost-Berlin angereist. Die Vereinigung wurde am 3. Mai von den US-Behörden verboten. Die moskautreue Politik der bayerischen KPD fand ihren Niederschlag in der Wochenzeitung »Südbayerische Volkszeitung«. Die Verschärfung des innenpolitischen Klimas aus außenpolitischen Gründen zeigte sich am 13. Juli 1948, als die US-Militärbehörden sämtliche Veröffentlichungen der KPD für einen Monat verboten, da in einer Schrift Westdeutschland als »Abfalleimer voller Ungeziefer« dargestellt worden war.

Auf lokaler Ebene konnte die KPD in den ersten Jahren nach dem Krieg durchaus Erfolge verzeichnen. So amtierte Heinrich Schmitt vom 28. September 1945 bis zum 30. Juni 1946 im bayerischen Kabinett als Minister für Sonderangelegenheiten, war also unter anderem zuständig für die Entschädigung der überlebenden Juden und der anderen politischen Opfer des »Dritten Reiches«. Nach der Stadtratswahl am 26. Mai 1946 stellte die KPD zwei Stadträte, nach der Wahl vom 30. Mai 1948 sechs Stadträte, von denen eine, Adelheid Liessmann, Leiterin des städtischen Wirtschaftsamtes war. Eine bedeutende Stellung hielten die Kommunisten als Betriebsräte in einigen Münchner Großbetrieben (→ Frankplatz 19).

Als eines der Ergebnisse der Blockade West-Berlins durch die Sowjetunion seit dem 24. Juni 1948 ist der Abstieg der KPD in die Bedeutungslosigkeit zu sehen. Daran konnte auch ein

Adelheid Liessmann

Beschluß der Landesdelegiertenkonferenz vom 11. Juli 1948 im Münchner Rathaus nichts ändern. Einstimmig wurde festgelegt, Hammer, Sichel und Sowjetstern nicht mehr als Parteisymbole zu benutzen, da diese nicht mehr die neue sozialistische Volkspolitik ausdrückten.

Widenmayerstraße 18

Die Besitzer des Kunstverlages Franz Hanfstaengl an der Widenmayerstraße 18, die Brüder Edgar (1883–1958) und Ernst Franz Sedgwick Hanfstaengl (1887–1975), gehörten zur gesellschaftlichen Elite Münchens. Ernst studierte bis 1909 an der Harvard-Universität in den USA, wo er nicht nur seine amerikanische Frau Helene, sondern auch den späteren US-Präsidenten Franklin Roosevelt kennenlernte. Seit 1911 leitete Ernst die New Yorker Filiale des väterlichen Geschäftes und kehrte erst 1921 nach München zurück.
Der weltmännische, wohlhabende Hanfstaengl lernte Hitler im November 1922 anläßlich einer NSDAP-Veranstaltung im Bürgerbräukeller kennen und schätzen. Als der Hitler-Putsch am 9. November 1923 mißlang, ließ Hanfstaengl seinen Freund Hitler in sein Sommerhaus in Uffing am Staffelsee bringen und dort vor der Polizei verstecken. Nach seiner Haftentlassung Ende Dezember 1924 verbrachte Hitler den Heiligen Abend im Kreise der Familie Hanfstaengl.
Als sich nach dem sensationellen Erfolg der NSDAP bei den Reichstagswahlen 1930 auch die ausländische Presse immer stärker für die Partei und ihren »Führer« interessierte, ernannte Hitler Ernst Hanfstaengl im Jahr 1931 zum Auslandspressechef der NSDAP (→ Karlstraße 18). Mit seinen umfassenden Sprachkenntnissen (Englisch, Französisch, Italienisch) rückte nun der Münchner Großbürger das recht problematische Ansehen der Partei zurecht und ließ manche dunkle Seite der NSDAP in hellerem Licht erscheinen.
Der sogenannte Röhm-Putsch vom 30. Juni 1934 (→ Barer Straße 7–11, → Karlstraße 10) sowie die Ermordung des österreichischen Bundeskanzlers Engelbert Dollfuß durch Nationalsozialisten am 25. Juli 1934 brachten Hanfstaengl vor der ausländischen Presse in Argumentationsschwierigkeiten. Auch persönlich hegte er immer stärker werdende Zweifel an der Richtigkeit seiner Tätigkeit, doch setzte er seine Arbeit angeblich wegen seiner inneren Trägheit fort, wie er in seinen Memoiren »Zwischen Weißem und Braunem Haus« behauptet.
Hanfstaengls zunehmend ablehnende Haltung dem »Dritten Reich« gegenüber isolierte ihn immer stärker von der nationalsozialistischen Führung. 1936 zerriß auch ein langjähriges, enges persönliches Band zu Hitler: Helene Hanfstaengl, der Hitler früher den Hof gemacht hatte, trennte sich von ihrem

Mann, da sie dessen Funktion in der »Bewegung« nicht mehr akzeptieren konnte. Bald stand Hanfstaengl auf einer schwarzen Liste der Gestapo. Am 10. Februar 1937 sollte er per Sonderflugzeug und in Gestapo-Begleitung nach Spanien fliegen, doch wurde ihm auf der Reise eröffnet, er müsse mit dem Fallschirm abspringen. Hanfstaengl erkannte den Ernst der Lage und konnte den mit ihm sympathisierenden Piloten zu einer vorzeitigen Landung wegen angeblichen Motorschadens bewegen, wie er in seinen Memoiren berichtet.
Er flüchtete am selben Tag über die Schweiz nach Großbritannien und kam von dort in die USA. Sein Studienkollege Roosevelt machte ihn 1942 zu seinem Deutschlandberater. Hanfstaengl sprach sich gegen die alliierte Forderung einer bedingungslosen Kapitulation des »Dritten Reiches« aus, weil er wußte, daß Deutschland niemals darauf eingehen würde. Zudem würde der Krieg sich damit noch lange hinziehen und ungeheure Opfer auf beiden Seiten kosten. Mit dieser Meinung konnte sich Hanfstaengl jedoch nicht durchsetzen und wurde im September 1944 entlassen. Im September 1946 traf er aus England kommend wieder in seiner Heimatstadt München ein und wurde im Januar 1948 von einer Spruchkammer als »entlastet« eingestuft.
Edgar Hanfstaengl hatte nicht nur mit Kunstdrucken, sondern auch mit Hitlerbildern gute Geschäfte gemacht, als er wegen seines Bruders Ernst auf Distanz zum »Dritten Reich« ging. Am 26. Mai 1946 wurde er auf der Liste der CSU in den Stadtrat gewählt. Die engen Verbindungen seiner Familie zu den USA waren der Grund dafür, daß Edgar Hanfstaengl am 24. Juli 1947 zum stellvertretenden Vorsitzenden des »Amerikanisch-Deutschen Clubs« gewählt wurde, der an der Demokratisierung Deutschlands arbeiten wollte.

Reitmorstraße 29 Bereits Ende 1945 kamen einige Historiker zusammen, um die Auseinandersetzung mit dem »Dritten Reich« in die Wege zu leiten. Als Sitz eines solchen Institutes bot sich München als ehemalige »Hauptstadt der Bewegung« an, da hier die US-Armee unter anderem auch die Zentralkartei der NSDAP beschlagnahmt hatte. Seit Mai 1949 stand dem »Institut für Zeitgeschichte (zur Erforschung der nationalsozialistischen Politik)« eine Acht-Zimmer-Wohnung im zweiten Stock der Reitmorstraße 29 zur Verfügung.
Unter dem Direktor Gerhard Kroll begann die Arbeit des Sammelns von Archivmaterial aus der Zeit von 1933 bis 1945, das zum größten Teil in die USA verbracht worden war oder in der Sowjetunion und in der sowjetischen Besatzungszone beziehungsweise in der DDR unzugänglich lagerte. Als erstes wurden von den US-Behörden 30 Kisten übergeben, die die

gesamten Unterlagen der Nürnberger Prozesse gegen die Hauptkriegsverbrecher enthielten (→ St. Martins-Platz 1a). Die »Süddeutsche Zeitung« kommentierte seinerzeit: »*Angesichts der 30 Nürnberger Kisten läßt man sich unschwer von der Dringlichkeit und der Größe der Forschungsaufgabe überzeugen. Die Arbeit des Instituts wird die Frage beantworten, ob der (fehlende) Abstand, der zur objektiven Geschichtserkenntnis notwendig ist, durch die Tiefe der Kluft ersetzt werden kann, die uns von der Vergangenheit trennt.*«

Thierschstraße 41

Am 2. Juli 1936 ließ die Stadtverwaltung am Haus Thierschstraße 41 eine Gedenktafel anbringen mit dem Text: »*In diesem Hause wohnte Adolf Hitler vom 1. Mai 1920 bis 5. Oktober 1929.*« Der »Völkische Beobachter« erklärte dazu: »*Fast zehn Jahre hat hier der Führer gewohnt. Jahre des schwersten Ringens und zähesten Kämpfens umfaßt diese Zeitspanne. Hier sammelten sich seine Getreuen, neue Pläne wurden entworfen, Aufrufe ausgearbeitet und Entschlüsse gefaßt.*«
Die Erinnerungstafel verschwand 1945 wieder, die Wohnatmosphäre aber überdauerte, wie Ernst Hanfstaengl (→ Widenmayerstraße 18) schreibt: »*Als ich im Jahr 1957 zufällig wieder einmal durch die Thierschstraße kam, konnte ich der Versuchung nicht widerstehen, dem ehemaligen Wohnquartier Hitlers im Hause Nr. 41 einen Besuch abzustatten. Nichts hatte sich verändert: Die Außenfront des Hauses war noch die gleiche wie einst, höchstens noch etwas mehr verwittert, und auch die Porzellan-Madonna in ihrer Nische hatte sich von keiner Bombe in ihrer Standhaftigkeit erschüttern lassen. Die Treppenstufen knarrten noch wie ehedem, und auch die Türglocke hatte den gleichen Klang wie im Jahre 1923. Kleinbürgerliche Enge aus der Zeit um die Jahrhundertwende hatte sich als dauerhafter erwiesen als das* (von Hitler, d. V.) *proklamierte Tausendjährige Reich*« (→ Prinzregentenplatz 16).

Thierschstraße 11–17

Seit 1920 hatte der Franz-Eher-Verlag der NSDAP seine Geschäftsräume in der Thierschstraße 15. Hier erschienen Hitlers »Mein Kampf«, der »Völkische Beobachter« (→ Schellingstraße 39–41) sowie sämtliche weiteren Propagandaschriften der Partei. Mit dem wachsenden Erfolg der NSDAP vergrößerte sich auch das Aufgabenfeld des »Zentralverlages der NSDAP, Franz-Eher-Verlag GmbH«. Bis 1938 erwarb der Verlag die drei Anwesen Thierschstraße 11–17. Seit 1921 war Max Amann (1891–1957) Geschäftsführer des »Völkischen Beobachters«, seit 1925 auch Direktor des Zentralverlages.

Max Amann war Vorgesetzter Hitlers im 1. Weltkrieg gewesen. Er gehörte zu den »Alten Kämpfern« der allerersten Stunde. Sein kompromißloser Durchsetzungswille, seine Brutalität und sein stark ausgeprägter Geschäftssinn machten ihn für die Partei unentbehrlich. Als Reichsleiter für die nationalsozialistische Presse im ganzen deutschen Sprachraum hatte er die Zügel auch schon vor 1933 fest in der Hand gehalten.

Am 9. März 1933 konnte Amann am Rathausturm (→ Marienplatz) die Hakenkreuzfahne aufziehen und am Nachmittag den Herausgeber der Zeitschrift »Der gerade Weg«, Fritz Gerlich (→ Richard-Wagner-Straße 27), verhaften. Vor einer Meute tobender SA-Leute genoß er es, Gerlich und zwei seiner Mitarbeiter wüst zu beschimpfen und eigenhändig zusammenzuschlagen. Am 9. Mai 1933 erklärte Amann in seiner Funktion als Stadtrat im Rathaus: »*Wir lehnen jede weitere Zusammenarbeit mit den marxistischen Arbeiterverrätern ab und fordern die sozialdemokratische Fraktion auf, sofort und ein für alle Mal aus der Gemeindevertretung zu verschwinden.*« Zur Verstärkung dieser Aufforderung prügelten die NSDAP-Stadträte unter Führung Amanns die Sozialdemokraten aus dem Sitzungssaal.

Max Amann wurde 1933 Vorsitzender des Vorstandes des Deutschen Zeitungsverlages und Präsident der Reichspressekammer (→ Karlstraße 18). Er zeichnete verantwortlich für die »Gleichschaltung« der deutschen Presse. Dies geschah bei den kommunistischen und sozialdemokratischen Verlagen gepaart mit Brutalität, Zerstörung, Enteignung und Verhaftungen, bei den bürgerlichen Verlagen meist mit finanziellem Aushungern und anschließendem Aufkauf weit unter Preis. Im Jahr 1942 bezeichnete Hitler Amann als den größten Zeitungsbesitzer der Welt, da dem Zentralverlag 70 bis 80 Prozent der deutschen Presse gehörten. Darüber hinaus veröffentlichte der Eher-Verlag ein unübersehbar breites Programm von NS-Schriften.

Amann wußte seine Staats- und Parteifunktionen aufs beste mit seinen Privatinteressen zu verbinden. Neben seinen diversen Gehältern hatte er sich fünf Prozent der Nettogewinne des Eher-Verlages gesichert. Betrug sein Einkommen 1934 bereits 108 000 RM, so verdiente er allein 1942 3 800 000 RM, ohne daß das Finanzamt Steuern erheben durfte.

Ab September 1948 mußte sich Max Amann vor einer Spruchkammer verantworten. »*Ordinär, brutal, bauernschlau, dreist*«, so trat er laut »Süddeutscher Zeitung« vom 11. September 1948 vor die Kammer, um zu behaupten, ihm sei es nicht um die Durchsetzung nationalsozialistischer Politik, sondern ausschließlich ums Geld gegangen. Er wurde

Max Amann vor der Spruchkammer, 7. 9. 1948

in die Kategorie »Hauptschuldiger« eingestuft und sein Vermögen von etwa 600 000 DM für Wiedergutmachungszwecke bis auf 5000 DM eingezogen. Amann selbst wurde für zehn Jahre in ein Arbeitslager eingewiesen. Bereits 1952 kehrte er als freier Mann nach München zurück und verbrachte hier seinen Lebensabend.

Das Verlagsgebäude in der Thierschstraße, von dem der bedeutendste Teil der nationalsozialistischen Propaganda ausgegangen war, blieb nach dem Krieg im Besitz des Eher-Verlages, der als juristische Person bis 1950 weiterexistierte. Eine Vielzahl von Verlagen zog als Mieter ein und wurde 1950 vom neuen Besitzer, dem Land Bayern, übernommen.

Thierschstraße 7

Mit der antisemitischen Pogromnacht vom 9./10. November 1938 setzte sich die systematische Ausgrenzung der jüdischen Bevölkerung in verschärftem Tempo fort, in München koordiniert durch die »Arisierungsstelle« in der (→) Widenmayerstraße 27. Eine der Terrormaßnahmen war die Vertreibung der Betroffenen aus ihren Wohnungen und ihr Zusammenpferchen in sogenannte Judenhäuser. Eines dieser Häuser lag in der Thierschstraße 7. Die Besitzerin, Therese Mohr, war eine Jüdin.

Bereits am 18. August 1938 hatte das Amtsgericht Halle ein Urteil gefällt, dessen Begründung ausschnittsweise wiedergegeben werden soll: »*Auch in der Hausgemeinschaft können eigennützige Interessen der einzelnen keinen Bestand haben. Eine wahre Hausgemeinschaft im Sinne dieses Denkens kann aber nur von gleichgesinnten, deutschdenkenden Personen und Hausbewohnern arischer Abstammung gebildet und gepflegt werden; sie ist mit Personen jüdischer Herkunft wegen des bestehenden Rassenunterschiedes schlechterdings unmöglich. Da der nationalsozialistische Staat aber auf das Bestehen und die Pflege einer wahren Hausgemeinschaft einen besonderen Wert legt und von jedem Volksgenossen diese Einstellung im Sinne der Hausgemeinschaft fordert, so kann dem Vermieter und den Mietern arischer Abstammung im Interesse der Erhaltung dieser Hausgemeinschaft nicht zugemutet werden, diese mit Mietern jüdischer Abstammung zu bilden und zu pflegen und mit diesen in derselben Hausgemeinschaft zu leben. Dem Vermieter muß deshalb das Recht zugesprochen werden, Mieter jüdischer Abstammung aus dieser Hausgemeinschaft auszuschließen und von diesen Räumung ihrer Wohnung zu fordern. Leistet ein solcher Mieter jüdischer Abstammung dem Räumungsverlangen des Vermieters keine Folge oder lehnen die Mieter arischer Abstammung eine Hausgemeinschaft mit ihnen ab, so stört er damit die zwischen dem Vermieter und den anderen Mietern ari-*

scher Abstammung bestehende Hausgemeinschaft und macht sich durch sein weiteres Wohnenbleiben diesen gegenüber einer erheblichen Belästigung im Sinn des § 2 Mieterschutzgesetz schuldig.«

Seit dem 30. April 1939 mußten Juden »arische« Wohnhäuser verlassen und in »Judenhäuser« einziehen. Die »arischen« Mieter verließen das Haus an der Thierschstraße 7 mit Ausnahme von drei Parteien. In den Adreßbüchern waren sie die einzigen, die als Bewohner aufgeführt waren, während die eingewiesenen Juden keine Erwähnung fanden. Sie galten nicht mehr als Menschen.

Den Behörden lag es daran, möglichst viele Juden in möglichst wenigen Häusern unterzubringen. Der »Völkische Beobachter« hatte dies am 22. November 1938 folgendermaßen begründet: Es bestünde ein dringender Bedarf an Wohnraum, und es sei nicht einzusehen, daß arbeitende deutsche Menschen ohne Unterkunft seien oder sich auf primitivste Weise behelfen müßten. Deshalb mußten die ausgewiesenen Juden ihre Wohnungen vorher auf eigene Kosten renovieren und ihren Hausrat und ihre Möbel zurücklassen. Die auf diese Weise freigewordenen, voll eingerichteten Wohnungen wurden in der Regel von verdienten Parteigenossen bezogen. Das Haus Thierschstraße 7 stand bald wieder leer, weil seine Bewohner deportiert worden waren (→ Clemens-August-Straße 6, → Knorrstraße 148). Seine Besitzerin wurde nach ihrer Vertreibung aus München enteignet. Im September 1942 zogen neue Mieter ein, das Adreßbuch gab wieder Bewohner an.

Museumsinsel

Am 7. November 1936 öffnete im Bibliotheksbau des Deutschen Museums die »Antibolschewistische Schau« ihre Pforten. Außenpolitischer Anlaß waren die Kämpfe um Madrid, die gerade zwischen faschistischen und republikanischen Truppen in Spanien tobten. Die stark besuchte Ausstellung mußte immer wieder wegen Überfüllung von der Polizei gesperrt werden. *»Diese Ausstellung wird jedem zeigen, daß der Bolschewismus nicht eine harmlose Angelegenheit ist, sondern das Furchtbarste, was überhaupt über diese Welt kommen konnte. Diese Ausstellung sei ein Teil des Kampfes für das Gute gegen das Böse. Photographisches Material aus allen Ländern, in denen bisher die roten Flammen gezüngelt haben, zeigt dieselben verstümmelten Todesopfer, denselben Vernichtungswillen gegenüber den Kirchen, dieselbe Verirrung der Gefühle, dieselbe sinnlose Bestialität und – denselben Mangel an Aufbaukönnen und -willen. Jeder Raum der Ausstellung bietet ein unsagbares Bild menschlicher Veranntheit und Vertiertheit, daß man beim Anblick der stolzen*

Deutsches Museum, 8.11.1937

Zeugen des nationalsozialistischen Deutschlands befreit aufatmet«, so der »Völkische Beobachter«.
Als thematische Fortsetzung fand ab dem 8. November 1937 die Ausstellung »Der ewige Jude« im Bibliotheksbau statt. Die antisemitischen Pogrome, die genau ein Jahr später durchgeführt wurden (→ Marienplatz/Altes Rathaus), wurden propagandistisch als Teufelsaustreibung vorbereitet. Der Publikumsandrang war riesig. Lange Schlangen bildeten sich im Innenhof des Deutschen Museums.
Am 13. Januar 1943 – während der Kämpfe um Stalingrad – hielt Gauleiter Paul Giesler im Kongreßsaal des Deutschen Museums eine Rede zur 470-Jahrfeier der Universität. Auf die militärische Lage eingehend, kam er zu der Überzeugung, die Studentinnen sollten sich weniger an den Universitäten »herumtreiben«, sondern lieber dem »Führer« ein Kind schenken. Er sähe nicht ein, warum sie nicht jedes Jahr ein Zeugnis in Gestalt eines Sohnes und damit zukünftigen Soldaten vorweisen sollten. Diese Äußerungen führten zu einem bis dahin in Deutschland einmaligen Vorfall: Im Saal entstand unter den Zuhörerinnen und auch Zuhörern empörte Unruhe. Giesler fügte hinzu: *»Wenn einige Mädels nicht hübsch genug sind, einen Freund zu finden, werde ich gern jeder einen von meinen Adjutanten zuweisen... und ich kann ihr ein erfreuliches Erlebnis versprechen.«*

Hierauf steigerte sich die Unruhe zu allgemeinen Buhrufen, so daß Giesler seine Rede unterbrechen mußte. Viele Studentinnen wollten den Saal aus Protest verlassen, wurden aber von der Polizei gewaltsam zurückgehalten. Die weiteren Ausführungen des Gauleiters wurden von Zischen und Gelächter begleitet. Nach der Veranstaltung erschallten vor dem Deutschen Museum Sprechchöre, bis die Polizei erschien und die Protestierer auseinandertrieb.
Dieses beispiellose Aufwallen von Ablehnung dem Regime gegenüber fand in der offiziellen Presse natürlich keinen Niederschlag. Aber es bestärkte widerstandsbereite Studentinnen und Studenten in ihrer Einschätzung, daß nun – zusammen mit dem Untergang der 6. Armee in Stalingrad – die Zeit zum Aufstand gegen den Nationalsozialismus gekommen sei (→ Geschwister-Scholl-Platz).
Nach dem Krieg diente der Kongreßsaal auch weiterhin politischen Zwecken. Am 6. Januar 1946 trat die CSU zum ersten Mal mit einer großen Kundgebung an die Öffentlichkeit (→ Prinzregentenplatz, → Paul-Heyse-Straße 29–31). Oberbürgermeister Karl Scharnagl legte das Parteiprogramm dar und zeigte sich zu konstruktiver Zusammenarbeit mit allen Parteien bereit, solange Parteienkämpfe unterblieben.
Die Gründung der BRD und der DDR im Jahr 1949 veranlaßten die Gewerkschaften in den drei Westzonen, diese Teilung in den Gewerkschaftsorganisationen ebenfalls zu vollziehen (→ Landwehrstraße 7–9). Am 12. Oktober 1949 begann im Kongreßsaal der Gründungskongreß des Deutschen Gewerkschaftsbundes (DGB). Unter dem Schriftzug »Parlament der Arbeit« waren 487 Delegierte versammelt, die etwa fünf Millionen Mitglieder vertraten. Hans Böckler (1875–1951) erinnerte an die schwere Verfolgungszeit der Arbeiterbewegung während des »Dritten Reiches« und an die freiheitlichen Traditionen der Gewerkschaftsbewegung, die nicht vernichtet werden könnten. Der Gedanke der Einheit der gesamten Arbeitnehmerschaft ohne Rücksicht auf parteipolitische oder weltanschauliche Unterschiede sei die Kraftquelle, aus der zu schöpfen den Entrechteten immer möglich sein werde. Es gelte, ihr Los zu bessern durch den Kampf um einen größeren Anteil an den materiellen, geistigen und kulturellen Gütern des Lebens.
Der zweite Tag des Kongresses war organisatorischen Fragen gewidmet. So beschloß man, Düsseldorf als Sitz des DGB zu wählen, weil dort das Herz der deutschen Industrie schlage. Um 18 Uhr dieses 13. Oktober 1949 schließlich schlug die Geburtsstunde des DGB mit folgender Entschließung: »*Der vom Gewerkschaftsrat einberufene Kongreß beschließt die Gründung des Deutschen Gewerkschaftsbundes für das*

Gebiet der Bundesrepublik Deutschland.« Mit dem gemeinsamen Absingen des alten Arbeiterliedes »Brüder, zur Sonne, zur Freiheit!« besiegelten die Anwesenden ihren Beschluß und knüpften an ihre 1933 gewaltsam unterbrochenen Traditionen an. *»Nun ist es also geschehen! Die deutschen Arbeitnehmer haben wieder einen Gewerkschaftsbund, das heißt ein Instrument, das ihnen die Gewähr gibt, die Zukunft der arbeitenden Menschen zu einer besseren zu gestalten. Wir haben unseren Bund und mit ihm die Garantie auf eine für alle Schaffenden glücklichere Zukunft«*, so der künftige Vorsitzende Böckler.

Am dritten Tag wurden Grundsätze und Richtlinien des jungen DGB festgelegt: Recht auf Arbeit, Demokratisierung der Wirtschaft und Mitbestimmung, Überführung der Schlüsselindustrien in Gemeineigentum, Sicherung eines ausreichenden Lebensunterhalts für alle, Aufstellung eines volkswirtschaftlichen Gesamtplans. Auch Forderungen nach einer europäischen Wirtschaftsgemeinschaft und der Verwirklichung der Gleichberechtigung der Frau wurden aufgestellt. Am Abend wählten die Delegierten Hans Böckler zum Vorsitzenden des DGB, Matthias Föcher (1886–1967) und Georg Reuter (1902–1969) zu seinen Stellvertretern. Mit dem gemeinsamen Ruf »Es lebe die deutsche Arbeiterbewegung, es lebe die Internationale, beide in Freiheit und Unabhängigkeit!« endete der Kongreß.

Reichenbachstraße 27

Als am 5. September 1931 die Synagoge an der Reichenbachstraße 27 eingeweiht wurde, sahen sich die Gläubigen bereits mit einer feindlichen Umgebung konfrontiert. Das »Jüdische Echo« sprach damals von einer *»fremden, gehässigen und selbst da dem Judentum abträglichen Umwelt, wo sie ihm nicht direkt feindlich gegenübersteht.«* Mit dem Jahr 1933 wurde dieser Antisemitismus staatlich organisiert und gipfelte – vorerst – in der Zerstörung des Inneren der Synagoge in der Pogromnacht vom 9./10. November 1938. Das Gebäude selbst blieb stehen, da die Feuerwehr die Brandstiftung zu dem Zeitpunkt bekämpfte, als die Flammen auf die Nachbargebäude überzugreifen drohten. Am Tag nach diesen Vorkommnissen ließ Gauleiter Adolf Wagner verlauten, das »Dritte Reich« und die »Hauptstadt der Bewegung« hätten nach der nationalen Wende dem Judentum gegenüber eine Großzügigkeit walten lassen, die nicht mehr übertroffen werden könne (→ Lindwurmstraße 125). Er kündigte damit an, daß es für die Juden in Deutschland noch schlimmer kommen werde.

Am 20. Mai 1947 konnte die Synagoge an der Reichenbachstraße als erste in Deutschland wieder eingeweiht werden (→

Neuberghauser Straße 11). Julius Spanier, der Präsident der Israelitischen Kultusgemeinde (→ Kaulbachstraße 65), begrüßte als Gäste Vertreter der amerikanischen Militärregierung, des bayerischen Kabinetts, Vertreter der Stadt, der Universität u. a. General Lucius D. Clay äußerte sich in seiner Ansprache optimistisch: »*Ich stelle mit Freude fest, daß Menschen verschiedenster Nationalitäten und Konfessionen in diesem Gotteshaus zusammengekommen sind. Möge von diesem Haus ein neues Gefühl der Toleranz und des gegenseitigen Verständnisses ausgehen. Ich fühle, daß wir uns an der Schwelle zu einem neuen Zeitalter des guten Willens, zum gemeinsamen Zusammenleben aller Völker befinden.*«

Haidhausen

Der kurze Rundgang durch Haidhausen führt zu Stätten der nationalsozialistischen Selbstdarstellung, aber auch des Widerstands gegen die staatliche und staatlich verordnete Gewalt. Dieser Widerstand wurde von einzelnen Menschen ausgeübt und blieb weitgehend erfolglos. Daneben hat das Wiederaufleben der Demokratie seine Spuren ebenfalls in Haidhausen hinterlassen.

Rosenheimer Straße 29

Der Bürgerbräukeller in der Rosenheimer Straße 29 (heute GEMA und Hilton) galt bereits vor der Machtübergabe am 30. Januar 1933 und umso mehr danach als nationalsozialistischer Wallfahrtsort. Von hier hatte am 8./9. November 1923 der mißlungene Hitler-Putsch seinen Ausgang genommen, am selben Ort fand am 27. Februar 1925 die Wiederbegründung der NSDAP nach ihrem Verbot statt. Im Baedeker wurde der Bürgerbräukeller seit 1933 als Sehenswürdigkeit erwähnt.

Den zehnten Jahrestag des Hitler-Putsches feierten die nun tatsächlich regierenden Nationalsozialisten mit einer theatralischen Nachstellung der Ereignisse von 1923 unter dem Motto »Und Ihr habt doch gesiegt!« (→ Odeonsplatz). An dieser seit 1933 jährlich stattfindenden Kultveranstaltung

Bürgerbräukeller, 9.11.1933; Marschgruppe um Göring und Hitler

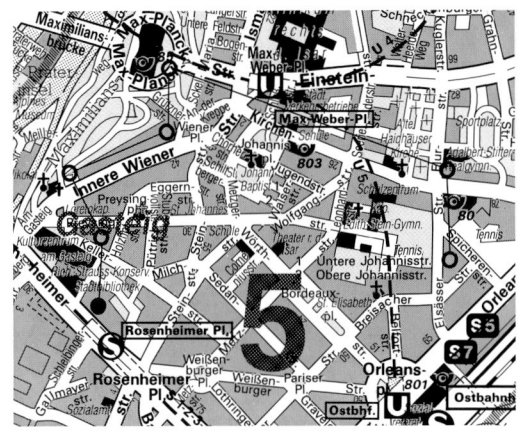

nahm die gesamte Parteispitze sowie die Teilnehmer des Hitler-Putsches, die »Alten Kämpfer«, teil.
Am 8. November 1933 erläuterte Hitler in seiner Rede im Bürgerbräukeller die »Bedeutung des 9. November 1923«: Es sei damals der Versuch gewesen, »*den Staat der Schande, den Staat des deutschen Elends zu überwinden. Nie dachten wir daran, eine Erhebung durchzuführen gegen die Wehrmacht unseres Volkes. Ich glaube, daß die Vorsehung uns das nicht hätte erleben lassen, wenn sie die Absicht besäße, uns am Ende doch zu vernichten. Damals konnte man Deutschland zum Prügelknaben und Schuldigen der Welt machen, heute ist das unmöglich. Das deutsche Volk will keinen Krieg, das deutsche Volk will Ruhe und will arbeiten, nach seiner Fasson selig werden. Charakterlose Völker haben auf der Welt keine Daseinsberechtigung*« usw. Im Anschluß an diese Rede legte die Versammlung den Weg der Hitler-Putschisten über die Ludwigsbrücke zum Marienplatz und von dort zum Odeonsplatz und zum Königsplatz zurück.
Während Hitler am 8. November 1939 – der Krieg hatte bereits begonnen – im Bürgerbräukeller Großbritannien als Hauptkriegstreiber darstellte und den Luftkrieg sowie die Invasion der Insel propagandistisch vorbereitete, lief über ihm der Zeitzünder einer Bombe ab. Johann Georg Elser (1903–1945), ein Kommunist, hatte sich als Einzelgänger das Ziel gesetzt, Deutschland von Hitler zu befreien und der nationalsozialistischen Herrschaft ein Ende zu setzen. Elser hatte seine Tat perfekt geplant, alles lief wie geplant ab, bis Hitler – entgegen seiner Gewohnheit – seine Rede vorzeitig beendete und den Saal zusammen mit der Parteiprominenz verließ. Dreizehn Minuten darauf explodierte die Bombe, die Decke des Saales stürzte herab und tötete acht Menschen. Elser wurde noch am selben Abend an der deutsch-schweizerischen Grenze festgenommen. Da die Gestapo nicht an seine Alleintäterschaft glauben konnte, waren die »wahren« Täter bald festgestellt: der britische Geheimdienst.
Eine Gedenktafel am Eingang des GEMA-Gebäudes erinnert seit 1989 an Elser, der nach dem erhofften Endsieg in einem Schauprozeß verurteilt werden sollte. Da es aber anders kam, ermordete die SS den »persönlichen Gefangenen des Führers« noch am 9. April 1945 im KZ Dachau.
Der abergläubische Hitler betrat den Bürgerbräukeller nie wieder. Seit 1940 fanden die Feierlichkeiten daher im Löwenbräukeller (→ Stiglmaierplatz) statt.
Nach dem Einmarsch der US-Armee am 30. April 1945 stürmte die Bevölkerung am 3. Mai den Bürgerbräukeller und plünderte die reichlich vorhandenen Vorräte. Über diese Vorgänge heißt es in einer zeitgenössischen Darstellung:

»*Angesichts einer der Stadtbevölkerung drohenden Hungersnot vollzog sich im Bürgerbräukeller eine geradezu groteske Plünderung von Fett, Butter und Käse. Hier hatte die ›Reichsstelle für Fette und Käse‹ ein großes Zentrallager angelegt, in dem nach halbamtlichen Schätzungen mindestens 110 000 Zentner Käse neben großen Stapeln von Butter und Fetten aufgespeichert waren. Es wurde restlos ausgeplündert, wobei beträchtliche Mengen Ware am Boden zertrampelt wurden. In den Kellern und auf den Treppen gingen die Menschen auf Butter und Käse.*«

Nach Instandsetzungsarbeiten wurde der Bürgerbräukeller am 14. Juli 1945 als Kantine für die US-Armee wiedereröffnet. Die Normalität kehrte endgültig am 11. April 1948 zurück, als hier die deutschen Tischtennis-Meisterschaften abgehalten wurden. Im Jahr 1979 wurden die Gebäude abgerissen. Nur die Tafel, die an Johann Georg Elser erinnert, läßt von der historischen Bedeutung des Bürgerbräukellers etwas erahnen.

Holzhofstraße 6   Die US-Militärregierung erlaubte am 4. Dezember 1945 die Gründung der Liberaldemokratischen Partei (LPD) in München, die ihr Büro in der Holzhofstraße 6 hatte. Am 13. Januar 1946 stellte sich die LPD im Prinzregententheater (→ Prinzregentenplatz) der Öffentlichkeit vor.

Zuerst trat Thomas Dehler (1897–1967) auf. Als Gegner des Nationalsozialismus war er 1944 in ein Zwangsarbeitslager eingewiesen worden. Nach dem Krieg leitete er von 1946 bis 1949 die bayerische FDP (→ Maximilianstraße 5). Im Prinzregententheater sprach er nun über die politische Schuld der Vergangenheit. Das deutsche Volk sei das eigentliche Opfer. Nicht das deutsche Volk habe die Konzentrationslager geschaffen, sondern man habe die KZ gegen den Willen des deutschen Volkes errichtet. Die Deutschen seien verführt und verblendet gewesen; politische Haltlosigkeit und Mangel an Klarsicht seien zutage getreten. Zentrum und Bayerische Volkspartei seien die Wegbereiter des Nationalsozialismus.

Als nächster Redner trat Julius Höllerer auf. Nach eigenen Angaben hatte er sich als Ingenieur bis 1941 in Südamerika aufgehalten und dort eine Anzahl von Kraft- und Wasserwerken sowie kommunale Straßenbahnnetze errichtet. Auch eine Technische Hochschule habe er dort erbaut. Um die Nöte der Zeit zu beseitigen, müsse die Freiheit aller Entwicklungen gewährleistet, alle Zwangsmaßnahmen und die Zwangswirtschaft abgebaut werden. Höllerer schloß mit der Forderung: »*Jedermann hat das Recht, frei zu sein, und kann verlangen, daß sein Recht auch vom Staat respektiert wird.*«

Bei der ersten Stadtratswahl nach dem Krieg am 26. Mai 1946 konnte die LPD nur 1,9 % der Stimmen auf sich vereinen und damit keinen Vertreter ins Rathaus entsenden. Vier Tage später ging die Partei in der FDP (→ Maximilianstraße 5) auf. In den Büroräumen an der Holzhofstraße blieb der rechtsradikale Flügel der Liberalen zurück. Unter der Führung von Karl Meißner firmierte man unter »Der Deutsche Block«. Dessen politische Ziele legte Meißner in einer Rede am 8. Dezember 1949 dar: Die deutsche Jugend müsse wieder Zucht und Ordnung lernen. Zu diesem Zweck müsse eine neue Wehrmacht aufgestellt werden. Die Demokratie habe als politisches System keine Daseinsberechtigung und müsse daher zerstört werden.

Innere Wiener Straße 1

In der Nikolai-Kapelle befindet sich ein Denkmal, das eine weitverbreitete, zustimmende Einstellung zum Krieg verdeutlicht. Maria hält ihren vom Kreuz abgenommenen, toten Sohn, darunter liest man: »*Sie gaben alles, was sie geben konnten: Die Seele Gott, dem Vaterlande Blut u. Leben.*«

Innere Wiener Straße 19

Im Hofbräukeller an der Inneren Wiener Straße 19 spielte sich einer der letzten gespenstischen Akte des »Dritten Reichs« in München ab. Am 24. Februar 1945 versammelte sich hier die lokale Parteiprominenz, um daran zu erinnern, daß Hitler vor 25 Jahren das 25-Punkte-Programm der Partei verkündet hatte (→ Platzl 9). Der »Führer« konnte wegen »Arbeitsüberlastung« nicht selbst anwesend sein, so daß seine Botschaft von Hermann Esser vorgelesen wurde. In ihr war die Rede vom »*Endkampf um die geschichtliche Wende*«, vom »*Wendepunkt der Menschheitsentwicklung*« und von der »*Vernichtung des Bolschewismus*«. Der Schluß lautete: »*Meine Parteigenossen! Vor 25 Jahren verkündete ich den Sieg der Bewegung. Heute prophezeihe ich – wie immer durchdrungen vom Glauben an unser Volk – am Ende den Sieg des Deutschen Reiches!*«
Aus Anlaß der Wiederkehr »*dieses für die jüngste deutsche Geschichte so bedeutungsvollen Ereignisses*« (»Völkischer Beobachter« vom 26. Februar 1945) hatte man auch die sogenannte »Blutfahne« herangeschafft. Diese war angeblich beim mißglückten Hitler-Putsch des Jahres 1923 mitgetragen worden und galt seitdem als *das* Heiligtum der Partei schlechthin.
Am Schluß der Veranstaltung verlas Stadtschulrat Joseph Bauer ein »Treuetelegramm« der Anwesenden an den »Führer«, in dem es hieß: »*Je härter der Kampf, und je größer die Not, desto härter der Wille und desto fester unsere Treue und unser Glaube an den Sieg! Das deutsche Volk wird nicht eher*

Franz Moos, »Alter Kämpfer« und Teilnehmer der Veranstaltung am 24. 2. 1945 (aus: Müller-Schönhausen, Rudolf: Köpfe aus der Gefolgschaft des Führers – Alte Kämpfer. München 1937)

ruhen und rasten, bis ihm der Sieg und damit der ihm zukommende Platz an der Sonne gesichert ist.«

Max-Planck-Straße 1 Mit Waffengewalt hatten die Amerikaner die Demokratie in Bayern erzwungen. Da das alte Landtagsgebäude von vor 1933 in der (→) Prannerstraße 8 zerstört war, hatte sich der Bayerische Landtag am 16. Dezember 1946 in der Aula der Universität (→ Geschwister-Scholl-Platz) konstituiert. Anfang Januar 1947 mußte er ins Brunnenhoftheater in der Residenz (→ Residenzstraße) umziehen, Anfang Mai 1947 in die Oberfinanzdirektion an der (→) Sophienstraße 6.
Auf der Suche nach einer endgültigen Bleibe stieß man auf das Maximilianeum in der Max-Planck-Straße 1. Das zu 60 Prozent beschädigte Gebäude diente an sich der Unterbringung einer Studienstiftung und mußte für den neuen Zweck umgebaut werden. Wegen der katastrophalen Versorgungslage kamen die Bauarbeiten nur langsam voran. Erst nach der Währungsreform vom 21. Juni 1948 konnte der Umbau fertiggestellt werden.
Am 11. Januar 1949 zog der Landtag feierlich in das Maximilianeum ein. An dem Festakt nahmen unter anderem der Landesdirektor der amerikanischen Militärregierung, Murray D. van Wagoner, und der Präsident des Parlamentarischen Rates, Konrad Adenauer, teil. Unter seiner Führung wurde zu jener Zeit die künftige Bundesverfassung beraten. Speziell an Adenauers Adresse waren die folgenden Worte des Landtagspräsidenten Michael Horlacher gerichtet: »*Sie alle, die zu diesem Hohen Hause gehören, werden mit mir übereinstimmen, daß wir uns dieses Haus nicht bereitet haben, damit hier über kurz oder lang ein Landtag tagt, von*

Einzug des bayerischen Landtages in das Maximilianeum. Die Vertreter der deutschen Länderparlamente und Konrad Adenauer nehmen am Festakt teil.

dem man sagen müßte, daß er kein Landtag eines bayerischen Staates, sondern ein besserer Provinziallandtag geworden ist.«

Ausdruck des bayerischen Strebens nach Unabhängigkeit war die Ablehnung des Bonner Grundgesetzes am 20. Mai 1949. Nach 15stündiger Debatte stimmten 101 Abgeordnete dagegen, 63 dafür und 9 enthielten sich der Stimme. Allerdings wurde die Rechtsverbindlichkeit des Grundgesetzes mit 97:6:70 Stimmen anerkannt. Bayern war damit das einzige Bundesland, dessen Volksvertretung das Grundgesetz ablehnte. Die politische Unabhängigkeit, die man seit 1946 in Bayern besessen hatte, wollte man dem jungen Bonner Bundestag gegenüber demonstrativ betonen, ohne allerdings die Bundesrepublik Deutschland als Staat abzulehnen.

Mit dem Landtag zog auch der Senat in das Maximilianeum ein. Er war zum ersten Mal am 4. Dezember 1947 in der Aula der Universität (→ Geschwister-Scholl-Platz) zusammengetreten und hatte seitdem an wechselnden Orten getagt.

Flurstraße 1

(aus dem Liederbuch für Kinder »Der Singkamerad«, Bayreuth 1934)

Die Schule an der Flurstraße 1 sei beispielhaft herausgegriffen, um das Schicksal der Kinder und Heranwachsenden in den Jahren 1933–1949 zu skizzieren.

Die erwachsene Bevölkerung Haidhausens dachte und wählte bis 1933 mehrheitlich »links«. Bei der von staatlichem Terror begleiteten, letzten Reichstagswahl am 5. März 1933 diente die Flurschule als Wahllokal. Die hier abgegebenen Stimmen verteilten sich wie folgt: SPD 359, NSDAP 213, BVP 172, KPD 170.

Der anschließende, verstärkte Terror gegen Feinde der Nationalsozialisten sowie die stete Propaganda und die »Erfolge« der Diktatur schlugen sich sehr bald auch bei den Kindern der Haidhauser nieder: Im November 1935 konnte man in der Zeitung lesen: *»Die Schule an der Flurstraße hat vom Obergebietsführer Klein am 5. November das Recht zugesprochen erhalten, die HJ-Fahne zu hissen, da 97 v. H. aller Schüler dieser Schule in das Jungvolk eingegliedert sind. Die Flurschule ist damit die erste Volksschule in München, die diese Auszeichnung erhalten hat.«* Der politischen Nivellierung folgte später die Ent-Konfessionalisierung: Das Schulgebet wurde abgeschafft, und die Kruzifixe aus den Klassenräumen entfernt.

Im Lauf des Krieges dienten Keller und Turnhallen als Lager für die Ausgebombten und ihre übriggebliebene Habe, ZwangsarbeiterInnen aus den umliegenden Betrieben wurden einquartiert, so daß in den noch freistehenden Räumen durchschnittlich 180 Kinder pro Klassenzimmer im Schichtbetrieb unterrichtet wurden. Diese Kinder kamen vermehrt aus Schulsprengeln, deren Schulen zerstört worden waren. Die chaotischen Unterrichtsbedingungen wurden gegen Ende des Krieges noch verschärft, als im Anschluß an die Weihnachtsferien vom 8. bis 29. Januar 1945 »Kohleferien« bekanntgegeben wurden.

Die amerikanischen Militärbehörden setzten schon am 8. Mai 1945 Anton Fingerle (1912–1976) als Schul- und Kulturreferenten ein. Seine kaum lösbare Aufgabe war die Neuorganisation des Schulwesens. Von den 76 Münchner Volksschulen waren durch die Fliegerangriffe 13 vollständig vernichtet, 26 teilweise zerstört und 27 leicht beschädigt worden. Nur 10 waren unbeschädigt geblieben. Es gab weder Hefte noch Schreibsachen, dafür aber jede Menge Schulbücher aus dem »Dritten Reich«. Die Verwendung aller seit 1933 erschienenen Lehrbücher war jedoch streng untersagt. Seit dem 10. Juli 1945 wurden nun im Auftrag der Militärregierung 4 Millionen inhaltlich bereinigter Schulbücher in Münchner Druckereien hergestellt.

Ein weiteres Problem stellten die Lehrerinnen und Lehrer dar, hatte doch der Berufsstand der Volksschulpädagogen zu den begeistertsten Anhängern des Nationalsozialismus gehört. Die Militärregierung forderte die Entlassung aller belasteten Lehrkräfte. Von den 1362 Pädagogen vor Kriegsende blieben nur 438 im Dienst. Das neue Schuljahr begann am 17. September 1945 also unter äußerst ungünstigen Umständen.

Kurz nach der Befreiung wurden im Ausland Hilfsaktionen zugunsten der deutschen Jugendlichen organisiert. Schon am 29. Dezember 1945 traf im Rathaus eine Abordnung des Schweizer Kantons St. Gallen ein, die fünf mit Schuhen und Kleidern beladene Lastwagen mit Anhängern übergab. Stadt und Kanton St. Gallen übernahmen das Patronat für München.

Oder am 12. November 1947: 400 Münchner Kinder kamen am Hauptbahnhof aus der Schweiz an, wo sie drei Monate lang bei Familien zur Erholung untergebracht gewesen waren. Sie waren neu eingekleidet und hatten bis zu 10 Kilogramm an Gewicht zugenommen.

Aus den USA stammten die CARE-Pakete. Zusätzlich hatten sich die Quäker sowie die Hoover-Stiftung zum Ziel gesetzt, im Rahmen ihrer privaten Hilfsmaßnahmen alle Schulkinder zwischen 6 und 14 Jahren mit Nahrungsmitteln zu versorgen.

Spicherenstraße 4   Der Arbeiter Anton Aschauer (1897–1976) lebte seit 1917 im dritten Stock der Spicherenstraße 4. Anfang der zwanziger Jahre bekleidete er den Posten des ersten Landessekretärs der

Stadtrat Anton Aschauer (SPD), 21. 9. 1948

KPD in Bayern, trat aber bald zur SPD über. Nach der Machtübergabe an die NSDAP im Januar 1933, noch während der Periode der Legalität der SPD, baute Aschauer in Erwartung staatlicher Verfolgung innerhalb der SPD-Sektion Ramersdorf eine konspirative Widerstandsgruppe auf. Diese war nach KPD-Vorbild in Dreier-Gruppen eingeteilt, um nach der eventuellen Verhaftung eines Mitglieds die Zerschlagung der ganzen Organisation unmöglich zu machen.
Im März 1933 gab Aschauer ein Flugblatt mit dem Titel »21 Thesen gegen Hitler« heraus, im Jahr 1934 eines unter der Überschrift »Hitler sägt sich den Ast ab, auf dem er sitzt«. Dies bezog sich auf die Ermordung der SA-Spitze um Ernst Röhm. Kurz darauf wurden einige Mitglieder der Gruppe verhaftet.
Nachdem Aschauer die Sinnlosigkeit seiner isolierten Aktionen eingesehen hatte, nahm er Verbindung zur Leitung der Exil-SPD in Prag auf. Anfang August 1934 reiste er zu Waldemar von Knoeringen nach Prag, um mit diesem die Belieferung mit Flugblättern zu besprechen.
Am 12. August 1934 traf die erste Lieferung per Kurier ein. Beim Auspacken wurden Anton Aschauer, Johann Steinbeis und Johann Deubzer verhaftet. Sie waren wochenlang von der Polizei beobachtet worden.
Nach zwei Jahren Einzelhaft in Stadelheim begann der Prozeß gegen die Mitglieder der sozialdemokratischen Gruppe. Im Juli 1936 verurteilte man Aschauer zu 21 Monaten Gefängnis.
Nach dem Krieg trat Anton Aschauer der SPD auch offiziell wieder bei. Er rückte im September 1948 für Erwin Hielscher in den Stadtrat nach, dem er bis 1966 angehörte.

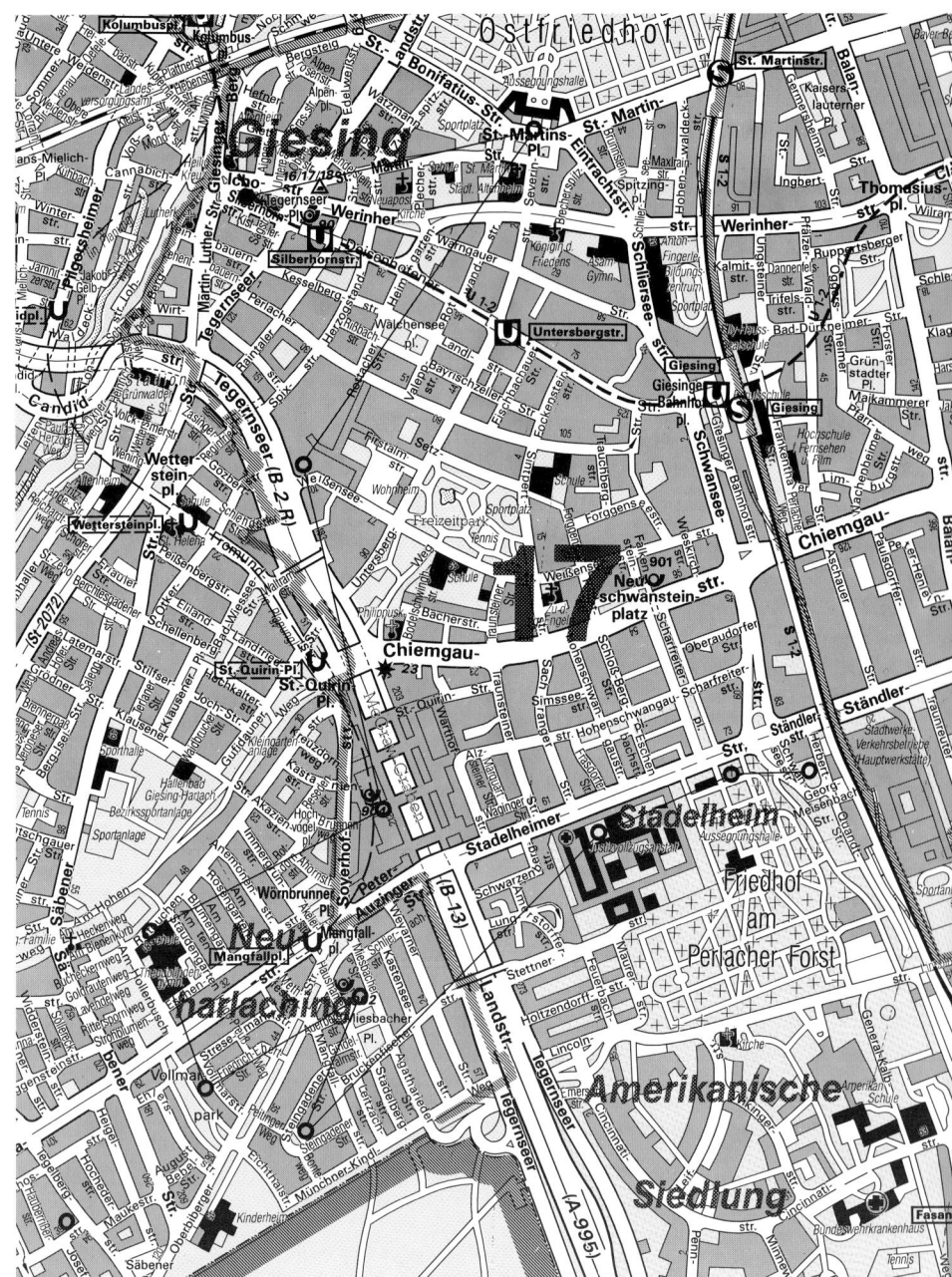

Giesing/Harlaching

Die Stadtteile Giesing und Harlaching repräsentierten zwei verschiedene soziale Welten: Während Giesing als Arbeiterviertel galt, wohnten in Harlaching die Wohlhabenden. Neuharlaching wiederum ist mit Giesing zu vergleichen. Das »Dritte Reich« hinterließ in diesen Stadtvierteln zahlreiche sichtbare, architektonische Spuren. Aber auch Ereignisse, auf die heute nichts mehr hinweist, werden auf diesem Rundgang beschrieben. Nach 1945 galt Harlaching als »Klein-Amerika«, da sich hier die Militärregierung für Bayern befand.

Giesinger Berg

Am 1. Mai 1919, dem sozialistischen »Tag der Arbeit«, marschierten reguläre Truppen und rechtsradikale Freikorpsverbände nach München ein, um der hiesigen Räterepublik ein blutiges Ende zu bereiten.

Im Arbeiterviertel Giesing und besonders am Giesinger Berg fanden erbitterte Kämpfe statt, die nach zwei Tagen siegreich für die Gegenrevolutionäre ausgingen. Seitdem war »Giesing« sowohl Symbol für sozialistisch-kommunistischen Widerstandswillen wie auch für den erfolgreichen Kampf gegen die »Roten«.

Nachdem am 30. Januar 1933 die Macht an die NSDAP übergeben worden war und die Reichstagswahlen auf den 5. März festgesetzt wurden, entbrannte von neuem eine »Schlacht um Giesing«. Zum 5. Februar 1933 meldete die

Enthüllung des Denkmals an der Ichostraße, 3. 5. 1942

NSDAP bei der Polizei einen spektakulären Marsch durch den Stadtteil an, um ihre Stärke auch in dem klassischen Arbeiterviertel zu demonstrieren. Die KPD ihrerseits wollte dagegen beweisen, daß ein solches Unterfangen im »roten Giesing« unmöglich sei.

Im Polizeibericht vom 5. Februar hieß es: »*Die SA und SS veranstalteten am Sonntagvormittag durch Giesing und Haidhausen einen Propagandamarsch. Die Kommunistische Partei hatte in ihrer Presse zu Gegenkundgebungen aufgerufen und durch Flugblätter die Arbeiterfrauen aufgefordert, den Zug mit Blumentöpfen, heißem Wasser und allem möglichen Hausrat zu begrüßen. Die zur Sicherung des Zuges eingesetzten Polizeikräfte mußten an verschiedenen Punkten eingreifen.*« Das starke Polizeiaufgebot machte es dann auch möglich, daß der »Völkische Beobachter« am nächsten Tag großsprecherisch verkünden konnte: »*Der Marsch der SA und SS durch Münchens rote Viertel. Kommune und Reichsbanner lauerten mit Messern im Hinterhalt. Aber die braunen Kolonnen brechen mühelos den Terror des Rotmordgesindels.*«

Die Wahlergebnisse vom 5. März zeigten Giesing als ein Viertel der politischen Gegensätze. Die NSDAP erhielt die meisten Stimmen, dicht gefolgt von der SPD, während sich die KPD und die BVP den dritten Platz teilten.

Ichostraße Am 3. Mai 1942, dem Jahrestag des Sieges über die Räterepublik, enthüllte Oberbürgermeister Karl Fiehler vor der Schule an der Ichostraße das Freikorpsdenkmal. Ein zehn Meter hoher, nackter Heroe aus Granit zerquetschte einer Schlange den Kopf. Sinn und Zweck dieses Denkmals, das an sich für Ramersdorf vorgesehen gewesen war (→ Herrenchiemseestraße), dann aber von Hitler persönlich für Giesing bestimmt wurde, erläuterte der ehemalige Freikorpsführer und damalige Reichsstatthalter Ritter von Epp: »*Das Ringen von heute hat seine Wurzeln in den Kämpfen von damals: Was die Freikorpskämpfer damals schlugen, waren die Vortruppen jenes Gegners, der heute als Sowjetrußland, zu einer gewaltigen militärischen Macht gewachsen, gegen unsere Wehrmacht im Kampfe steht ... Viele Marschierer von Freikorps waren später Marschierer des 9. November 1923* [des Hitler-Putsches, d. V.] *und auf dem steinigen und steilen Weg der Entwicklung der nationalsozialistischen Bewegung.*« Nur drei Jahre später fand das »Dritte Reich« sein Ende, und das Freikorpsdenkmal wurde wieder abgerissen. Geblieben ist von ihm nur die flankierende Mauer.

St. Martins-Platz 1 Kurt Eisner, der am 21. Februar 1919 von einem rechtsradikalen Adligen ermordete Ministerpräsident, fand seine letzte

Ruhe auf dem Ostfriedhof. Am 1. Mai 1922 enthüllten die Münchner Freien Gewerkschaften auf dem Ostfriedhof ein Denkmal, das »Den Toten der Revolution« gewidmet war. In seinen Sockel wurde Eisners Urne eingemauert. Kurz nach der Machtübergabe an die NSDAP zerstörten Nationalsozialisten das Revolutionsdenkmal. Am 22. Juni 1933 brach man es ab, die Urne Eisners wurde auf den Israelitischen Friedhof (→ Garchinger Straße 37) verbracht, wo sich heute noch sein Grab befindet. Nach dem Krieg gestaltete der Giesinger Künstler Konstantin Frick das Denkmal originalgetreu nach.

In das Krematorium am Ostfriedhof wurden die Leichen tausender Gegner und Opfer des »Dritten Reiches« gebracht. Die sterblichen Überreste von siebzehn während des »Röhm-Putsches« Anfang Juli 1934 ermordeter Nationalsozialisten und Gegner des Nationalsozialisums wurden hier verbrannt. Damit nichts an sie erinnerte, »verschwand« ihre Asche (→ Richard-Wagner-Straße 27). Eine nicht bekannte Zahl von Menschen, die im Gefängnis Stadelheim (→ Stadelheimer Straße 12) aus politischen Gründen ermordet worden waren, wurde hier eingeäschert, ebenso wie die Leichen von 3996 Häftlingen, die aus unbekannten Gründen aus den Konzentrationslagern Dachau, Auschwitz und Buchenwald sowie aus sogenannten Euthanasie-Anstalten hierher gebracht worden waren. Ihre Urnen befanden sich bis Kriegsende im Keller des Krematoriums (→ Stadelheimer Straße 24). An diese Opfer des Nationalsozialismus erinnert seit 1958 ein ebenfalls von Konstantin Frick geschaffener Gedenkstein mit der Aufschrift: *»Für ihre Überzeugung haben unter der politischen und geistigen Unterdrückung der Jahre 1933–1945 tapfere Frauen und Männer ihr Leben geopfert. Ehre ihrem Andenken.«*

In der Frühe des 17. Oktober 1946 fuhren Lastwagen der US-Armee am Krematorium des Ostfriedhofes vor. Ihre Fracht bestand aus zwölf Särgen, von denen zwei zur Tarnung leer waren. Angeblich befanden sich darin die Leichen von zwölf in einem Krankenhaus verstorbenen US-Soldaten, die nun unter der Aufsicht von Offizieren eingeäschert werden sollten. In Wirklichkeit enthielten die Särge die Leichen von neun in Nürnberg am Tag zuvor hingerichteten Hauptkriegsverbrechern: Außenminister Joachim von Ribbentrop; Chef des Oberkommandos der Wehrmacht, Wilhelm Keitel; Chef der Sicherheitspolizei, Ernst Kaltenbrunner; Reichsminister für die besetzten Ostgebiete, Alfred Rosenberg; Generalgouverneur von Polen, Hans Frank; Innenminister Wilhelm Frick; der Herausgeber der antisemitischen Zeitung »Der Stürmer«, Julius Streicher; der Gauleiter von Thüringen, Fritz Sauckel;

Generaloberst Alfred Jodl und der Reichskommissar für die Niederlande, Arthur Seyss-Inquart. Der zehnte Tote war Reichsmarschall Hermann Göring, der sich am 15. Oktober seiner Hinrichtung durch Selbstmord entzogen hatte. Um jedem späteren Totenkult vorzubeugen, ordneten die Militärbehörden an, die Asche dieser Toten in die Isar zu streuen. In der amtlichen Mitteilung hieß es: »*Die Leiche Hermann Wilhelm Görings ist zusammen mit den Leichen der Kriegsverbrecher, die gemäß dem Urteil des Internationalen Gerichtshofes am 16. Oktober in Nürnberg hingerichtet worden sind, verbrannt und die Asche im geheimen in alle Winde verstreut worden.*«

Tegernseer Landstraße 161

Das »Camera-Werk« der IG Farben an der Tegernseer Landstraße 161 stellte für die Wehrmacht Zünder und für die Luftwaffe optische Zielgeräte her. Seit März 1933 arbeitete hier eine Gruppe von Giesinger Kommunisten im Widerstand gegen das »Dritte Reich«. Diese Gruppe war hervorgegangen aus der Ortsgruppe der KPD, die Ende Februar 1933 von der Polizei zerschlagen worden war. Einer der damals Verhafteten hieß Max Troll. Im Konzentrationslager Dachau wurde er zum Spitzel für die Nationalsozialisten. Die Angst um Frau und Kinder hatte ihn dazu gemacht. Nach seiner Entlassung arbeitete Max Troll für die Politische Polizei, und dies mit durchschlagendem Erfolg (→ Widenmayerstraße 25).

Troll, der sich den Tarnnamen »Theo« zugelegt hatte, war bestens vertraut mit dem kommunistischen Untergrund. Im Auftrag der Polizei organisierte »Theo« Treffen kommunistischer Widerständler nicht nur in München, sondern auch im gesamten südbayerischen Raum. Er reiste persönlich in die Schweiz, um dort von geflüchteten Genossen politische Schriften zu übernehmen, diese selbst in Bayern zu verteilen bzw. andere zum Verteilen anzustiften. Von der Gestapo erhielt er zusätzlich beschlagnahmtes Material zur weiteren Verbreitung. Infolge seiner nicht erlahmenden Aktivität gelangte »Theo« an die Spitze der Münchner Organisation der verfolgten KPD und lernte sämtliche leitenden Persönlichkeiten und deren Tätigkeit kennen. Darüber hinaus konnte er enge Kontakte zu anderen oppositionellen Gruppen, wie z. B. den Monarchisten, knüpfen.

Zwei Jahre lang arbeitete die Giesinger Widerstandsgruppe gegen das »Dritte Reich« unter den Augen der Gestapo, bis sich diese 1935 zum Zuschlagen entschloß. Im Frühjahr 1937 war jegliche Opposition vernichtet, auch die Gruppe im »Camera-Werk«. Nach Recherchen von Historikern gingen Hunderte von Verhaftungen, Tausende von Jahren Straf- und

Lagerhaft und Dutzende von Hinrichtungen auf das Konto des Max Troll.
Damit hatte »Theo« seine Aufgabe zur größten Zufriedenheit der Behörden erfüllt. Er verließ München und siedelte nach Regensburg über. 1948 stufte ihn eine Spruchkammer als »Hauptschuldigen« ein und verurteilte ihn zu zehn Jahren Arbeitslager.

Tegernseer Landstraße 202–224

Im August 1934 erwarb die NSDAP das große Gelände zwischen Tegernseer Landstraße, Peter-Auzinger- und Soyerhofstraße. Die Partei ließ bis Ende 1937 die Reichszeugmeisterei erbauen. Deren Aufgabe war die Aufsicht über Herstellung und Vertrieb parteiamtlicher Ausrüstungsgegenstände, also der Uniformen der zahlreichen NS-Organisationen, der Parteiabzeichen, Hakenkreuzfahnen usw. Da die Deutschen im »Dritten Reich« zu einem Volk in Uniformen wurden und allerorten Fahnen in großer Zahl benötigt wurden, gab es für die Reichszeugmeisterei viel zu tun. Sie war die

Haupteingang der Reichszeugmeisterei an der Tegernseer Landstraße, 1938 (aus: Rasp, Hans-Peter: Eine Stadt für tausend Jahre. Bauten und Projekte für die Hauptstadt der Bewegung. München 1981)

größte Dienststelle der NSDAP, ihre Gebäude dementsprechend umfangreich: 300 Büroräume und 418 Dienstwohnungen befanden sich in dem Komplex. Am Verwaltungsgebäude an der Tegernseer Landstraße 210 erkennt man heute noch die Überreste von Reichsadler und Hakenkreuz. Über den Hauseingängen beidseitig der Tegernseer Landstraße haben,sich steinerne Szenen aus dem Leben »deutschen Schaffens« in Handwerk, Landwirtschaft und Militär erhalten.
Ebenfalls in der Tegernseer Landstraße unterhielten der »Reichsautozug Deutschland« und der »Hilfszug Bayern« Garagen und Werkstätten. Die rund 100 Lastwagen transportierten die technische Ausrüstung für die Massenveranstaltungen der NSDAP durch Deutschland.
Nachdem die Reichszeugmeisterei sieben Jahre lang den Zwecken der Nationalsozialisten gedient hatte, beschlagnahmte die US-Armee Ende Mai 1945 die Anlagen und sperrte die Tegernseer Landstraße, um in dem weitläufigen Areal die Militärregierung für Bayern unterzubringen. Diese definierte in einem Erlaß vom 26. Dezember 1945 ihre Rolle folgendermaßen: *»In Bayern besteht eine autonome Staatsregierung, die einer zentralisierten Kontrolle der Militärregierung unterworfen ist. Die bayerische Regierung übt die gesetzgebende, vollziehende und richterliche Gewalt aus. Der Ministerpräsident ist dem Direktor der Militärregierung für Bayern verantwortlich. Alle Anweisungen der Militärregierung gehen von der Militärregierung für Bayern aus und werden unmittelbar dem Ministerpräsidenten zugeleitet.«*
Die Militärregierung verfolgte das Ziel, die Deutschen ihren Weg zur Demokratie eigenständig finden zu lassen, allerdings unter den wachsamen Augen derjenigen, die den Nationalsozialismus gegen den erbitterten Widerstand der meisten Deutschen zerschlagen hatten. Deshalb hieß es in dem Erlaß weiterhin: *»Für die gesamte Gesetzgebung ist die bayerische Regierung allein verantwortlich. Kein Gesetz darf einen Hinweis erhalten, daß es im Namen oder mit Genehmigung der Militärregierung erlassen ist. Landesgesetze bedürfen der vorherigen Genehmigung durch das Amt der Militärregierung für Bayern.«*
Die Aufgaben der Militärregierung bestanden einerseits in der Durchführung der Demontagen, der Reparations- und Wiedergutmachungszahlungen und der Entnazifizierung, andererseits in der Verteilung der Gelder aus dem Marshall-Plan, der Errichtung einer demokratischen Ordnung, der Lizensierung der Presse und der Organisation kulturellen Austausches, um nur einige Bereiche zu nennen.
Am 1. Oktober 1945 trat Generalmajor Walter J. Muller (1896–1952) das Amt des Militärgouverneurs für Bayern an.

Mc Graw – Kaserne am Mangfallplatz, 1949

Sein Nachfolger seit dem 27. November 1947 war Murray D. van Wagoner (1898–1986), der nun die Bezeichnung »Landesdirektor« trug. Diese Änderung symbolisierte den Übergang von der Politik der reinen militärischen Besatzung zur Politik der unterstützenden Hilfe der USA für Bayern. Anläßlich seines Abschieds gab van Wagoner für die »Süddeutsche Zeitung« vom 22. Oktober 1949 ein Interview. Auf die Frage: »*Glauben Sie, daß die Mehrheit des deutschen Volkes und seine politische Führerschaft für eine demokratische Lebensauffassung bereits reif sind?*« antwortete er: »*Die demokratischen Einrichtungen sind noch zu neu in Deutschland und besonders die jüngere Generation noch zu unerfahren für den Begriff und die Anwendung eines wahrhaft demokratischen Geistes. Meine Antwort auf Ihre Frage kann daher leider nur ein Nein sein. Ich muß jedoch hinzufügen, daß unzweifelhaft bereits bemerkenswerte Fortschritte hinsichtlich der Demokratisierung erzielt worden sind, und daß nach meinem Dafürhalten die deutsche Bevölkerung im allgemeinen willens und auf dem Wege ist, eine Nation frei von Furcht und Sorge zu werden.*«

Für die Stadt München zeigte sich van Wagoner optimistisch: »*München ist auf dem besten Wege, wieder eine der strahlendsten Hauptstädte der Welt zu werden. Täglich erstehen neue Geschäfte, die mit Waren aller Art gefüllt sind. Dieser phänomenale Fortschritt war nur möglich durch die Bemühungen der westlichen Besatzungsmächte und die lobenswerte Zusammenarbeit und den Gemeinschaftsgeist der deutschen Bevölkerung.*«

Van Wagoners Nachfolger, Clarence M. Bolds, hegte anfangs ein starkes Mißtrauen gegen Deutschland, das sich inzwischen als demokratischer Staat konstituiert hatte. In einem

Interview im Juli 1950 sagte er: »*Die schwierigste Aufgabe bestand darin, den Deutschen klarzumachen, daß eine echte Selbstverwaltung nur dort gedeihen kann, wo die Bürger bereit sind, Verantwortung auf sich zu nehmen und diese Bürde auch zu tragen. Es ist beispielsweise unendlich schwer gewesen, die Bevölkerung aus der Allmacht des Staates zu lösen, den Obrigkeitsstaat abzubauen und schließlich durchzusetzen, daß die Beamten ihre Grenzen erkennen. Denn die Beamten sind in Deutschland nicht Diener, sondern Herren des Volkes gewesen. Im deutschen Volk hat sich eine Abkehr von der Vergangenheit angebahnt. Die Änderung ist sichtbar, aber sie genügt noch nicht.*«

Die Militärregierung benötigte für ihre Mitarbeiter und deren Familien Wohnraum. Am 12. April 1946 sperrte die US-Armee daher weite Gebiete in Harlaching und in der Menterschwaige ab. Entlang der Karolingerstraße, der St. Magnus- und der Tegelbergstraße und entlang des Waldrandes und des Isarhochufers zog sich der Stacheldraht. Nur die Grünwalder- und die Geiselgasteigstraße blieben als Durchfahrt zum ebenfalls ausgenommenen Harlachinger Krankenhaus für Deutsche zugänglich.

Bis Ende des Jahres 1946 waren 894 Häuser von ihren Bewohnern geräumt worden. Sie mußten das gesamte Inventar zurücklassen und erhielten hierfür eine gewisse Entschädigung, sofern sie nicht zur Elite des »Dritten Reiches« gehört hatten. In dieser Gegend lebten sehr viele Wohlhabende, denen es in der Zeit des Nationalsozialismus finanziell gutgegangen war und deren augenscheinliche Komplizenschaft mit dem Nationalsozialismus ein Grund für die Amerikaner war, die Beschlagnahmungen oft rigoros durchzuführen.

Etwa 80 Prozent der Ausgewiesenen fanden Unterkunft in Wohnungen im übrigen Stadtgebiet, deren Bewohner als exponierte Nationalsozialisten ausziehen mußten. Die restlichen 20 Prozent mußten sich selbst helfen, sofern sie nicht bereits inhaftiert waren. Zu ihnen gehörte Ilse Heß, die Frau des »Stellvertreters des Führers« Rudolf Heß, der sich 1941 nach Großbritannien abgesetzt hatte (→ Brienner Straße 15).

Harthauser Straße 48

Harthauser Straße 94
Willroiderstraße 10
Willroiderstraße 8

Ilse Heß wohnte in der Harthauser Straße 48. Oder der Nationalsozialist der ersten Stunde Ulrich Graf aus der Harthauser Straße 94, und der NS-Oberbürgermeister Karl Fiehler (→ Marienplatz), der in der Willroiderstraße 10 residierte, sowie sein Nachbar aus der Willroiderstraße 8, der stellvertretende Reichsärzteführer Friedrich Bartels.

Nicht betroffen von den Beschlagnahmungen waren erwiesene Gegner und Opfer des »Dritten Reiches«, die als einzige Deutsche inmitten der nun rein amerikanischen Wohngegend

**Armannsperg-
straße 3
Bruggsperger-
straße 45**

lebten. Genannt seien der Gewerkschaftsführer Gustav Schiefer in der Armannspergstraße 3 (→ Landwehrstraße 7–9) und der Bürgermeister und seit 1948 Oberbürgermeister Thomas Wimmer in der Bruggspergerstraße 45 (→ Marienplatz). Beide waren 1933 als Sozialdemokraten aus ihren Arbeitsstellen und politischen Ämtern entlassen worden und hatten als Privatleute das »Dritte Reich« durchlebt.
Die Beschlagnahmungen durch die US-Armee gaben oftmals den Vorwand ab für nostalgische Rückblicke auf das »Dritte Reich«. Viele Betroffene stellten ganz richtig fest, ihnen sei es damals besser gegangen als nun unter der amerikanischen Besatzung. Böses Blut machten auch Artikel in den Medien wie etwa in der »Süddeutschen Zeitung« vom 31. Dezember 1948, in dem es über »Little America« hieß: »*2000 Amerikaner leben dort. Die Kinder gehen in die Rotbuchenschule. Aus dem Schulzimmer der ABC-Schützen tönt es chorisch: one, two, three ... Sonntags gehen die amerikanischen Familien in ihre Kapelle an der Seybothstraße, die Frauen suchen den PX-Laden, den Beauty-Shop oder das eigene Kino auf, die Männer ihre Snack-Bar. Eine amerikanische Hausfrau, die mit ihrem großen Auto unter Radiomusik gerade zum Einkaufen fährt, versichert uns, daß es sich in München gut leben läßt.*«
Seit 1949 entstanden neue Siedlungen für die US-Armee (→ Triester Straße), so daß die beschlagnahmten Häuser Schritt für Schritt ihren Besitzern zurückgegeben wurden. Die letzten Amerikaner verließen Harlaching erst 1956, nachdem die Siedlung im Perlacher Forst fertiggestellt worden war.

Rotbuchenstraße 81

In der Volksschule an der Rotbuchenstraße 81 begann am 1. Oktober 1935 der Unterricht. Sie war der erste Schulhausneubau in Bayern nach der Machtübergabe und war ein Prototyp des nationalsozialistischen Volksschulbaus: ein niedriges, eingeschossiges Gebäude mit dem typischen überstehenden Walmdach. Symptomatisch für die Planvorgaben im »Dritten Reich« war, daß sich im Keller vorsorglich Luftschutzräume befanden.
Bei der offiziellen Eröffnung am 22. Oktober 1935 sprach der Schulleiter Paul Höcht vor der zahlreich erschienenen Prominenz aus Politik, Partei und Kirche und ermahnte die ebenfalls anwesenden Eltern und Kinder, sich stets bewußt zu sein, daß das neue Gebäude aus nationalsozialistischer Tatkraft entstanden sei und der Erkenntnis der Kraft des Bluterbes und der Volksgemeinschaft dienen solle. Auch seine Schule werde dem »Führer« in Treue und im unerschütterlichen Glauben an ein ewiges Deutschland folgen. Dieses Gelöbnis sei in den Worten enthalten, die im festlich

geschmückten Turnsaal prangten: »*Das Ich ist vergänglich, ewig ist das Volk.*« Nach 1945 konnte Höcht in seinem Beruf als Pädagoge weiterarbeiten.
Höchts oberster Vorgesetzter bis 1935 war der Kultusminister Hans Schemm. Der Volksschullehrer Schemm trat 1922 der NSDAP bei, wurde 1925 Gauleiter der »Bayerischen Ostmark«, gründete 1927 den Nationalsozialistischen Lehrerbund, war seit 1928 Abgeordneter im Landtag und seit 1933 Gauleiter von Oberfranken, Oberpfalz und Niederbayern sowie Kultusminister (→ Salvatorplatz 2). Am 5. März 1935 starb Schemm an den Folgen eines Flugzeugabsturzes. Nach Hans Schemm wurde nun die Schule an der heutigen Rotbuchenstraße benannt. Vor dem angegliederten Kindergarten stellte man 1935 eine Dogge aus Bronze auf. Sie sollte an Schemms Hund erinnern, der wie sein Herrchen Opfer des Flugzeugabsturzes geworden war. Das Denkmal steht heute noch am alten Platz.
Ebenso wie Harlaching als Stadtviertel war die Rotbuchenschule als Gebäude von November 1947 bis Januar 1951 in einen deutschen und einen amerikanischen Bereich geteilt. Ein hoher Zaun trennte die amerikanische Schule ab, bis diese im Januar 1951 in das neuerbaute Gebäude umzog.

Am Staudengarten

Nauplia-/Oberbiberger Straße

Zwischen der Nauplia- und der Oberbiberger Straße entstand nach 1933 die »Alte-Kämpfer-Siedlung«, deren Straßen zu Ehren von Nationalsozialisten benannt wurden, die während der Weimarer Republik getötet worden waren. Nach dem Krieg erhielten die Straßen Namen nach demokratischen Politikern. So wurde Hans Maikowski, am 30. Januar 1933 in Berlin erschossen, durch den Außenminister und Friedensnobelpreisträger Gustav Stresemann ersetzt; Daniel Sauer, am 1. Mai 1923 ermordet, durch den Reichspräsidenten Friedrich Ebert; und Oskar Körner, am 9. November 1923 anläßlich des Hitler-Putsches von der Polizei getötet, durch den SPD-Führer Georg von Vollmar.

Stresemannstraße

Friedrich-Ebert-Straße

Vollmarstraße

Die Bewohner dieser Siedlung waren aktive Nationalsozialisten, wie eine Broschüre aus dem Jahr 1941 schreibt: »*Da es sich hier um eine Siedlung für alte Kämpfer der NSDAP handelt, also eine Siedlergemeinschaft, die vorwiegend politischen Einschlag trägt, wurden bei der Auswahl nur altbewährte Kämpfer der Bewegung berücksichtigt. Sie setzen sich hauptsächlich aus Angestellten der Reichsleitung der Partei und der Obersten SA-Führung zusammen.*«

Vollmarstraße 12

Nach dem Ende des »Dritten Reiches« mußten diese Menschen ihre Häuser räumen, um Platz zu machen für Ausgebombte und für Opfer des Nationalsozialismus. So zog das

Stadtrat Gottfried Branz (SPD), 1948

Ehepaar Gottlieb (1896–1972) und Lotte Branz (1903–1987) in die Vollmarstraße 12 ein. Beide gehörten vor 1933 der SPD an und waren als entschiedene Gegner der Nationalsozialisten bekannt. Diese Gegnerschaft brachte ihnen im »Dritten Reich« langjährige Haft in Gefängnissen und Konzentrationslagern ein. Trotz seiner dadurch geschwächten Gesundheit widmete sich Gottlieb Branz sofort nach dem Krieg dem Wiederaufbau Münchens. Am 16. August 1945 wurde er in den Stadtrat berufen, wo er dann 1948 den Vorsitz der SPD-Fraktion übernahm. Gleichzeitig arbeitete er als Vizepräsident des Bayerischen Roten Kreuzes (→ Wagmüllerstraße 14), seit 1950 als Direktor der Städtischen Bibliotheken.

Lotte Branz hielt seit 1933 als Kurier die Verbindung zwischen dem sozialdemokratischen Widerstand in Südbayern und dem Grenzsekretariat der SPD in der Tschechoslowakei aufrecht. Die Polizei zerschlug 1935 diese Organisation. Seitdem war Lotte Branz immer wieder Verhören und Verhaftungen ausgesetzt. Nach 1945 baute sie an maßgeblicher Stelle als Vorsitzende der sozialdemokratischen Frauen und stellvertretende Landesvorsitzende die bayerische SPD mit auf (→ Mathildenstraße 9a).

Miesbacher Platz 15 Nicht weit entfernt, im Haus Miesbacher Platz 15, lebte nach ihrer Rückkehr aus dem Schweizer Exil seit November 1945 die Familie des ehemaligen SPD-Reichstagsabgeordneten Wilhelm Hoegner (1887–1980). Hoegner amtierte von 1945–1946 und 1954–1957 als bayerischer Ministerpräsident (→ Promenadeplatz 2) und von 1946–1947 als Justizminister. Als Mitglied der Verfassunggebenden Landesversammlung hatte er maßgeblichen Anteil am Entstehen der bayerischen Verfassung (→ Geschwister-Scholl-Platz).

In seinen Erinnerungen »Der schwierige Außenseiter« berichtet Hoegner über die Nachkriegszeit: *»Die Stadt München hatte mir inzwischen ein Häuschen in Harlaching als Wohnung zugewiesen. So konnten wir in München, in der alten Heimat, ein neues Leben beginnen. Wir hatten geglaubt, das deutsche Volk würde nach seiner Erlösung von Nazipest und Kriegsleiden aufatmen und innerlich geläutert und guten Willens sein. Aber gerade darin sollten wir in den nächsten Monaten und Jahren bei vielen Menschen bittere Enttäuschungen erleben.«*

Besitzer des Hauses war Leonhard Rieder, der als Kriminalpolizist während des »Dritten Reiches« am Unterdrückungs- und Terrorapparat teilhatte (→ Ettstraße). Nach dem Krieg wurde er entlassen und betrieb eine private Auskunftei. Auch sein Haus mußte er verlassen und als Bewohner die Familie Hoegner akzeptieren.

Hoegners Haus am Miesbacher Platz wurde Tag und Nacht von der Polizei bewacht. Sein persönlicher Leibwächter war der Polizeibeamte Ludwig Lallinger, der spätere Gründer der Bayernpartei (→ Rosenheimer Straße 218). Diese Schutzmaßnahmen waren nötig geworden, weil sich laut Hoegner Ende 1945 folgendes zugetragen hatte: *»Der Nationalsozialismus erhob im Untergrund noch sein Haupt. In Ingolstadt kam die amerikanische Besatzungsmacht einer Verschwörung ehemaliger SS-Offiziere gegen mich auf die Spur. Man wollte unserem Dienstmädchen ein Paket mit Sprengstoff in die Hände schmuggeln, das dann im vorher bestimmten Zeitpunkt in meiner Wohnung in die Luft gehen sollte.«*

Eichthal-/Mangfallstraße

Gleich jenseits der Oberbiberger Straße, zwischen Eichthal- und Mangfallstraße, entstanden 1935–1936 68 Häuser der »Nationalsozialistischen Kriegsopferversorgung«. Auch in diesem Wohngebiet sammelten sich überdurchschnittlich viele Nationalsozialisten, wie es 1941 hieß: *»Der Siedlerkreis war von Anfang an stark mit Parteimitgliedern und SA-Männern durchsetzt, so daß auch die Pflege des Frontgeistes als gesichert erscheinen konnte.«*

Ein wichtiger Zweck der Siedlung bestand in der Selbstversorgung ihrer Bewohner. Jedes Grundstück hatte 1000 m^2 Grund, von denen etwa 700 m^2 als landwirtschaftliche Fläche dienten. Hier wurden Obst und Gemüse angebaut und Kleintierzucht betrieben. Im Jahr 1941 etwa gab es 18 Schweine, 26 Ziegen, 1029 Hühner, 14 Gänse, 87 Enten und 30 Bienenvölker in der Siedlung, die damit für sich im kleinen das leistete, was das Deutsche Reich im großen anstrebte: die kriegswichtige Unabhängigkeit von Importen.

Am 15. Oktober 1945 erklärte der Alliierte Kontrollrat in Berlin die NSDAP mit ihren Unterorganisationen als offiziell aufgelöst. Die Kriegsopfersiedlung wurde vom Land Bayern übernommen. Auch die Straße, die durch die Siedlung führte, änderte ihren Namen: Hatte sie bisher nach Hitlers Alpendomizil Obersalzbergstraße geheißen, so trug sie nun den

Steingadener Straße

unbelasteten Namen Steingadener Straße. Die Bewohnerschaft setzte sich mehrheitlich aus Arbeitern und Angestellten zusammen. Trotz ihrer politischen Anschauungen konnten sie in ihren Häusern bleiben, mußten aber jeweils zwei Familien bei sich aufnehmen. Wegen der landwirtschaftlichen Erträge der Grundstücke war dies ohne größere Probleme möglich.

Stadelheimer Straße 12

Im Jahr 1933 wurde Wirklichkeit, was Joseph Goebbels bereits im Reichstag angekündigt hatte: *»Wir Nationalsozialisten lassen darüber keinen Zweifel: Wir sind nicht Anhänger*

von politischen Morddaten. Wir sind vielmehr der Meinung, daß in Deutschland einmal eine Zeit anbrechen wird, wo die, die das deutsche Volk in das tiefste Unglück hineingestürzt haben, legal aufgehängt werden.«
Während des »Dritten Reiches« verurteilten die Militärrichter 25 000 Menschen zum Tode, die Zivilrichter 16 000. Das Gefängnis Stadelheim wurde zur zentralen Hinrichtungsstätte für den südlichen Teil des Reiches. Etwa 1200 Menschen ließen hier ihr Leben. Aus dieser großen Zahl von Mordopfern seien einige herausgegriffen.
Am 30. Juni 1934 entmachteten die Spitze der NSDAP und die Führung der Reichswehr mit Hilfe der SS die SA (→ Karlstraße 10, → Barer Straße 7–11). Der letzte Akt dieses Machtkampfes spielte in Stadelheim. Am 30. Juni erschoß ein SS-Kommando die SA-Führer Wilhelm Schmidt, Hans-Peter von Heydebreck, Hans Hayn, Hans-Joachim von Spreti, Edmund Heines sowie den Münchner Polizeipräsidenten August Schneidhuber. Am nächsten Tag sollte Ernst Röhm dazu gezwungen werden, sich selbst zu erschießen. Da er sich weigerte, ermordete ihn Theodor Eicke, der damalige Kommandant des Konzentrationslagers Dachau.
Der Volksgerichtshof verurteilte am 22. Februar 1943 die Mitglieder der Widerstandsgruppe »Weiße Rose« zum Tode (→ Geschwister-Scholl-Platz). Zwischen Februar 1943 und Ende Januar 1945 wurden Hans und Sophie Scholl, Kurt Huber, Alexander Schmorell, Willi Graf und Hans Karl Leipelt in Stadelheim hingerichtet.
Bis zum 13. April 1945 wurden die Urteile mit Strick und Fallbeil vollzogen. Als Scharfrichter fungierte Johann Reichart, der sämtliche 1200 Todesurteile vollstreckte. Nach dem Krieg wurde sein Verhalten vor einer Spruchkammer verhandelt (→ Wagmüllerstraße 12).
Reichart war fanatischer Nationalsozialist. Seine Äußerung *»Juden und Judenknechte gehören geviertelt und im Tierpark verfüttert«* war allgemein bekannt. Zudem denunzierte er bei der Gestapo Mitbürger. Bei einem Jahresgehalt von 3000 Reichsmark erhielt er für jede Hinrichtung eine zusätzliche Prämie. Dadurch kam er auf ein jährliches Einkommen von durchschnittlich 43 000 Reichsmark.
Am 20. August 1947 wurde er als »Hauptschuldiger« zu zehn Jahren Arbeitslager und Einzug von 85 Prozent seines Vermögens verurteilt. Reicharts Rechtsanwälte gingen in Revision mit dem Argument, ihr Mandant hätte keine andere berufliche Perspektive gehabt und hätte deshalb gezwungenermaßen seinem blutigen Gewerbe nachgehen müssen. Ihr Mandant dürfe als Henker mitten im zwanzigsten Jahrhundert nicht sozial ausgegrenzt werden wie im Mittelalter.

Reichart wurde als »Aktivist« zu zwei Jahren Arbeitslager und Einzug von 50 Prozent seines Vermögens verurteilt. Eine Gedenkstätte im Hof des Gefängnisses erinnert an die Menschen, die hier dem »Dritten Reich« zum Opfer gefallen sind.

Stadelheimer Straße 24

Auf dem Friedhof am Perlacher Forst erinnert eine Vielzahl von Gräbern an Opfer und Gegner des »Dritten Reiches«. So liegt hier Wilhelm Hoegner begraben (→ Miesbacher Platz 15) ebenso wie die Mitglieder der »Weißen Rose«: Hans und Sophie Scholl, Christoph Probst, Alexander Schmorell und Hans Leipelt (→ Geschwister-Scholl-Platz). Noch am 29. April 1945 wurden Harald Dohrn und Hans Quecke ermordet (→ Ludwigstraße 2) und ihre Leichen in einen Bombentrichter im Perlacher Forst geworfen, wo man sie am 11. November 1945 fand und anschließend im Friedhof beisetzte. Der KZ-Ehrenhain I ist den 3996 Ermordeten gewidmet, deren Urnen im Krematorium des Ostfriedhofes lagen (→ St. Martins-Platz 1), der KZ-Ehrenhain II erinnert an 94 Tote, die im benachbarten Gefängnis (→ Stadelheimer Straße 12) aus politischen Gründen hingerichtet worden sind. Die Grabanlage für »Displaced Persons« ist 1122 Toten aus 12 Nationen gewidmet, die während des Zweiten Weltkrieges zwangsweise in Deutschland arbeiten mußten und hier starben.

Der Tod hat auch einen prominenten nationalsozialistischen Täter auf den Friedhof geführt: Felix Steiner (1896–1966), Kommandeur der 5. SS-Panzergrenadierdivision »Wiking«, der Freiwillige aus ganz Europa angehörten. Am 21. April 1945 erhielt er von Hitler den Befehl, die vor Berlin stehende Rote Armee endgültig zu vernichten. In Erkenntnis der tatsächlichen Lage täuschte Steiner militärische Aktivitäten vor. In Wirklichkeit löste er seine Einheit auf und setzte sich nach Norddeutschland ab. Wie sein Chef Heinrich Himmler kam Steiner dort in britische Gefangenschaft, aus der er am 27. April 1948 entlassen wurde. Seitdem beteiligte er sich am Aufbau der Organisation HIAG, deren Ziel die rechtliche Gleichstellung der Waffen-SS mit der Wehrmacht und damit die Zahlung von staatlichen Altersgeldern an ehemalige SS-Männer war. Auch als Militärwissenschaftler tat sich Steiner hervor. Seine Bücher trugen die Titel »Die Wehridee des Abendlandes« (1953), »Von Clausewitz bis Bulganin« (1958), »Die Freiwilligen. Idee und Opfergang« (1958) sowie »Die Armee der Geächteten« (1963). In diesem Buch vertritt er sein Konzept einer Elitetruppe aus Einzelkämpfern, wie es die Waffen-SS gewesen war.

Am 1. November 1945, dem traditionellen Volkstrauertag, gedachte die Stadt München der Opfer des »Dritten Reiches«.

Oberbürgermeister Scharnagl forderte auf der offiziellen Veranstaltung im Friedhof am Perlacher Forst, daß den Opfern des von den Nationalsozialisten herausgeforderten Krieges und insbesondere den politisch und »rassisch« Verfolgten ein würdiges und ehrendes Gedenken sicherzustellen sei.

Daß dies nicht selbstverständlich war, wurde bereits am 12. September 1948, dem »Tag der Opfer des Faschismus«, beklagt. Auf der Trauerfeier in der Aussegnungshalle des Friefhofes kritisierte Staatskommissar Philipp Auerbach (→ Holbeinstraße 11), daß gerade jene Menschen, die ihr Leben im Namen der Menschlichkeit und des Rechts geopfert hätten, fast schon wieder vergessen oder sogar neuen Schmähungen ausgesetzt seien. Während viele Widerstandskämpfer unter der Erde lägen, dürften sich Kriegsverbrecher öffentlich als Männer des Widerstands bezeichnen oder würden vorzeitig aus ihrer Haft entlassen. Während man Militärrenten bewillige, werde an die Opfer des Faschismus nicht gedacht. Die Alliierten würden heute – entgegen allen früheren Versprechungen – die Opfer nicht anders behandeln als die Verfolger. Stadtpfarrer Muhler (→ Emil-Muhler-Torweg), selbst Gegner und Opfer des Nationalsozialismus, prangerte darüber hinaus die zahlreichen Grabschändungen an, die schon wieder aus politischen und antisemitischen Motiven heraus begangen würden.

Herbert-Quandt-Straße

Östlich an den Friedhof anschließend lag eines der vielen Kriegsgefangenenlager Münchens. Es wurde 1942 für sowjetische Offiziere eingerichtet. Hier organisierte sich eine Untergrundorganisation, deren Name auf deutsch »Brüderliche Zusammenarbeit der Kriegsgefangenen« (russische Abkürzung: BSW) lautete. Die BSW verfolgte drei Ziele: Sabotage in den kriegswichtigen Betrieben Agfa, Krauss-Maffei und BMW, in denen man als Zwangsarbeiter eingesetzt war; Zusammenarbeit mit deutschen Widerstandsgruppen; schließlich Selbstbefreiung und Teilnahme am militärischen Kampf gegen das »Dritte Reich«.

In etwa zwanzig Münchner Kriegsgefangenenlagern entstanden Zellen der BSW. Diese hatten Verbindung mit der »Antinazistischen Deutschen Volksfront«, ADV, die geführt wurde von Emma und Hans Hutzelmann, Rupert Huber und Karl Mervat. Zusammen mit der BSW legte man Waffenlager an, um am Tag X das Regime aktiv bekämpfen zu können. Anfang 1944 schloß die Polizei ihre Ermittlungen gegen die beiden Organisationen ab und verhaftete mehr als 300 Personen. Am 4. September 1944 erschoß die SS 92 sowjetische Gefangene im Konzentrationslager Dachau. Im Dezember

1944 verurteilte der Volksgerichtshof die deutschen Mitglieder des Widerstands zum Tode und zu hohen Haftstrafen. Emma Hutzelmann war vor ihrer Verhaftung die Flucht gelungen, doch starb sie später bei einem Bombenangriff. Ihr Mann sowie Rupert Huber und Karl Mervat wurden am 15. Januar 1945 in Berlin enthauptet.

Der Stadtrat benannte im Jahr 1987 die auf dem Gelände des ehemaligen Lagers neuangelegte Straße nach Herbert Quandt (1910–1982), dessen Familie die Mehrheit des Aktienkapitals bei BMW besaß. BMW gehörte zu den kriegswichtigen Firmen und profitierte sowohl durch den Verkauf seiner Flugmotoren und Motorräder an die Wehrmacht als auch an der kostengünstigen Arbeit der ZwangsarbeiterInnen (→ Dachauer Straße 665, → Lerchenauer Straße 76). Zur Erklärung des Namens Herbert-Quandt-Straße heißt es im Adreßbuch: »*Er war eine hervorragende Persönlichkeit des deutschen Wirtschaftslebens. Er war Träger des Bayerischen Verdienstordens.*«

Marsfeld/Neuhausen

Auf diesem kurzen Gang durch das Marsfeld und Neuhausen werden Stätten und Personen vorgestellt, anhand derer sich Brüche und Kontinuitäten der Münchner Geschichte vor und nach 1945 zeigen.

Marsstraße 43 Die Feierlichkeiten zum Gedenken an den 9. November 1923 (→ Odeonsplatz) fanden am 12. November 1944 im Circus Krone statt (→ Stiglmaierplatz). Der 9. November 1944 war ein Donnerstag, also ein kriegswichtiger Arbeitstag; die geplanten Feierlichkeiten hätten zu viele Menschen von der Arbeit abgehalten. Hitler konnte zum ersten Mal nicht persönlich in dem für den Aufstieg der NDSAP so wichtigen Gebäude sprechen, wie er in seiner Grußadresse mitteilte: *»Die Erfordernisse der totalen Kriegsführung haben mich veranlaßt, die Erinnerungsfeier vom 9. November auf den nächsten freien Sonntag zu verschieben. Ebenso gestattet mir die Arbeit im Hauptquartier nicht, es zur Zeit auch nur auf einige Tage zu verlassen.«* Ebenfalls zum ersten Mal war nicht die gesamte Parteiführung anwesend.

Als Ehrengäste nahmen Generalfeldmarschall Wilhelm Keitel mit zahlreichen Generalen der Wehrmacht teilt, denn es ging bei der Veranstaltung nicht nur um die Erinnerung an den Hitler-Putsch des Jahres 1923, sondern auch um die symbolische Vereidigung des Volkssturmes. Am 25. September 1944 hatte Hitler angeordnet, alle noch nicht von der Wehrmacht erfaßten 16- bis 60jährigen Männer zum Volkssturm zusammenzufassen. Die so aufgestellten Massen sollten die militärische Niederlage Deutschlands zusammen mit den »Wunderwaffen« in einen Endsieg verwandeln. Oberster Befehlshaber des Volkssturmes wurde der SS-Führer Heinrich Himmler. Bis zum 12. November 1944 galt die Aufstellung des Volkssturmes als so weit fortgeschritten, daß Himmler in seiner Vaterstadt und der »Hauptstadt der Bewegung« die offizielle Vereidigung im Circus Krone vornehmen konnte. Der »Völkische Beobachter« beschreibt die Zeremonie: *»Die Marschierer des 9. November 1923 erlebten diesmal für ihre gefallenen Kameraden eine Gedenkstunde einmaliger Art und Größe: In der traditionsgeweihten Stätte der Kampfkundgebungen für ein neues Deutschland waren – symbolisch für alle im Reich – einige Bataillone des Deutschen Volkssturms vor der Blutfahne und vor den Männern angetreten, die dem Führer für den Volkssturm verantwortlich sind. Es war eine gewaltige Kundgebung des deutschen Volkskrieges, eine Kundgebung, die jeden mitriß und entflammte und den*

Briefmarke zur Aufstellung des Volkssturms, 1945

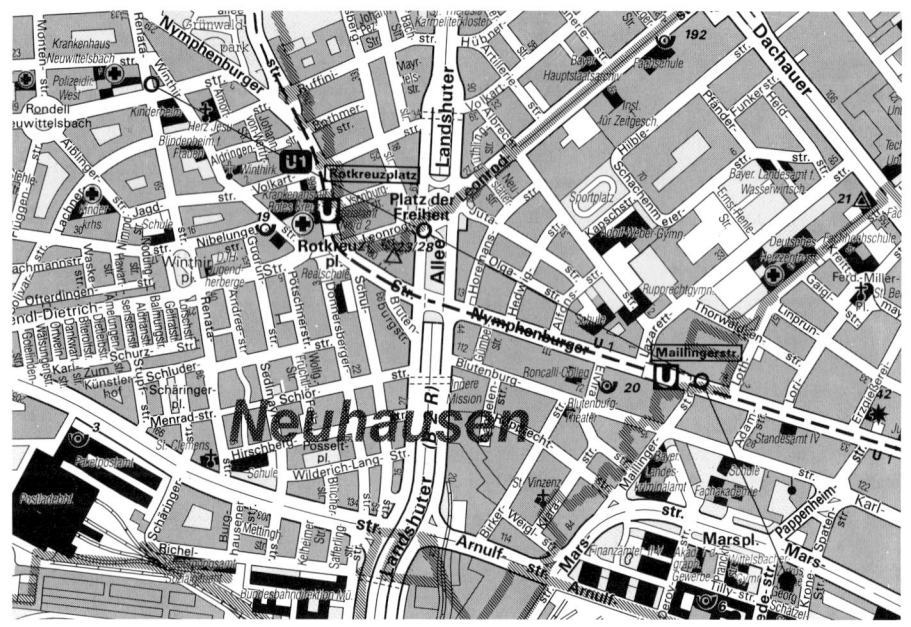

ganzen fanatischen Widerstandsgeist der Nation spiegelte.« Zu jener Zeit hatten die Alliierten bereits die deutsche West- und Ostgrenze überschritten.
Schon am 17. November 1945 fand das Richtfest des inzwischen zerstörten Zirkusgebäudes statt. Es sollte fortan allen Parteien für ihre Versammlungen zur Verfügung stehen. So sprach sich am 12. Januar 1947 der Vorsitzende der SPD, Kurt Schumacher, im Circus Krone gegen die Abtrennung deutscher Gebiete und gegen einen übertriebenen bayerischen Föderalismus aus. Er sah zudem die Gefahr, daß eine Mehrheit die Idee der Demokratie als Erfindung der Kriegssieger ablehnen würde.
Am 18. Januar 1947 behauptete der Vorsitzende der Wirtschaftlichen Aufbauvereinigung (→ Nikolaistraße 10), Alfred Loritz, in einer Veranstaltung seiner Partei, die meisten Mitglieder der NSDAP seien nach 1933 nicht freiwillig, sondern gezwungenermaßen der Partei beigetreten und gehörten somit auch zu den Opfern des »Dritten Reiches«.
Im Jahr 1948 hatte die Bayernpartei (→ Rosenheimer Straße 218) ihre großen Auftritte im Circus Krone. Am 18. Januar lehnte ihr Vorsitzender Ludwig Lallinger jede Bevormundung Bayerns durch die entstehenden westdeutschen Behörden ab. Während die Flüchtlinge aus dem Sudetenland und die Bayern *»Stammesbrüder«* seien, wären die Schlesier als *»kleine Preußen«* einzustufen. Bayern müsse durch ein eigenes Staatsbürgergesetz von den rund 400 000 *»Preußen«*, die sich im Lande festgesetzt hätten, *»gesäubert«* werden, forderte am 22. Februar der Landtagsabgeordnete Josef Baumgartner. Auch die Presse müsse von *»preußischen«* Lizenzträgern *»gesäubert«* werden.
Baumgartner sah auf einer Veranstaltung der Bayernpartei im Circus Krone am 15. August 1948 Bayerns Zukunft nur gewährleistet in einem deutschen Staatenbund innerhalb einer europäischen Föderation. Dieser Staatenbund müsse auf einem freiwilligen Zusammenschluß der selbständigen deutschen Länder beruhen. Auf einer Versammlung am 24. Oktober 1948 schließlich bezeichnete der Bayernpartei-Funktionär Jakob Fischbacher Ehen zwischen *»Preußen«* und Bayern als *»Blutschande«*.

Nymphenburger Straße 86

Der Bruckmann-Verlag an der Nymphenburger Straße 86 war bekannt für seine kunsthistorischen und philosophischen Veröffentlichungen. Seit 1888 leitete Hugo Bruckmann (1863–1941) die Firma. Er nahm den antisemitischen Autor Houston Stewart Chamberlain (1855–1927) unter Vertrag, der daraufhin im Bruckmann-Verlag seine völkisch-mystischen, deutsch-imperialistischen und rassistischen Ideen in

Buchform erscheinen lassen konnte. Chamberlains Hauptwerk sind die 1899 veröffentlichten »Grundlagen des 19. Jahrhunderts«. Die hier vertretenen Vorstellungen von »Rasse« und »Ariertum« übten später starken Einfluß auf die sich entwickelnde nationalsozialistische Bewegung aus. Hugo Bruckmann und seine Frau Elsa (1866–1946) gehörten seit 1920 zu den allerersten Mitgliedern der NSDAP (Mitgliedsnummern 79 und 80) und spielten für den Aufstieg der Partei eine zentrale Rolle. In ihrem Haus am Karolinenplatz 5 führten sie Adolf Hitler und seine Parteigenossen in die einflußreichen Kreise Münchens und Bayerns ein. Seit 1929 finanzierte das Ehepaar Bruckmann Hitlers teure Wohnung am (→) Prinzregentenplatz 16. Zu Hugo Bruckmanns 75. Geburtstag schrieb der »Völkische Beobachter« *»Sein frühzeitiges Eintreten für die NSDAP, das sich besonders in dem vom völkischen Verantwortungsbewußtsein getragenen Geist seiner verlegerischen Tätigkeit zeigt, ist ein Zeichen, daß er als einer der Ersten aus seinem Berufsstand die Aufgaben unserer Zeit erkannt hat und in seiner Arbeit verwirklicht.«* Seit dem 5. März 1933 gehörte Hugo Bruckmann für die NSDAP dem Reichstag an, gleichzeitig übernahm er 1933 das Vorstandsamt des Deutschen Museums, wurde Aufsichtsratsvorsitzender des Deutschen Nachrichtenbüros und leitendes Mitglied der Reichsschrifttumskammer. Über diese Zeit berichtete 1958 die Jubiläumsbroschüre zum 100jährigen Bestehen des Verlages: *»Man kann nicht sagen, daß der Verlag Bruckmann aufs Ganze gesehen übermäßig lebhaft auf den politischen Umschwung in Deutschland reagierte. Es scheint vielmehr, als habe man sich sehr absichtsvoll weiterhin mit zeitlosen, gegenwartsfernen Themen beschäftigt.«*

Bruckmann starb am 3. September 1941. Der »Völkische Beobachter« widmete ihm einen langen Nachruf auf der ersten Seite. Er sei ein *»alter Mitkämpfer des Führers«* gewesen, er habe sich *»um die nationalsozialistische Bewegung von Beginn ihres Kampfes an unschätzbare Verdienste erworben«*, das deutsche Volk verliere in ihm *»einen Mann, der mit dem Aufstieg der Nation aus tiefstem Verfall zu neuer Größe auf das engste verbunden«* sei. Deshalb habe der »Führer« ein Staatsbegräbnis für Hugo Bruckmann veranlaßt.
Dieses fand am 6. September 1941 im Deutschen Museum statt. Offiziere der Waffen-SS hielten die Ehrenwache. Hitler, Goebbels, Göring und eine Vielzahl anderer NS-Größen ließen Kränze niederlegen, auch die legendäre »Blutfahne« vom Hitler-Putsch am 9. November 1923 fehlte nicht.
Noch am 21. April 1945 zerstörten alliierte Bomben die Druckerei an der Nymphenburger Straße fast vollständig.

Der Wiederaufbau war im Sommer 1949 abgeschlossen, so daß die Firma nun wieder im kunstgeschichtlichen Bereich tätig werden konnte. Auch staatliche Aufträge, wie der Druck von Briefmarken, wurden übernommen.
In der Broschüre zum 125. Jubiläum des Verlages findet Hugo Bruckmann keine Erwähnung mehr.

Platz der Freiheit Im letzten Jahr des Ersten Weltkrieges, 1918, benannte die Stadtverwaltung die Landshuter Allee in Hindenburgstraße um. Damit sollte der Generalfeldmarschall geehrt werden, unter dessen Führung der Krieg bis zum bitteren Ende geführt wurde. Derselbe Hindenburg wurde 1925 zum Reichspräsidenten der demokratischen Weimarer Republik gewählt. Am 30. Januar 1933 ernannte er Hitler zum Reichskanzler.
Der Stadtrat beschloß am 5. Februar 1946, die Hindenburgstraße wieder in Landshuter Allee und den Hindenburgplatz in Platz der Freiheit umzubenennen. Damit sollten die Opfer des »Dritten Reiches« geehrt werden. An sie erinnert seit 1962 ein von Karl Oppenrieder gestaltetes Denkmal.

Romanstraße 7 General Erich Ludendorff (1865–1937), Feldherr des Ersten Weltkrieges, nahm als Anführer am Hitler-Putsch vom 9. November 1923 teil. Seit seiner Eheschließung 1926 mit Mathilde Spieß (1882–1966) übernahm er immer stärker die Vorstellungen seiner Ehefrau von einer jüdisch-freimaurerisch-jesuitischen Weltverschwörung. Er wandte sich vom Christentum ab und hoffte, mit Hilfe einer »Deutschen Gotterkenntnis« aus dem deutschen »Rasseerbgut« und der Überlieferung altgermanischer Religiosität heraus Vollkommenheit zu erlangen. Seine antisemitischen und antichristlichen Gedanken verbreitete das Ehepaar Ludendorff über den Ludendorff-Verlag, der 1935 aus den angemieteten Räumen in der Karlstraße 10 in das als Eigentum erworbene Anwesen Romanstraße 7 verlegt wurde.
Seit 1929 erschien die Zeitschrift »Am Heiligen Quell«, die das deutsche Volk als Opfer jüdisch-freimaurerischer Mordintrigen und christlicher Verdummung darstellte. Die weitgehende ideologische Übereinstimmung der Ludendorffs und ihres rund 50 000 Anhänger umfassenden »Tannenbergbundes« mit den Nationalsozialisten wurde getrübt, als das »Dritte Reich« 1933 das Konkordat mit dem Vatikan abschloß. Diese von den Ludendorffs verurteilte »Romhörigkeit« und der Tod des populären, aber in seiner Unabhängigkeit den Machthabern unangenehmen Erich Ludendorff im Jahr 1937 führten schließlich im September 1939 dazu, daß der Zeitschrift »Am Heiligen Quell« das Papierkontingent

Mathilde und Erich
Ludendorff, 1935

entzogen wurde und die Zeitung eingestellt werden mußte.
Eine weitere Publikation des Verlages waren die Lebenserinnerungen des Feldherren Ludendorff. Der erste Band kam 1940, der zweite 1951 und der dritte Band 1955 heraus. Der Ludendorff-Verlag, Vertrieb und Versand existierte unter der Leitung von Mathilde Ludendorff nach Kriegsende in der Romanstraße 7 weiter und entwickelte sich zu einem Zentrum des überlebenden Nationalsozialismus.

Schon im Juni 1945 hatte sich der »Bund für Gotterkenntnis« unter Mathilde Ludendorff etabliert. Er setzte die antisemitische und antidemokratische Hetze fort. Die Behörden ließen den »religionsphilosophischen« Bund gewähren, da Mathilde Ludendorff sich als Gegnerin und Opfer des Nationalsozialismus darstellte. Sie unternahm sogar mehrere – allerdings erfolglose – Versuche, in die Vereinigung der Verfolgten des Nationalsozialismus (VVN) (→ Franz-Joseph-Straße 49) aufgenommen zu werden.

Ihr Schwiegersohn, Franz Freiherr Karg von Bebenburg, konnte infolge der zunehmenden Nachfrage nach nationalsozialistischem Schrifttum 1948 einen Ableger des Ludendorff-

Verlages in Pähl bei Weilheim eröffnen, den Verlag Hohe Warte, der heute noch besteht.
Am 9. Februar 1949 ordnete die Staatsanwaltschaft München eine Hausdurchsuchung im Ludendorff-Verlag an. Große Mengen nationalsozialistischer und antireligiöser Schriften wurden beschlagnahmt, die auf Befehl der Militärregierung nach Kriegsende hätten vernichtet werden müssen.
Mathilde Ludendorff wurde von einer Spruchkammer (→ Wagmüllerstraße 12) am 5. Janaur 1950 als »Hauptschuldige« benannt, drei Tage später milderte man in der Revision diese Einschätzung ab: Sie wurde als »Belastete« eingestuft.
Der Ludendorff-Verlag ging 1953 im Verlag Hohe Warte in Pähl auf, wo bis heute das alte Gedankengut weitergepflegt wird.

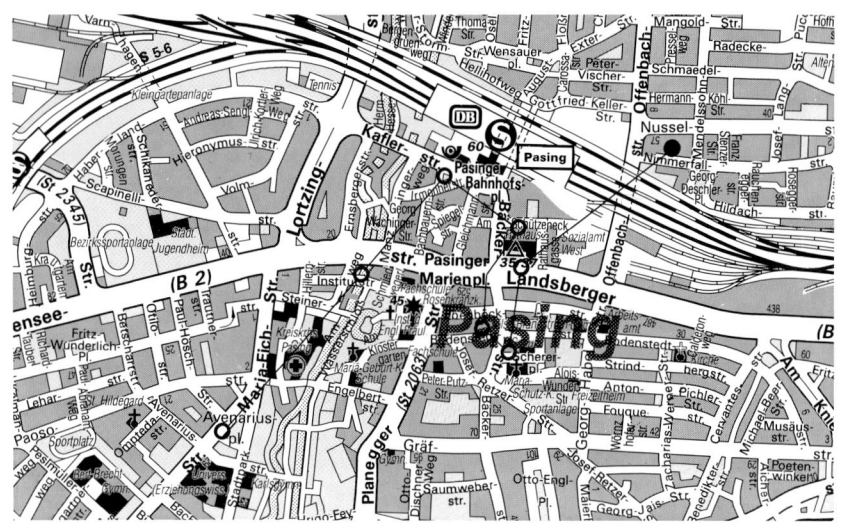

Pasing

Die eigenständige Stadt Pasing wurde im Januar 1938 nach München eingemeindet, ohne jedoch ihren eigenen Charakter zu verlieren. So gibt es hier bis heute einen Marienplatz, Bahnhofsplatz, Viktualienmarkt, Stadtpark, Arbeitsamt und Rathaus. In den Räumen der Stadtsparkasse ist zu lesen: »*Münchner geworden, Pasinger geblieben.*«

Nimmerfall-/Nusselstraße

Hans Nimmerfall; 1932
(aus: Gradel, Georg:
50 Jahre Gemeinnützige
Wohnungsgenossen-
schaft München-Pasing.
München 1960)

Die Häuser der »Gemeinnützigen Wohnungsgenossenschaft Pasing« zwischen Nimmerfall- und Nusselstraße wurden zum großen Teil von Kommunisten und Sozialdemokraten bewohnt. Zu ihnen gehörten Georg Nussel (1879–1944), Pasinger SPD-Stadtrat 1919–1933, und Hans Nimmerfall (1872–1934), Vorsitzender der Wohnungsgenossenschaft 1912–1933, SPD-Stadtrat in Pasing 1911–1933, Pasinger Ehrenbürger und Landtagsabgeordneter in den Jahren 1912–1919 und 1924–1928. Außerdem lebte hier der Bahnarbeiter Franz Stenzer (1900–1933), KPD-Stadtrat in Pasing 1925–1933, Reichstagsabgeordneter 1928–1933 und 1932–1933 Mitglied des Zentralkomitees der KPD in Berlin. Diese Hochburg der Linken war des öfteren Ziel nationalsozialistischer Aggression, so am 30. Januar 1933, als Hitler zum Reichskanzler ernannt wurde. Die kommunistische »Neue Zeitung«, deren Chefredakteur Franz Stenzer war, berichtete: »*Einer neuen Terrorwelle entgegen. Ein Trupp Nazi marschierte gestern Nacht vor den Wohnungen der Baugenossenschaft auf und ab und sang provozierende Lieder. So unter anderem das Lied, wo mit der Nacht der langen Messer gedroht wird. Ein Arbeiter, der dort Wache hielt, wurde niedergeschlagen. Besonders in der Richtung der Wohnung Nimmerfalls wurden Drohrufe ausgesprochen. Später wurden 10 bis 15 scharfe Schüsse in Richtung der Wohnungen abgegeben.*« Im Polizeibericht vom Februar 1933 hieß es dann: »*Als in Pasing am 2. Februar kommunistische Kolonnen versuchten, geschlossen zum Marienplatz zu marschieren, wurden sie unter Anwendung des Gummiknüppels auseinandergetrieben.*«
In der Wohnanlage befanden sich auch die Büros des »Allgemeinen Deutschen Gewerkschaftsbundes Pasing« mit seinen Unterorganisationen, der SPD, der »Sozialistischen Arbeiterjugend« und anderer sozialdemokratischer Organisationen. Am 10. März 1933 wurden zahlreiche Vorstandsmitglieder der Baugenossenschaft verhaftet und bis Mai 1933 gefangen gehalten. Am 21. Juni 1933 schaltete die Pasinger NSDAP den Vorstand gleich, indem sie die Aufnahme etlicher ihrer

Leute erzwang. Am 28. Juni kam Nimmerfall endgültig in »Schutzhaft«, dieses Mal in das KZ Dachau, wo der herzkranke 61jährige täglich eine Straßenwalze ziehen mußte. Nach seiner Entlassung starb Nimmerfall an den Folgen seiner Haft am 19. August 1934.

Franz Stenzer ging am 5. März 1933 in die Illegalität und trat die Nachfolge des verhafteten Hans Beimler als politischer Leiter der KPD-Südbayern an. Am 30. Mai 1933 wurde er festgenommen und am 22. August im KZ Dachau ermordet, in offizieller Sprache »auf der Flucht erschossen.«

Seine Frau Emma war am 19. April 1933 verhaftet worden und wurde nach der Ermordung ihres Mannes wieder freigelassen. Die Behörden wiesen sie mit ihren drei Töchtern aus Deutschland aus. In der Sowjetunion fanden die Verfolgten eine – vermeintliche – neue Heimat. Am 27. April 1937 bürgerte man sie aus Deutschland aus, und schon im August 1937 wurden sie in der Sowjetunion verhaftet. Im Jahr 1938 wieder entlassen, verliert sich die Spur der Familie Stenzer.

Franz-Stenzer-Straße
Nusselstraße

Die Straße, an der die Häuser der Baugenossenschaft liegen, hatte man 1927 nach dem Reichspräsidenten Friedrich Ebert (SPD) benannt. Im Jahr 1933 änderten die Nationalsozialisten den Namen in Horst-Wessel-Straße um. Horst Wessel war 1930 in Berlin von rivalisierenden Zuhältern ermordet worden. Offiziell hieß es jedoch, der SA-Mann sei »*meuchlings von Kommunisten in seiner Wohnung überfallen worden.*« Im Jahr 1945 erhielt die Straße ihren heutigen Namen nach Hans Nimmerfall; auch nach Stenzer und Nussel sind Straßen in der Genossenschaftssiedlung benannt.

Nimmerfallstraße 48

Sofort nach der Befreiung durch die US-Armee begann das sozialdemokratische Leben in der Siedlung. Bereits am 7. Mai 1945 traten im Gasthaus »Lindenplatzl« an der Nimmerfallstraße 48 einige Pasinger zusammen, um die Neugründung der örtlichen SPD zu besprechen.

Der nationalsozialistische Vorstand der Wohngenossenschaft trat zurück, und Georg Gradel – auch er 1933 in »Schutzhaft« – übernahm das Amt des ersten Vorsitzenden.

Landsberger Straße 486

Als 1937 das neue Rathaus an der Landsberger Straße 486 eingeweiht wurde, war Pasing noch eine selbständige Stadt, mit 12 000 Einwohnern die fünftgrößte in Oberbayern. In einer Sitzung des Stadtrates am 7. Januar 1938 erklärte Oberbürgermeister Alois Wunder (1878–1974) die langen Verhandlungen um die Eingemeindung nach München für abgeschlossen. Zur Begründung führte er aus, die Eingemeindung stünde im Zeichen der großen städtebaulichen Absichten des »Führers«. Wie im Leben des einzelnen der Eigennutz dem

Unterzeichnung des Eingemeindungsvertrages Pasing–München, 8.1.1938. Links: Alois Wunder, Mitte: Karl Fiehler, Oberbürgermeister von München

Gemeinnutz weichen müsse, so müsse sich auch eine Gemeinde dem öffentlichen Wohl unterordnen. Die gewaltigen städtebaulichen Aufgaben, die der »Führer« der »Hauptstadt der Bewegung« gestellt habe, insbesondere die Neugestaltung des Münchner Hauptbahnhofes, die Auflockerung der Großstadt und der damit zuammenhängende Ausbau Münchens als Wohn- und Gartenstadt in einer der Bestimmung als »Hauptstadt der Bewegung« und der deutschen Kunst würdigen Weise, bedürften einer großzügigen Planung. Diese Maßnahmen würden notwendigerweise über den derzeitigen Burgfrieden der Stadt München hinausgreifen. Zum 1. April 1938 trete der Eingemeindungsvertrag in Kraft und er, Wunder, wünsche, daß diese Entscheidung bis in die fernste Zukunft für Stadt und Einwohnerschaft der »Hauptstadt der Bewegung« und das Vaterland eine glück- und segensvolle werde. Die Stadträte stimmten einstimmig für die Eingemeindung, und fortan beherbergte das neue Rathaus die Bezirksverwaltungsstelle.

Bäcker-/ Bodenstedtstraße

Das Kriegerdenkmal an der Bäcker-/Ecke Bodenstedtstraße wurde am 2. September 1934 unter großer Anteilnahme der Bevölkerung eingeweiht. Der Pasinger Veteranen- und Kriegerverein hatte sich um die Errichtung eines eigenen Gefallenendenkmals für Pasing eingesetzt, und der Pasinger Künstler Hans Osel führte es aus.
Daß es hier nicht um trauerndes Gedenken an die 291 im Ersten Weltkrieg gefallenen Pasinger ging, sondern um die geistige Aufrüstung für den nächsten Krieg, verdeutlichte die

Einweihung des Kriegerdenkmals, 2. 9. 1934

Ansprache des Oberbürgermeisters Alois Wunder: »*Aus Fronterlebnis und Frontgeist schöpfte der deutsche Soldat, der seine wahrhaftige Verkörperung gefunden hat in unserem Führer, die Kraft zu dem Kampfe, der zum Siege und einem neuen großen Abschnitt der deutschen Geschichte führte: Ein Volk, ein Reich, ein Wille! ... Denn nicht die Zeit und das kurze Leben ist das Endziel, sondern die Zukunft unseres Volkes.*«

Links neben dem Standbild führten fünf Tafeln die Namen der Gefallenen auf, die Tafeln rechts trugen folgenden Text: »*Deutscher, entblöße dein Haupt/ Du stehst an heiligem Orte/ Steine von Lorbeer umlaubt/ Künden gewaltige Worte./ Helden, gefallen im Ringen/ Deutschlands, um Ehre und Volk/ Nie wird ihr Name verklingen/ geheiligt soll er uns sein!*«

Diese Tafeln wurden 1953 entfernt und auf Vorschlag Osels ersetzt durch den Text: »*Mehr als tausend Opfer forderten die beiden Weltkriege 1914–1918 und 1939–1945 aus den Reihen unserer Mitbürger. Gedenkt der Toten und bewahrt den Frieden!*«

Bäckerstraße 14

Schräg gegenüber, an der Bäckerstraße 14, hatte die NSDAP-Ortsgruppe im seit 1937 ungenutzten alten Rathaus ihr »Haus der Partei«, das parallel zum Münchner »Braunen Haus« die Eigenständigkeit Pasings symbolisierte. Als Ortsgruppenleiter trat Hans Lenz auf. Der Straßenname »Bäckerstraße« – nach der ersten Pasinger Bäckerei im 18. Jahrhundert – erschien 1933 nicht mehr angemessen, so daß man den

Schererplatz

Namen »Hindenburgstraße« wählte. Erst 1947 kam die alte Bezeichnung wieder zu Ehren.
Am 15. November 1934 hielt der populäre und regimefeindliche Jesuit Rupert Mayer (→ Neuhauser Straße 14) in der Kirche Maria-Schutz am Schererplatz eine Messe, in deren Verlauf ein Anschlag von Unbekannten verübt wurde. Der »Würmtalbote« berichtete am 16. November: »*Während der Männerpredigt, die gestern abend in der katholischen Stadtpfarrkirche von dem bekannten schwerkriegsverletzten ehemaligen Feldgeistlichen Pater Rupert Mayer gehalten wurde, ist das Nordfenster des Presbyteriums durch einen Steinwurf von der Schulhausseite her zertrümmert worden. Der Wurf wurde mit solcher Wucht geführt, daß der Stein an der gegenüberliegenden Sakristeitür aufschlug. Es unterliegt kaum einem Zweifel, daß es sich hier um eine vorsätzliche Tat handelt, die jeden anständig denkenden Menschen mit Abscheu erfüllen muß.*«

Am Schützeneck 7

Ein weiteres Opfer des »Dritten Reiches«, dessen Name seit 1947 den ehemaligen Siedlerweg benennt, ist Michael Siegmann (1895–1933), seit 1922 Vorsitzender der »Allgemeinen Ortskrankenkasse München-Land« mit Sitz Am Schützeneck 7. Der Schlosser gehörte bereits vor dem Ersten Weltkrieg der SPD an und meldete sich freiwillig zum Kriegsdienst. Als Jagdflieger wurde er mehrmals verwundet. Nach dem Krieg arbeitete er als Parteifunktionär der Pasinger SPD. In der Nacht zum 14. März 1933 wurde er verhaftet, nach Stadelheim gebracht und dort schwer mißhandelt. Nach seiner Entlassung starb er am 14. April 1933 im Krankenhaus an den Folgen seiner Haft.

Kaflerstraße

Am 27. April 1945, zwei Tage vor der Befreiung durch die US-Armee, mußten 8000 Häftlinge das KZ Dachau verlassen und wurden von der SS nach Süden getrieben. Dieser Todesmarsch führte über Allach (→ Eversbusch-/Höcherstraße) und Pasing durch das Würmtal in Richtung Bad Tölz. Ein Überlebender berichtete über den Marsch durch Pasing: »*Hinüber geht es in die nächtlichen Vorstädte von München, die ersten Panzersperren tauchen auf, vergeblich-tragikomische Versuche, die bestausgerüsteten Armeen der Welt aufzuhalten. Bald werden auch die ersten Zerstörungen sichtbar, ausgebrannte Fabriken und Wohnruinen stecken ihre nackten Mauern und Kamine zum Himmel. Hunger und Durst kommt immer mehr auf, der scharfe Marsch mit dem Gepäck macht warm, doch läßt die rechts und links flankierende SS nicht zum Trinken aus der Reihe, wenn einmal ein Brunnen oder Bach fließt. Nun liegt der Außengürtel Münchens mit*

seinen toten Straßen in unserem Rücken, und in den nächsten Dörfern stehen nur wenige Bewohner am Zaun und blicken scheu auf den Elendszug.«
Heute stehen Denkmäler entlang der Wegstrecke, auf der sehr viele Menschen an Schwäche starben oder ermordet wurden. Im Münchner Stadtgebiet gibt es zwei Denkmäler: eines in Allach und eines in Pasing an der Kaflerstraße gegenüber der Post. Es wurde am 28. August 1989 enthüllt und trägt die Inschrift: »*Hier führte in den letzten Kriegstagen im April 1945 der Leidensweg der Häftlinge aus dem Konzentrationslager Dachau vorbei ins Ungewisse.*«

Steinerweg 1

Die »Nationalsozialistische Frauenschaft« (NSF) mit Sitz in München (→ Karolinenplatz 2) organisierte Veranstaltungen auch in Pasing. Die Ortsgruppe Pasing hatte ihre Räume am Steinerweg 1 (damals Steinerstraße), ihre Leiterin hieß Sophie Lützeler. Sie und ihr Mann Egon gehörten seit 1921 der NSDAP in Köln an, wo sie auch als Leiterin der Frauengruppe des »Deutsch-völkischen Schutz- und Trutzbündnisses« auftrat. Das Ehepaar wurde 1923 von der französischen Besatzungsmacht aus politischen Gründen ausgewiesen und siedelte – wie viele ihrer Gesinnungsgenossen – nach München um. Während Sophie Lützeler bei Saalschlachten als »braune Schwester« verletzte Nationalsozialisten versorgte, gehörte Egon Lützeler zu den Teilnehmern des Hitlerputsches vom 8./9. November 1923. Über Sophie Lützeler hieß es im »Völkischen Beobachter« vom 15. Januar 1937: »*Ihrer tiefverwurzelten nationalsozialistischen Weltanschauung entsprach es, daß sie 1929 zur Mitbegründerin der NSF Pasing wurde, die heute auf über 500 Kameradinnen angewachsen ist.*«

»Heute macht sie noch Schneebälle – in ein paar Jährchen vielleicht schon Knödel!« (aus: Lechner, Korbinian: Die Münchnerin. Stuttgart 1940)

Dies bedeutete, daß etwa jede achte erwachsene Pasingerin Mitglied im NSF war – ein sehr hoher Organisationsgrad bei freiwilliger Mitgliedschaft. Die den Frauen im »Dritten Reich« von den herrschenden Männern zugedachte und von vielen Frauen auch ausgefüllte Rolle zeigte sich besonders deutlich, wo es um Geburt und Tod ging.
Im Jahr 1938, als sich die Vorkriegszeit wie geplant ihrem Ende zuneigte, stiftete der »Führer« das »Ehrenkreuz der Deutschen Mutter«. Es wurde für »würdige Mütter« in drei Stufen vergeben: in Bronze bei vier und fünf Kindern, in Silber bei sechs und sieben sowie in Gold bei mindestens acht Kindern. Im letzten Fall bestand für die Hitlerjugend auch noch die Grußpflicht.
Zum Nulltarif wollte sich der Staat mit diesem Anreiz massenhaft Arbeitskräfte, Soldaten und zukünftige Mütter von weiterem Menschenmaterial schaffen. Allerdings hatte

das Ganze keinen durchschlagenden Erfolg, wie die Kinderstatistik selbst etwa der »Frontkämpfersiedlung« an der (→) Oberbiberger Straße zeigte. In diesem nationalsozialistischen Milieu betrug die durchschnittliche Kinderzahl pro Familie vier Kinder mit stark fallender Tendenz. In der Weimarer Republik hatten die dort lebenden Nationalsozialisten für einen weitaus stärkeren Kinderreichtum gesorgt als im »Dritten Reich« selbst.

Bodenseestraße
Maria-Eich-Straße
Avenariusstraße
Avenariusplatz

Die Häuser zwischen Bodenseestraße (damals Landsberger Straße) und Maria-Eich-Straße (damals Bürgermeister-Amann-Straße) wurden im November 1945 von der UNRRA (»United Nations Relief and Rehabilitation Administration«) beschlagnahmt, um Wohnraum für ihre Angestellten zu schaffen. Zu diesen Gebäuden gehörten auch das heutige Karlsgymnasium und die damalige Hans-Schemm-Hochschule für Lehrerausbildung, benannt nach dem bayerischen NS-Kultusminister (→ Rotbuchenstraße 81, → Salvatorplatz 2). Vor der Beschlagnahmung benannte man die Hans-Schemm-Straße in Avenariusstraße und den Adolf-Hitler-Platz in Avenariusplatz um.
Während die Angestellten der UNRRA, die seit 1947 IRO (»International Refugees Organisation«) hieß und sich um die während des Krieges aus ihrer Heimat verschleppten oder vertriebenen Menschen kümmerte, mit ihren Familien in den Wohnräumen der Häuser lebten, mußten die Besitzer mit dem Speicher unter dem Dach vorliebnehmen und Hausmeisterdienste leisten. Zwischen Siegern und Besiegten bestand eine dementsprechend gespannte Atmosphäre. In einem der Häuser, das heute nicht mehr lokalisiert werden kann, befand sich eine koschere Bäckerei, die die gesamte amerikanische Besatzungszone mit ihren Waren belieferte.
Als sich die IRO Ende 1951 auflöste und die US-Armee die Häuser als Offizierswohnungen übernehmen wollte, entlud sich das gespannte Verhältnis zwischen Deutschen und Amerikanern. Im Stadtrat wurde lebhaft über die Möglichkeiten eines friedlichen Zusammenlebens der beiden Bevölkerungsgruppen und die Notwendigkeit von Beschlagnahmungen überhaupt diskutiert. Die Zustände würden nicht mehr zum gewandelten Verhältnis zwischen Besatzungsmacht und deutscher Bevölkerung passen. Weihbischof Johannes Neuhäusler schrieb in diesem Zusammenhang an amerikanische Senatoren: »*In der Zeit, wo wir alle Guten sammeln müssen zum Widerstand gegen den Bolschewismus des Ostens, dürfen wir die eigenen Leute nicht in die Verzweiflung treiben.*«
Im Laufe des Jahres 1952 konnten die Besitzer ihre Häuser wieder allein bewohnen.

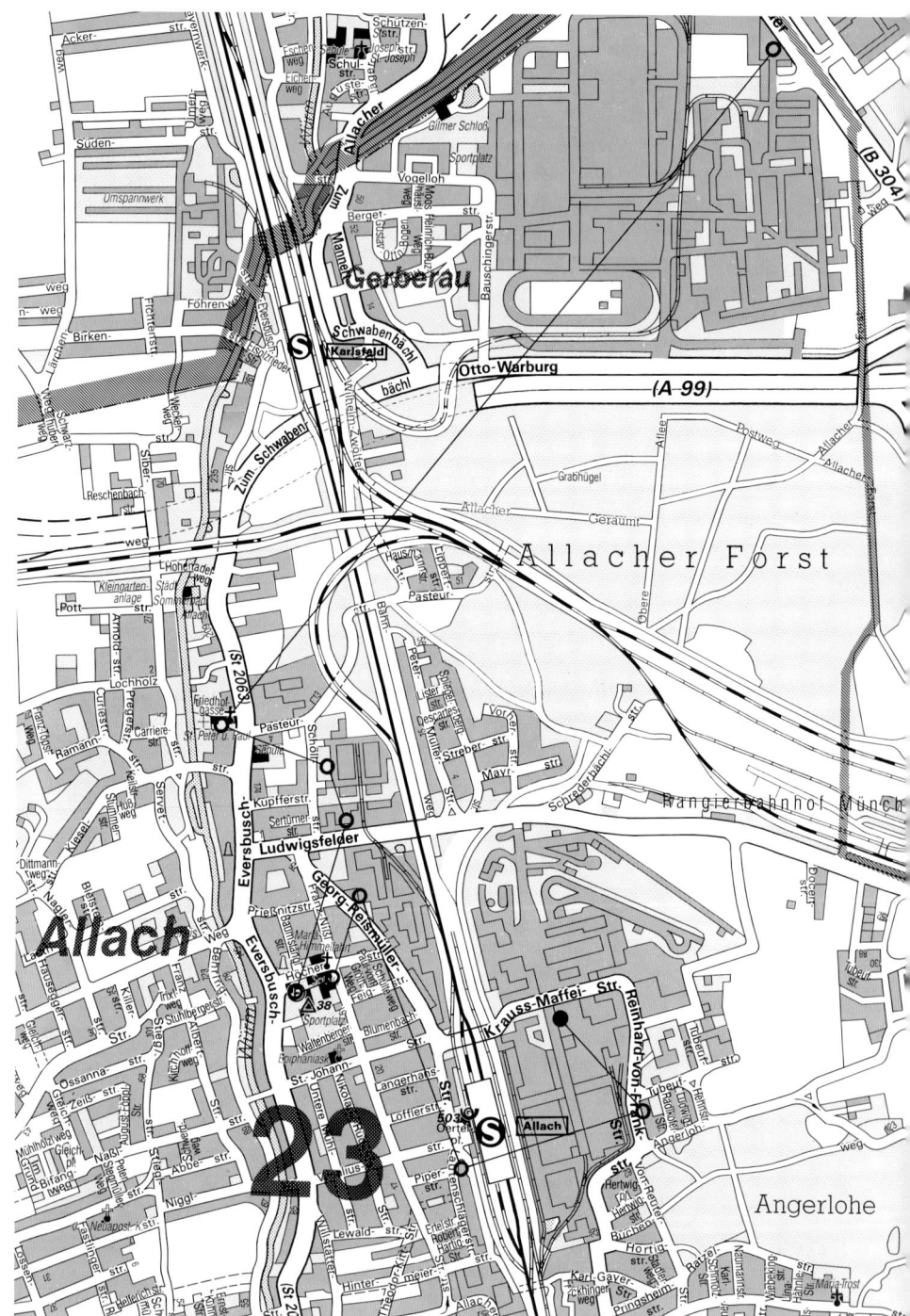

Allach

Noch vor seiner Eingemeindung nach München am 1. Dezember 1938 verwandelte sich das Dorf Allach mit der Ansiedlung der Firma Krauss-Maffei im Jahr 1933 zu einem Rüstungsschwerpunkt im Nordwesten der Stadt. Der günstige Bahnanschluß und der billige Baugrund waren ausschlaggebende Standortfaktoren gewesen. Da im geplanten Krieg Rüstungsfirmen potentielle Bombenziele waren, entstanden in Allach schon vor dem Krieg zahlreiche Luftschutzbunker. Auch die Bevölkerung wurde ganz auf den Krieg eingestimmt. So erfuhren fast alle Straßen Um- oder Neubenennungen nach namhaften Feldherren, Kampffliegern und Nationalsozialisten. Als Rüstungszentrum war Allach auch Standort zahlreicher Zwangsarbeiterlager. Wenig erinnert in Allach an die nationalsozialistische Zeit, obwohl deren steinerne Zeugnisse fast alle noch vorhanden sind.

Krauss-Maffei-Straße 2

Ab 1933 wurden die verschiedenen Standorte der Krauss-Maffei AG an der Krauss-Maffei-Straße 2 zusammengelegt, wo ausgedehnte Neubauten von der Firma errichtet wurden. Diese Entscheidung zu einem Neubeginn stand in enger Verbindung mit der Machtübergabe an die Nationalsozialisten, die die Aufrüstung des Deutschen Reiches und einen Eroberungskrieg von Anfang an als ihr Hauptziel ansahen. Bereits seit 1927 entwickelten die damals noch getrennten Firmen Krauss und Maffei Militärfahrzeuge, die sich nun wegen der staatlichen Aufträge in großer Zahl produzieren ließen. Auch der Lokomotivenbau, das traditionelle Betätigungsfeld der Firma, ließ sich ohne Probleme in die Aufrüstung integrieren.

In der Festschrift zum 100jährigen Jubiläum der Firma im Jahr 1937 heißt es dazu: »*Als im Jahre 1933 die NSDAP die Macht und die Regierung in Deutschland übernahm, war es insbesondere der leitende Direktor Hans Georg Krauß, der im Vertrauen auf die nun einsetzende Führung dem Aufsichtsrat vorschlug, mit aller Beschleunigung den Neubau der Fabrik aufzunehmen.*« In diesem Aufsichtsrat stellte die Deutsche Bank als Hauptaktionärin den Vorsitzenden, den stellvertretenden Vorsitzenden sowie ein weiteres Mitglied. Die Deutsche Bank finanzierte den Neubau mit ihren Krediten.

Weiter heißt es in der Festschrift: »*Als im Jahre 1933 der Führer der Deutschen Arbeitsfront, Dr. Ley, auch die im Werden begriffene Fabrik in Allach besuchte, sagte er dem Betriebsführer, daß Krauss die einzige Fabrik ist, die im Vertrauen auf die Stabilität der Regierung Adolf Hitlers den Mut zum Neubau einer Fabrik aufbrachte … Das Vertrauen zu unserem Führer haben die folgenden Jahre glänzend gerechtfertigt.*«

Betriebsbesichtigung durch Gauleiter Adolf Wagner, 14. 11. 1938

Bereits am 15. März 1935, dem Tag der Einführung der allgemeinen Wehrpflicht, traf der erste Großauftrag zur Herstellung geländegängiger Mannschaftswagen durch die Wehrmacht ein. Dieser Fahrzeugtyp war seit Jahren in der Planung, bis 1945 wurden 6100 Stück produziert. Seit 1937 hatte man auch die Herstellung von Panzern im Programm. Die Jahre 1933 bis 1945 entwickelten sich für die Aktionäre zu den profitabelsten in der Firmengeschichte. Das Lohnniveau jedoch blieb auf dem Stand des Katastrophenjahres 1932. Zudem mußten die Beschäftigten eine Verlängerung der Arbeitszeit hinnehmen. Außerdienstliche Verpflichtungen kamen ohne Bezahlung hinzu: *»750 Arbeiter der Stirn und Faust der größten und einzigen Lokomotivenfabrik Münchens fuhren mit ihren stellvertretenden Direktoren Berthold und Aichinger nach Betriebsschluß in einem Sonderzug nach Allach, um dort im Neuwerk in einer riesigen, neuerbauten Fabrikhalle mit den am Platz befindlichen Arbeitskollegen das Hakenkreuzbanner, das leuchtende Wahrzeichen der Arbeit und des Brotes, zu hissen.«* (»Völkischer Beobachter« vom 1. Mai 1934).

Über die beiden genannten Direktoren und ihre Rolle bei der Produktivitätssteigerung liest man in der Festschrift: *»An dieser Stelle sei Dank gesagt den langjährigen Direktoren Dr. Aichinger und Dipl. Ing. Berthold, den näheren Mitarbeitern* *im Vorstand, sowie der gesamten Gefolgschaft, die sich willig einfügte in das Tempo, das der Betriebsführer verlangte und durchsetzte.«* Über Jakob Berthold berichtete anläßlich seines Spurchkammerverfahrens (→ Wagmüllerstraße 12) nach dem Krieg ein Zeuge: »*... daß der Betriebsdirektor Jakob Berthold ein Herrenmensch war, der selten einen Widerspruch duldete. Berthold verachtete die Handarbeiter und bezeichnete uns als Proleten.*«

Vor 1933 konnten die sozialistischen Gewerkschaften auf eine starke Anhängerschaft bei Krauss und Maffei verweisen. Die mit diesem Organisationsgrad verbundene politische Einstellung der Arbeiter ließ sich auch nach der Machtübergabe nicht grundlegend ändern. Anläßlich einer in Allach übertragenen Rede Hitlers mußte der »Völkische Beobachter« am 11. November 1933 melden, daß nur »*da und dort einer gar einen Arm zu stummem Gruß in die Höhe riß.*«

Noch 1941 zeichnete sich das Verhalten der Arbeiter durch Verweigerung aus. Die Betriebszeitung »Die Werkgemeinschaft Krauss-Maffei« kritisierte im November 1941 anläßlich einer Kundgebung auf dem Königsplatz: »*Es muß hier aber auch festgestellt werden, daß die Teilnahme am Aufmarsch unbedingt besser hätte sein müssen, wenn nicht viele Gefolgschaftsmitglieder, durch kleinliche Erwägungen veranlaßt, sich um diese Gemeinschaftsaufgabe gedrückt hätten.*«

Seit 1940 wurden bei Krauss-Maffei Kriegsgefangene und aus ihrer Heimat verschleppte Zivilisten zur Zwangsarbeit eingesetzt. Sie lebten in vier Gefangenenlagern, von denen sich eines für 1600 Mann auf dem heutigen Betriebsgelände nördlich der Krauss-Maffei-Straße befand. Die hygienischen Zustände waren katastrophal, die Behandlung unmenschlich. Im Spruchkammerverfahren gegen Direktor Berthold sagte ein Zeuge aus: »*Ausländische Arbeiter galten bei ihm als die minderwertigste Klasse. Er fand es als angebracht, wenn dieselben mißhandelt wurden. Einmal wurde ein kriegsgefangener Russe so stark verprügelt, daß er an den Folgen starb. Der ehemalige Meister Vogl war ein Meister von einem Schläger. Das alles geschah ohne Rüge unter dem Kommando des ehemaligen Betriebsdirektos Berthold, dem allein Verantwortlichen. Auch gab es innerhalb des Betriebes ein Prügelkommando, und in einem Bunker waren mehrere Zellen als Karzer für unfolgsame Zwangsverschleppte eingerichtet.*«

Jakob Berthold
(aus: Möhl, Friedrich: Hundert Jahre Krauss-Maffei München 1837–1937. München 1937)

Gegenüber den deutschen Arbeitern ging die Betriebsführung ebenfalls brutal vor. Wer eine politisch unvorsichtige Äußerung getan und von einem der zahlreichen Spitzel denunziert worden war, wurde zum Betriebsobmann Georg Leimböck zitiert und vom Meister Vogl mit Faustschlägen und Gummischläuchen blutig geschlagen.

Ende 1942 war die Hälfte der rund 9000 Beschäftigten ausländischer Herkunft. Ein beträchtlicher Teil der deutschen Arbeiter gewährte ihnen Hilfe, wenn es möglich war. So sah sich Georg Leimböck 1942 gezwungen, in der Werkszeitung an die Deutschen zu appellieren: »*Ist es denn so schwer, Abstand und Korrektheit zu bewahren? ... Denkt doch daran, daß mancher unter ihnen ist, der vielleicht den Bruder oder den Vater oder sonst einen Lieben von uns erschossen hat. Warum da Humanitätsduselei? Wie ist es möglich, daß einzelne fliehen konnten? Dient Ihr mit der Beihilfe zur Flucht dem Vaterlande? Ist es nicht mehr als gewissenlos, unseren Frontkameraden in den Rücken zu fallen?*«

Den Krieg überstanden die Werksanlagen von Krauss-Maffei unbeschädigt. Erst die Explosion eines mit Minen beladenen Güterwaggons im Allacher Bahnhof verwüstete am 10. August 1945 die Produktionshallen.

Bereits am 15. Mai 1945 bildete sich ein provisorischer Betriebsrat, der die Absetzung der nationalsozialistischen Vorstandsmitglieder durchsetzte und faktisch die Betriebsführung übernahm. Es wurden nun Lokomotiven und Lastwagen repariert, ab November 1945 auch Omnibusse, Turbinen und Schmalspurlokomotiven gebaut.

Kaum hatte das »Dritte Reich« zu existieren aufgehört, entlud sich der Haß gegen einen seiner vormaligen Repräsentanten bei Krauss-Maffei, Georg Leimböck. Die Belegschaft wollte Leimböck gerade an einem Kran aufknüpfen, als er von US-Soldaten gerettet wurde. Er ging nach Hause und erschoß zuerst seine Frau und dann sich selbst.

Die sozialistische Tradition der Belegschaft erwachte zu neuem Leben. Der 16-köpfige Betriebsrat bestand aus acht Mitgliedern der KPD und acht der Sozialdemokraten. So war es auch kein Zufall, daß am 21. Mai 1947 die Landtagsfraktion der KPD in der Kantine von Krauss-Maffei zusammentrat, um ihre Politik zu beraten.

Reinhard-von-Frank-Straße 8

In der Festschrift zur Eingemeindung Allachs am 1. Dezember 1938 steht der knappe Satz zu lesen: »*Die SS-Porzellanmanufaktur wurde in Allach gegründet und errang sich von hier aus einen angesehenen Platz im deutschen Kunstgewerbe.*«

Im Zusammenhang mit der Errichtung des ersten deutschen Konzentrationslagers in der Nähe von Dachau und der ständigen Erweiterung des Lagersystems entstand das Wirtschaftsimperium der SS, in dem die Häftlinge entweder an Firmen verliehen oder in eigenen Unternehmungen ausgebeutet wurden. Eine Spezialabteilung dieses Konzerns war

Angebot aus dem Verkaufskatalog

die 1936 in Allach gegründete Porzellanmanufaktur in der Reinhard-von-Frank-Straße 8 (damals Lindenstraße 8), deren offizieller Name lautete: »Porzellan-Manufaktur Allach/München.«

Weil man für die Arbeit in der Manufaktur Spezialisten benötigte, die aus den Dachauer KZ-Häftlingen ausgewählt wurden, sah man sich gezwungen, etwas schonender mit diesen Menschen umzugehen. Der Häftling Nr. 16 921, Karl Adolf Gross, hat der Fabrik ein ganzes Kapitel seines Berichtes »Zweitausend Jahre Dachau« gewidmet, wo er unter dem Datum 5. April 1944 schreibt: »*Das Porzellan muß am Karfreitag arbeiten. Sogar am Ostermontag sollen wir kommen. Unsere kriegswichtigen Kaffeekannen, Suppenschüsseln, Seydlitzkürassiere, Finnische Bären und Göringbüsten müssen fertig werden. Nun, unsere Arbeit wird nicht so wild werden. Wir werden uns vor Schweiß zu schützen wissen.*«

Der reich illustrierte Verkaufskatalog der SS-Porzellanmanufaktur bot zudem folgende Produkte an: Führerbüsten, Berghirsche, SS-Reiter, SS-Fahnenträger, röhrende und liegende Hirsche, Hitlerjungen, BDM-Mädel, Fliegeroffiziere, Piloten, Bückeburger Bauern und Bäuerinnen, Kerzenleuchter in verschiedensten Ausführungen, liegende, stehende und mit Bällen spielende Bären, Elefanten, Hunde und andere Tierarten – Spiegelbilder einer aggressiv-gemütstiefen Spießbürgermentalität.

Lautenschläger-straße

Entlang der Lautenschlägerstraße (damals Mackensenstraße) und zwischen Piper- (vormals Lanz-), Ertl-(Bölke-) und Franz-Nißl-Straße (Adolf-Wagner-Straße) entstand 1939 bis 1942 die Krauss-Maffei-Werksiedlung, die vorsorglich mit einem Bunker und 237 Schutzplätzen am Oertelplatz (Dietrich-Eckart-Platz)/Ecke Vesaliusstraße (Adolf-Hitler-Straße) versehen wurde. Bei den Straßenumbenennungen ab 1946 war die Stadtverwaltung um eine bewußte Entpolitisierung bemüht: So mußte etwa General August von Mackensen (1849–1945), im Ersten Weltkrieg Armeechef in Serbien und Militärgouverneur in Rumänien, Platz machen für Karl Lautenschläger (1843–1906), der als Theatermeister in München die Drehbühne erfunden hatte.

Georg-Reismüller-Straße 34

Einen kurzen Einblick in die Betriebswirklichkeit einer Fabrik während des »Dritten Reiches« erlauben die Spruchkammerverfahren nach dem Krieg im Falle der Diamalt AG an der Georg-Reismüller-Straße 34 (vormals Hindenburgstraße). Die Firma bezeichnete sich als »Nahrungsmittelfabrik, Qualitätsfabrikation von Bonbons, Pralinen und Schokoladen«. Sie wurde 1934 und 1939 erweitert. Ihr

»Betriebsführer« war bis Kriegsende und auch nach 1945 Hermann Aumer. Unter seiner Leitung trugen sich folgende Dinge auf dem Betriebsgelände zu: Der Betriebsdirektor Rudolf Deimling denunzierte Arbeiter, die unvorsichtige politische Äußerungen gemacht oder angeblich zu langsam gearbeitet hatten, an die Gestapo, die ihre Opfer dann im Betrieb verhaftete. Bei einer solchen Gelegenheit wurde eine Arbeiterin von einem Gestapobeamten blutig geschlagen, während Deimling dem Schauspiel tatenlos, wenn nicht sogar billigend zusah. Im Keller eines Gebäudes ließ er außerdem ein Gefängnis einrichten, in welches Betriebsangehörige – zumeist ausländische Zwangsarbeiter – bereits bei den geringsten Unbotmäßigkeiten gesperrt wurden. Deimling wurde für sein Verhalten als »Aktivist« eingestuft und zu drei Jahren Arbeitslager verurteilt. 70 Prozent seines Vermögens wurden zur Wiedergutmachung eingezogen.

Eine führende Rolle bei den Terrormaßnahmen in der Firma Diamalt spielte der SA-Sturmführer Johann Müller, der Allach als sein persönliches Einsatzgebiet betrachtete. Er nahm selbständig Verhaftungen vor, mißhandelte die Festgenommenen nach Belieben und bedrohte sie mit seiner Waffe. Müller erhielt als »Hauptschuldiger« zehn Jahre Arbeitslager, sein gesamtes Vermögen wurde eingezogen.

Welcher Geist in der Führung der Diamalt AG herrschte, stellte der Chemiker Gustav Neumüller noch Ende 1946 unter Beweis: Er verkündete, man sollte sich über die wahre politische Lage nicht täuschen: Hitler lebe noch, und die SS stünde unter Waffen. In Kürze werde sie die Amerikaner aus dem Land jagen, und dann werde man den demokratisch gesonnenen Machthabern eine endgültige Lektion verpassen. Neumüller, dem keine Gewalttaten nachgewiesen werden konnten, mußte als »Aktivist« 2000 Mark für Wiedergutmachungszwecke zahlen.

Im Jahr 1946 wurde die Hindenburgstraße in Reismüller- und 1957 in Georg-Reismüller-Straße umbenannt. Georg Reismüller (1882–1936) amtierte 1929–1935 als Generaldirektor der Bayerischen Staatsbibliothek und wurde 1935 wegen »politischer Unzuverlässigkeit« verhaftet und seines Postens enthoben.

Franz-Nißl-Straße 53

Franz-Nißl-Straße 55

Zusammen mit dem Hochbunker an der Franz-Nißl-Straße 53 (damals Adolf-Wagner-Straße) mit seinen 380 Plätzen entstand 1936–1940 nebenan an der Franz-Nißl-Straße 55 die »Adolf-Wagner-Volksschule«, auch sie mit sieben Luftschutzkellern ausgestattet. Adolf Wagner (1890–1944) (→ Prannerstraße 8) gehörte zu den Nationalsozialisten der

(aus: Festschrift anläßlich der Eingemeindung von Obermenzing, Untermenzing, Allach, Ludwigsfeld, Solln am 1. Dezember 1938. München 1938)

ersten Stunde und galt seit 1933 als der eigentliche Machthaber in Bayern. Dieser stets betrunkene, im privaten wie öffentlichen Leben gewalttätige Mensch hatte einmal den Ausspruch getan: »*Weil wir an Deutschlands Jugend, ihre Tüchtigkeit, Treue und Tapferkeit glauben, deswegen glauben wir an die Unsterblichkeit des deutschen Volkes!*« Dieser Satz prangte auf einer Gedenktafel in der Vorhalle der Adolf-Wagner-Volksschule.

Eversbusch-/Höcherstraße

An der Ecke zur Eversbuschstraße (vormals Horst-Wessel-Straße) steht seit dem 28. August 1989 ein Denkmal, das eine Gruppe verhungernder Häftlinge auf einem Marsch darstellt. Die Inschrift erkärt: »*Hier führte in den letzten Kriegstagen im April 1945 der Leidensweg der Häftlinge aus dem Konzentrationslager Dachau vorbei ins Ungewisse.*« Zwei Tage vor der Befreiung des Konzentrationslagers durch die US-Armee am 29. April 1945 trieben die SS-Wachen einen großen Teil der Häftlinge auf einem Todesmarsch, den viele nicht überlebten, nach Süden. Dort, in der »Alpenfestung«, sollten die Häftlinge als Sklavenarbeiter eingesetzt und auf politischer Ebene als Geiseln gehalten werden.

Der bereits genannte Häftling des KZ Dachau, Karl Adolf Gross, beschreibt in seinem 1946 erschienenen Bericht »Fünf Minuten vor zwölf« diesen Marsch: »*... säumte die ärmere*

Bevölkerung die Straße. Traurige und mitfühlende Zurufe, Entrüstung über die neue Schande der SS flogen in unsere Reihen. Unaufhaltsam, in tiefem Schweigen ziehen die Kolonnen weiter. Vor uns der Marsch in das Ungewisse, hinter uns das Lager mit seinen Hungerqualen und seinen schaurigen Sterblichkeitsziffern. Vorbei geht der Zug an der Rothschwaige, die benachbarten Juden- und Frauenlager bleiben hinter uns. Vom 13jährigen Kind bis zum 73jährigen Greis sind in der Marschkolonne alle Altersstufen vertreten. Schon fallen die ersten Erschöpften und Kranken zusammen und schleppen sich an den Rand der Straße, um nicht zertreten zu werden... Eine günstige Gelegenheit für die SS-Mordbanditen, die Zusammengebrochenen und erschöpft Liegengebliebenen serienweise abzuknallen, damit sie nicht als Bewachung zurückbleiben müssen, denn auch sie sind ja Gejagte...« (→ Zenettistraße 44, → Kaflerstraße)

Eversbuschstraße 134

Hinter dem Denkmal steht das Gebäude Eversbuschstraße 134. Es entstand 1939 als sogenanntes »Hochlandheim« für die Hitler-Jugend und bot Platz für 250 männliche und 320 weibliche Jugendliche. Ein Reichsgesetz aus dem Jahr 1936 hatte alle eigenständigen Jugendverbände verboten und die Hitler-Jugend zur alleinigen Organisationsform für die deutsche Jugend erklärt. Die Aufgaben der HJ waren die »Weiterführung der Volkstumsarbeit der Jugendbewegung (Selbstverantwortlichkeit, Selbsterziehungsrecht, Anerkennung des Eigenwertes der Jugend, Lebensreform durch Rückkehr zur Wahrhaftigkeit und Natürlichkeit, Bekenntnis zum Volkstum, Wandern, Volkslied, Volkstanz), darüber hinaus aber zielbewußte Einordnung in die Volksgemeinschaft und die nationalsozialistische Aufbauarbeit« (Knaurs Lexikon, 1939).

Ludwigsfelder Straße 11

Fritz Todt (1891–1942) war einer der Mächtigen des »Dritten Reiches«. Der Ingenieur leitete seit 1933 den Straßen- und Autobahnbau in Deutschland und wurde 1938 mit der Errichtung des Westwalles beauftragt. Die »Organisation Todt« führte in den seit 1939 besetzten Gebieten kriegswichtige Bauvorhaben durch.

Fritz Todt trat 1921 in das international tätige Münchner Bauunternehmen Sager & Woerner ein, dessen Hauptlagerplatz sich an der Ludwigsfelder Straße 11 befand. Ab 1926 hatte er die Funktion des stellvertretenden Geschäftsführers der Abteilung Straßenbau inne, ab 1930 entwickelte er gleichzeitig als bautechnischer Berater im Stab des NSDAP-Führers Rudolf Heß Pläne für die Schaffung eines Autobahnnetzes in Deutschland. Dadurch wurde Hitler auf Todt aufmerksam. Er wurde am 30. Juni 1933 zum Generalinspekteur für

Fritz Todt, 1934

das deutsche Straßenbauwesen ernannt und verließ die Firma Sager & Woerner, die ihn nur »*schweren Herzens ziehen*« ließ, denn »*sein erfolgreiches und beispielhaftes Wirken bleibt unvergessen*«, wie in der Festschrift »Sager & Woerner 1864–1964«, erschienen 1969, zu lesen ist.
Die enge Verbindung zwischen Todt und seinem ehemaligen Arbeitgeber blieb weiterhin bestehen. Über die »Machtergreifung« und das folgende Aufrüstungsprogramm schreibt die Festschrift: »*Das Fanget an war wohl keinem Wirtschaftszweig rettend so sehr aus der Seele gesprochen wie der deutschen Bauwirtschaft.*« (→ Rosenheimer/Chiemgaustraße). Im ganzen Deutschen Reich konnte Sager & Woerner nunmehr Filialen errichten, auch in Salzburg (1936) und nach dem »Anschluß« Österreichs in Wien (1940).
»*Nun zog die große technische Tat Dr. Todts, der Bau der Reichsautobahn, die deutsche Bauwirtschaft in ihren Bann. Sager & Woerner hatten als erfahrene Unternehmung in allen Sparten des Tief- und Straßenbaues sofort und besonders wirksam aufzutreten.*« Anton Woerner wurde als Sektionsführer der staatlichen Autobahngesellschaft in Bayern berufen und erhielt als Unternehmer den Auftrag, die Strecke München-Salzburg zu projektieren und zu bauen.
Die Verbindung zu Todt begann sich auszuzahlen. Im ganzen Deutschen Reich war Sager & Woerner am Autobahnbau beteiligt, seit 1939 auch im 1938 »angeschlossenen« Österreich. In den Jahren 1935–1939 verdiente man Geld mit dem Bau der sogenannten »Ostmarkstraße« entlang der tschechoslowakischen Grenze, die einzig für den Angriff der Wehrmacht auf jenes Land gedacht war.
Auch am Bau der zahlreichen Militärflugplätze war Sager & Woerner beteiligt: Rügen, Norderney, Sylt, Berlin-Tempelhof, um nur einige zu nennen. Weitere Aufträge konnten beim Bau der kriegswichtigen Aluminiumwerke Töging am Inn, der Buna-Werke bei Leipzig, der »Hermann-Göring-Werke« in Salzgitter, bei der Einrichtung zahlreicher Kasernen usw. gesichert werden.
Im Frühjahr 1938 verbuchte Sager & Woerner zudem einen sehr lukrativen Auftrag: Beim Bau des »Westwalls« wurde die Firma als eines der 16 Generalunternehmen ausgewählt; man war nun für den Abschnitt im Saargebiet verantwortlich. »*Die Belegschaft setzte sich in Ergänzung der Stammleute der Firmen hauptsächlich aus zu diesem Einsatz eigens dienstverpflichtenden Fach- und Hilfsarbeitern zusammen und erreichte eine Spitze von nahezu 10 000 Mann. Gearbeitet wurde in durchgehenden Tag- und Nachtschichten*« (Festschrift). Seit jenem Jahr lebte die Firma zusätzlich von den Erlösen aus Zwangsarbeit.

Mit der Annektion Österreichs und der Tschechoslowakei mehrten sich auch die Aufträge: »*Zur Bewältigung der immer umfangreicher werdenden Bauaufgaben wurden neben den Niederlassungen weitere Zweigstellen errichtet*«, deren Mitarbeiter »*gute Arbeit geleistet haben, die volle Anerkennung verdient*«.

Auch der Zweite Weltkrieg machte sich positiv in den Bilanzen bemerkbar: So erhielt Sager & Woerner den Auftrag, Flugplatz und Dampfkraftwerk Peenemünde zu errichten. In den besetzten Gebieten sorgte die »Organisation Todt« für Aufträge, bei denen die Lohnkosten infolge Zwangsarbeit besonders niedrig ausfielen: »*Eine Darstellung der Baueinsätze außerhalb des Reichsgebietes während des Krieges erscheint heute, 25 Jahre nach Kriegsende, nicht angebracht. In der Erinnerung an die schwersten Opfer, die sie der deutschen Bauwirtschaft an Blut und Gut abverlangt haben, würden damit nur Wunden aufgerissen*« (Festschrift).

Pasteurstraße

In München-Allach unterhielt die Firma Sager & Woerner ein eigenes Kriegsgefangenenlager an der Pasteurstraße (damals General-Ludendorff-Straße). Die dort Gefangenen mußten auf dem 1938–1940 modernisierten und erweiterten Betriebsgelände u. a. für einen Auftrag von BMW arbeiten: »*Die Bayerischen Motorenwerke ließen eine Fabrikhalle mit 45 500 cbm umbauten Raum bauen, die Sager & Woerner in Betonfertigteilen eigener statisch-konstruktiver Entwicklung auszuführen hatte.*« (→ Dachauer Straße 665). Der Leiter des Allacher Betriebsgeländes von 1918 bis 1945 hieß Philip Mantel. »*Für seine langjährige und aufopferungsvolle Mitarbeit wurde er zum 50jährigen Dienstjubiläum ausgezeichnet mit dem Verdienstkreuz der Bundesrepublik Deutschland und mit der goldenen Nadel der Unternehmung mit Eichenlaub und Brillianten*«, so die Festschrift.

Schöllstraße 8

Gleich nebenan entstand 1935–1939 an der Schöllstraße 8 ein Motorenwerk der Flugzeugfirma Junkers. Auch hier wurden in einem eigenen Lager billige Zwangsarbeiter bereitgehalten. Anfang Mai 1945 beschlagnahmte die US-Armee das Werksgelände, dessen Produktionshallen und Baracken als Flüchtlingslager umfunktioniert und erst 1953 an Junkers zurückgegeben wurden. Die Firma hieß nun Junkers Maschinen- und Metallbau GmbH. Die Anlagen sind komplett – mit dem halbunterirdischen Luftschutzbunker – erhalten.

Eversbusch-straße 195

An der südlichen Mauer des Allacher Friedhofes an der Eversbuschstraße 195 (damals Horst-Wessel-Straße) zeugt ein Gefallenendenkmal von der selektiven Erinnerung an die

Opfer des »Dritten Reiches«. Gerade in Allach mit seinen zahlreichen Zwangsarbeiterlagern und seiner Rüstungsindustrie mutet die Inschrift befremdlich an: »*Den Gefallenen und in Kriegsgefangenschaft Verstorbenen beider Weltkriege, den Luftkriegsopfern zum Gedenken.*«

Dachauer Straße 665 Die Bayerischen Motorenwerke (BMW) an der (→) Lerchenauer Straße 76 nahmen ihren Anfang als Flugmotorenwerk im Jahr 1913. Nach dem für Deutschland verlorenen Ersten Weltkrieg verbot der Versailler Vertrag von 1919 deutschen Firmen auch den Bau von Flugzeugen, doch lief die Planung im geheimen trotzdem weiter. Der deutsch-sowjetische Vertrag von Rapallo aus dem Jahre 1922 läutete dann eine Zeit der Zusammenarbeit zwischen der Reichswehr und der Roten Armee ein. Die Reichswehr konnte nun ihre geheim entwickelten und bereits gebauten Waffenprototypen in der Sowjetunion testen und gab im Gegenzug technisches Wissen an den Klassenfeind weiter. BMW stand bei diesen Geschäften mit in der ersten Reihe.

Im Jahr 1933 war die Zeit der großen Aufträge gekommen: Die Aufrüstung geschah nun offen; der Aufbau einer modernen deutschen Luftwaffe wurde vorrangig betrieben. Bereits 1935 stießen die Werkanlagen in Milbertshofen an ihre Kapazitätsgrenzen; ab 1936 entstanden neue Werkhallen in Allach an der Dachauer Straße 665. Zur Tarnung gegen Luftangriffe wurden die Gebäude in Streubauweise in den nördlichen Teil des Allacher Forstes gesetzt. 1938 begann die Produktion von Flugmotoren.

Mit Beginn des Krieges 1939 erfuhr das Werk eine Vergrößerung um das Vierfache. Eine teilweise Rodung des Allacher Forstes, dessen Vernichtung damals endgültig begann, ermöglichte die Erweiterung der Anlage. Die einzelnen Gebäude erhielten einen Tarnanstrich. Zwar fiel bereits beim ersten Luftangriff auf München am 4. Juni 1940 die erste Bombe auch auf die Gebäude des für die Rüstungswirtschaft äußerst wichtigen Werkes, doch überstanden die Anlagen das Kriegsende so gut wie unzerstört.

Zu den kriegswichtigen Produkten des Allacher Werkes gehörten hochentwickelte Flugmotoren, deren Präzision – vom rein technischen Standpunkt aus gesehen – wegweisend war: Bereits 1937 wurde mit ihrer Hilfe die spanische Stadt Guernica von der Luftwaffe zerstört.

Bis Kriegsende waren rund 21 000 BMW-Motoren produziert worden. Im Jahr 1944 begann BMW mit der Herstellung von Düsentriebwerken und Raketenmotoren. Im April 1945, wenige Tage vor Kriegsende, lief ein U-Boot mit den Konstruktionsunterlagen für diese Triebwerke nach Japan aus.

Briefmarke des polnischen Lagerkomitees, herausgegeben am 1. 11. 1945

Seit 1941 unterhielt das Werk ein Zwangsarbeiterlager östlich der Dachauer Straße auf dem Gelände der heutigen LKW-Auslieferung und seit 1943 ein KZ-Außenlager auf dem Gelände der heutigen Siedlung Ludwigsfeld. Zwischen 6000 und 8000 Häftlinge »lebten« dort. Der oben genannte Karl Adolf Gross schreibt in seinem Buch »Zweitausend Tage Dachau« über die »*Läuse-, Wanzen-, Flöhe- und Pferdeställe von Allach*« und über seine Ankunft im Lager: »›*Ihr meint wohl, ihr seid noch in Dachau? Allach ist kein Sanatorium!*‹, belehrten uns die Eingesessenen.«

Die Häftlinge mußten entweder in der Produktion von Flugmotoren oder auf Baustellen im Werksgelände arbeiten: »*Ich mußte auf den Bauplatz! Dyckerhoff & Widmann erstellte für die Motorenwerke mit Sklavenhilfe zwei große Hallen. Es war eine Art Todeskommando, eine versteckte Hinrichtung. Am anderen Morgen rückte ich in der Tat mit aus, auf ein Vernichtungskommando! Die Arbeitsstätte lag auf einem freien Platz, welcher rings von Tannen umgeben war. Als wir uns der Umfriedung näherten, wurde Laufschritt befohlen. Da wir in dem schlammigen Wege nicht rasch genug vorwärtskamen, hetzte der Kommandoführer seine Hunde auf unsere Waden, einen der angenehmsten Tummelplätze für ihre Zähne. Diese Szene wiederholte sich fast allmorgendlich.*« Die Arbeit auf dem Bau war »*ein Vorgeschmack der Hölle.*« Jeweils am Ende eines solchen Tages trompetete der Lagerführer zum Zapfenstreich das Lied »Ich bete an die Macht der Liebe«.

Ein anderer Häftling, Hermann Riemer, stellt in dem Buch »Sturz ins Dunkel« seinen fünfjährigen Weg durch die Konzentrationslager, auf dem er auch nach Allach kam, dar: »*Die Betonbaracken, die von außen einen so günstigen Eindruck machten, besaßen eine recht kümmerliche Einrichtung: einige Bund Stroh stellten das gesamte Inventar dar, mit dem wir uns begnügen mußten ... Damit etwas Abwechslung in unser Leben kam, veranstaltete der Arbeitseinsatz so ziemlich täglich einen Appell, bei dem dann drei oder vier Stunden verflossen. Einmal wurden die Berufsgruppen sortiert, dann die Nationalitäten, einmal die Haftarten, dann die Haftdauer ... So vergingen die Tage. Aber auch die Nächte! Da lagen fünfhundert Menschen auf engstem Raume im Stroh zusammengepackt, daß sich der einzelne nicht einmal im Schlaf umwenden konnte. Hin und wieder gab es dann Nächte, in denen die Baracke einem Tollhause glich, dann nämlich, wenn die englischen Bombergeschwader ihre Angriffe auf München und die Bayerischen Motorenwerke unternahmen. Brachten schon Tagangriffe eine heillose Verwirrung in die zusammengeballte Menge, die wegen der Splittergefahr die*

Baracken nicht verlassen durfte, so machten die Nachtangriffe aus einer Schar von fünfhundert Männern fünfhundert jammernde, schreiende und tobende Bestien. Tatsächlich ist bis zum Schluß keine einzige Bombe im Lager Allach niedergegangen.«

Der Weg der Häftlinge zur Arbeit führte auf einer Holzbrücke über die Dachauer Straße: »*Vom Lager bis BMW war ein Stacheldrahtschlauch gebaut, durch den wir zu unserer Arbeitsstätte getrieben wurden wie Schafe in den Pferch.«*

Ungenau gearbeitete Werkstücke und Produktionsunterbrechungen wurden als Sabotageakt geahndet: »*Der Meister, dem die Abteilung unterstand, erstattete daraufhin eine Anzeige wegen Sabotage und beide* [Männer, d. V.] *wurden in unserem Lager öffentlich gehängt ... Da mehrten sich dann die Fälle, wo die Leute an den Maschinen vor Hunger zusammenklappten. So konnte es geschehen, daß das Werkstück verdorben wurde und der Häftling dann prompt von einem mißgünstig gestimmten Meister eine Sabotagemeldung erhielt – der letzte Akt der Tragödie spielte sich dann am Galgen ab. Und mit den nichtdeutschen Kameraden machte man schon gar kein Federlesen.«*

Eine andere Bestrafungsmethode war die Einweisung in den Stehbunker: »*Noch bis in die letzten Tage hinein hat der Lagerführer Stehbunker bauen lassen. Man stelle sich einen Betonkasten von fünfundfünfzig mal fünfundfünfzig Zentimeter im Geviert vor und nicht ganz so hoch, daß ein Erwachsener aufgerichtet darin stehen kann. Der Unglückselige, der mit dieser Marterkammer Bekanntschaft machte, hatte nun das Vergnügen, gesenkten Hauptes tagelang in dem Kasten stehen zu dürfen, sich niemals setzen und nicht drehen und wenden ... Die Sterblichkeitsrate im Lager stieg steil an. Jeden Tag lag eine lange Reihe entkleideter Toter am Revier und wartete auf die Lastwagen, die sie zur Einäscherung nach Dachau bringen sollten. Und ungestört von der nahe dabei stehenden Flak umflogen in kaum fünfzig Meter Höhe am hellen lichten Tage die amerikanischen Tiefflieger das Lager, nahmen die ständig wachsenden Todesreihen in Augenschein und haben sie wohl auch fotografiert. Der Hungertod ging durch das Lager und holte sich Opfer um Opfer, und wir waren zu machtlos, ihm seine Beute abjagen zu können.«*

Am 30. April 1945 erreichten die Amerikaner Allach und befreiten die Überlebenden. Im Oktober 1945 erging der Befehl, BMW vollständig zu demontieren, doch gelang es der Geschäftsleitung, die Militärregierung für das unzerstörte Allacher Werk zu interessieren und damit die Demontage teilweise zu verhindern. Es entstand das größte Reparaturwerk der Welt für US-Panzer, Geschütze und Lastkraft-

wagen, geführt von einer deutschen BMW-Werksleitung. Um Abstellplatz zu schaffen, wurden alle Bäume zwischen den Fabrikhallen gefällt. Die nördliche Hälfte des Allacher Forstes war damit endgültig abgeholzt worden.
Der Kalte Krieg, insbesondere der Koreakrieg seit 1950, sorgte dafür, daß für die rund 6500 deutschen Arbeitskräfte die Arbeit bei der US-Armee in Allach nicht zu Ende ging. Heute befinden sich MAN und die Triebwerkeherstellerin MTU auf dem ehemaligen BMW-Gelände.
Die früheren BMW-Arbeitslager fanden Verwendung als werksnahe Unterkünfte für die deutschen Angestellten der Amerikaner und für einen Teil der 47 000 nach München strömenden Flüchtlinge aus Ostdeutschland und dem Sudetenland. Die Überreste der Lager sind heute spurlos verschwunden. Keine Gedenktafel erinnert an das Schicksal ihrer Insassen. Auch ist nicht bekannt, daß die Firma, die seinerzeit von der Zwangsarbeit profitierte, Entschädigungen an die Opfer oder deren Nachkommen gezahlt hätte.

Schwabing

Von Schwabing aus nahm tagtäglich die Propagandaflut des »Völkischen Beobachters« bis zum Einmarsch der US-Armee ihren Ausgang. Gleichzeitig lebten hier zahlreiche Menschen, die Widerstand gegen das »Dritte Reich« leisteten. Sie büßten dafür mit ihrer Freiheit, oft auch mit dem Leben. Im Gebäude des vormaligen »Völkischen Beobachters« begann im Jahr 1945 der demokratische Neubeginn des Münchner Pressewesens unter amerikanischer Aufsicht.

Schelling-
straße 39–41

Der »Völkische Beobachter« wurde Ende 1920 von der NSDAP erworben und diente der Partei seitdem als propagandistisches Massenblatt. Die Redaktion der im Eher-Verlag (→ Thierschstraße 11–15) erscheinenden Zeitung befand sich seit 1922 im Buchgewerbehaus an der Schellingstraße 39–41. In den Rückgebäuden wurde der »Beobachter« gedruckt ebenso wie die meisten Bücher aus dem umfangreichen Programm des Eher-Verlages, beispielsweise die fast 10 Millionen Exemplare von »Mein Kampf«. Der Besitzer des Buchgewerbehauses hieß Adolf Müller. Er war es, der Adolf Hitler 1924 mit dem Auto aus Landsberg abholte, wo dieser gerade eine sehr milde Haftstrafe für den Hitler-Putsch vom November 1923 beendet hatte. Die riesigen Gewinne, die Müller durch die NSDAP machte, banden ihn bis zum Schluß eng an die Partei. So sah er im Mai 1945 keinen anderen Ausweg, als sich seiner drohenden Verhaftung und Enteignung durch die Amerikaner durch Selbstmord zu entziehen. Der »Völkische Beobachter«, der 1944 eine Auflage von 1,7 Millionen Exemplaren erreichte, war inhaltlich geprägt von den Ideenwelten des Alfred Rosenberg (1893–1946), der von 1923 bis 1938 als Chefredakteur des »Beobachters« fungierte. In Reval geboren und aufgewachsen, kam er mit den im russischen Zarenreich vorherrschenden reaktionären Weltanschauungen in Kontakt. Durch die kommunistische Revolution sah er sich in seinem Antisemitismus und seinen Wahngebilden einer jüdisch-freimaurerischen Weltverschwörung bestätigt. Wie viele rechtsradikale Exilrussen fand er sich 1918 in München ein. Hier gehörte er zu den Nationalsozialisten der ersten Stunde und veröffentlichte Pamphlete wie »Die Spur der Juden im Wandel der Zeiten« (1919), »Unmoral im Talmud« (1919) sowie »Das Verbrechen der Freimaurerei« (1921). Sein Hauptwerk war »Der Mythos des zwanzigsten Jahrhunderts« (1930), das sich bis 1945 fast zweimillionenmal verkaufte und in der Schellingstraße gedruckt wurde. Rosenberg hatte seine Vorstellungen allesamt von den russischen Weißgardisten übernommen, die den Bolschewismus

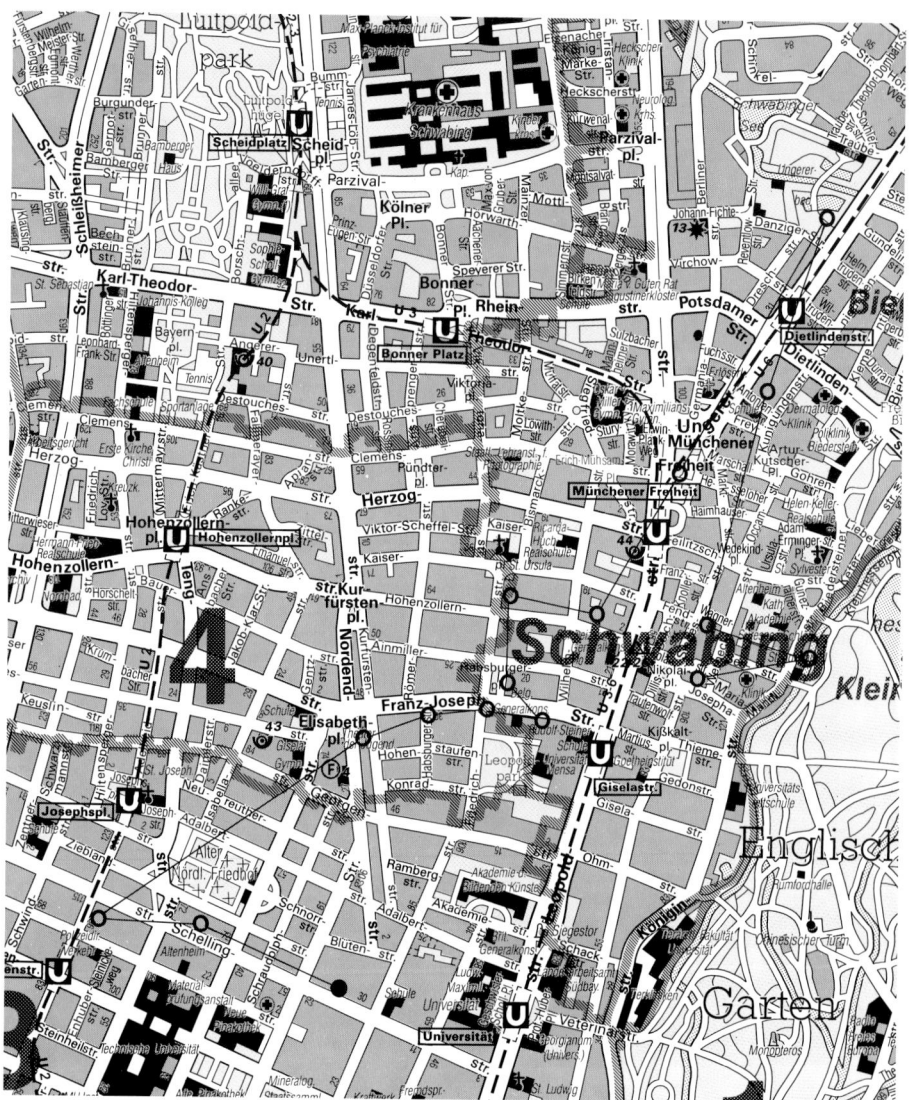

in ihrer Heimat bekämpften. Insbesondere die »Protokolle der Weisen von Zion« bildeten in seinem Denken die Grundlage für das abstruse Gemenge aus Antisemitismus und reaktionärem Obskurantismus. Diese »Protokolle« beinhalteten die angebliche Entscheidung jüdischer Führungspersonen, die Völker der Welt zu vernichten. Sie waren 1905 von der zaristischen Geheimpolizei produziert worden, um staatlich organisierte Pogrome im Nachhinein zu rechtfertigen. Psychologisch interessant an Rosenbergs rasendem Antisemitismus mag sein, daß er selbst einen weitverbreiteten jüdischen Familiennamen trug und deshalb von vielen führenden Nationalsozialisten gemieden wurde. Ein 1934 in Paris von Exildeutschen herausgegebenes Buch beschreibt ihn: »*Der gar nicht siegfriedhafte, nervös-zappelige, talmudisch-jesuitische Balte, begabt mit lauter Eigenschaften, die er aufs tiefste verabscheut, hat dem Medium Hitler das Führertum suggeriert, ihm die Besessenheit eingeblasen.*«

1938 wurde Rosenberg Herausgeber des »Völkischen Beobachters«. Ab 1939 organisierte Rosenberg den systematischen Raub von Kunstwerken und Kulturgütern aus den militärisch besetzten Gebieten. Am 16. Oktober 1946 wurde er in Nürnberg für seine Rolle im »Dritten Reich« hingerichtet (→ St. Martins-Platz 1).

Sein Nachfolger als Chefredakteur war Wilhelm Weiß (1892–1950), der den »Völkischen Beobachter« bis Ende April 1945 leitete. Trotz seiner exponierten Stellung in der Hierarchie des »Dritten Reiches« verurteilte ihn ein Gericht am 15. Juli 1949 zu nur drei Jahren Arbeitslager. Lediglich ein Drittel seines Vermögens wurde eingezogen.

Die letzte Ausgabe des »Völkischen Beobachters« trug das Datum vom 30. April 1945. Es wurde über Erfolge bei der Verteidigung Münchens berichtet. Diese Ausgabe konnte jedoch nicht mehr ausgeliefert werden, da am besagten Tag die US-Armee in die »Hauptstadt der Bewegung« einmarschierte.

Wilhelm Weiß (aus: Wistrich, Robert: Wer war wer im Dritten Reich? München 1983)

Die Firma »Buchgewerbehaus M. Müller & Sohn KG« blieb bestehen. Die Gebäude an der Schellingstraße beherbergten nun das »Verlagshaus der Amerikanischen Armee«. Am 18. Mai 1945 erschien als erste Zeitung in Bayern einmal wöchentlich die »Bayerische Landeszeitung«, ein »Nachrichtenblatt der US-Armee für die bayerische Bevölkerung«. Die Redaktion war in die Räume des »Völkischen Beobachters« eingezogen. Die erste Ausgabe der »Landeszeitung« enthielt Berichte über das Konzentrationslager Buchenwald, den Untergang des »Dritten Reiches« und den Verbleib seiner Führer sowie über die bedingungslose Kapitulation der Wehrmacht.

DIE NEUE ZEITUNG
Eine amerikanische Zeitung
für die deutsche Bevölkerung
Erscheint zweimal wöchentlich

HEUTE
EINE ILLUSTRIERTE ZEITSCHRIFT
Erscheint zweimal monatlich

Die Amerikanische Rundschau
Erscheint jeden zweiten Monat

NEUE AUSLESE
Erscheint monatlich

Verlagsort:
München, Schellingstr. 39

Stadtadreßbuch, 1947

Am 18. Oktober 1945 konnte man die erste Ausgabe der »Neuen Zeitung« kaufen; sie wurde gedruckt auf den Maschinen und gesetzt mit den Lettern des »Völkischen Beobachters«. Sie erschien – von Deutschen redigiert – zweimal wöchentlich ebenfalls im Verlag der amerikanischen Armee und verstand sich als »amerikanische Zeitung für die deutsche Bevölkerung«. In seinem Grußwort benannte General Dwight D. Eisenhower die Ziele der »Neuen Zeitung«: »*Die Neue Zeitung wird dazu beitragen, dem deutschen Volk die Notwendigkeit jener Aufgaben vor Augen zu führen, die vor dem deutschen Volk liegen. Diese Aufgaben umfassen Selbsthilfe, Ausschaltung von Nationalsozialismus und Militarismus und die aktive Säuberung der Regierung sowie des Geschäftslebens. Der moralische, geistige und materielle Wiederaufbau Deutschlands muß aus dem Volk selbst kommen. Wir werden den Deutschen in diesem Wiederaufbau helfen, aber die Arbeit selbst werden wir für die Deutschen keineswegs besorgen.*« Zu den Mitarbeitern der »Neuen Zeitung« gehörten Hans Habe, Alfred Kerr, Erich Kästner, Stefan Heym, Else Reventlow.

Ein Gedicht in der ersten Nummer spiegelte die Stimmung wider, die kurz nach Kriegsende in Deutschland herrschte. Seine 18jährige Verfasserin hatte es »Flucht« genannt:
»Weiter, weiter. Drüben schreit ein Kind,/Laß es liegen, es ist halb zerrissen./Häuser schwanken müde wie Kulissen/durch den Wind.
Irgend jemand legt mir seine Hand/in die meine, zieht mich fort und zittert./Sein Gesicht ist wie Papier zerknittert,/unbekannt.
Ob du auch so um dein Leben bangst?/Alles andre ist schon fortgegeben./Ach, ich habe nichts mehr, kaum ein Leben,/nur noch Angst.«

Schellingstraße 44

Das Ehepaar Franz und Walburga Strauß lebte mit seinen Kindern Maria und Franz im dritten Stock des Hauses Schellingstraße 44. Sohn Franz Strauß (1915–1988) gelangte später zu Bekanntheit, Reichtum und Einfluß.
Zur Zeit der Machtübergabe an die Nationalsozialisten 1933 war Franz Strauß achtzehn Jahre alt, zu alt für die Hitlerjugend. Als überzeugter Nationalsozialist trat er am 1. Mai 1937 dem »Nationalsozialistischen Kraftfahrer-Korps« (NSKK) bei, wo er weltanschaulicher Referent und »Rottenführer« wurde. Der »Korpsbefehl Nr. 12b« vom 12. Mai 1938 konkretisierte die Anforderungen an die Führer des NSKK: *»Vom Nationalsozialismus durchdrungene hohe geistige und sittliche Kräfte müssen daher die hervorragenden Eigenschaften dieses Führerkorps sein.«*

Am 1. November 1937 wurde Franz Strauß darüber hinaus auch Mitglied im »Nationalsozialistischen Deutschen Studentenbund« (NSDStB). Im »Dritten Reich« gab es zwei Studentenorganisationen: Die »Deutsche Studentenschaft«, deren Mitgliedschaft sich kaum vermeiden ließ, wollte man nicht der Universität verwiesen werden, und den NSDStB. Bei diesem war die Mitglieschaft nicht nur freiwillig, sondern unterlag auch strengsten Auswahlkriterien. Auf Anordnung des Stellvertreters des »Führers«, Rudolf Heß, konnten maximal fünf Prozent der Studenten dem NSDStB beitreten; das waren etwa 3000 Studenten im ganzen Deutschen Reich. Nach den Vorstellungen von Heß sollte der Bund *»eine Art intellektuelle SS«* sein und aus diesem Grund nur für den Elite-Nachwuchs der NSDAP offenstehen. Der »Reichsjugendführer« Baldur von Schirach formulierte darüber hinaus die Erwartungen der Partei an den NSDStB: *»Die nationalsozialistische Bewegung schaut auf euch und sie verlangt von euch, daß ihr auf der Hochschule mit Brutalität den Gedanken der Totalität der nationalsozialistischen Erziehung vertretet.«*
Schon am 3. September 1939 trat Franz Strauß seinen Wehrdienst an. Durch Simulieren von körperlicher Gebrechlichkeit hatte es der durchtrainierte Radrennfahrer geschafft, nicht bei der Infanterie eingesetzt zu werden, wie er in seinen Erinnerungen mitteilt: *»So bin ich zur schweren motorisierten Artillerie gekommen, die im Vergleich zur Infanterie fast eine Art Lebensversicherung war.«*
Dennoch verschlug es ihn zur 6. Armee und mit ihr 1942 nach Stalingrad. Leutnant Franz Strauß gehörte zu den wenigen Gücklichen, die dem Inferno unversehrt entkamen. Er konnte am 12. Januar 1943 mit einem der letzten Transporte aus der eingeschlossenen Stadt ausgeflogen werden, um in Deutschland an einem Fortbildungskurs teilzunehmen. Ihm gelang es schließlich, an die Luftwaffen-Flakschule Altenstadt bei Schongau abkommandiert zu werden.
Dort verbrachte er den Rest des Krieges, nicht ohne für den Nationalsozialismus politisch aktiv zu bleiben. Für einige Monate übte er das Amt eines »Offiziers für wehrgeistige Führung« aus, dessen Aufgaben ausschließlich politischer Natur waren.
Am 27. April 1945 rollten US-Panzer in die Kaserne, die heute »Franz-Josef-Strauß-Kaserne« heißt. Strauß erinnert sich: *»Ich machte mich mit dem Fahrrad aus dem Staub. Zuvor hatte ich mich selbst aus der Wehrmacht entlassen. Da ich unsere Personalpapiere verwaltete, trug ich in den Wehrpaß den entsprechenden Vermerk und als Datum den 20. April 1945 ein.«*

Rückblickend auf zwölf Jahre Nationalsozialismus schreibt Strauß in seinen Erinnerungen: »*Von Anfang habe ich am Abfall der deutschen Politik von den Grundnormen der christlichen Sittengesetze die Ursünde gesehen, aus der alles Unheil erwuchs, das eine verbrecherische und verblendete deutsche Politik über die Völker Europas und nicht zuletzt über das deutsche Volk selbst gebracht hat.*«
Strauß ließ sich von den Amerikanern verhaften und geriet dabei an einen jüdischen Offizier, Major Rosencranz. Dieser zeigte sich von den Englischkenntnissen seines scheinbar unbelasteten Gegenübers beeindruckt und befahl Strauß, in den nächsten Tagen einen Bericht über die Taktik der sowjetischen Luftwaffe und Möglichkeiten ihrer Abwehr niederzuschreiben.
Major Rosencranz war mit der Arbeit des kooperativen Deutschen sehr zufrieden. Nach fünf Wochen wurde Strauß aus der Kriegsgefangenschaft entlassen und zum kommissarischen Landrat von Schongau ernannt. Gleichzeitig übertrug man ihm das Amt des geschäftsführenden Vorsitzenden des Schongauer Spruchkammerausschusses, der über die politische Vergangenheit ehemaliger Mitglieder der NSDAP zu urteilen hatte.
Seit 1946 gehörte Strauß dem Landesvorstand der CSU an (→ Paul-Heyse-Straße 29–31). Zu diesem Zeitpunkt legte er sich den Vornamen Franz-Josef zu. Er wurde 1948 Generalsekretär der CSU sowie 1949 Abgeordneter des 1. Bundestages, in dem er seinen Wahlkreis Schongau-Weilheim vertrat.

Schellingstraße 48

In der Schellingstraße 48 wohnte der Schriftsteller Walter Hoffmann (1908–1993), der unter seinem Künstlernamen Walter Kolbenhoff bekannt wurde. Er hatte vor 1933 der KPD angehört und in der Parteizeitung »Die Rote Fahne« Artikel veröffentlicht. Nach dem Reichstagsbrand am 27. Februar 1933 floh er vor der Polizei nach Dänemark, das später, im Jahr 1940, von der Wehrmacht besetzt wurde. Kolbenhoff erhielt von der illegalen KPD den Auftrag, als Soldat innerhalb der Wehrmacht antifaschistische Propaganda zu treiben. So kam er 1944 in Italien in amerikanische Kriegsgefangenschaft und wurde in den USA in ein Gefangenenlager gebracht. Dort bereiteten die Behörden die Demokratisierung Deutschlands nach der Befreiung vom Nationalsozialismus vor. Antifaschisten wie Alfred Andersch und Hans-Werner Richter und eben Kolbenhoff lernten sich auf diese Weise kennen und kehrten 1946 nach Deutschland, nach München, zurück.
In seinem Roman »Schellingstraße 48. Erfahrungen mit Deutschland« schildert Kolbenhoff die Niedergeschlagenheit

und gleichzeitige Aufbruchstimmung in der zerstörten ehemaligen »Hauptstadt der Bewegung«. Einleitend heißt es: *»Das Schönste und das Unglaublichste in dieser grausamen Zeit war, daß ich schon im Laufe des Jahres 1947 eine Wohnung bekam. Dreieinhalb Zimmer in der Schellingstraße 48, vierter Stock, rechts, gegenüber der »Neuen Zeitung«, in der ich arbeitete. In jenen Jahren war ich nahezu der einzige mit einer Wohnung in dem Freundeskreis, der sich um die Zeitschrift »Der Ruf. Blätter der jungen Generation« gebildet hatte. Natürlich sprach es sich schnell herum, es kamen viele Gäste. Die Schellingstraße wurde für sie zu einer Art Mittelpunkt.«*
Die Zeitschrift »Der Ruf« war bereits 1944 in einem Kriegsgefangenenlager in den USA ins Leben gerufen worden. Unter Federführung von Alfred Andersch, der in Italien aus der Wehrmacht desertiert war, wollte sich das Blatt an die »verlorene Generation« wenden, der durch das »Dritte Reich« die Jugend geraubt und die Zukunft verbaut worden waren. Am 25. August 1946 erschien das erste Heft in Deutschland, herausgegeben von Alfred Andersch und Hans-Werner Richter. Die Titelseite zeigt einen deutschen Soldaten, der sich mit erhobenen Händen ergibt. Dieses Bild sollte den Übergang von einer kriegerischen Vergangenheit in eine friedliche Zukunft symbolisieren. Es löste starke zustimmende wie auch ablehnende Reaktionen aus. Im Jahr 1948 wechselte »Der Ruf« seinen Besitzer. Dieser ließ das Blatt aus steuerlichen Gründen weiterbestehen, bis er die mittlerweile unpolitische Zeitschrift im März 1949 einstellte.
Kolbenhoffs Wohnung gilt auch als Gründungsort der »Gruppe 47«. Am 10. September 1947 beschlossen die Dichter Hans-Werner Richter, Alfred Andersch, Wolfdietrich Schnurre, Walter Mannzen und Walter Kolbenhoff, diesen Zusammenschluß demokratisch denkender Dichter (später kamen auch Dichterinnen hinzu) ins Leben zu rufen. Richter schrieb später über diesen Kreis: *»Sie kamen fast alle aus dem sozialistischen Lager, waren strikte Gegner des Nationalsozialismus gewesen, dem sie doch als Soldaten hatten dienen müssen, und glaubten in den ersten Nachkriegsjahren an einen radikal neuen Anfang in Deutschland. Ihre Kritik an der Kollektivschuldthese, der Umerziehungs- und Entnazifizierungspolitik der amerikanischen Militärregierung einerseits und an den sozialistischen Praktiken des dogmatischen Marxismus der russischen Militärregierung andererseits setzte sie zwischen alle Stühle. Ihr Glaube war eine neue Art von demokratischem Sozialismus. Ihre Hoffnung war die Wiederherstellung der deutschen Einheit und die Vereinigung Europas, eines neuen demokratischen, sozialistischen Europas«.*

Schellingstraße 78 Im zweiten Stock der Schellingstraße 78 lebte die Familie Frieb. Ihr Sohn Hermann Frieb hatte bis März 1933 das Amt des geschäftsführenden Vorsitzenden beim »Sozialistischen Studentenbund« innegehabt. Nach der Machtübergabe betätigte er sich illegal politisch weiter und bemühte sich um die Aufrechterhaltung der Kontakte zwischen den Mitgliedern der verbotenen SPD. Deshalb wurde er am 27. März 1934 aus Deutschland ausgewiesen. Von Wien aus organisierte er die Verbindung zwischen der Exil-SPD mit ihrem Führer Waldemar von Knöringen in der Tschechoslowakei und den Genossen im bayerischen Untergrund. Im September 1935 kehrte er nach München zurück, da der Ausweisungsbescheid aufgehoben worden war, und setzte seine illegale Arbeit fort. Zusammen mit dem Ehepaar Branz (→ Vollmarstraße 12) baute Frieb die Widerstandsorganisation »Neu Beginnen« in München auf.

Während zahlreicher Besuche bei Waldemar von Knöringen wurden politische Konzepte entwickelt: Kleine Kadergruppen sollten Informationen über die deutsche Aufrüstung und die Stimmung in der Bevölkerung ins Ausland bringen und von dort Broschüren nach Deutschland schmuggeln. Eine dieser Schriften trug den Tarnnamen »Die Kunst des Selbstrasierens«.

Im Falle eines Krieges, den man für unabwendbar hielt, sollte unter den Soldaten pazifistische Propaganda betrieben werden. Da man sich sicher war, daß dieser Krieg mit einer deutschen Niederlage enden würde, bereitete sich »Neu Beginnen« auf die Zeit nach Kriegsende vor. Im allgemeinen Chaos des Zusammenbruchs sollten die geschulten Kader die Führung der Massen übernehmen und eine sozialistische Gesellschaftsordnung durchsetzen.

Kurz vor der Besetzung der Tschechoslowakei durch die Wehrmacht im März 1939 siedelte Knöringen nach Paris um und übergab die Führung von »Neu Beginnen« an Hermann Frieb. Als mit dem Einmarsch in die Sowjetunion im Juni 1941 das »Dritte Reich« seinem Ende zuzustreben schien, radikalierte sich »Neu Beginnen«. Sabotageakte wurden geplant und beispielsweise an der militärisch wichtigen Brennerbahn auch ausgeführt. Angesichts der absehbaren Niederlage glaubte man, Vorsichtsmaßnahmen gegen die Polizei vernachlässigen zu können.

Seit 1936 standen die Widerstandskämpfer unter der Beobachtung der Polizei. Nach sechs Jahren hatte diese genügend Informationen gesammelt. Hermann und Paula Frieb wurden am 16. April 1942 verhaftet, der Volksgerichtshof verurteilte am 27. Mai 1943 Paula Frieb zu zwölf Jahren Zuchthaus und Hermann Frieb zum Tode. Im Alter von 33 Jahren wurde er

am 12. August 1943 im Gefängnis Stadelheim (→ Stadelheimer Straße 12) hingerichtet. Seine ebenfalls inhaftierte Mutter mußte die Kosten der Hinrichtung zahlen.
Am 26. Oktober 1987 ließ die Stadt München am Haus Schellingstraße 78 eine Gedenktafel anbringen. Bürgermeister Klaus Hahnzog sagte anläßlich der Enthüllung: »*Mutigen Menschen wie ihnen verdankt München die Ehrenrettung. Nur ihretwegen darf es behaupten, nicht nur ›Hauptstadt der Bewegung‹ gewesen zu sein.*«

Augustenstraße 98 Eine weitere Widerstandsgruppe gegen den Nationalsozialismus bildete sich um die ehemaligen KPD-Mitglieder Wilhelm Olschewski senior (1871–1943) und junior (1902–1944) sowie Otto Binder (1904–1944), die in der Augustenstraße 98 wohnten. Als Kommunisten waren sie im März in »Schutzhaft« genommen und nach einigen Monaten wieder entlassen worden. Sie wußten, was ihnen bei einer zweiten Verhaftung widerfahren würde, und verhielten sich vorerst ruhig. Auch die Erkenntnis, daß angesichts der allgemeinen Begeisterung über die »Erfolge« des »Dritten Reiches« mit Resonanz bei der Bevölkerung nicht zu rechnen war, beeinflußte ihr abwartendes Verhalten.
Erst als im Jahr 1939 der Krieg unmittelbar bevorstand, entschloß man sich zu aktiver illegaler Arbeit. Auch diese kommunistische Gruppe war sich sicher, daß Deutschland den Krieg verlieren würde, erst recht nach dem Angriff auf die Sowjetunion. Man verteilte Broschüren und Flugblätter, die von der illegalen Inlandsleitung der KPD aus Berlin geliefert wurde. Für den Fall des militärischen Zusammenbruchs bereitete man sich darauf vor, die regierungslosen Massen in einen national-kommunistischen Staat zu führen. Außerdem wurden Sabotageakte auf kriegswichtige Einrichtungen wie Benzinlager geplant und dafür Waffen- und Sprengstoffvorräte angelegt.
Im Februar und März 1942 verhaftete die Polizei in München 24 Personen der Olschewski-Gruppe. Olschewski senior wurde noch vor dem Prozeß am 1. Mai 1943 im Gefängnis Stadelheim ermordet. Im April 1944 verurteilten der Volksgerichtshof und das Oberlandesgericht München (→ Prielmayerstraße 7) die Inhaftierten – einer von ihnen war bereits im KZ-Dachau umgebracht worden – wegen Hoch- und Landesverrates zu insgesamt sechs Todesstrafen, zu vier lebenslänglichen Haftstrafen sowie 37 Jahren Zuchthaus. Die Hinrichtungen fanden am 28. Juni 1944 in Stadelheim (→ Stadelheimer Straße 12) mit dem Fallbeil statt.
Die Leichen wurden auf dem Friedhof am Perlacher Forst (→ Stadelheimer Straße 24) begraben. In Wirklichkeit waren drei

239

der Särge leer. Die sterblichen Überreste von Olschewski junior, Otto Binder und Engelbert Kimberger (1904–1944) kamen in das Anatomische Institut der Universität Würzburg, wo sie in präpariertem Zustand als Lehrobjekte für Studenten dienten. Am 14. September 1947 überführte man die Toten nach München zurück.

Franz-Joseph-Straße 47
Die »Vereinigung der Verfolgten des Naziregimes« (VVN) gründete sich am 26. Januar 1947 in der Schauburg an der Franz-Joseph-Straße 47. Sie verstand sich als Interessenvertretung aller politisch, rassisch und religiös Verfolgten und hatte sich deren Entschädigung für das erlittene Unrecht zum Ziel gesetzt. Einer der Funktionäre der VVN war Philipp Auerbach, seit 1946 Staatskommissar für die rassisch, religiös und politisch Verfolgten (→ Holbeinstraße 11). Durch ihn kam eine enge Zusammenarbeit der VVN mit den staatlichen Behörden zustande. Auch die Parteien hatten keine Berührungsängste, wie eine Veranstaltung der VVN im Circus Krone am 27. Juli 1947 zeigte. Vertreter der CSU, SPD, KPD und FDP traten dort auf.

Eine Mitgliedschaft in der VVN war für viele politisch Belastete ein erstrebenswertes Ziel, um sich den sogenannten »Persilschein« zu verschaffen. Eine Bewerbung um Aufnahme stammte von der Antisemitin Mathilde Ludendorff (→ Romanstraße 7). Sie stellte sich als Gegnerin und Opfer des »Dritten Reiches« dar, weil man ihrem Verlag im Jahr 1933 zeitweilig die Papierzuteilungen gestrichen hatte. Anläßlich der Unterzeichnung des Konkordates zwischen dem Deutschen Reich und dem Vatikan hatte das Ehepaar Ludendorff die NSDAP als Terrorinstrument der von ihnen imaginierten jüdischen, freimaurerischen und jesuitischen Weltverschwörer bezeichnet. Mathilde Ludendorffs Aufnahmegesuch in die VVN wurde abgelehnt.

Die VVN geriet immer stärker unter den Einfluß der KPD (→ Widenmayerstraße 25). Dies veranlaßte am 6. Mai 1948 die SPD, eine gleichzeitige Mitgliedschaft in der SPD und der VVN für unvereinbar zu erklären. Die anderen Parteien folgten diesem Beispiel, so daß die VVN seit Ende 1948 als reine Privatvereinigung existiert. Im Zeichen des Kalten Krieges begannen die USA, Juden, die der VVN angehörten, die Einwanderung zu verweigern.

Habsburgerstraße
Voller Abneigung gegen seine Heimat hatte der Österreicher Hitler in »Mein Kampf« mit den Habsburgern abgerechnet: *»Im Norden und im Süden fraß das fremde Völkergift am Körper unseres Volkstums, und selbst Wien wurde zusehends mehr und mehr zur undeutschen Stadt. Das ›Erzhaus‹ tsche-*

chisierte, wo immer nur möglich.« Da stach es den Nationalsozialisten unangenehm ins Auge, daß in München eine Straße nach den Habsburgern benannt war. Im Jahr 1939 schaffte die Stadtverwaltung diesen Namen ab. Die Straße hieß fortan Planettastraße zu Ehren des österreichischen, nationalsozialistischen Terroristen Planetta (1899–1934).

Habsburgerplatz

Ähnlich erging es dem Habsburgerplatz. 1939 wurde er in Schönererplatz umbenannt – nach Georg von Schönerer (1842–1921). Dieser *»Vorkämpfer für den Rassegedanken und den großdeutschen Gedanken in Österreich«* – wie es im Adreßbuch hieß – wird auch in »Mein Kampf« lobend erwähnt: *»Er nahm den Kampf gegen die Kirche auf in der Überzeugung, nur durch ihn allein das deutsche Volk noch retten zu können. Die Los-von-Rom-Bewegung schien das gewaltigste, aber freilich auch schwerste Angriffsverfahren, das die feindliche Hochburg zertrümmern mußte. War es erfolgreich, dann war auch die unselige Kirchenspaltung in Deutschland überwunden, und die innere Kraft des Reiches und der deutschen Nation konnte durch einen solchen Sieg nur auf das ungeheuerlichste gewinnen.«* Im Oktober 1945 erschienen dann die Habsburger wieder auf den Straßenschildern.

Franz-Joseph-Straße 13

Eine Gedenktafel am Haus Franz-Joseph-Straße 13 erinnert daran, daß im Rückgebäude Hans (1918–1943) und Sophie Scholl (1921–1943) bis zu ihrer Verhaftung am 18. Februar 1943 wohnten. Beide waren in einem protestantischen Elternhaus aufgewachsen. In ihrer stark ausgeprägten Staatstreue boten die evangelischen Landeskirchen ihren Mitgliedern nur wenig geistigen Schutz gegenüber den totalitären Ansprüchen des Nationalsozialismus. Andererseits beinhaltete die protestantische Lehre eine individualistische Glaubensauffassung. Diese beiden Pole wurden für die jugendlichen Lebenswege der beiden Geschwister bestimmend.
Gegen den Willen ihrer Eltern traten Hans und Sophie Scholl schon 1933 der Hitler-Jugend bei, denn dort schienen jugendlicher Idealismus und kindliche Träumereien von Einzelnen in der Gemeinschaft zu Staatsidealen erhoben. Bald jedoch merkten die beiden, daß keineswegs die Entfaltung des Individuums angestrebt wurde, sondern vielmehr die bedingungslose Unterordnung unter den Willen Adolf Hitlers bzw. der nationalsozialistischen Bewegung. Diese Erkenntnis öffnete ihnen die Augen und ließ sie die elterliche Abneigung gegen das »Dritte Reich« verstehen.
Zum Eklat kam es im Jahr 1936, als Hans Scholl einem HJ-Führer vor versammelter Mannschaft eine Ohrfeige gab. Er

und seine Schwester wurden »unehrenhaft« aus der HJ entlassen und schlossen sich einer verbotenen bündischen Jugendgruppe an. Anfang 1938 wurden beide wegen »bündischer Umtriebe« für mehrere Wochen verhaftet. Im April 1940 kam Hans Scholl als Sanitäter nach Frankreich, wo er wegen seiner zahlreichen Kontakte zur einheimischen Bevölkerung bei seinen Vorgesetzten unangenehm auffiel. Das aggressive Verhalten der Wehrmacht auch nach der französischen Niederlage bestärkte seine oppositionelle Haltung dem »Dritten Reich« gegenüber.

Hans nahm sein Studium in München im November 1940, Sophie im Mai 1942 auf. Hier lernten sie einige Mitstudenten kennen, die wie sie zum Widerstand gegen den Nationalsozialismus bereit waren (→ Geschwister-Scholl-Platz).

Habsburgerplatz 5

Im Jahr 1934 zog der Schriftsteller und fanatische Nationalsozialist des Wortes und der Tat, Hans Zöberlein (1895–1964), in den vierten Stock des Hauses Habsburgerplatz 5. Denken und Schreiben dieses SA-Brigadeführers drehten sich ausschließlich um Krieg und Waffengewalt. Seine Werke trugen Titel wie »Der Glaube an Deutschland. Ein Kriegserleben von Verdun bis zum Umsturz« (1931), »Der Befehl des Gewissens. Ein Roman von den Wirren der Nachkriegszeit und der ersten Erhebung« (1937) oder »Der Schrapnellbaum« (1940). Diese Machwerke erreichten hohe Auflagen, wodurch das Vermögen ihres Autors erheblich wuchs.

Doch Zöberlein beließ es nicht nur bei Worten. Gegen Kriegsende führte er eine »Werwolf«-Einheit an, das »Freicorps Adolf Hitler« oder auch »Gruppe Hans« genannt. Selbstgesteckte Aufgaben dieser Gruppe, zusammengesetzt aus Hitlerjungen und SA-Männern, waren härtestes Durchgreifen gegen sogenannte Hochverräter vor Kriegsende sowie der Untergrundkampf gegen die US-Armee nach dem Krieg.

Hans Zöberlein (aus: Zöberlein, Hans: Der Glaube an Deutschland. Ein Kriegserleben von Verdun bis zum Umsturz. München 1931)

Als sich am 28. April 1945 die Freiheitsaktion Bayern (→ Saarstraße 14) gegen das Regime erhob, begehrte auch die traditionell sozialistisch eingestellte Bergarbeiterstadt Penzberg auf. Gauleiter Giesler (→ Ludwigstraße 2) befahl, den dortigen Aufstand gnadenlos niederzuschlagen. Dieser Aufforderung leistete am selben Tag zuerst die Wehrmacht Folge: Sie erschoß sieben Penzberger Bürger. Kurz darauf erschien Hans Zöberlein mit seiner »Werwolf«-Einheit. Auf Denunziation hin ermordeten sie sechs Männer und zwei Frauen. Danach kehrte man nach München zurück, wo die US-Armee kurz darauf Hans Zöberlein festnahm.

Ihm wurde der Prozeß gemacht. Für die von ihm befohlenen Morde in Penzberg erhielt er die Todesstrafe, auf deren

Vollstreckung er – langatmige Rechtfertigungen schreibend – im Gefängnis Stadelheim wartete, bis man seine Strafe in eine Haftzeit umwandelte. 1958 wurde Zöberlein entlassen und lebte bis zu seinem Tod in der Hackenstraße 1.

Habsburgerplatz 2 Der Student Alexander Schmorell lebte seit 1940 zur Untermiete am Habsburgerplatz 2. Sein Vater war Deutscher, der in Rußland lebte, seine Mutter Russin. Sie starb, als Alexander ein Jahr alt war. Im Sommer 1921 siedelten Sohn und Vater nach München über, wo letzterer zum zweiten Mal heiratete. Alexander blieb seiner Heimat Rußland verbunden, er sprach fließend Russisch sowie Deutsch mit osteuropäischem Akzent. Dies sollte ihm später zum Verhängnis werden.
Alexander Schmorell war ein Individualist und lehnte alles Militärische ab. Damit geriet er in Gegensatz zum »Dritten Reich«, das all dies verkörperte, was ihm fremd war. Dieser Gegensatz verschärfte sich, als Deutschland 1941 die Sowjetunion angriff und dort einen erbarmungslosen Vernichtungskrieg führte. Schmorell schloß sich der studentischen Widerstandsorganisation »Weiße Rose« an, die am 18. Februar 1943 in der Universität (→ Geschwister-Scholl-Platz) auf Flugblättern zum Sturz des Regimes aufrief und deren Mitglieder sofort festgenommen wurden.
Schmorell konnte untertauchen. Am 24. Februar erschien in den »Münchner Neuesten Nachrichten« ein Fahndungsaufruf: »*Fahndung nach einem Verbrecher. 1000 RM Belohnung für die Mitwirkung zur Ergreifung.*« Schmorell wurde darin beschrieben, von ihm war ein Bild beigefügt, als Geburtsort Orenburg in Rußland angegeben. Über den Grund der Fahndung werden keine Angaben gemacht. Noch am selben Tag fand sich eine Studentin, die Schmorell erkannt hatte und seinen Aufenthaltsort der Polizei meldete.
Am 19. April 1943 verhängte der Volksgerichtshof im Justizpalast das Todesurteil über Alexander Schmorell. Er wurde am 13. Juli 1943 im Gefängnis Stadelheim hingerichtet (→ Stadelheimer Straße 12) und auf dem Friedhof am Perlacher Forst begraben (→ Stadelheimer Straße 24).

Friedrichstraße 34 Im Jahr 1938 erwarb Heinrich Hoffmann (1885–1957) das Anwesen Friedrichstraße 34 und brachte hier seinen Fotoverlag unter. Das Gebäude hatte dem jüdischen Ehepaar Maria und Paul Schelosky gehört, die 1941 aus München deportiert wurden.
Hoffmann war ein Pionier der Bildreportage und hatte sein Talent schon 1918/1919 eingesetzt, um die Revolution zu verunglimpfen und die frühen Rechtsradikalen zu verherrli-

Das Ehepaar Hoffmann (Mitte) vor der Spruchkammer

chen. Er gehörte zu den Nationalsozialisten der ersten Stunde und zu Hitlers engster Umgebung. Seine Tochter Henriette wurde Ehefrau des Reichsjugendführers Baldur von Schirach und seine Sekretärin Eva Braun Hitlers Lebensgefährtin. Schon 1924 erschien bei Hoffmann die Propagandaschrift »Deutschlands Erwachen in Bild und Wort«. Zweieinhalb Millionen Fotografien von Hitler und den anderen NS-Größen folgten. Seit 1933 besaß der 1938 zum Professor ernannte Heinrich Hoffmann praktisch das Monopol für die bildliche Darstellung des »Dritten Reiches«. Er trug nun den Titel »Reichsbildberichterstatter der NSDAP«. Insgesamt über 350 Angestellte arbeiteten in München und den Filialen im deutschen Machtgebiet. In Wien, Den Haag, Posen, Riga, Paris – um nur einige Städte zu nennen – setzte Hoffmann die »Bewegung« optisch um. Er sammelte dabei ein großes Vermögen an, das sich nach dem Krieg nicht mehr genau bestimmen ließ, weil die entsprechenden Unterlagen im Finanzamt durch einen Bombenangriff vernichtet worden waren.

Hoffmann wurde im Mai 1945 von den US-Behörden festgenommen und mußte sein beschlagnahmtes Archiv ordnen, damit es bei den Nürnberger Kriegsverbrecherprozessen verwendet werden konnte. Am 31. Januar 1947 stand er im Justizpalast vor einer Spruchkammer. Die »Süddeutsche Zeitung« berichtete, Hoffmann »*machte einen gesunden und wohlgenährten Eindruck, und auch seine einstige Dreistigkeit scheint ihm nicht abhanden gekommen zu sein. In der Verhandlungspause sah man Hoffmann und seine im kostbaren Opossummantel erschienene Gattin beim Genuß von Eierlikör und amerikanischen Zigaretten.*«

Hoffmann behauptete, sich nie für Politik interessiert und nur für die Kunst gelebt zu haben. Die Entwicklung der nationalsozialistischen Bewegung habe er nur auf der Fotoplatte festgehalten, um seiner Chronistenpflicht nachzukommen. Auch seine Angestellten, von denen drei als Zeugen auftraten, zeigten sich erstaunt darüber, daß der Fotoverlag Hoffmann Propagandazwecken gedient haben sollte.

Andere Zeugen berichteten jedoch von Hoffmanns unstillbarer Geldgier und seiner bedingungslosen nationalsozialistischen Überzeugung. Das Gericht stufte ihn als »Hauptschuldigen« ein und bestrafte ihn mit 10 Jahren Arbeitslager, Berufsverbot und Einzug seines feststellbaren Vermögens bis auf 3000 Mark. Auf diese Weise kam das Land Bayern 1952 in den Besitz der Ruine an der Friedrichstraße 34. Hoffmann wurde bereits 1953 aus der Haft entlassen.

Hohenzollernstraße 16

Kultusminister Hans Schemm gab am 5. April 1933 bekannt, daß alle öffentlichen Bibliotheken »gereinigt« würden, denn dort habe sich eine große Zahl von marxistischen, pazifistischen und atheistischen Schriften eingeschlichen. Die »Reinigung« wurde umgehend in die Tat umgesetzt. Die Bücherverbrennung erfolgte am 10. Mai 1933 (→ Geschwister-Scholl-Platz).

Eines der Opfer dieser Aktion war die Münchner Stadtbücherei. Unter Hans Ludwig Held (1885–1954), der ihr seit dem 1. Januar 1921 vorstand, war sie zu einer der größten und inhaltlich umfangreichsten Volksbüchereien im Deutschen Reich geworden. Im April 1933 aus dem Amt entlassen, mußte Held mitansehen, wie die Bestände der Stadtbücherei zuerst »gesäubert«, dann mit nationalsozialistischen Büchern angereichert und später im Bombenkrieg dezimiert wurden. Bereits im Mai 1945 trat Held wieder an die Spitze der Stadtbücherei und begann mit dem Wiederaufbau. Am 11. Oktober 1945 wurde die städtische Volksbücherei im Rahmen einer kleinen Feier in der Filiale der Hohenzollernstraße 16 wieder ins Leben gerufen. Weitere sechs Filialen öffneten am 12. Oktober ihre Pforten. Seit dem 3. Dezember 1946 gab es in der Hohenzollernstraße die erste Kinderlesestube der Stadtbücherei.

Münchener Freiheit

Wie so viele Straßen und Plätze wurde auch der Feilitzschplatz 1934 umbenannt: : Er hieß nun »Danziger Freiheit«, in *»Erinnerung an die enge Verbundenheit des deuschen Mutterlandes mit der freien Stadt Danzig«*, wie die offizielle Begründung lautete. Mit Beginn des Zweiten Weltkrieges gehörte Danzig wieder zu Deutschland, so daß die Begründung aktualisiert wurde: *»Benannt unter der Herrschaft des*

Versailler Diktats zur Erinnerung an die damals vom deutschen Mutterland getrennte, am 1.9.1939 aber wieder in das Großdeutsche Reich zurückgekehrte alte deutsche Stadt Danzig.«
Der heutige Name des Platzes – »Münchener Freiheit« – erinnert an die Freiheitsaktion Bayern (FAB), die am 28. April 1945 in letzter Minute einen Aufstand gegen den Nationalsozialismus versuchte (→Saarstraße 14). Zum Jahrestag des Aufstandes, am 28. April 1981, enthüllte Bürgermeister Winfried Zehetmeier an der Ostseite des Forums eine Gedenktafel, die die Benennung des Platzes erklärt.

Ungererstraße 51 Die Ausgrenzung der jüdischen Bevölkerung aus dem öffentlichen Leben, ausgeführt von Behörden und ihren Beamten, fand ihren Ausdruck in folgender Mitteilung des städtischen Nachrichtenamtes vom Sommer 1933: *»Durch Verfügung nach Artikel 17 der Gemeindeordnung ist mit sofortiger Wirksamkeit Personen nichtarischer Abstammung der Besuch der städtischen Badeanstalten untersagt.«*
Begründet wurde dies mit *»unliebsamen Vorfällen im Ungererbad«*. Es sei eine Herausforderung für die arbeitsame christliche Bevölkerung, so die Behörde, den meist in glänzenden finanziellen Verhältnissen lebenden Juden in ganzen Schwärmen zu begegnen. Dadurch werde die Erholung der deutschen Bevölkerung beeinträchtigt. Um einer weiteren Beunruhigung der Bevölkerung vorzubeugen und zum Schutze der Juden selbst habe die Stadtverwaltung diesen Beschluß fassen müssen.
Der Stadtrat hob am 16. August 1945 die Verfügung wieder auf.

Antonienstraße 7 Das Anwesen Antonienstraße 7 gehörte der »Israelitischen Jugendhilfe« und beherbergte seit 1926 ein Kinderheim und ein Internat für Knaben und Mädchen. Aufnahme fanden elternlose und sozial gefährdete Kinder, aber auch solche aus armen Familien, in denen beide Eltern arbeiten mußten, außerdem schulentlassene Mädchen zur Erlernung der Hauswirtschaft (→ Wagnerstraße 3). Etwa 100 Kinder lebten im Heim. Seit 1933 wurde es von Alice Bendix und Hedwig Jacobi geleitet. Seine Bewohner waren ebenso wie ihre Eltern immer stärkerem Terror und Schikanen seitens des Staates und der Bevölkerung ausgesetzt. Das Heim wurde für viele Kinder aus ganz Bayern die letzte Station vor ihrer Auswanderung meist nach Großbritannien. Im November 1941 begannen die Deportationen nach Theresienstadt und von dort in die Vernichtungslager. Auch die Kinder erlitten dieses Schicksal.

Im Jahr 1942 schlossen die Behörden das Heim und wiesen die restlichen 13 Kinder mit ihren beiden Betreuerinnen in das Lager an der (→) Clemens-August-Straße 6 ein. Von dort wurden sie nach Auschwitz deportiert und ermordet.

Wagnerstraße 3 Im Israelitischen Lehrlingsheim an der Wagnerstraße 3 fanden schulentlassene Jungen Aufnahme, die vorher meist im Kinderheim in der (→) Antonienstraße 7 gelebt hatten. Das Ehepaar Helene und Julius Weil leitete seit 1929 die Einrichtung. Ihre Aufgabe war, fürsorgebedürftigen und sozial gefährdeten männlichen Jugendlichen den Übergang in ein eigenständiges Berufs- und Privatleben zu erleichtern. Das Schicksal des Lehrlingsheimes glich dem des Kinderheimes. Es mußte 1939 seine Arbeit einstellen und schließen. Seine ehemaligen Bewohner gingen denselben Schicksalsweg wie ihre Glaubensgenossen. Das Ehepaar Weil konnte sich durch Auswanderung in die USA retten.

Mandlstraße 28 Der Medizinstudent Wilhelm (»Willi«) Graf (1918–1943) war in einem betont katholischen Milieu aufgewachsen, das ihn auch als Heranwachsenden und Erwachsenen stark prägte. Er empfand sich als unpolitisch, lehnte das »Dritte Reich« aber aus religiösen Gründen ab. So weigerte er sich, der Hitlerjugend beizutreten, und brach 1933 den Kontakt zu nationalsozialistischen Bekannten ab. Seine Gegnerschaft zum Nationalsozialismus festigte sich, als er im Krieg, insbesondere in der Sowjetunion, Verbrechen miterlebte, die ihn zutiefst erschütterten. In einem Brief schrieb er: »*Der Krieg, gerade hier im Osten, führt mich an Dinge, die so schrecklich sind, daß ich sie nie für möglich gehalten habe.*«
Zum Studium nach München gekommen, schloß er sich Ende 1942 der Widerstandsgruppe »Weiße Rose« an und wurde am 18. Februar 1943 in der Wohnung seiner Schwester Anneliese in der Mandlstraße 28 verhaftet (→Geschwister-Scholl-Platz). Der Volksgerichtshof verurteilte ihn am 19. April 1943 zum Tode. Das Urteil wurde am 12. Oktober 1943 im Gefängnis Stadelheim (→ Stadelheimer Straße 12) durch Enthauptung vollstreckt. Seit Juli 1985 erinnert eine Gedenktafel an diesen Gegner des »Dritten Reiches«.

Nikolaistraße 10 Schon vor 1933 war Alfred Loritz (1902–1979) in der »Reichspartei des Deutschen Mittelstandes« politisch aktiv gewesen. Er hatte diese Gruppierung 1932 im Streit verlassen. Während des »Dritten Reiches« betrieb er eine schlechtgehende Anwaltskanzlei, verfügte aber dennoch über auffallend hohe Geldsummen.

Im Jahr 1937 stellten monarchistische Widerstandsgruppen (→ Residenzstraße 1) Kontakte zu einem gewissen »Dr. Lederer« her. Dieser behauptete, Führer einer gewaltigen demokratischen Widerstandsbewegung im ganzen Deutschen Reich zu sein. Allein in München würden rund 3000 Menschen unter seiner Anführung die gewaltsame Beseitigung Hitlers verfolgen. Selbst die Gestapo konnte nur vermuten: *»Nach dem Ergebnis der bisherigen Untersuchungen kann die sogenannte demokratische Bewegung nur in der Person des Rechtsanwaltes Dr. Alfred Loritz existiert haben.«*
Am 3. August 1939 wurden zahlreiche Monarchisten verhaftet, Loritz gelang die Flucht in die Schweiz. Nach dem Krieg behauptete er, Drahtzieher des mißglückten Attentats auf Hitler im Bürgerbräukeller gewesen zu sein (→ Rosenheimer Straße 29). Der Attentäter Georg Elser sei auf dem Weg zu ihm gewesen, als man ihn an der Schweizer Grenze festnahm. Der Volksgerichtshof verurteilte Loritz 1940 in Abwesenheit zum Tode, während dieser in der Schweiz umtriebige politische Aktivitäten entfaltete.

Alfred Loritz spricht, 12. 12. 1948

Im Juni 1945 kehrte Loritz nach München zurück. Er trug sich mit dem Gedanken, eine Partei zu gründen. Ziel dieser Partei sollte eine Erneuerung Deutschlands sein. Das Volk würde nach Schweizer Vorbild über sich selbst bestimmen können. Träger der neuen Staatsmacht sollte die Elite der Widerstandskämpfer gegen den Nationalsozialismus werden. Hier sah Loritz seinen Platz an der Spitze der Macht, beispielsweise als bayerischer Ministerpräsident.
Am 8. Dezember 1945 erlaubte die Militärregierung die Gründung der »Wirtschaftlichen Aufbauvereinigung« (WAV). Deren Parteizentrale war im Haus Nikolaiplatz 10. Die programmatischen Äußerungen der WAV, die sich ausschließlich durch ihren Gründer finanzierte, glichen einem Selbstbedienungsladen für Arbeiter, Bauern, den Mittelstand sowie für alle Menschen guten Willens. Kommunismus und Großkapitalismus wurden als ärgste Feinde des »kleinen Mannes« dargestellt. Den Durchbruch zu einer zahlreichen Wählerschaft erreichte Loritz, indem er behauptete, die vormaligen Mitglieder der NSDAP seien in diese Partei hineingezwungen worden. Scharf griff er die Entnazifizierung an, da hier die »Großen« laufengelassen und die »Kleinen« bestraft würden. Loritz wandelte sich zum Interessenvertreter der vielen Mitläufer und Minderbelasteten. Sein Markenzeichen wurden wüste Beschimpfungen der demokratischen Politiker. Er führte Massenveranstaltungen durch, die in ihrer Art an das »Dritte Reich« erinnerten (→ Königsplatz). Seine Anhänger bezeichneten ihn begeistert als »zweiten Hitler« und schrien »Heil Loritz«.

Wahlplakat der WAV
(aus: Kock, Peter Jakob: Der Bayerische Landtag 1946–1986. Bamberg 1988)

Im Jahr 1946 zog Loritz an der Spitze einer achtköpfigen Fraktion in die Bayerische Verfassunggebende Landesversammlung ein, konnte dort aber keinen Einfluß ausüben (→ Geschwister-Scholl-Platz). Bei der ersten Stadtratswahl am 26. Mai 1946 erhielt die mittlerweile völlig zerstrittene WAV ein Mandat, bei der Stadtratswahl am 30. Mai 1948 drei Mandate.
Nach der Landtagswahl vom 1. Dezember 1946 konnte die WAV 13 Abgeordnete stellen. Loritz wurde zum Sonderminister für politische Befreiung. Damit war er auch für die Entnazifizierung zuständig (→ Wagmüllerstraße 12). Anstiftung zum Meineid und Schwarzmarktgeschäfte kennzeichneten die Karriere des Staatsministers. Das Ende seiner Amtszeit war am 24. Juni 1947 gekommen.
Am 19. Juli 1947 wurde Loritz verhaftet, konnte aber am 4. Oktober 1947 aus einer Privatklinik, in die er sich hatte einweisen lassen, fliehen und setzte sich in die Schweiz ab. Am 8. August 1948 fand in der Nikolaistraße 10 ein geheimes Treffen statt, auf dem der ebenfalls anwesende Loritz die Zügel seiner zerbrechenden WAV wieder in die Hand nahm. Am 11. November 1948 schließlich verhaftete die Polizei den als Frau verkleideten Ex-Minister.
Sein Prozeß fand unter riesigem Publikumsandrang statt. In seinen Selbstinszenierungen stellte sich Loritz als einer der wichtigsten Widerstandskämpfer gegen das »Dritte Reich« und als Verfolgten des Nachkriegssystems dar. Am 9. Dezember 1948 verurteilte das Gericht Loritz zu drei Monaten Gefängnis, die er aber bereits in Untersuchungshaft abgesessen hatte.
Die erste Bundestagswahl am 14. August 1949 brachte der WAV in Bonn 12 Abgeordnete, die sich mehr mit gegenseitigen Intrigen als mit Politik beschäftigten. Alfred Loritz wurde 1951 aus seiner Partei ausgeschlossen, weil er Fusionsverhandlungen mit der rechtsradikalen »Sozialistischen Reichspartei« geführt hatte. Im Jahr 1953 verschwand die WAV von der politischen Bühne.
1955 tauchte Loritz mit einer rechtsradikalen »Loritz-Partei« in Bremen erneut auf. Sehr bald wurde er jedoch wegen Anstiftung zum Meineid und Falschbeurkundung zu dreieinhalb Jahren Zuchthaus verurteilt. Rechtzeitig vor Vollzug des Urteils flüchtete er nach Österreich, wo er 1962 politisches Asyl erhielt. Im Jahr 1979 starb der schillernde Politabenteurer völlig verarmt in Wien.

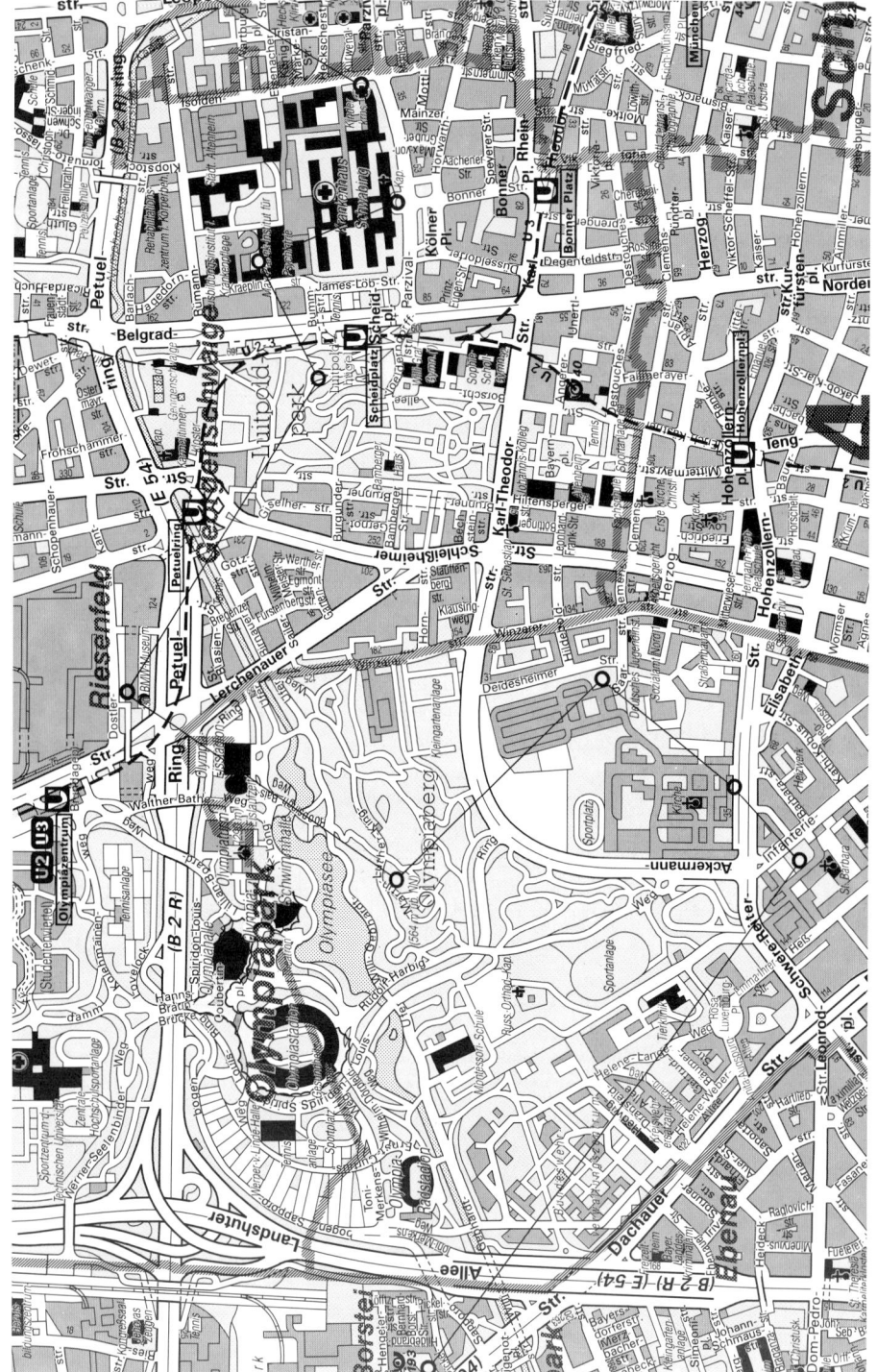

Oberwiesenfeld

Im Norden Schwabings und um das Oberwiesenfeld konzentrierten sich mehrere für das »Dritte Reich« bedeutende Einrichtungen. Zum einen waren dies medizinisch-psychiatrische Institutionen, zum anderen Kasernen. Von einer dieser Kasernen ging in den letzten Kriegstagen der Versuch der »Freiheitsaktion Bayern« aus, Münchens vollständige Zerstörung während eines Endkampfes zwischen deutschen und amerikanischen Truppen zu verhindern.

Wilhelm-Hertz-Straße 10

In den Häusern der »Gemeinnützigen Baugesellschaft München« entlang der Wilhelm-Hertz-Straße lebten fast ausschließlich Arbeiterfamilien. Von historischem Interesse ist dieses kleine, damals in sich abgeschlossene Viertel wegen der Ergebnisse bei den letzten Reichstagswahlen vom 5. März 1933. Im Wahllokal der Gaststätte »Familienheim« im Haus Nummer 10 konnten die einzelnen Parteien folgende Ergebnisse verzeichnen: SPD 273 Stimmen, KPD 255, NSDAP 192 und BVP 107 Stimmen. Damit war dies der »roteste« Stimmbezirk in München.

Heckscherstraße 9

Der Psychiatrieprofessor Max Isserlin (1879–1941) leitete im Ersten Weltkrieg im Münchner Reservelazarett die Station für nervenkranke und hirnverletzte Kriegsteilnehmer. Nach dem Krieg führte er diese Tätigkeit fort und konnte 1925 mit Hilfe der Stiftung des deutsch-amerikanischen Industriellen August Heckscher (1848–1941) die »Heckscher Nervenheil- und Forschungsanstalt« einrichten, die als Heilanstalt, Heim- und Arbeitsstätte für Hirnverletzte dienen sollte. Im Jahr 1929 kam eine Abteilung für nervenkranke und verhaltensgestörte Kinder in der damaligen Gottfriedstraße 9 hinzu. Diese Straße wurde 1932 zu Ehren Heckschers umbennant.

Max Isserlin 1935
(aus: Jutz, Renate; Max Isserlin. München 1979)

Isserlin bekannte sich zum jüdischen Glauben und war als Psychiater tätig. In der Heckscher-Klinik spielte sich seit 1933 ein Stück nationalsozialistischer Medizingeschichte ab. Zum 1. August 1933 wurde die Kriegsbeschädigtenabteilung abgetrennt, und Isserlin mußte die Leitung der von ihm aufgebauten Einrichtung abgeben. Zudem erhielt er Hausverbot. Die Leitung des Kinderhauses an der Heckscherstraße 9 konnte er infolge seines internationalen Ansehens noch bis zum 31. Juli 1938 beibehalten. Doch während dieser Jahre nahm seine menschliche und berufliche Isolierung immer stärker zu, obwohl sich verschiedene Kollegen für ihn einsetzten.
Als Jude war Isserlin in seinem ärztlichen Berufsverband unerwünscht (→ Brienner Straße 23). Dennoch war seine

251

Klinik ständig mit Kindern mit Hirnfunktionsstörungen überfüllt, die von der Stadtverwaltung hierher geschickt wurden. Dort hoffte man, auf diese Weise die Klinik finanziell zugrunderichten zu können. Da sich das Haus nämlich ohne die Mittel der Heckscher-Stiftung nicht halten konnte, diese Gelder aber wegen der Wirtschaftskrise in den USA nicht mehr so flossen wie früher, bedeutete jedes Kind eine zusätzliche finanzielle Belastung.
Obwohl sich die Mitarbeiterinnen und Mitarbeiter der Klinik Isserlin gegenüber loyal verhielten, wurde ihr Chef durch Nichtbewilligung finanzieller Unterstützungen und wegen beruflicher und persönlicher Schikanen fachlich isoliert und menschlich zermürbt. Im Jahr 1934 wanderten sein Bruder Aron nach Israel, seine Tochter Beate und sein Sohn Benedikt nach Großbritannien aus. 1935 starben seine langjährigen Mitarbeiter Walter Spielmeyer und Erich Feuchtwanger.
Im Jahr 1938 wurde die Aberkennung der ärztlichen Zulassung für Juden auch in privaten Einrichtungen vollzogen. Am 31. Juli 1938 mußte Isserlin daher die Klinikleitung abgeben. Seine Nachfolgerin wurde seine frühere Mitarbeiterin Maria Weber. Im Juli 1939 emigrierte Isserlin mit seiner Frau Tina nach Großbritannien, wo er am 4. Februar 1941 starb.
Seit dem 1. September 1939 führte der Staat sein sogenanntes Euthanasieprogramm durch, dem bis August 1941 rund 80 000 angeblich »lebensunwerte« Menschen zum Opfer fielen. Auch die hirngeschädigten Kinder in der Heckscher-Klinik – im offiziellen Schriftverkehr als »Monster« bezeichnet – waren von diesen Aktionen bedroht, doch gelang es der Anstaltsleiterin Weber und den Ursberger Schwestern, ihnen dieses Schicksal so lange zu ersparen, bis das »Euthanasie«-Programm auf Druck der katholischen Kirche hin eingestellt wurde.
Im März 1946 beschlagnahmten die amerikanischen Militärbehörden die Heckscher-Klinik und richteten ein Krankenhaus für Kinder ein, die die Konzentrationslager überlebt hatten. Im Januar 1952 wurde das Haus wieder für seinen ursprünglichen Zweck freigegeben.

Kölner Platz 1

Das »Dritte Reich« machte auch vor dem Personal des Schwabinger Krankenhauses am Kölner Platz 1 nicht halt. Im April 1933 entzog der Staat allen »nichtarischen« Ärzten die Kassenzulassung (→ Brienner Straße 23). Die Chefärzte Maier Mandelbaum, Otto Neubauer und Siegfried Oberndorfer mußten das Haus verlassen. Als am 15. September 1935 in Nürnberg das »Gesetz zum Schutze des deutschen Blutes und der deutschen Ehre« beschlossen wurde, hatte das auch Auswirkungen auf die Israelitische Abteilung des Krankenhauses: Sie wurde geschlossen und in die Israelitische Privatklinik an der (→) Hermann-Schmid-Straße 5–7 verlegt. Der Bombenkrieg machte eine teilweise Auslagerung des Klinikbetriebs notwendig. So wurde die Neurologische Abteilung mit ihrem Chefarzt Karl Friedrich Scheid (1906–1945) nach Rottach-Egern verlegt. Gegen Ende des Krieges nahm Scheid an dem Aufstandsversuch der »Freiheitsaktion Bayern« teil (→ Saarstraße 14). Als am 4. Mai 1945 die Wehrmacht in Süddeutschland teilkapitulierte, sollte Scheid Rottach-Egern den Amerikanern übergeben. Mit der weißen Fahne in der Hand wurde er dabei von hinten von SS-Männern erschossen. Nach ihm ist der Scheidplatz benannt. Das schwer zerstörte Krankenhaus wurde im Mai 1945 von der US-Armee beschlagnahmt und mit pflegebedürftigen, befreiten KZ-Häftlingen belegt. Kurz darauf mußten diese in das Altenheim an der Rümannstraße 60 umziehen, weil die Armee ihr 98th General Hospital einrichtete, das erst 1957 wieder vollständig geräumt wurde.

Kraepelinstraße 2 Schon vor 1933 war der »Deutschen Forschungsanstalt für Psychiatrie« in der Kraepelinstraße 2 eine »Kriminalbiologische Sammelstelle« angegliedert. Die sogenannte »Sozialhygiene« war ein international verbreitetes Betätigungsfeld von Wissenschaftlern in der Psychiatrie. Seit 1933 erhielt sie im Deutschen Reich einen neuen Inhalt. Ernst Rüdin (1874–1953), ab 1933 Professor für Psychiatrie, Erbbiologe und Rassenhygiene an der Universität München sowie Direktor der Einrichtung in der Kraepelinstraße 2, erläuterte diese Veränderung am 22. August 1938 anläßlich der in München stattfindenden »5. Europäischen Tagung der Vereinigung für psychische Hygiene«. Diese Art von Hygiene habe zunächst den Sinn gehabt, eine menschenwürdigere Behandlung von Gemüts- und Geisteskranken anzustreben, so Ernst Rüdin. Später aber sei das Arbeitsgebiet auf die Vorbeugung gegen seelische Erkrankungen ausgedehnt worden. Dabei hob Rüdin insbesondere den Schwerpunkt »Heiratsprophylaxe und psychische Hygiene« hervor.
Im »Dritten Reich« schufen die Juristen eine umfangreiche Gesetzgebung, die folgenden Satz aus »Mein Kampf« zur Grundlage hatte: »*Wer körperlich und geistig nicht gesund und würdig ist, darf sein Leid nicht im Körper seines Kindes verewigen.*« Das »Erbgesundheitsgesetz« vom 14. Juli 1933 beispielsweise definierte als erbkranke Personen Menschen mit folgenden Krankheiten: angeborener Schwachsinn, zirkuläres Irresein, erbliche Fallsucht, Veitstanz, erbliche Blind- oder Taubheit, schwere körperliche Mißbildung sowie schwerer Alkoholismus. Der Personenkreis mit diesen so

diagnostizierten Krankheiten konnte, auch gegen seinen Willen, durch Entscheidung sogenannter Erbgesundheitsrichter unfruchtbar gemacht werden. Dies verstand man unter »Heiratsprophylaxe«.
Die Zusammenarbeit von Medizin und Justiz fand einen weiteren Ausdruck in einer Tagung der »Erbgesundheitsrichter«, die am 22. Juni 1936 in der Kraepelinstraße 2 stattfand. Rüdin als Hausherr resümierte in seiner Begrüßungsrede, daß erst seit dem Sieg der nationalsozialistischen Weltanschauung die Pflicht eines jeden gesunden Volksgenossen, eine Familie zu gründen, wiederbelebt worden sei. Die erste Maßnahme der neuen Regierung müßte daher zwangsläufig die negative Bevölkerungsauslese sein. Die Tagung fand ihren Abschluß in einem dreifachen »Sieg-Heil«, in das die Anwesenden begeistert einstimmten.
Seit 1938 stand Professor Rüdin auch dem Institut für Rassenhygiene der Universität München vor, das sich ebenfalls in der Kraepelinstraße 2 befand.

Luitpoldpark

»*In fünf riesigen Abraumhalden und Schuttbergen hat München einen Großteil seiner Wohnstätten und seines Vermögens aufgeschüttet und begraben*«, schrieb die »Süddeutsche Zeitung« am 30. August 1949. Einer dieser künstlichen Berge, die aus dem ansonsten ebenen Stadtbild ragen, liegt im Luitpoldpark. Fast 1 000 000 Kubikmeter Bombenschutt wurden mit einer Kleinbahn hierher transportiert und zu einem Hügel aufgetürmt, zu dessen Gipfel eine geschwungene Straße am Nordhang führte. Auf ihr brachten die Lastwagen den Schutt nach oben. Ihre Trasse ist heute noch gut erkennbar. Nachdem der Berg im Frühjahr 1949 aufgeschüttet worden war, errichteten Unbekannte auf seinem Gipfel ein Kreuz mit der Aufschrift:

Schuttberg, Luitpoldpark 1947

»Betet und gedenkt all der unter den Bergen von Trümmern Verstorbenen.« Dieser Text wurde als Inschrift in ein im Jahr 1958 aufgestelltes Kreuz aufgenommen und ergänzt.

Lerchenauer Straße 76

Seit 1913 wurden an der Lerchenauer Straße 76 Flugmotoren gebaut. Seit 1917 hieß die Firma Bayerische Motorenwerke (BMW). Der Versailler Vertrag von 1919 verbot Deutschland die Rüstung in der Luft, so daß für BMW die Haupteinnahmequelle versiegte. Man beschränkte sich auf den Bau von Flugmotoren für zivile Zwecke, dennoch gelangten während der zwanziger Jahre mehr als 1000 Motoren zur sowjetischen Roten Armee. Diese und die Reichswehr hatten ein Kooperationsabkommen geschlossen, nach welchem deutsche Militärtechnik in der Sowjetunion getestet werden konnte.
Das dabei gewonnene Wissen ließ sich seit der Machtübergabe an die NSDAP 1933 im Rahmen der beginnenden Aufrüstung gewinnbringend nutzen. Von 1933 bis 1943 wurden die Werksanlagen beständig erweitert, zunächst für den Bau von Kraftfahrzeugen und Motorrädern. Zum reinen Rüstungsunternehmen wurde BMW im Jahr 1935, als die schon lange vorher vorbereitete Aufstellung der Luftwaffe begann. Bereits 1936 entstand das neue BWM-Werk II in Allach (→ Dachauer Straße 665), das zusammen mit dem Milbertshofener Stammwerk einer der kriegswichtigsten Betriebe in Deutschland war.
Die Anlagen waren ein bevorzugtes Ziel der alliierten Bombenangriffe, doch wurden die dabei entstandenen Schäden sofort wieder behoben. Am 1. Oktober 1945 erhielt Oberbürgermeister Karl Scharnagl von der US-Militärregierung den Befehl, das BMW-Werk an der Lerchenauer Straße demontieren zu lassen.
Vom Februar 1947 bis November 1948 rollte in genau 1141 Eisenbahnwaggons die gesamte Einrichtung des Werkes – mit Ausnahme der Dampfheizung – aus München, um in 16 verschiedenen Ländern wiederaufgebaut zu werden.
In Milbertshofen begann mit neuen Maschinen ein neuer Abschnitt in der Firmengeschichte. 1949 stellten 2500 Arbeiter rund 10 000 Motorräder her, im nächsten Jahr bereits 17 000, von ihnen 18 Prozent für den Export.

Oberwiesenfeld

Das Oberwiesenfeld – das heutige Olympiagelände – war bis zur Eröffnung des neuen Flughafens in Riem am 25. Oktober 1939 Münchens Tor zur Welt. Anfang und Ende des »Dritten Reiches« lassen sich hier symbolhaft festmachen.
Am 12. März 1933 landete Hitler auf dem Oberwiesenfeld, um als »Volkskanzler« der Stadt seines Aufstieges einen Besuch abzustatten. Der Flugplatz war von SS und SA

weiträumig abgesperrt, damit Zehntausende von begeisterten Zuschauern nicht die Landung des Flugzeugs verhinderten. Der »Völkische Beobachter« kommentierte: »*Da ist es wie ein Symbol: als die Maschine den Boden berührt, steigt aus den Zehntausenden weihevoll und getragen das Deutschlandlied empor, das ist Münchens Gruß an seinen Führer!*«
Nur zehn Jahre später begann sich mit den alliierten Bombenangriffen das Ende des »Dritten Reiches« abzuzeichnen. Die Bomberverbände zerstörten große Teile der »Hauptstadt der Bewegung« (→ Hotterstraße). Seit dem 8. Dezember 1947 brachte eine Kleinbahn den Schutt der zerstörten Gebäude aus der nördlichen Hälfte der Stadt zum Oberwiesenfeld, wo bis 1952 rund 2 500 000 Kubikmeter aufgeschüttet wurden. Zum Schutz der benachbarten Gewerbebetriebe vor Staub begann man bereits damals mit der Begrünung der Abhänge.
Ein Denkmal, die sogenannte Schuttblume, wurde anläßlich der Olympischen Spiele 1972 auf dem Schuttberg enthüllt. Auf ihm heißt es: »*Dieses Mahnmal des Bildhauers Rudolf Belling wurde gestiftet vom Deutschen Gewerkschaftsbund und der Landeshauptstadt München. Errichtet im Olympiajahr 1972 auf einem der Hügel, die aus den Trümmern Münchens nach dem zweiten Weltkrieg aufgeschüttet wurden.*«

Saarstraße 14

Die Nachrichtenkaserne an der Saarstraße 14 (damals Deidesheimer Straße 1) wurde als erste Kaserne des »Dritten Reiches« in München am 14. Oktober 1935 ihrer Bestimmung übergeben. Zu den hier untergebrachten Truppen gehörte auch eine Dolmetscherkompanie, deren Aufgabe die Auswertung ausländischer Funksendungen war. Naturgemäß war man daher in dieser Einheit in der Lage, parallel zur deutschen Propaganda die Darstellung derselben Vorgänge mit den Berichten der Alliierten vergleichen zu können.
Um München das Schicksal eines Endkampfes zu ersparen, hatten sich seit der deutschen Niederlage von Stalingrad im Februar 1943 etliche Männer darauf vorbereitet, die Stadt kurz vor Ankunft der Kriegsgegner durch einen Aufstand gegen die Nationalsozialisten zu retten. Ende 1944 hatten sich drei Organisationen herausgebildet, die gemeinsam losschlagen wollten.
Die »Bayerische Heimatbewegung« sah das Unheil für Bayern von »Preußen« kommen. In völliger Verdrehung der historischen Wirklichkeit hatte die »Heimatbewegung« in einem »Bayerischen Memorandum« vom August 1944 behauptet: »*Deutschland ist zugrunde gegangen, weil es preußisch war. Deutschland ist so hemmungslos dem Nationalsozialismus verfallen, weil Preußentum und Nationalsozialismus wesensähnlich sind.*« Daraus zog man die Konse-

quenz: »*Für die Bayern bedeutet die Ausrottung des Nationalsozialismus auch die Ausmerzung alles Preußischen aus Bayern.*« Die vielen nach Bayern evakuierten norddeutschen Großstädter würden die Versorgungslage verschärfen, außerdem würden die zahlreichen NS-Größen, die sich gegen Kriegsende nach Südbayern, die sogenannte »Alpenfestung«, zurückgezogen hätten, die Zerstörungswut der US-Armee geradezu herausfordern. Die »Heimatbewegung« wollte den Amerikanern daher mit einem Aufstand zeigen, daß Bayern das »bessere« Deutschland sei.

Ziel der »Heimatbewegung« unter dem früheren Regensburger Oberbürgermeister Otto Hipp (1885–1952) und Gebhard Seelos (1901–1984), später Vorsitzender der Bayernpartei (→ Rosenheimer Straße 218), war ein souveräner Staat Bayern, möglichst vereint mit Österreich.

Die zweite Gruppe war die »Organisation 7« (0 7), benannt nach dem Wehrkreis VII. Sie bereitete einen Widerstand auf militärischer Ebene vor. Unter der Leitung von Peter Göttgens wurden Flugblätter verteilt, mündliche Propaganda betrieben, Deserteure und »rassisch« und politisch Verfolgte versteckt sowie Waffen für den Tag der Befreiung gesammelt. Mitte April 1945 verteilte die »0 7« in München ein Flugblatt, in dem es hieß: »*Vor der Salzbergfeste, dem letzten Asyl der vereinigten Bonzen, soll unser München und seine Umgebung geopfert werden.*« Um dies zu verhindern, rief man die Bevölkerung in »*10 Geboten zur Verteidigung Münchens gegen Krieg und Naziblutrausch, für Frieden und sozialistischen Aufbau*« zum aktiven Widerstand gegen das Regime auf.

Die dritte Gruppe von widerstandsbereiten Personen hatte sich innerhalb der Dolmetscherkompanie in der Saarstraße 14 gebildet, die »Freiheitsaktion Bayern«, organisiert vom Chef der Dolmetscherkompanie, Rupprecht Gerngroß (geb. 1915). Ausgehend von der Überzeugung, daß der Militarismus dem bayerischen Volkscharakter wesensfremd sei, und ohne Bezug zu den radikal-bayerischen Thesen beispielsweise der »Bayerischen Heimatbewegung« wollte man eine endgültige Zerstörung Münchens und Südbayerns kurz vor Kriegsende durch einen militärischen Aufstand verhindern. Gleichzeitig wollte man den Amerikanern zeigen, daß es auch ein »anderes« Deutschland gab.

In der Nacht zum 28. April 1945, einen Tag bevor das KZ Dachau befreit wurde, erhob sich die »Freiheitsaktion« zusammen mit der »Heimatbewegung« und der »0 7«. Die Sender Freimann und Erding wurden besetzt und von dort die Bevölkerung zum Aufstand aufgerufen. Reichsstatthalter Epp sollte zum Mitmachen bewegt werden (→ Prinzregenten-

straße 7), doch mißlang dies ebenso wie die Festnahme des Gauleiters Giesler (→ Ludwigstraße 2). Noch am selben Tag schlugen NSDAP und Wehrmacht den Aufstand in München und Oberbayern blutig nieder.
Bevor am Nachmittag des 30. April 1945 die US-Armee kampflos in München einmarschierte, war am Vortag zum letzten Mal der »Völkische Beobachter« gedruckt, aber am 30. April nicht mehr ausgeliefert worden. In ihm war von »Zorniger Ablehnung des Liliputputsches in München« die Rede: »In die augenblicklich schwierige Situation der bayerischen Front platzt nun am Morgen des 28. April die Nachricht von dem Liliputaner-Rundfunkputsch in München hinein. Zunächst erfuhren die kämpfenden Truppen mit fassungslosem Staunen von der Zivilbevölkerung die stark an einen verspäteten Aprilscherz gemahnenden Nachrichten über die ›Tat‹ des Hauptmanns Gerngroß. Allein schon der Name des Anführers schien ein schlechter Witz zu sein. In ein paar Tagen wird kein Mensch sich mehr an diese Episode erinnern können.« (→ Münchener Freiheit).

Oberwiesenfeld

Das Oberwiesenfeld diente bis 1918 als Exerziergelände der Königlich-Bayerischen Armee und war seit jener Zeit von Kasernen umgeben. Nach dem offiziellen Beginn der Aufrüstung im »Dritten Reich« im März 1935 wurde ein neuer Kranz von Kasernen um das Oberwiesenfeld angelegt.

Schwere-Reiter-Straße 35
Infanteriestraße 17

So entstanden die Kraftradschützen-Kaserne (heute Stetten-Kaserne) an der Schwere-Reiter-Straße 35 und die Artilleriekaserne (heute Luitpold-Kaserne) an der Infanteriestraße 17, während auch die alten Kasernen weiterhin ihren kriegerischen Zwecken dienten.
Während des Krieges wurden die Militärgebäude als Vorratslager für Lebensmittel genutzt. Als am 28. April 1945 der Aufstand der »Freiheitsaktion Bayern« (→ Saarstraße 14) begann und damit sichtbar die Herrschaft des NS-Regimes zu bröckeln begann, stürmten und plünderten ausgehungerte Menschen an diesem Tag die Kasernen am Oberwiesenfeld. Ungeheure Mengen von Weizen, Kaffee, Schnaps und Reis gelangten dabei zur selbstbestimmten chaotischen Verteilung.
Wenige Tage später übernahm die US-Armee die ausgedehnten Anlagen der Wehrmacht. Die Nachrichten- und Kraftradschützen-Kasernen wurden zum Indiana-Depot, einer der größten Reparaturbetriebe der Amerikaner in Europa mit 850 deutschen Angestellten. Es bestand bis zum 31. Mai 1955.
Die Artilleriekaserne beherbergte von 1945 bis 1948 eine große Zahl von »Displaced Persons«, Menschen, die während

DP-Lager, Eingang Schwere-Reiter-/ Heßstraße

des Krieges zur Zwangsarbeit oder in Konzentrationslager verschleppt worden waren. Viele von diesen Menschen waren befreite Juden, die auf ihre Ausreise nach Palästina oder in ein anderes Land warteten (→ Domagkstraße 33).
Eine andere Gruppe waren Menschen, die vor der Roten Armee geflüchtet waren, sei es aus ideologischen Gründen, sei es aus Angst, für ihre wirkliche oder behauptete Kollaboration mit den Deutschen belangt zu werden.
Am 14. Februar 1946 führten Einheiten der US-Armee eine Razzia gegen verschleppte Polen und Jugoslawen in der Artilleriekaserne durch, um die zahlreichen illegalen Waffen in ihrem Besitz zu beschlagnahmen. Es existierte in diesen Kreisen eine »Königlich-jugoslawische Armee von Bayern«. Am 13. April 1946 kam es in der Infanteriestraße zu Unruhen, als drei Offiziere der kommunistischen Tito-Armee ihre hier lebenden Landsleute zur Heimkehr aufforderten. Rufe wie »Es lebe König Peter!«, »Nieder mit Tito!«, »Nieder mit der Diktatur!« und »Es lebe Amerika!« erschallten, mit denen die Umworbenen ihrem Entschluß Ausdruck verliehen, niemals in ein kommunistisches Jugoslawien zurückkehren zu wollen.

Dachauer Straße 140–146

Als im Jahr 1931 die Siedlung »Borstei«« an der Dachauer Straße 140–146 fertiggestellt worden war, wurde sie in der Zeitschrift »Baukunst« charakterisiert: »*Bernhard Borst, ein deutscher Baumeister von der Art, wie sie heute kaum mehr anzutreffen sind, hat hier ein Lebenswerk geschaffen.*« Borst habe hier bewiesen, »*wie echt deutscher Baumeistergeist auch in der Zeit der schrankenlosesten Konjunkturbauerei unter dem Zwange der Wohnungsnot, die anderwärts unter der Flagge der ›neuen Sachlichkeit‹ nur die Elendsquartiere der Zukunft hervorbrachte, die unerbittlichen materiellen Gegebenheiten mit den idealen Forderungen zu einer schönen Harmonie führen und den mehr als zweifelhaften Segnungen des ›zeitgemäßen Kollektivdaseins‹ die ideale deutsche bürgerliche Mietwohnung entgegenstellen konnte.«* Kurz: Deutschnationale politische Ansichten fanden hier ihren architektonischen Ausdruck.

Die Wohnungen in der Borstei wurden fast ausschließlich an Angehörige des »guten« bis »gehobenen« Bürgertum vermietet. Unter anderem lebten 1933 dort Gebhard Himmler, Bruder des SS-Führers Heinrich Himmler, in der Voitstraße 8, der »Stellvertreter des Führers« Rudolf Heß in der Lofftzstraße 3 und der Lehrer Josef Dolch Lofftzestraße 10, der sich als Denunziant bei der Gestapo hervortat (→ Emil-Muhler-Torweg).

Dietrichstraße 2 Die Borstei und die ihr gegenüberliegende Siedlung an der Dietrichstraße waren diejenigen Gegenden Münchens, in denen die NSDAP den stärksten Rückhalt fand. So wurde bei der Reichstagswahl vom 5. März 1933 folgende Stimmenverteilung im Wahllokal »Dietrich von Bern« an der Dietrichstraße 2 ausgezählt: NSDAP 827, BVP 237, Kampffront Schwarz-Weiß-Rot 225, SPD 104, KPD 25 – bei einer Wahlbeteiligung von 95 Prozent. Dieses sensationelle Ergebnis war dem »Völkischen Beobachter« einen eigenen Artikel wert. Am 7. März 1933 konnte man Text und Foto mit der Überschrift »Das Hakenkreuz auf der Borstei« zur Kenntnis nehmen.

Freimann/Milbertshofen

Die nördlichen Stadtviertel Freimann und Milbertshofen wurden und sind geprägt von der offenen Aufrüstung seit 1933, sichtbar u. a. an den zahlreichen Kasernenanlagen. Auch sogenannte Reichskleinsiedlungen, in denen die »Volksgenossen« entsprechend der nationalsozialistischen Vorstellungen und Ziele leben sollten, sind im Norden anzutreffen.
Dieses nördliche Zentrum von Wehrmacht und SS wurde seit Mai 1945 von der siegreichen US-Armee für ihre Zwecke genutzt. Mit den Siegern kamen auch sehr viele der befreiten überlebenden Opfer des »Dritten Reiches« nach Freimann und Milbertshofen. Von hier aus emigrierten sie aus dem Land der Mörder in ein erhofftes besseres Leben.
Die mehr oder weniger gelungene Entnazifizierung des Münchner Nordens spiegelt sich exemplarisch in den Straßenbenennungen wider. Ansonsten erinnert fast kein Denkmal und keine Gedenktafel mehr an die prägenden Jahre zwischen 1933 und 1949.

Ungererstraße 130

Seit 1943 wurden 2099 der rund 6500 Münchner Opfer des von den Nationalsozialisten provozierten Luftkrieges im Nordfriedhof beigesetzt. Ihre Hinterbliebenen erhielten einen von Oberbürgermeister Karl Fiehler unterschriebenen, standardisierten Beileidsbrief folgenden Wortlautes: »*Sehr geehrte Frau...! Zum Ableben Ihres Sohnes..., der beim Terrorangriff am 7. Januar 1945 gefallen ist, spreche ich Ihnen und Ihren Angehörigen im Namen der Hauptstadt der Bewegung und persönlich herzlichstes Beileid aus. Auch er gab sein Leben im großdeutschen Freiheitskampf zur Sicherung der Zukunft unseres Volkes und Reiches. Heil Hitler! Der Oberbürgermeister.*«
Im Jahr 1959 wurde der Ehrenhain für die Luftkriegsopfer angelegt. Er befindet sich im nördlichen Friedhofsteil in Höhe der Echinger Straße. Ein von Hans Wimmer gestaltetes Denkmal stellt eine Bombe dar. Einige Gedenksteine erinnern an nicht mehr identifizierbare Bombenopfer. Im Rasen sind Porzellanplatten mit Namen und Todesdatum der Verstorbenen eingelassen.

Ungerer-/Crailsheimstraße/Alte Heide

An der Ungerer-/Ecke Crailsheimstraße (heute Nordfriedhof) umzäunte die US-Armee im Mai 1945 ein 150 m mal 150 m großes Gelände mit dreifachem Stacheldraht und errichtete darin fünf Baracken. Sie dienten fortan als Internierungs- und Arbeitslager für 114 hochrangige Nationalsozialisten, die auf ihre Spruchkammerverfahren warteten (→ Wagmüllerstraße 12) oder schon abgeurteilt waren.
Unter ihnen befanden sich der ehemalige Oberbürgermeister

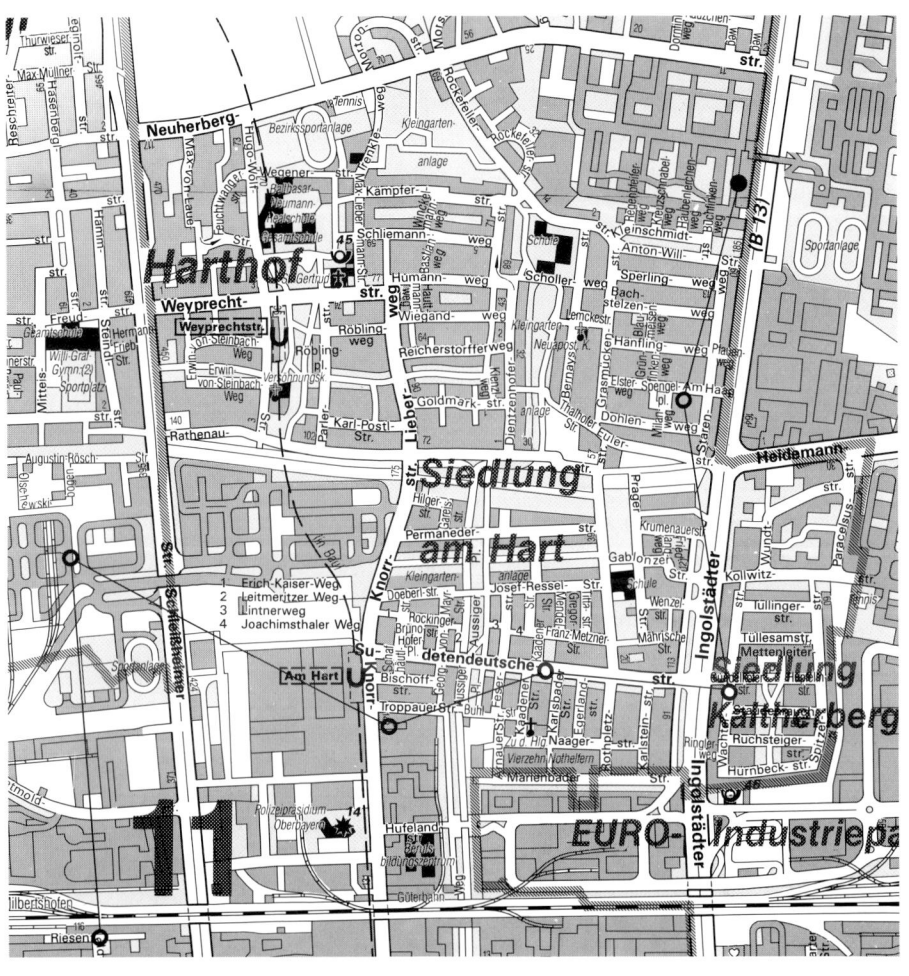

der »Hauptstadt der Bewegung«, Karl Fiehler, Hitlers Leibfotograf Heinrich Hoffmann, der Münchner Kreisleiter der NSDAP, Karl Lederer, Heinrich Himmlers Bruder Gebhard sowie der Kriegsverbrecher General Karl Weisenberger.
Ganz im Gegensatz zu ihren Opfern (→ Dachauer Straße 665) führten diese Täter unter amerikanischer Aufsicht ein angenehmes Leben. In den sauberen und geräumigen Baracken hatten sie sich wohnlich eingerichtet. Etliche Radiogeräte standen zur Unterhaltung umher, die Münchner Tageszeitungen erfreuten sich lebhafter Lektüre. Acht Stunden mußten die Internierten täglich arbeiten. Am Abend konnten sie sich dann warm duschen. Amerikanische Konserven sorgten für einen abwechslungsreichen Speisezettel. Ein Zahnarzt und ein Allgemeinarzt hielten regelmäßig Sprechstunden ab, doch war der Krankenstand gleich Null. Jede Baracke hatte ein eigenes Telefon, jeden Sonntag schauten Angehörige und Freunde persönlich vorbei.
Mit dem Ende der Entnazifizierung am 31. Dezember 1948 kehrten die inhaftierten Nationalsozialisten in die Freiheit zurück, und Flüchtlinge zogen in das kleine Lager ein, das vom Hochbunker an der Straßenkreuzung überragt wurde.

Garchinger Straße 37 Als Ersatz für den Alten Israelitischen Friedhof an der Thalkirchner Straße 240 wurde 1908 der Neue Israelitische Friedhof an der Garchinger Straße 37 (damals Ungererstraße 217) eingeweiht. Er wurde für etwa 15 000 Gräber der nächsten 100 Jahre angelegt.
In der Nähe der Trauerhalle erinnert ein Denkmal an die Gefallenen des Ersten Weltkrieges, den viele national gesonnene Juden als opferwillige Söhne ihres Vaterlandes nicht überlebten. Die Grabinschriften seit 1933 spiegeln die Verfolgung während des »Dritten Reiches« wider. Gleicher Todestag von Ehepartnern deutet auf gemeinsamen Selbstmord hin (→ Hermann-Schmid-Straße 5–7) ebenso wie die ungewöhnlich hohe Sterblichkeitsrate pro Kalenderjahr. Um die Erinnerungen an die in den Konzentrationslagern ermordeten Juden wachzuhalten, wurde am 10. November 1946, zum achten Jahrestag der antisemitischen Pogrome, ein Gedenkstein mit der Inschrift »*Den Opfern der schweren Verfolgungszeit 1933–1945 zum Andenken*« eingeweiht.
Der Friedhof befand sich nach dem Krieg in einem ungepflegten und fremdgenutzten Zustand. Da fast niemand mehr lebte, um die Kosten für eine Wiederherstellung zu tragen, genehmigte der Stadtrat am 2. Juli 1946 die teilweise Übernahme der Restaurierung, konnte sich aber nicht zu einer vollständigen Finanzierung entschließen, so daß der Rest von der Israelitischen Kultusgemeinde übernommen werden

mußte. Erst im Juli 1985 beschloß der Stadtrat eine Renovierung des Friedhofes auf Kosten der Stadt, mit der dann 1989 begonnen wurde.
Verwalter des Israelitischen Friedhofes war während des »Dritten Reiches« das christliche Ehepaar Karl und Katharina Schörghofer, die mit ihren Kindern Karl und Martha im Friedhofsgebäude wohnten. Als Wächter über die jüdischen Toten fühlten sie sich auch den Lebenden verpflichtet. Als die Gestapo Grabsteine und religiöse Gegenstände abholen wollte, waren diese von den Schörghofers rechtzeitig beiseite geschafft worden. Auch die Drohung mit »Dachau« konnte sie nicht dazu bringen, das Versteck preiszugeben, so daß man sie schließlich unbehelligt ließ. Als Menschen mit intensiven Kontakten zu Juden standen sie jedoch weiterhin unter polizeilicher Kontrolle.
Trotzdem riskierte die Familie ihr Leben, wenn sie etwa Juden, die versteckt gelebt hatten und gestorben waren, heimlich zum Friedhof brachten und dort begruben. Die Schörghofers hielten selbst sechs Juden vor den Behörden in den Friedhofsgebäuden verborgen. Untertags arbeiteten diese unerkannt zusammen mit Kriegsgefangenen auf den noch freien Grabfeldern, wo Gemüse angebaut wurde. Nach der Arbeit zogen sie sich in ihre Verstecke zurück. Nach 14 Monaten erschien die Polizei mit einem jüdischen Kollaborateur, durch den zwei der Verborgenen entdeckt und danach deportiert wurden. Die anderen vier konnten fliehen, einer von ihnen kehrte kurz darauf wieder zu den Schörghofers zurück. Es handelte sich um Ralph Kahn, der den Tag der Befreiung im Friedhof erlebte.
Karl Schörghofer junior durfte im Jahr 1969 in der Jerusalemer Gedenkstätte »Yad Vashem« in der dortigen »Allee der Gerechten« einen Baum pflanzen, der an seine Familie erinnert. Dies ist die höchste Auszeichnung, die der Staat Israel an Nichtjuden für ihr mutiges Verhalten während der Jahre 1933–1945 verleiht.

Domagkstraße 33/ Frankfurter Ring 218

Die Funkkaserne der Luftwaffe entstand 1936 bis 1938 im Rahmen der rasanten Kriegsvorbereitungen als Luftnachrichtenkaserne. Ihre Zugänge befinden sich an der Domagkstraße 33 (bis 1966 ohne Benennung) und am Frankfurter Ring 218 (damals Freimanner Straße 218).
Nach dem verlorenen Krieg übernahm die US-Armee die ausgedehnte Anlage und richtete hier im Auftrag der Vereinten Nationen ein Durchgangslager für auswanderungswillige Überlebende des nationalsozialistischen Terrors und politische Flüchtlinge aus Osteuropa ein. Spätestens seit 1946, als in Polen antisemitische Ausschreitungen stattfanden, war die

Funkkaserne vollständig überfüllt und die Atmosphäre von Spannungen zwischen den verschiedenen Bevölkerungsgruppen geprägt. Unter katastrophalen Bedingungen warteten die Menschen auf eine Auswanderungsmöglichkeit vorzugsweise in die USA, aber auch nach Südafrika, Australien und andere Länder und Kontinente.

Das »Resettlement Center« für die jüdischen »Displaced Persons« wurde aber erst mit der Gründung des Staates Israel am 15. Mai 1948 zum Auswanderungslager im großen Stil (→ Ludwigstraße 2). Die ersten 600 Juden verließen am 13. Juli 1948 Freimann in Richtung Nahost. Die »Süddeutsche Zeitung« schrieb am 25. September 1948 über die Auswanderung: »*Vom Bahnhof in Freimann ging in dieser Woche*

Freimanner Bahnhofstraße

wieder ein Transport mit 980 jüdischen Männern, Frauen und Kindern nach Palästina ab. Wie uns Staatskommissar Dr. Auerbach (→ Holbeinstraße 11) *erklärte, werden ab sofort regelmäßig derartige Palästina-Transporte von Freimann aus durchgeführt werden. Der nächste davon wird bereits morgen abgehen, und man hofft, in kurzer Zeit 7000 jüdische Displaced Persons von hier aus in ihre neue Heimat zu bringen.*« (→ Möhlstraße 12a).

Etwa 250 000 Menschen verschiedenster Herkunft hatten diesen »*Wartesaal der Auswanderer*«, über dem die Fahne der USA wehte, bis zu seiner Schließung am 22. April 1950 durchlaufen. Seit dem 1. Oktober 1949 war aber nicht mehr der Bahnhof an der Freimanner Bahnhofstraße der Ausgangspunkt ihrer langen Reise, sondern eine eigens angelegte Gleisanlage im Kasernengelände an der Domagkstraße, die heute noch – am Eingang des Areals an der Domagkstraße – besteht. (→ Ingolstädter Straße 193)

Frankplatz 19

Auf der Trasse der heutigen Autobahn verlief bis 1945 die Kruppstraße, benannt nach dem Industriellen Alfred Krupp (1812–1887), dessen Rüstungskonzern während des Ersten Weltkrieges in Freimann ein Geschützwerk errichten ließ. Seit 1927 befand sich in den ausgedehnten Industrieanlagen das Reichsbahn-Ausbesserungswerk (RAW), das im Rahmen der Aufrüstung seit 1933 eine kriegswichtige Funktion übernahm.

Harnierplatz

Eine Umbenennung erfuhr der Dorpmüllerplatz. Seit 1932 war er nach Julius Dorpmüller (1869–1945) benannt. Dieser amtierte seit 1926 als Generaldirektor der Deutschen Reichsbahn-Gesellschaft, seit 1933 hatte er auch die Leitung des Unternehmens »Reichsautobahnen« inne, von 1937 bis 1945 war er Reichsverkehrsminister. Dorpmüller gehörte zu jener Sorte von scheinbar unpolitischen Fachleuten, die sich dem

Rudolf Heß am
2. 4. 1935 in Freimann

verbrecherischen NS-System zur Verfügung stellten, und ohne die das »Dritte Reich« nicht hätte existieren können. Ihm oblag die Aufrechterhaltung der gesamten verkehrstechnischen Infrastruktur, ohne die der Krieg unmöglich gewesen wäre und ohne die beispielsweise die Millionen von Juden nicht in die Vernichtungslager hätten transportiert werden können.

Im Jahr 1947 entnazifizierte der Stadtrat den Platz in Harnierplatz. Adolf Freiherr von Harnier (1903–1945) leitete eine monarchistische Widerstandsgruppe (→ Residenzstraße 1) und wurde am 4. August 1939 festgenommen. Seitdem blieb er im Zuchthaus Straubing inhaftiert und starb dort am 12. Mai 1945 nach seiner Befreiung durch die US-Armee an Hungertyphus.

Am 14. Januar 1933 fanden im RAW-Freimann Betriebsrätewahlen statt. Die Kommunisten erhielten vier Sitze, die sozialistische Gewerkschaft der Eisenbahner ebenfalls vier Sitze und die christliche Gewerkschaft drei Mandate.
Sofort nach der Machtübergabe an die Nationalsozialisten am 30. Januar 1933 wurde die mehrheitlich linke Belegschaft mit den ihnen feindlichen, neuen Verhältnissen konfrontiert. Am 24. Juni 1933 enthüllte man den sogenannten »Sergl-Mast« vor dem Haupteingang des RAW am Frankplatz. Dieser Mast hatte eine Höhe von 25 Metern und war von einem Hakenkreuz gekrönt. Er war der damals höchste Fahnenmast in Deutschland. Eine überdimensionierte Hakenkreuzfahne wehte am Mast, zu dessen Füßen das »Sergl-Denkmal« stand. Es erinnerte an den SA-Sturmführer Georg Sergl (1908–1932), der im Grünwalder Stadion einem Hitzschlag erlegen war. Georg Sergl war in Freimann zur Welt gekommen – der Anlaß für die nachträgliche Ehrung.
Am 2. April 1935 erschien der »Stellvertreter des Führers«, Rudolf Heß, in Freimann, um den Leistungwillen der rund 3000 Arbeiter und Arbeiterinnen anzuspornen. Der »Völkische Beobachter« beschrieb den Auftakt dieser »Feierstunde«: »*Maschinen lärmen auf. Das Donnern der Niethämmer erschlägt jeden anderen Laut. Trommelfeuer der Arbeit leitet die Stunde ein. Der Ernst der Stätte läßt keinen Platz für Überschwang. Aber der Glaube ist eingezogen. Und das ist wohl der stärkste Eindruck für den, der offenen Auges und offenen Herzens hergekommen ist zu dieser Feierstunde der Arbeit, daß das Bild der Eintracht jene Zeit fast vergessen läßt, in der die Volksbeschützer die Arbeit zur Qual und die Menschen zu Proleten stempeln wollten.*« Dann sprach Heß über den »*Arbeitskampf*«, die Pflichten in der »*Gemeinschaft der Schaffenden*« und davon, daß die deutsche Aufrüstung keine imperialistischen Ziele habe, sondern ausschließlich dem Frieden des deutschen Volkes diene. Der »*deutsche Arbeiter*«, so Heß damals, sei zu hundert Prozent nationalsozialistisch. Er stellte klar, daß der »*erste Arbeiter und Soldat Deutschlands*« – er meinte damit Hitler – keinerlei Klassen mehr kenne, sondern nur noch Deutsche.
Seit 1938 erfuhren die Werksanlagen in Vorbereitung des Krieges eine erhebliche Erweiterung. Im Jahr 1941 wurde das RAW zum »nationalsozialistischen Musterbetrieb« ernannt. Was dies für die einzelnen Arbeiter und Arbeiterinnen bedeutete, stand in der Ernennungsurkunde: »*Diese höchste Anerkennung für Leistung und Kameradschaft von Betriebsführer und Belegschaft fordert erneut: Leistungssteigerung! Der harte Wille der Betriebsgemeinschaft wird diese Leistungssteigerung erfüllen.*« Unter Propagandatransparenten mit Paro-

len wie »*Ja, Führer, wir gehören Dir!*« wurde die wöchentliche Arbeitszeit von 52 Stunden (1939) auf 65 Stunden (1943) erhöht.
Seit 1940 arbeiteten auch einige Kriegsgefangene aus Westeuropa im RAW. Erst mit dem Überfall auf die Sowjetunion 1941 wurden im großen Stil Arbeiter durch Zwangsarbeiter und Zwangsarbeiterinnen ersetzt. Während die Deutschen in der UdSSR standen, verschleppte man von dort Menschen auch nach Freimann. Mehr als 1200 Arbeitssklaven lebten in den werkseigenen Barackenlagern und mußten – zusammen mit etwa 2600 Deutschen – den Krieg gegen ihre eigene Heimat erzwungenermaßen unterstützen. So hieß es in einem Bericht aus dem Jahr 1942: »*Neben den gewöhnlichen Arbeiten der Fahrzeugunterhaltung hatte das Werk zusätzlich eine große Anzahl von Sonderleistungen zu vollbringen. Im 2. Halbjahr 1942 wurden z. B. 80 Lokomotiven mit Frostschutzeinrichtungen zum Einsatz an der Ostfront ausgerüstet. Dazu war ein zusätzlicher Arbeitsaufwand von rund 80 000 Stunden erforderlich.*«
Daß ein Teil der Arbeiterschaft in Freimann dem »Dritten Reich« feindlich gegenüberstand, zeigten zahlreiche illegale Parolen, die an den Wänden des Werkes angebracht wurden. So erschien 1937 etwa der Satz: »*Von der Nordsee bis zur Schweiz trägt jeder Affe ein Hakenkreuz*«, und 1941 die Forderung: »*Nieder mit der Partei! Wir wollen Freiheit!*«
Anfang des Jahres 1945 arbeiteten rund 2800 Deutsche und 3600 Zwangsarbeiter und Zwangsarbeiterinnen, Kriegsgefangene und KZ-Häftlinge in dem stark zerstörten, extrem kriegswichtigen Werk. Sofort nach Kriegsende wurde die Arbeit wieder aufgenomen, in die nun leeren Zwangsarbeiterlager zogen ostdeutsche Flüchtlinge ein, die im RAW beschäftigt wurden.
Die katastrophalen Lebensbedingungen nach Kriegsende führten immer wieder zu Unruhen im Ausbesserungswerk. So nahmen am 7. Januar 1948 3500 von 4000 Beschäftigten an einem Streik gegen die Kürzung der Lebensmittelzulagen teil. Im Mai 1948 kam es aus demselben Grund zu wilden Streiks, an denen sich in ganz München rund 40 000 Menschen gegen den ausdrücklichen Willen der Gewerkschaften (→ Landwehrstraße 7–9) beteiligten.
Die Betriebsratswahlen im September 1951 zeigten die in den Jahren 1933 bis 1945 nur unterdrückten sozialistischen Traditionen im RAW Freimann noch einmal auf: Von 13 Betriebsräten gehörten 10 der KPD an.

Mattighofer Straße Entlang der Mattighofer Straße entstand 1932 die Reichskleinsiedlung Freimann. Das Konzept dieser Siedlung war in der Weimarer Republik entstanden und fügte sich gut in die Planungen des »Dritten Reiches« ab 1933 ein (→ Herrenchiemseestraße).

Weit ab von der Stadt lebten die Siedlerfamilien, ihre Arbeitsplätze lagen nicht weit entfernt: das Ausbesserungswerk Freimann, BMW (→ Lerchenauer Straße 76) sowie die zahlreichen Kasernen, die ab 1935 in der Nachbarschaft entstanden. Für jede Familie (insgesamt rund 960 Menschen) stand ein 700 m^2 großes Grundstück zur Verfügung. Insgesamt 63 Schweine, 4 Schafe, 51 Ziegen, 785 Küken, 1290 Hennen, 82 Hähne, 14 Gänse, 55 Enten, 17 Bienenvölker sowie eine nicht bekannte Anzahl von Kaninchen wurden dort gehalten. Außerdem betrieb man Kleingartenwirtschaft.

Ansonsten herrschten in der Siedlung Angst und Mißtrauen und das genaue Gegenteil zur viel beschworenen »Volksgemeinschaft«: »*Im allgemeinen sind die Menschen bis heute einander unbekannt geblieben, und es besteht auch nicht die Neigung und das Bedürfnis, gegenseitig Verbindung aufzunehmen. Sie leben nebeneinander und suchen einen persönlichen Abstand zu wahren. Die Siedler sind der Überzeugung, daß sie in dieser Form am ehesten ›am Streit und am Gerede‹ vorbeikommen*«, so eine Untersuchung aus dem Jahr 1940. Der Grund dafür war die Angst vor politischer Verfolgung: »*Der Bau der Siedlung fällt kurz vor die Zeit der großen Umgestaltung. Weitaus der größte Teil der Siedler aber stand der Überzeugung nach auf dem Boden des Marxismus. Die Herrschaft des Staates schien ihnen ein ungeheuerlicher Betrug und dazu bestimmt, die Besitzlosen auszubeuten*« (1940). In einem Bericht aus dem Jahr 1941 heißt es dazu: »*Laut polizeilichem Gutachten vom Sommer 1937 waren zwölf Siedler früher ausgesprochene Gegner der nationalsozialistischen Bewegung. Die ungeeigneten Elemente konnten später aus der Siedlung entfernt werden.*«

Die meisten konnten sich aber halten, weil sie sich früher weniger exponiert hatten. Sie vermieden staatliche Propagandaveranstaltungen, sofern dies möglich war: »*Wenn in Freimann in den kommenden Jahren der Versuch gemacht werden soll, die Siedler in stärkerem Maße als bisher an den kulturellen Einrichtungen und Möglichkeiten zu interessieren, dann muß auf ihre grundsätzliche Einstellung besonders Rücksicht genommen werden. Bei der endgültigen Durchführung wird viel Takt und Vorsicht in der Auswahl der Mittel geboten sein.*« Die träge Unwilligkeit der Siedler dem »Dritten Reich« gegenüber war so stark, daß der Parteigenosse »Siedlungsführer« nur resignierend hoffen konnte: »*Mit der Zeit wird noch alles.*«

Kieferngartenstraße Auf dem Gelände der »Heeresnebenmunitionsanstalt Neufreimann« standen 46 Sprengstoffbunker, die nach 1945 nicht mehr gebraucht und von der US-Armee gesprengt wurden. Auf den übriggebliebenen Fundamenten errichteten Flüchtlinge und Ausgebombte seit 1946 von den Behörden nicht genehmigte Häuschen. Fast 800 Menschen fanden so ein bescheidenes eigenes Heim in der Siedlung an der seit 1950 so benannten Kieferngartenstraße.

Heidemannstraße

Carl-Orff-Bogen

Heidemannstraße 50

Die Heidemannstraße erhielt ihren neuen Namen im Jahr 1947 nach Johann Nepomuk Heidemann, der 1913 Geld für wohltätige Zwecke gestiftet hatte. Bis 1947 hieß sie – wegen der Militärschießplätze aus dem 19. Jahrhundert auf dem Gebiet des heutigen Carl-Orff-Bogens – Militärstraße. 1935 wurde mit der Einführung der allgemeinen Wehrpflicht an der Heidemannstraße 50 (damals Militärstraße 42–45) die Flugabwehr-Kaserne, die heutige Bayern-Kaserne, gebaut.

Grusonstraße Die Siedlung Neuherberg entstand parallel zur Siedlung an der Kieferngartenstraße nach dem Krieg, als sich hier auf einem Teilgelände des Schießplatzes Flüchtlinge niederließen. Schon 1936 waren gegenüber diesem Areal die drohend großen Gebäude der Panzerjäger- und Verdun-Kasernen an der Grusonstraße aus dem Boden gewachsen; seit 1945 hießen sie Will-Barracks, heute Fürst-Wrede-Kaserne. Erhielten die Straßen der Wohnsiedlung 1950 dörfliche Bezeichnungen, so wurde die Zugangsstraße zu den beiden Kasernen schon 1939 ihrem Zweck entsprechend nach Hermann Gruson (1821–1895) benannt. Zur Begründung stand in den Adreßbüchern zu lesen, Gruson sei »*der Erfinder des Hartgußpanzers und anderer auf dem Gebiet des Wehrwesens umwälzender Hilfsmittel*« gewesen. Nach dem Krieg blieb der Name der Straße erhalten, nur seine Erklärung erfuhr eine Entnazifizierung: »*Begründer der Schiffswerft in Buckau und der Grusonwerke.*«

Ingolstädter Straße 193 Die SS entwickelte sich mit ihren »Verfügungstruppen«, der späteren Waffen-SS, zum zweiten militärischen Machtfaktor im Staat. Sie unterstand direkt Adolf Hitler und seinen persönlichen Befehlen, war also eine Parteiarmee.
Am 7. November 1935 fand das Richtfest der Kaserne der »SS-Verfügungstruppe Deutschland« an der Ingolstädter Straße 193 statt. Der Reichsführer-SS, Heinrich Himmler, war persönlich anwesend, um das Gelöbnis der angetretenen SS-Männer zur »*Pflichterfüllung bis zum Äußersten*« entgegenzunehmen. In schwarzer Uniform, schwarzen Stiefeln, schwarzem Lederzeug und schwarzem Stahlhelm mit SS-

Warner-Kaserne der US-Armee, 1949

Runen und Totenkopf, die Personalnummer in die Armhöhle tätowiert, waren die SS-Angehörigen angetreten, um den Fahneneid vor dem Reichsführer-SS zu leisten. Dieser verlieh seiner Hoffnung Ausdruck, daß alle jungen SS-Männer in Ehren in das Gebäude einziehen mögen und daß der Bau für unabsehbare Zeiten nicht nur Heimat der Standarte sein möge, sondern auch als hohe Schule für den nationalsozialistischen Ordensgedanken arbeiten könne. Noch in Jahrhunderten, wenn nicht Jahrtausenden, mögen diejenigen, die einmal diese Gebäude erblickten, ebenso arischen Blutes und nationalsozialistischen Geistes sein, wie es zur Zeit Adolf Hitler lehre. Am Ende der Rede sangen die Angetretenen das SS-Kampflied »*Wenn alle untreu werden, so bleiben wir doch treu.*«

Als die Kaserne 1938 fertiggestellt war, beinhaltete sie im südlichen Bereich auch Dienstwohngebäude für Offiziere. Diese lagen an der Edmund-Behnke-Straße, benannt nach einem oberschlesischen SS-Mann, der 1930 angeblich bei einer Saalschlacht erschlagen worden war.

Die Verschmelzung von Partei und Staat beziehungsweise Stadt wurde augenfällig in einem Schreiben des Stadtbauamtes vom 24. November 1937, in dem es um die »Privatstraße der SS-Dienstwohngebäude« ging. Der zuständige Beamte forderte: »*Ich ersuche, für die baldige Anbringung der Straßenbenennungstafeln zu sorgen, wobei wohl die Beschaffung im Hinblick auf die Bedeutung der SS auf Kosten der Stadt zu geschehen hat.«*

In der SS-Kaserne wurde ein Außenlager des KZ Dachau eingerichtet, um die Häftlinge für die Standortverwaltung arbeiten zu lassen.

Am 30. April 1945 erreichte die US-Armee die Kasernen in Freimann. Dazu ein zeitgenössischer Bericht: »*Im Laufe des Morgens nahm amerikanische Artillerie verschiedene Kasernen im Norden Münchens, besonders in Freimann, wo sich noch immer SS-Truppen und notdürftig organisierte Reste von Wehrmachts- und Luftwaffeneinheiten in Gefechtsstellung befanden, unter Feuer. Immer mehr Panzer kamen aus den Wäldern und schwärmten über die Truppenübungsplätze von gestern, während die ›Verteidiger der Stadt‹ durch die Hinterausgänge der Kasernen das Weite suchten, um sich so rasch wie möglich in harmlose Zivilisten zu verwandeln.*«

Die Kaserne der SS-Standarte Deutschland diente fortan als Warner-Barracks den Zwecken der Sieger. Dazu gehörten auch die Beherbergung und Versorgung der auswanderungswilligen Juden sowie anderer Menschen, die während des Krieges entwurzelt worden waren. Zwischen 1948 und 1950 arbeitete hier das »US Emigration Center« (→ Domagkstraße 33).

Spengelplatz

Die Kleinsiedlung Neuherberge um den Spengelplatz entstand 1936 mit 169 sogenannten Siedlerstellen. Die übliche Kleintierhaltung und die Selbstversorgung mit Obst und Gemüse verbesserten die Lebenssituation der hier Wohnenden, von denen viele als zivile Angestellte bei der Wehrmacht arbeiteten. Bis 1945 hieß der Spengelplatz Herbert-Norkus-Platz, nach einem 15jährigen Berliner Hitlerjungen, der 1932 angeblich von Kommunisten erstochen worden war. Nun kam Johann Ferdinand Spengel zu Ehren, von Beruf Landschaftsmaler und Stifter eines Kolossalgemäldes im Alten Rathaus. Die übrigen unverfänglichen Benennungen nach einheimischen Vogelarten konnten beibehalten werden.

Mettenleiterplatz

Um den Mettenleiterplatz entstand 1936–1937 die Kleinsiedlung Kaltherberge. Auf 221 »Siedlerstellen« lebten vorwiegend Arbeiterfamilien, die neben ihrer Berufstätigkeit »Siedlerwirtschaft«, also Kleintierzucht und Selbstversorgung mit Obst und Gemüse, betrieben. Sinn und Zweck dieser Siedlungen aus äußerst bescheidenen Einfamilienhäusern am Stadtrand wurde 1941 offiziell folgendermaßen beschrieben: »*Die Münchner Landschaft mit ihrem weiten, reich gestuften Hintergrund an bäuerlichem Menschentum und bodenständiger Kultur birgt noch unerschöpfliche Gesundungskräfte, die, von der nationalsozialistischen Bewegung wachgerufen, der neuen, im Siedlungswesen sich besonders deutlich widerspiegelnden sozialen Volksordnung zufließen. Bricht in den von der Verstädterung Bedrohten wieder ein starkes Naturgefühl durch, genährt und gefestigt von der noch in Landschaft und Stammestum wurzelnden Umwelt, so wird nicht nur die Art ihrer Siedlung, ihres Wohnens und Hausens natürlicher und gesünder, sondern sie finden dann in allen Lebensverhältnissen – besonders auch in den Dingen der Gattenwahl und Fortpflanzung – leichter und sicherer zu einer ursprünglichen, naturtreuen Daseinsform hin.«*

Auch in der Kaltherberge waren die Straßenbenennungen nicht Zufall, sondern Programm: Sie erinnerten und erinnern heute noch an Münchner Handwerkerfamilien aus dem Mittelalter und sollten damit eine Verbindung zu der im nationalsozialistischen Empfinden »guten alten Zeit« herstellen. Die neue Zeit würde sinnfällig in der Benennung des zentralen Johann-Rickmers-Platzes: Rickmers gehörte zu den »Blutzeugen der Bewegung«, die am 9. November 1923 von der Polizei auf dem (→) Odeonsplatz erschossen worden waren. Sofort nach Kriegsende wurde der Platzname entnazifiziert: Er hieß nun nach Johann Michael Mettenleiter, einem kurfürstlichen Kupferstecher und Lithographen aus dem München des 18. Jahrhunderts. Die anderen Benennungen konnten bleiben.

Transparent während einer Kundgebung des Bayerischen Gewerkschaftsbundes auf dem Königsplatz, 23. 1. 1948

Die Bewohner und Bewohnerinnen der Siedlung hegten mehrheitlich Sympathien mit dem »Dritten Reich«. Deshalb beschlagnahmte die US-Armee am 4. Dezember 1945 sämtliche Häuser mitsamt ihrer Einrichtung, um dort ein Lager für überlebende jüdische Opfer des Nationalsozialismus einzurichten. Die früheren Bewohner und Bewohnerinnen standen nun nicht nur obdach- und mittellos da, sondern hatten auch ihre in den damaligen Notzeiten überlebenswichtigen Gärten verloren.

Die rund 2000 Juden, die außer ihrem eigenen Leben alles, auch den größten Teil ihrer Angehörigen verloren hatten, hatten keinerlei Veranlassung, mit den Unterkünften ihrer Vorgänger schonend umzugehen. Häuser und Grundstücke verkamen, und vor ihrer Auswanderung aus dem »Land der

Mörder« verkauften sie die Einrichtungsgegenstände auf dem Schwarzmarkt für Dinge, die sie dringender benötigten. Mangels anderer Unterkunftsmöglichkeiten verzögerte sich die Rückgabe der Häuser an ihre Besitzer von Jahr zu Jahr. Deren Protestaktionen und wiederaufflammender Antisemitismus wurden zu festen Größen in der Münchner Kommunalpolitik. Im November 1946 etwa bezeichnete man die jüdischen Bewohner und Bewohnerinnen als »arbeitsscheue Elemente«.
Mit dem Jahr 1948 begann die Auswanderung der Juden nach Palästina und in die USA. Seit dem 15. Dezember 1949 konnten die ehemaligen Bewohner der Siedlung Kaltherberge wieder in ihre Häuser einziehen und sie mit staatlicher Finanzhilfe renovieren.

Sudetendeutsche Straße

Auch die Reichskleinsiedlung Am Hart entlang der Sudetendeutschen Straße diente politischen Zwecken. Bei ihrer offiziellen Übergabe am 8. September 1935 erklärte Oberbürgermeister Karl Fiehler: *»Die ersten drei Jahre sollen zeigen, ob die einzelnen Siedlerfamilien sich auch wirklich darüber im klaren sind, daß sie in einer Gemeinschaftssiedlung leben, in der sie sich dem Wohl der Gemeinschaft anzupassen haben. Wer in diesen drei Jahren beweist, daß er geeignet und würdig ist, ein eigenes Heim in einer solchen Siedlung zu besitzen, dem soll im Erbbaurecht die Möglichkeit gegeben werden, bei mäßiger monatlicher Bezahlung dieses Heim ohne Aufwendung großer Geldmittel als eigen zu erwerben ... Wir wollen bei Übergabe dieses Werkes unserem Führer Adolf Hitler geloben, weiterhin zu arbeiten und zu kämpfen gegen die Nöte unseres Lebens, für die Erstarkung unseres Deutschen Volkes, für das wir alles zu tun jederzeit bereit sein müssen. Ich möchte diese Siedlung hiermit übergeben mit dem Gelöbnis der Treue zum Deutschen Volk und Vaterland und zu seinem Führer Adolf Hitler.«*
In der Siedlung erhielten einige Straßen Benennungen, die einem außenpolitischen Ziel des »Dritten Reiches« entsprachen, nämlich der Angliederung des Sudetenlandes. So lautete beispielsweise die Erklärung des Namens »Egerlandstraße« 1935: »*Egerland, früher ein Teil des bayerischen Nordgaues*«; 1939 hieß es dann: »*Egerland, sudetendeutsches Gebiet an der nordostbayerischen Grenze, das durch die Befreiungstat Adolf Hitlers im Oktober 1938 mit dem Reich wieder vereinigt wurde.*« (→ Arcisstraße 12) Die heutige, entnazifizierte Version lautet: »*Egerland, die Landschaft östlich des Fichtelgebirges entlang der Eger.*«
Die rund 1200 Bewohner, die zu 87 % Arbeiterhaushalten angehörten, entsprachen den in sie gesetzten politischen

Einweihung der Siedlung Am Hart, 8.9.1936

Erwartungen, so daß 1941 festgestellt werden konnte: »*Die Reichskleinsiedlung ›Am Hart‹ verspricht dank der nationalsozialistischen Aufbau- und Erziehungsarbeit eine Entwicklung zu nehmen, die in der Richtung einer heimatständigen, bodenverbundenen Lebensform und Sozialordnung liegt.*« Alle völkischen Ideale zerstoben, als sich die US-Armee seit Mai 1945 in den benachbarten Kasernen niederließ. Die Siedlung Am Hart entwickelte sich zu einem Zentrum illegalen und dunklen Treibens zwischen Deutschen und amerikanischen Soldaten. So riegelten am 14. Februar 1947 900 amerikanische und deutsche Polizisten das Viertel ab und nahmen rund 300 Soldaten und Zivilisten fest, die gestohlenes amerikanisches Heeresgut verschoben. Am 3. Oktober 1947 fand eine weitere Großrazzia statt, die sich dieses Mal gegen die in der Siedlung konzentrierte Prostitution richtete. Viele Hausbesitzer vermieteten stundenweise und gegen amerikanische Lebensmittel Zimmer an Frauen, die diese Naturalien wiederum von US-Soldaten eingetauscht hatten. Die nächste große Razzia wurde am 23. März 1948 durchgeführt, bis dann mit der Währungsreform vom 21. Juni 1948 langsam Ruhe in die Siedlung einkehrte.

Aussiger Platz

Die Ironie der Geschichte wollte es, daß in der »Reichskleinsiedlung«, in der die Angliederung des Sudetenlandes namentlich Ausdruck gefunden hatte, nach 1945 viele Deutsche unterkamen, die aus der Tschechoslowakei vertrieben worden waren. Daran erinnern seit 1954 die Bezeichnungen Mährische, Prager, Gablonzer, Krumenauer und Wenzelstraße. Auch der Aussiger Platz (seit 1953) mit seinem Gedenkstein wurde dementsprechend benannt. München ist seit 1953 Patenstadt von Aussig, wo am 31. Juli 1945 2000 Deutsche ermordet worden sein sollen. Diese Zahl jedenfalls nennt die Inschrift auf dem Stein. In Wirklichkeit waren es etwa 100 Menschen, die auf Veranlassung der Roten Armee ermordet wurden.

Knorrstraße 148 An der Troppauer Straße (seit 1964 benannt nach der »*Stadt an der Oppa im ehemaligen Siedlungsgebiet der Sudetendeutschen*«), nur wenige Meter entfernt von den Siedlungshäusern und den Blicken ihrer BewohnerInnen, entstand Anfang 1941 das »Judenlager Milbertshofen«. In ihm sollten die Juden Münchens und Oberbayerns zusammengetrieben werden, um anschließend zu ihrer Ermordung in den Osten transportiert zu werden (→ Clemens-August-Straße 6).
Die »Arisierungsstelle« an der (→) Widenmayerstraße 27 hatte es sich zur Aufgabe gemacht, Juden systematisch zu enteignen und aus ihren Wohnungen zu vertreiben. Um sie unterzubringen, entstand unter der Leitung des städtischen Hochbauamtes mit seinem Chef Karl Meitinger das Lager an der Knorr-/Troppauer Straße. Die Bauarbeiten führte die Firma Hinteregger für 135 000 RM aus.
Rund 450 Juden und Jüdinnen im Durchschnittsalter von 55 Jahren mußten ohne jede Bezahlung ihr eigenes Getto errichten. Zudem mußten die ZwangsarbeiterInnen der Firma Hinteregger gegenüber eine Erklärung unterschreiben, in der es unter anderem hieß: »*Ich bestätige, daß ich mich auf meine eigene Rechnung und Gefahr an der Lageraufstellung nach Art und Maßgabe eines Bauhilfsarbeiters freiwillig beteilige. Die Bauunternehmung Hinteregger trifft auch keinerlei Haftung mir gegenüber.*«
Auf diese Art und Weise entstand bis zum 11. Oktober 1941 das Lager, das für etwa 1100 Personen ausgelegt war. Es wurde erzwungenermaßen von der Israelitischen Kultusgemeinde geleitet (→ Lindwurmstraße 125). Diese muße beispielsweise pro Person und Nacht 0,50 RM an die Gauleitung abführen, damit diese wiederum die Baufirma bezahlte. Niemand durfte das streng abgeschlossene Lager – außer zum Arbeitseinsatz – verlassen. Das Lager Milbertshofen war das erste seiner Art im Deutschen Reich und galt als Vorbild zur Durchsetzung völliger Isolierung und Entrechtung der Juden. Gauleiter Adolf Wagner und Oberbürgermeister Karl

Fiehler verhehlten nicht ihren Stolz auf diese »Leistung« der »Hauptstadt der Bewegung«.
Nachdem sämtliche Wertgegenstände der Häftlinge »kontrolliert«, das heißt geraubt worden waren, erfolgte die Deportation zunächst nach Theresienstadt. In geschlossenen Möbelwagen brachte die Polizei die Menschen nachts zum Hauptbahnhof (→ Bahnhofsplatz) oder zum Bahnhof Milbertshofen (→ Riesenfeldstraße 115), von wo die von der Reichsbahnverwaltung (→ Harnierplatz) zur Verfügung gestellten Güterwagen nach Osten rollten. Am 24. August 1942 lebten nur noch 16 Menschen im Lager Milbertshofen. Es wurde daher geschlossen, und seine Insassen in das Lager an der (→) Clemens-August-Straße gebracht. Ein Denkmal in der Form eines zerstörten, toten Baumes erinnert heute an dieses Geschehen. Seine Inschrift lautet: »*Für viele jüdische Mitbürger begann in den Jahren 1941/43 der Leidensweg in die Vernichtungslager mit ihrer Einweisung in das Münchner Sammellager an der Knorrstraße 148.*«
Die seit 1942 leerstehenden achtzehn großen Holzbaracken wurden sogleich einer neuen Nutzung zugeführt: Die Firma BMW (→ Lerchenauer Straße 76) richtete eines ihrer zahlreichen Zwangsarbeiterlager ein. Nach dem Krieg fanden Flüchtlinge verschiedener Nationalität, die aus dem Osten in die amerikanische Besatzungszone gekommen waren, eine notdürftige Unterkunft in den Baracken.

Schleißheimer Straße 416–426

Den Abschluß dieser Topographie des nationalsozialistischen Terrors bildet das 1936–1940 erbaute Heeresverpflegungsamt westlich der Schleißheimer Straße, das seit 1945 als Virginia-Depot den Zwecken der US-Armee diente.
Als späte Anerkennung des Widerstandes gegen die hier zu Stein gewordene Politik sind vielleicht die Benennungen der benachbarten Straßen zu verstehen: Hermann Frieb, am 12. August 1943 im Gefängnis Stadelheim hingerichtet (→ Schellingstraße 78); Dietrich Bonhoeffer, ermordet am 9. April 1945; die Geschwister Löb, 1942 beziehungsweise 1945 ermordet; Wilhelm Leuschner, hingerichtet am 29. September 1944; Günter Caracciola, am 28. April 1945 ermordet (→ Ludwigstraße 2); Eduard Brücklmeier, am 20. Oktober 1944 ermordet (→ Neuberghauser Straße 9); Harald Dohrn, am 29. April 1945 ermordet; Augustin Rösch (→ Neuberghauser Straße 9); Willi Olschewski senior und junior, ermordet am 1. Mai 1943 beziehungsweise am 28. Juni 1944 (→ Augustenstraße 98).
Entlang der östlichen Straßenseite lag das ausgedehnte Areal des Heereszeugamtes, des späteren Alabama-Depots und heutigen BMW-Entwicklungszentrums.

**Riesenfeld-
straße 115**

Milbertshofen war das Nachschubzentrum der Wehrmacht für Südbayern. Der An- und Abtransport der Waffen und Ausrüstungsgüter lief über den Bahnhof Milbertshofen an der Riesenfeldstraße 115, der dafür bis 1942 ständig erweitert wurde. Von hier wurden auch viele inhaftierte Juden aus dem Lager an der (→) Knorrstraße 148 zu den Stätten ihrer Ermordung deportiert.

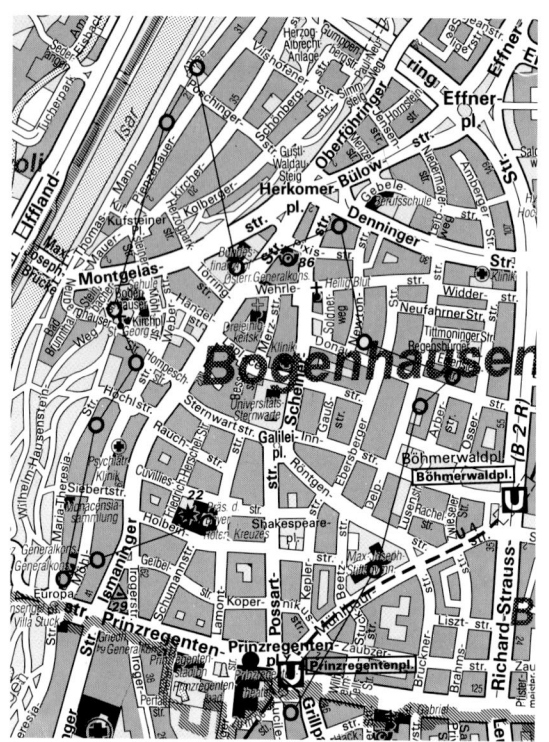

Bogenhausen

Das vornehme, großbürgerliche Wohnviertel Bogenhausen erlebte die Brüche und Kontraste der Zeit zwischen 1933 und 1949 wie kaum eine andere Gegend in München. Allerhöchste Repräsentanten der NSDAP lebten in der Nachbarschaft von Widerstandskämpfern und wohlhabenden Juden, deren Besitz enteignet wurde. Nach dem Krieg wiesen die US-Militärbehörden in die leerstehenden Gebäude Flüchtlinge aus Osteuropa ein sowie Überlebende der Konzentrationslager und Organisationen, die sich um das weitere Schicksal dieser Menschen kümmerten. Bogenhausen wurde so der Anlaufpunkt schlechthin für durch den Nationalsozialismus Entwurzelte. Darüber hinaus entwickelte sich die Möhlstraße zum Schwarzmarktzentrum nicht nur Münchens, sondern ganz Deutschlands. Erst ab 1950, nachdem die meisten Heimatlosen Deutschland verlassen hatten, kehrte in Bogenhausen wieder großbürgerliche Beschaulichkeit ein.

Prinzregentenplatz   Das Prinzregententheater erhielt mit seiner Wiedereröffnung im Oktober 1934 die programmatische Bezeichnung »Theater des Volkes«. Die »Deutsche Arbeitsfront« (→ Brienner Straße 47) mit ihrer Unterorganisation »Kraft durch Freude« benutzte das Theater, um den »Arbeitskameraden und Arbeitskameradinnen« den harten Alltag mit Hilfe staatstragender Kultur leichter erscheinen zu lassen: »*Nach getaner Arbeit sollt Ihr im ›Theater des Volkes‹ Entspannung, Erholung und Unterhaltung finden. Euer Theater will Euch helfen, ein paar Stunden die Sorgen des Alltags zu vergessen. Es will Euch aber auch erbauen und zu innerer Sammlung führen und Euch das Erlebnis des großen Theaters vermitteln. Du, deutscher Arbeitskamerad, bist heute berufen, am Kultur- und Kunstleben des Staates teilzunehmen! Bereichere Deine Gedankenwelt dadurch, daß du die Gedankenwelt unserer großen und unsterblichen Dichter in Dich aufnimmst, und aus der Freude am Erlebnis wirst Du Kraft schöpfen für jeden neuen Arbeitstag!*«
Die staatlich geforderte Arbeits- und Lebensfreude sollte gesteigert werden durch Werke wie Richard Wagners »Der Fliegende Holländer«, der im August 1936 die 400. Aufführung im Rahmen des »Konzertringes der Kraft durch Freude« erlebte, oder durch das Schauspiel »Ein Kerl, der spekuliert« von Dietrich Eckart, der von 1921 bis 1923 Hauptschriftleiter des »Völkischen Beobachters war. Ganz im Strom der Zeit bewegte sich auch der Komponist Werner Egk (1901–1983), dessen »Olympische Festmusik« im Dezember 1937 zur Aufführung gelangte.
Da der Bombenkrieg das Prinzregententheater als eines der

wenigen öffentlichen Gebäude unversehrt gelassen hatte, diente es nach dem Krieg als Veranstaltungsraum für kulturelle und politische Zwecke. Dadurch wurde es zum Schauplatz des demokratischen Neubeginns in München.
Bereits am 8. Juli 1945 eröffneten die Münchner Philharmoniker vor ausverkauftem Haus das Konzertleben nach Kriegsende mit Werken von Mozart, Tschaikowsky und Mendelssohn. Im Programmheft hieß es im Januar 1946 dazu: »*Seit 1933 war der Name Offenbach neben Mendelssohn, Heine und vielen anderen verpönt. Nicht nur Lebenden – auch Toten wurde großes Unrecht zugefügt.*«
Am 21. und 22. August 1945 fanden im Prinzregententheater zwei Feierstunden für KZ-Häftlinge statt, die in ihre Heimatstadt zurückkehrten. Sie wurden von Oberbürgermeister Karl Scharnagl willkommen geheißen und musikalisch von den Münchner Philharmonikern begrüßt.
Die Militärregierung erteilte am 8. September 1945 die Erlaubnis zur Bildung von Gewerkschaften (→ Sendlinger Straße 53). Am 28. Oktober fand im Prinzregententheater die erste große Gewerkschaftsversammlung seit Anfang 1933 statt. In Anwesenheit von Ministerpräsident Wilhelm Hoegner (SPD) hielt Gustav Schiefer, Vorsitzender der Münchner Freien Gewerkschaften bis 1933 und seit Kriegsende einer

Kundgebung der KPD, 11. 11. 1945

ihrer Reorganisatoren, eine Ansprache, in der er alle Arbeiter und Arbeiterinnen zum Eintritt in die neu zu bildenden Einheitsgewerkschaften aufrief. Da innerhalb der nächsten Tage rund 30 000 Münchner und Münchnerinnen durch ihre Unterschrift bekundeten, daß sie Einheitsgewerkschaften befürworteten, kann diese Versammlung als Gründungsveranstaltung der »Arbeitsgemeinschaft Freier Münchner Gewerkschaften« (→ Landwehrstraße 7–9) bezeichnet werden.

Auch viele politische Parteien führten ihre ersten Großveranstaltungen im Prinzregententheater durch, so die KPD (→ Widenmayerstraße 25) am 11. November 1945. Die Spitzen von Militär-, Staats- und Stadtregierung waren erschienen, das Staatsorchester umrahmte die Feier musikalisch. Stadtrat Josef Hirsch, Parteisekretär Bruno Goldhammer und Staatsminister Heinrich Schmitt teilten ihren zahlreichen Zuhörern – Hunderte hatten keinen Einlaß mehr gefunden – mit, daß die Bildung einer Aktionsgemeinschaft mit der SPD kurz bevorstehe.

Zwei Wochen später, am 25. November, rief die SPD (→ Mathildenstraße 9 a) zu je einer Großkundgebung am Vor- und am Nachmittag im Prinzregententheater auf. Auch diesmal war der Andrang der Interessenten überwältigend. Bürgermeister Thomas Wimmer begrüßte die Anwesenden, unter ihnen wiederum Vertreter der Militär- und Landesregierung und der Stadtverwaltung. Im Hauptreferat erklärte Ministerpräsident und Parteivorsitzender Hoegner: *»Die neue Welt kann nur die Welt des Sozialismus sein!«* Er verlangte die Bestrafung der Schuldigen an der Katastrophe und plädierte für Sühneleistungen für die Mitläufer. Auf dem Weg zur Demokratie werde die Staatsregierung mit den amerikanischen Besatzern zusammenarbeiten, so Hoegner.

Die Liberal-Demokratische Partei (LDP) (→ Holzhofstraße 6) veranstaltete im Prinzregententheater am 13. Januar 1946 ihre erste öffentliche Kundgebung. Thomas Dehler hielt ein Referat über die Schuldfrage in der jüngsten Vergangenheit, Julius Höllerer forderte den Abbau jeglicher Zwangswirtschaft und aller Zwangsmaßnahmen. Der Stadtverwaltung warf er Ineffizienz vor, da sie seit dem Kriegsende keine Erfolge vorweisen könne.

Als letzte stellte sich am 28. April 1946 die »Bayerische Heimat- und Königspartei« im Prinzregententheater der Öffentlichkeit vor. Sie hatte am 23. Januar von der Militärregierung die Erlaubnis zu politischer Betätigung erhalten und forderte die Wiedereinsetzung des Wittelsbacher Königshauses durch Volksentscheid. Königtum und christliche Weltanschauung sollten zu Grundlagen des neuen Staates werden.

Diese Thesen trug der Parteivorsitzende Max Lebsche (1886–1957), weltbekannter Herz- und Lungenchirurg, vor. In der Präambel des Parteiprogramms hieß es: »*Über 700 Jahre ist Bayern als selbständiger Staat unter der Regierung des Hauses Wittelsbach frei, zufrieden und glücklich gewesen. Mit dem Sturz der Monarchie hat die Zeit des größten Niedergangs ihren Anfang genommen.*« Ausgehend von dieser Analyse lehnte Lebsche nun am 28. April die Volkssouveränität ab und rief zur »Re-Christianisierung des bayerischen Volkes« auf.

Die Versammlung dieser von vielen als »Nazimonarchisten« bezeichneten Königstreuen erfuhr in der »Augsburger Zeitung« folgende Würdigung: »*Eine feudale, von der großen Armut der Zeit am wenigsten betroffene Gesellschaft von Adligen, hohen Offizieren in Zivil, alten Beamten und stutzerhaft gekleideten Studenten gab sich ein Stelldichein.*«

Gegen die Thesen der Königstreuen erhob die sowjetische Militärregierung in Berlin-Karlshorst scharfen Protest, worauf die US-Behörden die Partei am 10. Mai 1946 verboten. Zudem stellten die Monarchisten eine ernsthafte Konkurrenz zu der konservativ-republikanischen CSU (→ Paul-Heyse-Straße 29–31) dar, die von den USA als eine der Säulen der nach nordamerikanischem Vorbild zu errichtenden Demokratie vorgesehen war.

Das Prinzregententheater war 1948 Schauplatz eines kulturpolitischen Skandals. Am 6. Juni 1948 wurde das Faust-Ballett »Abraxas« des bereits erwähnten und am 17. Oktober 1947 »entnazifizierten« Werner Egk uraufgeführt. In dieser Oper geht der greise Faust einen Pakt mit der Hölle ein, um die ewige Jugend zu erlangen. Als nunmehr junger Mann verbindet er sich mit einer Gespielin des Teufels. Bald jedoch angewidert vom höllischen Spuk, sucht er die Erlösung seiner Seele in einem Verhältnis mit einer moralisch unbescholtenen Frau. Seine ehemalige Geliebte übt für diese Abtrünnigkeit Rache und vernichtet ihre Nebenbuhlerin mitsamt Faust.

Der Theaterwissenschaftler Artur Kutscher schrieb in Erwartung großer Aufregung am 5. Juni in der »Süddeutschen Zeitung«: »*Es ist das Schicksal aller echten, großen Mythen, daß sie keine endgültige Form finden. Sie sind aus der Volksseele entstanden und bleiben von deren Unruhe bestimmt ... Das Werk will mit dem ganzen Reichtum seines tänzerischen Darstellungsstils nur der unmittelbaren magisch-sinnlichen Beeindruckung dienen.*« In der Kritik der »Süddeutschen Zeitung« vom 8. Juni hieß es dann abschließend: »*Die Handlung des Faust-Balletts Abraxas ist ein fürchterliches Szenarium des Bösen; Gottferne und Gottlosigkeit führen notwendig zum Sieg des Widersachers.*«

Nach nur fünf Aufführungen setzte der ultrakonservative Kultusminister Alois Hundhammer (CSU) (→Salvatorplatz 2) das Stück ab. Am 22. Februar 1949 hatte das Verbot ein Nachspiel im Landtag. Hundhammer erklärte, es könnten nicht öffentliche Gelder für Stücke verwendet werden, die als eine Beleidigung des Volkes gelten müßten. Auf Staatsbühnen dürfe nicht auf Staatskosten eine Satansmesse aufgeführt werden. Er könne das Verbot vor der Geschichte und der Kultur verantworten. Wer sich diese »Schweinerei« ansehen wolle, solle das in einer anderen Stadt tun. Erst 1979, nach 31 Jahren, wurde das Aufführungsverbot für München aufgehoben.

**Prinzregenten-
platz 16**

Im Jahr 1929 zog Adolf Hitler in den zweiten Stock des Hauses Prinzregentenplatz 16 ein. Die luxuriöse Wohnung entsprach seiner steigenden Bedeutung als Politiker. Die Wohnung blieb seine Privatadresse bis zu seinem Selbstmord am 30. April 1945. An genau diesem Tag befreite die US-Armee München. Eine ihrer Einheiten, die »Rainbow Division«, besetzte Hitlers Wohnung, ohne daß ein Schuß fiel. In Hitlers Geldschrank fanden die Amerikaner zwölf Exemplare der ersten Ausgabe von »Mein Kampf« mit Autogramm, jedoch keinerlei Wertsachen und Dokumente. Kostbare Gemälde schmückten die weitläufige Wohnung. Über dem Hauseingang brachten die Sieger ihr Divisionszeichen, einen bunten Regenbogen, an.
In seinem persönlichen Testament hatte Hitler verfügt: *»Was ich besitze, gehört – soweit es überhaupt von Wert ist – der Partei. Sollte diese nicht mehr existieren, dem Staat, sollte auch der Staat vernichtet werden, ist eine weitere Entscheidung von mir nicht mehr notwendig.«* Um Hitlers Nachlaßverhältnisse zu regeln, wurde ein Verfahren vor der Spruchkammer München (→ Wagmüllerstraße 12) eingeleitet. Rechtsanwalt Otto Gritschneder übernahm pro forma die Verteidigung des Ehepaares Adolf und Eva Hitler, geborene Braun (→Delpstraße 12), «in absentia«. Am 15. Oktober 1948 wurde der »Führer« als »Hauptschuldiger« eingestuft, da es laut Staatsanwalt Julius Herf die Kategorie des »Oberhauptschuldigen« nicht gäbe. Auf eine Beweisführung bezüglich der Einstufung Hitlers glaubte der Staatsanwalt verzichten zu können, wogegen auch der Verteidiger nichts einzuwenden hatte. Hitlers gesamtes Vermögen wurde zugunsten des Landes Bayern eingezogen. Dazu zählten das von ihm 1939 erworbene Haus Prinzregentenplatz 16, die Gebäude auf dem Obersalzberg bei Berchtesgaden sowie die Autorenrechte für »Mein Kampf«. Auch heute noch verfügt der Freistaat Bayern über diese Besitztitel. Ein Antrag von Hitlers Schwester Paula Wolf auf Auszahlung des ihr im Testament des

Bruders zugedachten Erbteiles wurde abgelehnt, das Testament selbst für ungültig erklärt.
Hitlers persönliche Habe wurde erst am 14. Dezember 1950 entdeckt. Seine Haushälterin Anni Winter hatte die persönliche Hinterlassenschaft ihres Arbeitgebers kurz vor Kriegsende in ihre Wohnung verbracht und 1950 für DM 180 000 zum Kauf angeboten. Einer der Kaufinteressenten war ein getarnter Beamter der Kriminalpolizei.

Mühlbaurstraße 15 Das 1837 gegründete Max-Joseph-Stift, ein Lyzeum für Mädchen mit Internat, mußte sein Stammhaus an der (→) Ludwigstraße 28 (damals 18) 1938 verlassen, da das Grundstück für den Neubau des »Hauses des Deutschen Rechts« beansprucht wurde. Die Schule zog als »Staatliches deutsches Schulheim mit Oberschule für Mädchen« in die Mühlbaurstraße 15. Dort fand der Unterricht bis Kriegsanfang statt, dann wurde in dem Gebäude ein Lazarett eingerichtet, das nach Kriegsende von der US-Armee beschlagnahmt wurde. Am 20. Februar 1946 eröffnete die »United Nations Relief and Rehabilitation Administration« (UNRRA) in der Mühlbaurstraße 15 ein Krankenhaus für die Überlebenden der Konzentrationslager. Die insgesamt mehr als 40 000 stationär untergebrachten und ambulant behandelten Patienten – meist körperlich und seelisch schwer verletzte Menschen – hatten fast alle eine lange Haftzeit wegen ihrer Abstammung oder ihres Glaubens hinter sich und mehrere Familienangehörige verloren. Wegen der Nachwirkung dieser Jahre, der ständigen Todesangst und der schweren Mißhandlungen waren sie körperlich frühzeitig gealtert und seelisch sehr labil. Viele Krankheiten verliefen wegen des geschwächten Zustandes der Patienten gefährlicher als üblich.
Die Lagererfahrungen hatten die Patienten nicht nur krank, sondern ihrer deutschen Umgebung gegenüber auch mißtrauisch und argwöhnisch gemacht. Die unvorstellbaren Erfahrungen und Schicksalsschläge führten nun nach dem Ende des »Dritten Reiches« zu Forderungen nach ausreichender Ernährung und guter medizinischer Behandlung. Diese Wünsche wurden häufig als übersteigerte Ansprüche interpretiert. Dies führte nicht nur zu einer gespannten Atmosphäre zwischen Patienten und Klinikpersonal, sondern diente dem nur hinter der Hand geäußerten Antisemitismus weiter Bevölkerungskreise als willkommenes Argument. Sprüche wie: »*Jetzt werden die Juden schon wieder frech!*« machten die Runde und sollten das eigene Mitwirken während der vergangenen zwölf Jahre rechtfertigen.
Das UNRRA-Krankenhaus unterstand seit dem 1. April 1946 dem Staatskommissariat für die Betreuung der Juden in

Delpstraße 12

Bayern (→ Holbeinstraße 11). Mit dessen Auflösung zum 3. November 1948 ging es in die Verwaltung des »Zentralkomitees für die befreiten Juden in Bayern« über (→ Möhlstraße 12 a), das die Klinik bis 1951 unterhielt. Danach bezog das Max-Joseph-Stift, das nach Beuerberg ausgelagert worden war, wieder das Gebäude.

Nicht weit von Hitlers Privatadresse entfernt (→ Prinzregentenplatz 16), lebte Eva Braun. Im Jahr 1936 zog sie als Mieterin in das Haus Wasserburger Straße 12. Diese Straße wurde 1955 nach Alfred Delp, einem Widerstandskämpfer und Opfer des »Dritten Reiches«, umbenannt (→ Neuberghauser Straße 9).

Die heutige Delpstraße 12 gelangte 1937 in den Besitz der sich »Privatsekretärin« nennenden Eva Braun.

Sie war am 6. Februar 1912 in München geboren worden und hatte als Sekretärin im Atelier des »Reichsberichterstatters« Heinrich Hoffmann gearbeitet und dabei Hitler kennengelernt. Joachim Fest beschreibt sie in seiner Hitler-Biographie: *»Sie war ein einfaches Mädchen mit anspruchslosen Träumen und Gedanken, die beherrscht waren von Liebe, Mode, Film und Klatsch, von der beständigen Sorge, verlassen zu werden, sowie von Hitlers egozentrischen Launen und kleinlicher Haustyrannenart. In seinem Reglementierbedürfnis hatte er ihr das Sonnenbaden, Tanzen und Rauchen verboten.«*

Kurz nach dem mysteriösen Tod seiner Nichte und Lebensgefährtin Geli Raubal im Jahr 1931 wandte sich Hitler Eva Braun zu. Schon am 1. November 1932 schoß sie sich eine Kugel aus Verzweiflung über sein Verhalten ihr gegenüber in den Hals, die die Schlagader knapp verfehlte. Hitler schickte ihr Blumen ins Krankenhaus, ohne sie zu besuchen.

Eva Braun, 1939

Anfang 1935 lernte Hitler die Engländerin Unity Valkyrie (zu deutsch »Walküre«) Mitford (1914–1948) kennen, nach seiner Meinung die perfekte Verkörperung der »Arierin«. Diese Nichte Winston Churchills und Schwägerin des britischen Faschistenführers Sir Oswald Mosley unternahm wegen Hitler am 2. September 1939 im Englischen Garten einen Selbstmordversuch, bevor sie dann 1940 wieder nach England zurückkehrte. Aus Eifersucht versuchte Eva Braun am 28. Mai 1935 erneut, sich das Leben zu nehmen, diesmal mit Schlaftabletten.

Ende April 1945 begab sich Eva Braun von München in den Führerbunker im belagerten Berlin. Am 29. April heirateten sie und Hitler, am nächsten Tag erschoß sich der »Führer«, seine Gattin vergiftete sich. Nun verbrannte man die Leichen und warf die Asche in einen Granatentrichter.

Im Spruchkammerverfahren am 15. Oktober 1948 (→ Wagmüllerstraße 21 kamen die Richter zu der Überzeugung, daß das gesamte Vermögen Eva Brauns auf Nutznießerschaft beruhe, und zogen es zugunsten des Landes Bayern ein. Ansprüche der Angehörigen wurden nicht berücksichtigt, da alle in der Lage waren, sich selbst zu versorgen.

Donaustraße 25–31 Das Anwesen Donaustraße 25–31 fällt durch seinen Grundriß auf: Es ist das »Hakenkreuzhaus«. Die Art und Weise, wie die Baugenehmigung für dieses Haus durchgesetzt wurde, wirft ein Schlaglicht darauf, wie Privatpersonen und Privatfirmen den politischen Umschwung für ihre Zwecke instrumentalisierten und ihn damit auch förderten.
Die Akten der Lokalbaukommission weisen folgende Vorgänge aus: Die vier Grundstücke gehörten Angehörigen des Münchner Bürgertums: einem Geschäftsführer, einem Diplom-Landwirt, einem Bankbeamten und dem Architekten Wilhelm Schuhwerk. Nach Schuhwerks Plänen, ausgeführt durch die Baufirma Held & Francke, sollte ein sogenannter Vierspänner in der völlig unüblichen Form eines Hakenkreuzes entstehen. Am 26. Mai 1933 reichten die Bauherren ihre Pläne zur Genehmigung ein; ihr Vorhaben war betitelt mit »Das Deutsche Garteneigenheim«. Der zuständige Beamte forderte am 19. Juni 1933 eine Änderung der Pläne, da wegen der geplanten Straßenerweiterung das Gebäude zurückversetzt werden müsse. Gegen die Grundrißformen hatte er nichts einzuwenden.
Inzwischen war jedoch mit dem Bau bereits begonnen worden, so daß die Lokalbaukommission am 20. Juli 1933 eine sofortige Einstellung der Arbeiten forderte und mit Bußgeldern nach § 81 der Münchner Bauordnung drohte. Am 11. September 1933 schrieb die Firma Held & Francke einen Beschwerdebrief an die Behörde, der offenbar darauf abzielte, die noch in rechtsstaatlichen Kategorien denkenden Beamten einzuschüchtern. In dem Schreiben hieß es: »*Wir verweisen auch auf den Aufruf der nationalen Regierung vom Frühjahr, der zum Ausdruck brachte, Arbeit und vor allem Bauarbeit sofort in Angriff zu nehmen, und es den Behörden zur Pflicht macht, durch beschleunigte Behandlung von Baugesuchen jede Verzögerung zu vermeiden. Es würde nicht verstanden werden können, für diesen gezeigten Willen zur Schaffung von Arbeit auch noch bestraft zu werden.*« Am 20. Oktober 1933 lag dann die Baugenehmigung vor, und München bekam sein »Hakenkreuzhaus«.
Parallel zu diesen Vorgängen entwickelte sich ein weiteres Baugesuch in der Hanfstaenglstraße 16–20 in Gern. Am 15. März 1933 wurde hier ein »Vierspänner« in Kreuzform

beantragt. Die Lokalbaukommission lehnte den Bauantrag ab, da die Baulinie nicht eingehalten und der Baumbestand gefährdet würden. Daraufhin zog der Architekt Hans Conradi seinen Antrag zurück. Die Besitzer der Grundstücke – ein Ingenieur, ein Professor, ein Regierungsrat sowie die Firma Held & Francke – engagierten nun den Architekten Wilhelm Schuhwerk, der seinerseits für die Hanfstaenglstraße einen neuen Plan einreichte: »Das Deutsche Garteneigenheim« in Hakenkreuzform. Am 15. Mai 1934 erhielt er die *»Genehmigung der Hakenkreuzform wie schon in der Donaustraße 25–31.«*

Donaustraße 5 Die Lufthansa erwarb 1938 das Anwesen Donaustraße 5. Da sie nach Kriegsende zu bestehen aufgehört hatte, wurde 1945 die Verwaltung der »Bischöflichen Synode der russisch-orthodoxen Kirche im Ausland« einquartiert.
Während des Krieges hatte es sehr viele Menschen aus der Sowjetunion nach Deutschland verschlagen, sei es als Zwangsarbeiter und Zwangsarbeiterinnen, Kriegsgefangene oder Häftlinge in Konzentrationslagern. Viele von ihnen wollten nicht in ihre Heimat zurückkehren, da dort allein die Tatsache, im »Dritten Reich« überlebt zu haben, als Kollaboration mit den Nationalsozialisten gedeutet wurde und Grund genug für die Deportation in ein Arbeitslager war. Noch gefährdeter waren die Soldaten der Wlassow-Armee. General Andrej Wlassow (1901–1946) hatte 1941 Moskau gegen die Wehrmacht verteidigt, sich aber 1942 nach seiner Gefangennahme den Deutschen für das antisowjetische nationalistische »Russische Komitee« zur Verfügung gestellt. Ab Herbst 1944 kämpfte er mit zwei Divisionen des »Komitees für die Befreiung der Völker Rußlands«, zusammengestellt aus russischen Kriegsgefangenen, an der Seite der Wehrmacht gegen die Rote Armee. Am Ende des Krieges begab sich die Wlassow-Armee in amerikanische Kriegsgefangenschaft. Die Angehören dieser Einheit wurden umgehend an die Sowjetunion ausgeliefert, wo ihre Mitglieder hingerichtet wurden. Wer sich der Auslieferung entziehen konnte, mußte sich in Deutschland durchschlagen, bis der Ausbruch des Kalten Krieges persönliche Sicherheit bedeutete.
Diesen antikommunistisch eingestellten »Displaced Persons« (»Heimatlose«) aus Rußland bot die Donaustraße 5 ein geistliches Zentrum. Bis 1952 residierte die russisch-orthodoxe Auslandskirche unter Erzpriester Alexa Todorovich in der Donaustraße. Dann zog das österreichische Generalkonsulat als Mieter ein. (→ Kaulbachstraße 47)

Denninger Straße 8 Ebenfalls mit »Displaced Persons« aus aller Herren Länder und ihrer Auswanderung in Drittländer beschäftigten sich von 1945 bis 1956 die »Verbindungsmissionen« der UN, die in der Denninger Straße 8 (damals Herkomerstraße 8) untergebracht waren. Die »Süddeutsche Zeitung« schrieb am 14. April 1949 über die betroffenen Personengruppen: »*In München leben außerhalb der IRO-Lager* [»International Refugees Organisation« der UN, d. V.] *zur Zeit 33 700 Ausländer, von denen zwei Drittel aus europäischen Ländern östlich des ›eisernen Vorhanges‹ einschließlich der Sowjetunion stammen. Von diesen Osteuropäern sind wieder zwei Drittel nach dem 1. August 1945 nach München gekommen. Während in den letzten Jahren ein starker Zustrom herrschte, überwiegt jetzt die Zahl der Abwandernden, die hauptsächlich nach Palästina und Südamerika gehen. Neue Emigranten kommen fast nur noch aus der Tschechoslowakei.*«

In München lebten damals unter anderem 4100 Polen, 3100 Jugoslawen, 1900 Ukrainer, 1400 Ungarn, 1300 Tschechoslowaken, 1100 Rumänen, 500 Bulgaren sowie 2400 Balten. »*Die meisten dieser Leute wollen keineswegs hierbleiben, sondern warten auf die Möglickeit zur Auswanderung. Die Furcht vor einer Rückkehr in den Osten ist fast allen gemeinsam*«, so die »Süddeutsche Zeitung«.

Ismaninger Straße 109 Seit seiner Gründung am 1. Oktober 1918 befand sich der Reichsfinanzhof an der Ismaninger Straße 109. Seine Aufgabe war es, in Zweifelsfällen die Steuergesetze des Deutschen Reiches nach rechtsstaatlichen Grundsätzen juristisch auszulegen und entsprechende Urteile zu fällen. In der Festschrift zum 50jährigen Bestehen des nunmehrigen Bundesfinanzhofes heißt es: »*Auch in der Zeit von 1933 bis 1945 hat sich die Rechtsprechung des Reichsfinanzhofes im wesentlichen im rechtsstaatlichen Sinn weiterentwickelt, obwohl die Auffassung der damals führenden Kreise dahin ging, daß der Reichsfinanzhof als Gehilfe des Reichsministers der Finanzen bei der Auslegung der Steuergesetze und der Entwicklung des Steuerrechts nach der nationalsozialistischen Weltanschauung anzusehen sei.*« Die einzigen unrechtmäßigen Entscheidungen des Reichsfinanzhofes seien »*Steuerminderungen*« gewesen, die erzwungenerweise aus politischen Gründen gewährt worden seien.

Zum 75jährigen Jubiläum 1993 wußte Ministerpräsident Edmund Stoiber dann von weiteren »erzwungenen« Unrechtsentscheidungen zu berichten. Infolge des Steueranpassungsgesetzes vom 14. Oktober 1934 habe der Reichsfinanzhof eine antisemitische Rechtsprechung ausüben müssen. Die Wirklichkeit sah anders aus.

Bereits am 15. März 1934 bezeichneten die Finanzrichter den Boykott jüdischer Geschäfte vom 1. April 1933, die Entziehung der Berufszulassungen von jüdischen Ärzten und die Entfernung jüdischer Beamter aus dem öffentlichen Dienst lediglich als in steuerlicher Sicht irrelevante »Belästigungen«. Am 27. September 1934 mußte ein Jude, dessen Wohnung von der Gestapo versiegelt worden war, und der ins Ausland geflohen war, ein Viertel seines Vermögens als »Reichsfluchtsteuer« zahlen (→ Lenbachplatz 3). Mit Urteilen dieser Art hatten die »furchtbaren Juristen« von der Ismaninger Straße entscheidenden Anteil an der »Arisierung« jüdischen Vermögens (→ Widenmayerstraße 27), die durch nationalsozialistische »Rechtsprechung« mit dem Mantel der Legalität umhüllt werden konnte.

Thomas-Mann-Allee 10

Der Nobelpreisträger für Literatur des Jahres 1929, Thomas Mann, kehrte nach einer Auslandsreise im Februar 1933 nicht mehr nach Deutschland zurück. Sein Haus an der Thomas-Mann-Allee 10 (damals Poschingerstraße 1) wurde 1937 zugunsten des Deutschen Reichs enteignet und im Krieg durch Bomben in Mitleidenschaft gezogen. Nach dem Krieg erhielt Mann seinen Besitz – nunmehr eine Halbruine – zurückerstattet. Das Erdgeschoß ist erhalten geblieben.
Die Familie Mann kehrte nach dem Krieg nur noch besuchshalber nach München zurück. Ihr Haus beherbergte seit der Enteignung die Familien eines Ministerialdirektors, eines Regierungsdirektors sowie eines Regierungsbaurates. Nach dem Krieg wurden Flüchtlinge aus Osteuropa einquartiert. Die »Süddeutsche Zeitung« vom 14. April 1949 schreibt: »*In Bogenhausen gibt es ganze Ansiedlungen von Osteuropäern, vor allem Russen. Ein Beispiel für ihre Lebensweise bietet das Haus Thomas Manns in der Poschingerstraße. In der stark beschädigten Villa wohnen 12 russische und ukrainische Familien, insgesamt 50 Personen, von denen fast die Hälfte Kinder sind. Dazu gibt es Hühner und auch zwei Pferde. Im Keller hausen ein Tierarzt und drei Studenten, im zweiten Stock hat Professor S. mit seiner Frau ein chemisch-physikalisches Institut aufgebaut, das hauptsächlich für deutsche Ärzte arbeitet. Im übrigen sind neben einem Invaliden, einem Automechaniker und einem Schreiner alle Männer des Hauses in deutschen Betrieben als Hilfsarbeiter tätig, einige bei der Schutträumung.*«

Pienzenauerstraße 15

Die Villa Pienzenauerstraße 15 erlebte ein ähnliches Schicksal. Sie gehörte der prominenten Pazifistin Constanze Hallgarten (1881–1969), die Deutschland 1933 fluchtartig verlassen mußte. In das leere Gebäude zog 1933 das polnische

Generalkonsulat ein, dessen Existenz mit dem deutschen Überfall auf Polen 1939 überflüssig wurde. Constanze Hallgarten wurde 1942 als Jüdin enteignet, ihr Haus dem Deutschen Reich überschrieben. Das »Ergänzungsamt« der Waffen-SS zog ein. Nach dem Krieg wiesen die Behörden Flüchtlinge aus Osteuropa ein. Im Jahr 1950 übergab die Bundesrepublik als nunmehrige Besitzerin das Anwesen seiner rechtmäßigen Eigentümerin.

Neuberghauser Straße 9

Das Pfarrhaus an der Neuberghauser Straße 9 war das Münchner Zentrum des konservativen, christlich motivierten Widerstandes gegen den Nationalsozialismus. Das bekannteste Mitglied dieser Gruppe war der Jesuitenpater Alfred Delp. 1907 in Mannheim geboren, trat er 1926 in den Jesuitenorden ein und wurde 1937 in der Michaelskirche von Kardinal Faulhaber zum Priester geweiht. Seit dem 16. Juni 1941 arbeitete er als Kirchenrektor an der Bogenhausener St. Georgs-Kirche und lebte nebenan im Pfarrhof.

Delp hielt den bekennenden Katholizismus für unvereinbar mit dem Nationalsozialismus. Aus diesem Grund hatte er sich 1941 geweigert, in die Reichsschrifttumskammer einzutreten. In seiner Eigenschaft als Pfarrer organisierte er die katholische Jugendarbeit, obwohl dies verboten war, und verhalf etlichen Juden zur Flucht in die Schweiz. Sein geschicktes Vorgehen dabei verhinderte das Aufmerksamwerden der Gestapo.

Kurz nach Delps Einzug in das Pfarrhaus bildete sich dort ein Gesprächskreis, der sich mit Themen befaßte, die in der veröffentlichten Meinung nicht mehr behandelt werden durften.

Über seine Ordensbrüder Augustin Rösch und Lothar König kam Delp in Kontakt mit dem Kreisauer Kreis. Diese 1942 entstandene, nach dem Gut Kreisau des Helmuth James Graf von Moltke benannte Widerstandsgruppe sah im Christentum die Basis für die sittliche und politische Erneuerung Deutschlands nach dem Sturz des Regimes.

In Delps Wohnung trafen sich des öfteren Mitglieder des Kreisauer Kreises zu Besprechungen. Neben Moltke nahmen auch Rösch, König, der Kaplan Hermann Josef Wehrle, der Legationsrat Eduard Brücklmeier sowie der letzte bayerische Gesandte in Berlin, Franz Sperr, teil. Kardinal Faulhaber wurde laufend über die Pläne der Kreisauer informiert.

Nach Moltkes Verhaftung im Januar 1944 und nach dem mißlungenen Attentat auf Hitler am 20. Juli 1944 brach der Kreisauer Kreis endgültig zusammen. Am 28. Juli nahm die Gestapo Alfred Delp und kurz darauf die anderen Widerstandskämpfer fest. Wehrle wurde am 14. September 1944 hingerichtet, Brücklmeier am 20. Oktober 1944, Sperr am 23. Januar 1945 und Delp am 2. Februar 1945. Nach ihnen wurden in München Straßen benannt, ebenso nach Rösch, der zusammen mit König untertauchen konnte. Rösch wurde verraten und am 11. Januar 1945 inhaftiert, Ende April 1945 aber wieder freigelassen. Er starb 1961, König bereits 1946. Ein Gedenkstein vor dem Pfarrhaus, gestiftet 1981 von der »Vereinigung der Katholiken in Wirtschaft und Verwaltung«, erinnert an Pater Alfred Delp.

Bogenhausener Kirchplatz

Die Kirche St. Georg, an der Alfred Delp als Priester wirkte, ist von einem kleinen, aber geschichtsträchtigen Friedhof umgeben. Auf ihm liegen viele bekannte Persönlichkeiten begraben, u. a. Annette Kolb, Wilhelm Hausenstein und Erich Kästner, deren Bücher am 10. Mai 1933 als »undeutsch« auf dem (→) Königsplatz verbrannt worden waren. Oskar Maria Graf, dessen Bücher von den Nationalsozialisten als »ländliche Sachen« vereinnahmt werden sollten, der aber – bereits im Exil – die Nachverbrennung seiner Schriften forderte, fand hier ebenfalls seine letzte Ruhestätte. (→ Geschwister-Scholl-Platz)

Am 31. Oktober 1948 wurde an der Westseite der Kirche eine Gedenktafel für vier Männer, die ihren Widerstand gegen das NS-Regime mit dem Leben bezahlt haben, enthüllt: Pater Alfred Delp (→ Neuberghauser Straße 9), Kaplan Hermann Josef Wehrle, Gesandter Franz Sperr sowie der Offizier Ludwig Freiherr von Leonrod (→ Möhlstraße 21). Sie waren im Zusammenhang mit dem mißglückten Attentat auf Hitler vom 20. Juli 1944 hingerichtet worden. Eines weiteren Opfers des Nationalsozialismus gedenkt eine Tafel an der Ostseite der Kirche: Oberst Albrecht Ritter Mertz von Quirnheim, der noch am 20. Juli 1944 in Berlin hingerichtet worden ist.

Neuberghauser Straße 11

Nach Kriegsende bemühte sich das »Zentralkomitee der befreiten Juden in Bayern« (→ Möhlstraße 12a) um eine orthodoxe Synagoge, da die drei ehemaligen Münchner Synagogen zerstört worden waren. Mit Hilfe des Kultusministeriums fand man Ende 1946 geeignete Räume in der Neuberghauser Straße 11. Bogenhausen erschien als der günstigste Ort, da hier die meisten Juden im München der Nachkriegszeit lebten, und sich hier viele jüdische Organisationen niedergelassen hatten. Bis zur Wiedereinweihung der Synagoge an der (→) Reichenbachstraße 27 am 20. Mai 1947 war in Bogenhausen der geistliche Mittelpunkt der Überlebenden.

Möhlstraße 29

Der Besitzer der Möhlstraße 29 hieß Richard Willstätter (1872–1942). Von 1902 bis 1905 und von 1916 bis 1925 lehrte er als Professor für Chemie an der Universität und war gleichzeitig Mitglied der Bayerischen Akademie der Wissenschaften. Im Jahr 1915 hatte er für seine Forschungen den Nobelpreis erhalten. Als Jude wurde er von den Nationalsozialisten angefeindet und trat schon 1925 von seinem Lehrstuhl zurück. Im Jahr 1939 entzog er sich der Verhaftung durch die Flucht in die Schweiz, wo er 1942 starb. Sein enteignetes Haus erwarb der Besitzer der Motorenfabrik München-Sendling, Otto Vollnhals, der bis an sein Lebensende Eigentümer des Hauses blieb.

Möhlstraße 27

Sein Nachbar in der Möhlstraße 27 war der Industrielle, Bankier und Großgrundbesitzer Baron August von Finck (1898–1980). Er war einer der reichsten und damit einflußreichsten Männer in Deutschland. Eine Verquickung mit dem »Dritten Reich« war unvermeidlich (→ Prinzregentenstraße 1). Am 27. Dezember 1948 stufte ihn eine Spruchkammer (→ Wagmüllerstraße 12) in die Gruppe IV der »Mitläufer« ein und verurteilte ihn zur Zahlung eines Sühnebetrags von DM 2000.

Möhlstraße 23

Besitzer des Anwesens Möhlstraße 23 war der Brauereibesitzer Georg Pschorr. Am 4. August 1945 nahm das »American Joint Distribution Committee« unter der Leitung von Eli Rock seine Arbeit in München (→ Möhlstraße 12a) auf. Es wurde in die geräumige Pschorr-Villa eingewiesen, wo es sein Büro bis zum 31. März 1957 behielt. Das Komitee kümmerte sich um die Auswanderung der Juden, die überlebt hatten. Außerdem organisierte es deren Versorgung mit Lebensmitteln und Medikamenten und kümmerte sich um ihre religiöse Betreuung.

Möhlstraße 21

Im nächsten Haus (Möhlstraße 21) lebte die Familie der Freiherren von Leonrod als Mieter des jüdischen Bankierehepaares Julius und Luise Kaufmann. Vor deren Auswanderung aus Deutschland 1939 kauften die Leonrods das Anwesen. Ihr Sohn Ludwig (1906–1944) nahm als Wehrmachtsmajor an der Verschwörung gegen Hitler teil, die am 20. Juli 1944 ihr Ziel verfehlte, und deren Teilnehmer ermordet wurden, so auch Ludwig Freiherr von Leonrod, der am 25. August 1944 hingerichtet wurde (→ Bogenhausener Kirchplatz).

Maria-Theresia-Straße 28

Das Bankierehepaar Auguste und Martin Aufhäuser, die seit 1939 wie alle Juden die Beinamen »Israel« beziehungsweise »Sara« tragen mußten, lebte im Anwesen Maria-Theresia-Straße 28. Nach der Beschädigung und Enteignung ihrer Bank (→ Löwengrube 18–20) während und nach der Pogromnacht vom 9./10. November 1938 verließen sie 1939 Deutschland. Ihr Haus ging in den Besitz des »Reichskolonialbundes« über; nach 1945 gehörte es dem Land Bayern, das hier den Wetterdienst München unterbrachte.

Maria-Theresia-Straße 26

Der Entschluß zur Auswanderung mag bei dem Ehepaar Aufhäuser endgültig geworden sein, als 1939 zwei Häuser weiter (Maria-Theresia-Straße 26) Martin Bormann (1900 – verschollen 1.5.1945) einzog. Das neue Eigenheim – heute ein Neubau – war groß genug für die elfköpfige Familie. Gerda Bormann war die Tochter des obersten Parteirichters Walter Buch (→ Karolinenplatz 4). Martin Bormanns Bruder Albert war seit 1933 Leiter der Privatkanzlei Hitlers. Das Ehepaar Bormann hatte neun Kinder.

Bormann trat als 19jähriger dem rechtsradikalen Freikorps Roßbach bei, wo er unter anderem als Fememörder hervortrat. 1925 stieß er zur NSDAP und wurde im Juli 1933 Stabsleiter beim »Stellvertreter des Führers«, Rudolf Heß (→ Brienner Straße 15). Nach dessen Flug nach England übernahm er im Rang eines Reichsministers die Dienststelle. Als »Sekretär des Führers« – seit April 1943 – galt er als Drahtzieher im Hintergrund und war einer der Hauptverantwortlichen für die Verbrechen des »Dritten Reiches«.

Bormann verschwand am 1. Mai 1945 spurlos in Berlin, seine Frau schlug sich mit ihren Kindern im Alter von einem bis dreizehn Jahren zu Fuß nach Südtirol durch. Dort wurden sie von den Amerikanern interniert. Gerda Bormann kehrte zum Katholizismus zurück und starb 1945. Die Kinder blieben sich selbst überlassen und lebten später unter neuem Namen.

Maria-Theresia-Straße 17

Das Haus Maria-Theresia-Straße 17 gehörte seit 1939 der NSDAP, die als Mieter Karl Freiherr von Eberstein (1894–1979) übernahm. Er war 1936 eingezogen, als er zum Polizeipräsidenten (→ Ettstraße) ernannt worden war, und wohnte hier bis 1945, als ihn die US-Militärregierung inhaftierte. Eberstein gehörte zu derjenigen Gruppe von entwurzelten Adeligen, die in der SS ein Tätigkeitsfeld fanden. Er war NSDAP-Mitglied mit der Nummer 1386 und war bereits 1931 als SS-Obergruppenführer in Thüringen tätig. Am 15. Juni 1931 arrangierte er ein Treffen mit Reinhard Heydrich und Heinrich Himmler (→ Ettstraße) in München, um einen Nachrichten- und Abwehrdienst der Partei aufzubauen. Daraus entwickelte sich später der berüchtigte »Sicherheitsdienst« (SD), der die Gegner der Nationalsozialisten terrorisierte.

Von 1936 bis 1942 arbeitete Eberstein – nun zum General der Polizei befördert – als Münchner Polizeipräsident. Von 1942

bis 1945 stand er an führender Stelle der südbayerischen SS zur Verfügung.
Am 27. Oktober 1948 stufte eine Spruchkammer (→ Wagmüllerstraße 12) Eberstein als »Minderbelasteten« ein, nachdem ihn zuvor der öffentliche Kläger als »Hauptschuldigen« bezeichnet hatte. Der Betroffene fand für jeden Anklagepunkt eine Erklärung: An den Judenpogromen vom 9./10. November 1938 sei er schuldlos, er habe im Gegenteil die geplünderten Geschäfte mit Brettern vernageln lassen, um weitere Diebstähle zu verhindern. Zum KZ Dachau äußerte er sich: Kraft seiner hohen Position sei er zwar Gerichtsherr über die SS-Wachmannschaften gewesen, hätte aber keinerlei Einfluß auf das Lager gehabt. Erst nach Kriegsende sei er über die dort begangenen Greuel informiert worden.
Als Zeuge trat der ehemalige SS-Standartenführer Max Sollmann auf. Eberstein habe Verfolgte unterstützt, Juden geschützt und sei der Kirche beigestanden. Dies bestätigten eidesstattlich Weihbischof Johann Neuhäusler und Kardinal Faulhaber. Als »Minderbelasteter« wurde Eberstein aus der Haft entlassen, 30 Prozent seines Vermögens wurden eingezogen. Er erhielt ein Jahr Bewährungsfrist und mußte die Kosten des Verfahrens tragen. Das Gerichtsurteil wurde von den zahlreichen Zuschauern mit lauten Bravorufen begrüßt.
Eberstein starb mit 85 Jahren 1979 in Tegernsee. Nach dem Krieg ging sein Münchner Wohnsitz, in dem sich seit 1936 auch die Verwaltungsräume des SS-Oberabschnittes Süd befunden hatten, in das Eigentum des Landes Bayern über.

Möhlstraße

Bereits vor Kriegsende hatte sich ein behördlich geduldeter Schwarzmarkt am (→) Sendlinger-Tor-Platz entwickelt, der nach der Befreiung ein ungebändigtes Eigenleben entfaltete. Mit dem Zuzug von Flüchtlingen und Verfolgtenorganisationen nach Bogenhausen verlagerte sich der Schwarzmarkt hierher. Viele überlebende Opfer des Nationalsozialismus sahen im illegalen Handel eine Überlebenschance. Darüber hinaus genossen sie den Schutz der Militärbehörden.
Seit 1946 war die Möhlstraße das Schwarzmarktzentrum nicht nur Münchens, sondern ganz Deutschlands. Die Bezeichnung »Möhlstraße« galt als Synonym für Schwarzmärkte an sich. So brachte z. B. das US-Magazin »Life« einen Bericht über die »Frankfurter Möhlstraße«.
In dem Gewimmel aus Buden, Kellergeschäften und fliegenden Händlern gab es alles zu kaufen, was es sonst nicht gab, und das hatte seinen Preis: 1 kg Brot (offizieller Preis 1947 0,37 RM) für 20–30 RM, 20 Zigaretten (2,80 RM) für 50–100 RM etc. Auch neuwertige Autos wurden gehandelt (Opel P4 für 10 000 RM). Der Umschlag belief sich täglich auf 1 000 000

Schwarzmarkt in der Möhlstraße

Zigaretten, 20–30 Tonnen Kaffee und mehrere 100 000 Tafeln Schokolade. Deutsche Polizei und US-Militärpolizei duldeten das Treiben, nahmen aber täglich durchschnittlich 30 Personen fest, bei den häufigen Razzien im Durchschnitt rund 150. Diese Maßnahmen änderten aber nichts am Schwarzmarkt selbst und an der von ihm ausgehenden hohen Kriminalitätsrate. Aus politischen Gründen wurden nur deutsche Staatsangehörige festgenommen. Die überlebenden Opfer des »Dritten Reiches« lebten in einem für sie rechtsfreien Raum – als Entschädigung für das erlittene Unrecht. Erst die Währungsreform vom 21. Juni 1948 (→ Ludwigstraße 13) bedeutete das Ende des Schwarzmarktes. Viele Händler gingen nun vom Verkauf zum Kauf über. Edelmetalle und hochwertige optische Geräte erzielten gute Preise und wurden von international tätigen Syndikaten illegal ins Ausland geschafft.

Das oft kriminelle Treiben in der Möhlstraße wurde von vielen Mitläufern des »Dritten Reiches« als Rechtfertigung ihres Antisemitismus instrumentalisiert. Am 9. August 1949 veröffentlichte die »Süddeutsche Zeitung« folgenden Leserbrief: *»Geht doch nach Amerika, aber dort können sie Euch auch nicht gebrauchen, sie haben genug von diesen Blutsaugern. Ich bin beim Ami beschäftigt, und da haben verschiedene schon gesagt, daß sie uns alles verzeihen, nur das eine nicht, und das ist: daß wir nicht alle vergast haben. Ich versichere ihnen, daß ich kein Nazi war, aber ich bin ein 100%iger Deutscher. Ich gehöre zu den sogenannten Stillen im Lande. Wir sind ein ganz kleiner Kreis (noch!)...«* Unterzeichnet war das Schreiben mit dem Pseudonym »Adolf Bleibtreu« (→ Romanstraße 7).

Krawalle in der Möhlstraße, 10. 8. 1949; oben: Parolen gegen die »Süddeutsche Zeitung«; unten: zerstörtes deutsches Polizeifahrzeug (aus: »Süddeutsche Zeitung«, 11. 8. 1949)

Am 10. August kam es anläßlich des Leserbriefs zu schweren Krawallen am Friedensengel und in der Möhlstraße. Demonstranten trugen Transparente mit Aufschriften wie »*Nieder mit dem Stürmer von 1949, der Süddeutschen Zeitung*«. Während der sich entwickelnden Straßenschlacht wurden 21 Polizisten verletzt, ein Polizeibeamter verwundete in Notwehr drei jüdische Demonstranten mit Bauchschüssen. Die Zufahrtswege zur Möhlstraße wurden von amerikanischen Panzern abgeriegelt, die deutsche Polizei mußte sich auf Befehl der US-Miliärpolizei zurückziehen. In einer Resolution der jüdischen Demonstrationsteilnehmer hieß es: »*Die jüdischen Bewohner Münchens erheben schärfsten Protest gegen die wiederholte antijüdische Hetze der deutschen Neofaschisten. Niemand ist imstande, die Gerüchte zu zerstreuen, der deutsche Antisemitismus sei ausgerottet. ... Niemand von uns denkt daran, noch länger in diesem Land zu bleiben. Wir wollen nicht auf dieser Erde sitzen bleiben, die mit jüdischem Blut befleckt ist.*«

Möhlstraße 2
Möhlstraße 3
Möhlstraße 5

Im Jahre 1950 löste sich der Schwarzmarkt an der Möhlstraße endgültig auf. Die Straße wurde wieder zu einer vornehmen Gegend, wie einstmals um die Jahrhundertwende. Anlieger waren in der Möhlstraße 2 die Brauereibesitzer Pschorr, in der Möhlstraße 3 die Industriellen Kustermann. Deren Nachbar in der Möhlstraße 5 war vor, während und auch nach dem Krieg der Großhändler Hugo Schühle, der Vermieter Adolf Hitlers (→ Prinzregentenplatz 16).

Möhlstraße 10 Das Anwesen Möhlstraße 10 gehörte den Freiherren von Fürstenberg. Die US-Militärbehörden wiesen ihnen 1945 die Verwaltung der »Organization for Rehabilitation through Training« (ORT) als Mieterin zu. Im Ausbildungsprogramm der ORT standen das Erlernen verschiedener Handwerksberufe, der Landwirtschaft sowie der englischen und hebräischen Sprache – Voraussetzung für die Auswanderung nach Palästina und den dortigen Aufbau eines jüdischen Staates.

Möhlstraße 12a Das Deutsche Reich erwarb 1941 das Gebäude Möhlstraße 12a, um es dem Reichsführer-SS und Chef der Deutschen Polizei, Heinrich Himmler, als Dienstwohnung zur Verfügung zu stellen (→ Karlstraße 10). Himmler (geboren 1900 in München) trat im August 1923 der NSDAP bei und nahm am 8./9. November 1923 am Hitler-Putsch teil. Am 6. Januar 1929 ernannte ihn Hitler zum Reichsführer-SS. In dieser Funktion stieg Himmler später zu einem der mächtigsten Männer des »Dritten Reiches« auf. Seine Laufbahn im Staatsdienst begann am 9. März 1933 mit seiner Ernennung zum kommissarischen Polizeipräsidenten von München (→ Ettstraße). Am 1. April 1933 stieg er zum Politischen Polizeikommandeur für ganz Bayern auf. Später wurde er Chef der Polizei in ganz Deutschland. Unter Himmlers Verantwortung wurde der Terror des »Dritten Reiches« gegen Andersdenkende organisiert und durchgeführt.
Obwohl Himmler für die Vertreibung, Versklavung und Ermordung von Millionen von Menschen verantwortlich zeichnete, bot er sich in den letzten Kriegstagen den westlichen Gegnern des Deutschen Reiches als Verhandlungspartner an. Von Hitler deswegen seiner Ämter enthoben und aus der NSDAP ausgeschlossen, floh der einst mächtige Reichsführer-SS und Chef der deutschen Polizei aus dem umkämpften Berlin, um zu den Westalliierten zu gelangen. Als englische Soldaten den als einfachen Landser Verkleideten am 23. Mai 1945 erkannten, entzog Himmler sich der Verantwortung und setzte seinem Leben mit Zyankali ein Ende.
Da Margarete Himmler mit ihrer Tochter Gudrun Ende April 1945 in Richtung Alpen geflohen war, stand ihr Haus in der Möhlstraße leer, als es von der US-Armee beschlagnahmt und später dem Land Bayern übereignet wurde. Neuer Benutzer des Geländes wurde das »Zentralkomitee der befreiten Juden in Bayern« mit seinen Abteilungen »American Joint Distribution Committee« (→ Möhlstraße 23) und »Jewish Agency for Palestine«.
In München arbeiteten nach dem Krieg die Zentralen der großen jüdischen Verbände, die in Deutschland für die sozialen Bedürfnisse und für die Vorbereitungen zur Aus-

wanderung der überlebenden KZ-Opfer verantwortlich waren. Zwischen 1945 und 1951 war München Durchgangsstation für rund 120 000 Juden, von denen die meisten nach Palästina (ab 1948: Israel) auswanderten (→ Ludwigstraße 2). Diese seelisch und materiell völlig entwurzelten Menschen warteten als »Displaced Persons« (DPs) in Kasernen, städtischen Unterkünften und beschlagnahmten Siedlungen auf ihre Auswanderung. Erst mit der Schließung des DP-Lagers »Föhrenwald« (= Geretsried) im Jahr 1957 beendeten die jüdischen Organisationen ihre diesbezüglichen Arbeiten.
Der Vorbereitung zur Auswanderung nach Palästina diente die seit dem 16. Oktober 1945 vom Zentralkomitee in hebräischer Sprache herausgegebene Wochenzeitung »Unser Weg«.

Möhlstraße 14

Das Anwesen Möhlstraße 14 gehörte seit 1941 dem »Reichsluftschutzbund«, nach dem Krieg dem Land Bayern. Mieter wurde das »Bayerische Hilfswerk für die durch die Nürnberger Gesetze Betroffenen«. Diese Gesetze waren 1935 anläßlich des Nürnberger Reichsparteitages erlassen worden und bedeuteten die Entrechtung der Juden deutscher Staatsangehörigkeit.

Holbeinstraße 11

In das Gebäude der Landesversicherungsanstalt Oberbayern in der Holbeinstraße 11 zog am 26. Oktober 1945 das »Staatskommissariat für die Betreuung der Juden in Bayern« ein. Unter Staatskommissar Hermann Aumer sollte die »Wiedergutmachung« des an den Juden begangenen Unrechts organisiert werden. Dazu gehörte auch die finanzielle Unterstützung der neuentstehenden Israelitischen Kultusgemeinde (→ Kaulbachstraße 65, → Herzog-Max-Straße 3-7, → Reichenbachstraße 27).
Zum 16. September 1946 fand eine Aufgabenerweiterung des nunmehrigen »Staatskommissariats für rassisch, religiös und politisch Verfolgte« statt. Unter Philipp Auerbach (1906-1952) kümmerte man sich um die »Wiedergutmachung«, Wohnungsbeschaffung, Treuhänderschaft über »arisiertes« Eigentum, Unterbringung von heimatlosen KZ-Überlebenden usw. Die Behörde unterstand dem bayerischen Innenministerium. Im selben Gebäude waren außerdem das »Staatssekretariat für das Flüchtlingswesen« sowie das Staatsministerium der Justiz (→ Prielmayerstraße) untergebracht.
Philipp Auerbach, Mitglied der SPD, hatte, als er sein Münchner Amt antrat, ein bewegtes und auch zwielichtiges Leben hinter sich. 1906 in Hamburg geboren, emigrierte er als Jude 1934 nach Belgien und wurde 1940 von dort nach Frankreich abgeschoben. Nach einer zweijährigen Gefängnisstrafe wegen Betruges übergaben ihn die französischen

Philipp Auerbach, 1952

Behörden an die Gestapo, für die er als Dolmetscher arbeitete. Im Sommer 1944 wurde er in das KZ Auschwitz und vor dessen Befreiung durch die Rote Armee ins KZ Buchenwald deportiert.
Nach dem Krieg erhielt er bei den britischen Behörden in Düsseldorf eine Anstellung, wurde jedoch 1946 wegen unberechtigter Doktortitelführung und anderen Fälschungsdelikten wieder entlassen. Ministerpräsident Wilhelm Hoegner holte Philipp Auerbach nach München.
Unter dem Eindruck der Verbrechen, die den Juden und eben auch ihm widerfahren waren, verteilte Auerbach die ihm anvertrauten großen Geldsummen mit der ihm eigenen Formlosigkeit. Kritik daran ließ er unter Hinweis auf die jüngste Vergangenheit nicht gelten.
Seine kontroverse Persönlichkeit und sein selbstherrliches Amtsgebaren waren den Antisemiten willkommen. So wurden im März 1948 Bekanntmachungen des Staatssekretariats mit Zetteln überklebt, auf denen zu lesen war: »*In einer Gemeinschaft von 60 Millionen Deutschen ist für Juden kein Platz!*« Am 21. Oktober 1948 erklärte Justizminister Josef Müller, Auerbach sei zu mindestens 50 Prozent für den bestehenden Antisemitismus verantwortlich. Er werde das Problem Auerbach in den nächsten Tagen einer Lösung zuführen.
Am 3. November wurde das Staatskommissariat aufgelöst, an seine Stelle trat das »Landesamt für Wiedergutmachung«. Auerbach erhielt das Amt des Generalanwalts für die Wiedergutmachung in Bayern.
Im April 1952 begann in München ein Prozeß gegen Auerbach. Er war angeklagt wegen Veruntreuung von 13 Millio-

nen Reichsmark Wiedergutmachungsgeldern, 111facher Urkundenfälschung, Annahme von Bestechungsgeldern, Erpressung usw. Das Gericht verurteilte ihn am 14. August zu zweieinhalb Jahren Haft und 2700 DM Geldstrafe.
Zwei Tage später nahm sich Philipp Auerbach das Leben. Er hinterließ Frau und Kind in Armut.

Ramersdorf

Ramersdorf gehört zwar schon seit 1854 zur Stadt München, blieb aber bis in die zwanziger Jahre hinein dörflich geprägt. Erst mit dem Bau der Wohnsiedlungen wurde es zu einem Stadt-Teil.
In Ramersdorf manifestierte sich während des »Dritten Reiches« der politische Wille der Machthaber in einigen programmatischen Bauvorhaben. Nach dem Krieg nahm hier die bayerische Gewerkschaftsbewegung ihren Anfang ebenso wie die Bayernpartei.

Rosenheimer Straße 145

Im Jahr 1939 kaufte die »Verwertungsgesellschaft für Montanindustrie GmbH« das Grundstück Rosenheimer/Ecke Anzinger Straße und erbaute dort den Gewerbehof, als dessen einzige Mieterin 1941 die »Dynamit AG« einzog. Bis Kriegsende wurden hier monatlich 100 000 Sprengstoffzünder hergestellt, unter anderem von Kriegsgefangenen und Zwangsarbeitern aus den eroberten europäischen Gebieten. Eines der vielen Münchner Zwangsarbeiterlager (mit rund 1300 Insassen) befand sich ebenfalls im Gebäude.
Die Fabrikanlage blieb im Krieg unbeschädigt, so daß ab 1945 viele Betriebe aus ihren zerbombten Gebäuden hierhin umzogen. Zu den rund 80 Mietern der nunmehrigen »Fabrik München der Gesellschaft mbH zur Verwertung chemischer Erzeugnisse« gehörten auch die Druckereien Manz und Oldenbourg sowie die Herrenkleiderfabrik Konen.
Eine Einrichtung, die ebenfalls in der Rosenheimer Straße 145 untergebracht war, spielte eine wichtige Rolle bei der Reorganisation der Gewerkschaften nach Kriegsende. Bereits Anfang August 1945 richtete die Stadtverwaltung hier die Volksküche ein, die Flüchtlinge, Kindergärten, städtische Angestellte und Beamte mit Essen versorgte. Gegen Lebensmittelmarken konnte sich auch die übrige Bevölkerung Essen nach Hause holen oder in der angegliederten Gaststätte einnehmen.
In dieser Gaststätte fand der erste außerordentliche bayerische Gewerkschaftskongreß statt. Am 11. April 1946 beantragte die »Arbeitsgemeinschaft Freier Münchner Gewerkschaften« (→ Landwehrstraße 7–9) bei den US-Behörden die Erlaubnis für diese Zusammenkunft, auf der nach mehr als 12 Jahren die Gewerkschaften auf Landesebene wieder ins Leben gerufen werden sollten. Vom 13. bis 16. Juni 1946 traten 418 gewählte und fast 100 Gastdelegierte, die rund 250 000 Gewerkschaftsmitglieder aus ganz Bayern vertraten, in der Gaststätte der Volksküche zusammen. Große Probleme bereiteten dabei die Unterbringung und Verpflegung.

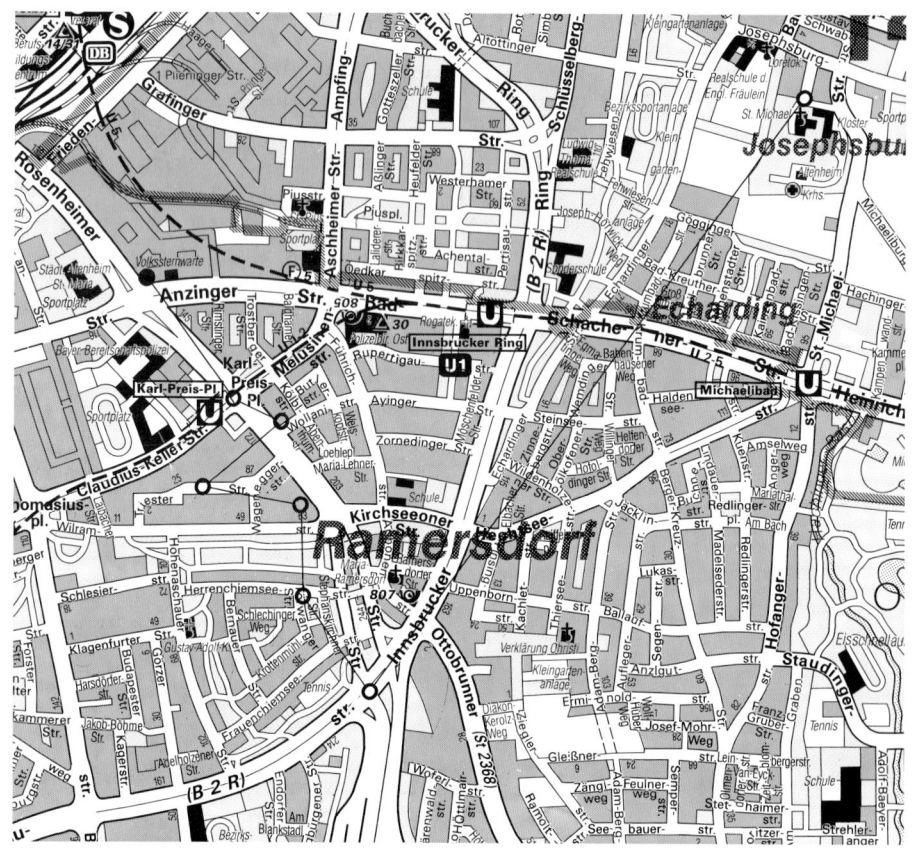

Die Delegierten durften nur anreisen, wenn sie Lebensmittelkarten für 150 Gramm Fleisch, 100 Gramm Nährmittel, 35 Gramm Fett, 250 Gramm Brot und 50 Gramm Hülsenfrüchte vorweisen konnten.
Auf dem Kongreß wurde ein Ausschuß gewählt, der die Gründung des »Bayerischen Gewerkschaftsbundes« vorbereiten sollte. Eine vorläufige Satzung wurde festgelegt. Außerdem wurden Organisationsausschüsse bestimmt, die die Gründung von 14 Industriegewerkschaften in die Wege leiten sollten. Diese Industriegewerkschaften sollten keine lokalen oder auf einzelne Betriebe beschränkte Organisationen sein, sondern die Arbeitskräfte aller Betriebe einer bestimmten Sparte in ganz Bayern vertreten.
Bereits am 28. Januar 1947 trat für drei Tage der erste außerordentliche Verbandstag der bayerischen Industriegewerkschaft Metall in der Gaststätte zusammen. In Anwesenheit von Vertretern der US-Militärbehörden und der bayerischen Staatsministerien drehten sich die Diskussionen hauptsächlich um die Fehler der Vergangenheit, aus denen man lernen wollte. Die neue Gewerkschaftsbewegung müsse eine religiös und politisch neutrale Einheitsorganisation sein, die Zersplitterung der deutschen Arbeiterbewegung von vor 1933 sei zu vermeiden. Weitere Schwerpunkte legten die Delegierten auf die Schaffung von Tarifverträgen und auf eine erweiterte Mitbestimmung.
Auch als Ort kommunistischer Versammlungen dienten die Räume der Volksküche. Am 12. März 1947 beispielsweise sprachen die SED-Vorsitzenden Wilhelm Pieck und Otto

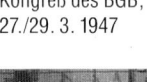
Kongreß des BGB, 27./29. 3. 1947

Vertreter und Vertreterinnen der Jugend als Gastdelegierte

Grotewohl auf einer Großkundgebung über die ihrer Ansicht nach erstrebenswerte Zusammenarbeit zwischen der SPD und der KPD in den Westzonen. Sie bezeichneten einen zukünftigen deutschen Bundesstaat als ungeeignet für die langfristige Friedenssicherung in Europa. Diese Aufgabe könne nur ein Einheitsstaat erfüllen. In diesem Zusammenhang sei die Oder-Neiße-Grenze als endgültig anzusehen.
Zwei Wochen später, vom 27. bis 29. März 1947, kamen 363 Delegierte der 14 bayerischen Landesgewerkschaften in der Gaststätte zusammen, um ihren Zusammenschluß zum »Bayerischen Gewerkschaftsbund« (BGB) zu beschließen (→ Landwehrstraße 7–9).
Am 1. Dezember 1946 war die bayerische Verfassung in einer Volksabstimmung angenommen und der erste Landtag gewählt worden. Bayern hatte erneut als Staat zu existieren begonnen, der Wiederaufbau wurde immer stärker von zentralen Behörden organisiert. Deshalb schien der Zeitpunkt gekommen, auch die Gewerkschaften unter einem Dach landesweit zusammenzufassen.
Die zahlreichen Begrüßungsreden zeigten, daß die Militärbehörden und die Staatsregierung die Gewerkschaften als wesentliche Träger der politischen und wirtschaftlichen Erneuerung betrachteten. So sagte General Walter J. Muller: *»Es ist das Vertrauen, daß Sie als Gewerkschaftsbewegung die Grundlage bieten können und wollen, auf der ein gesundes, freies und friedliches Deutschland errichtet werden kann. Als frei gewähltes Organ der größten demokratisch organisierten Gruppe in Bayern ist es Ihr Vorrecht und Ihre Aufgabe, die aufbauende Führerschaft zu teilen, die in diesen schwierigen Tagen so notwendig ist.«*

Der neugewählte Vorstand, v.l.n.r.: Georg Reuter, Lorenz Hagen, Gustav Schiefer

Die Gewerkschaftsdelegierten sprachen sich während des Kongresses gegen die kapitalistische Wirtschaftsordnung als unvereinbar mit der parlamentarisch-demokratischen Staatsform aus. Die paritätische Zusammensetzung aller Industrie- und Handelsorgane mit Arbeitnehmern und Arbeitgebern wurde gefordert ebenso wie gleicher Lohn für gleiche Arbeit für Frauen.

Am Ende des Kongresses wählte man den neuen Bundesvorstand. Präsident wurde Lorenz Hagen (1885–1965); bis 1933 war er Vorsitzender des ADGB Nürnberg gewesen. Zu seinem Stellvertreter wurde Gustav Schiefer (1876–1956) gewählt. Auch er hatte bis 1933 der Gewerkschaft als Vorsitzender des ADGB München angehört. Generalsekretär wurde Georg Reuter (1902–1969), der bis 1933 beim Zentralverband der Angestellten in Berlin tätig gewesen war und nach Kriegsende in Straubing die dortige Gewerkschaft wiederbegründet hatte. Diese drei Männer repräsentierten rund 390 000 Gewerkschafter und 72 000 Gewerkschafterinnen.

Auch der zweite Bundeskongreß des BGB fand vom 23. bis 26. August 1948 in der Ramersdorfer Volksküche statt. Unter dem Motto »Parlament der Arbeit« sprachen sich die Vertreter von inzwischen 610 000 Gewerkschaftern und 130 000 Gewerkschafterinnen für den Marshallplan aus, den auch sie als Grundlage für die politische und wirtschaftliche Einheit Deutschlands und für die friedliche Zusammenarbeit in Europa betrachteten.

Seinen dritten – und letzten – Bundeskongreß hielt der BGB vom 13. bis 14. September 1949 in der Gaststätte der früheren Volksküche ab, die bereits am 28. Februar 1949 geschlossen worden war. Mit der Verkündung des Grundgesetzes am

23. Mai 1949 war ein westdeutscher Gesamtstaat entstanden. Die Gewerkschaften in den drei westlichen Besatzungszonen zogen daraus die Konsequenzen und lösten sich auf, um im Deutschen Gewerkschaftsbund (DGB) aufzugehen, der am 13. Oktober 1949 im Deutschen Museum (→ Museumsinsel) gegründet wurde. So blieb den Delegierten von 809 000 Mitgliedern als Tagesordnung die Frage, wie man die Interessen der bayerischen Werktätigen möglichst wirksam gegen das Übergewicht aus dem nordrhein-westfälischen Industrierevier vertreten könne. Die Verschmelzung des BGB mit dem DGB wurde zum 1. Januar 1950 beschlossen.

Karl-Preis-Platz   Das städtebauliche Bild Ramersdorfs wird geprägt von den Wohnbauten der »Gemeinnützigen Wohnungsfürsorge Aktiengesellschaft« (abgekürzt: GEWOFAG). Die Zahl der Wohnungssuchenden übersteigt seit je das Angebot auf dem freien Markt, der auch von den zahlreichen Wohnbaugenossenschaften nicht dauerhaft entlastet werden kann. Am 6. Juni 1928 kam es auf Initiative des Wohnungs- und Siedlungsreferenten Karl Preis zur Gründung der GEWOFAG, die von der Stadt München kontrolliert wurde. Eines der fünf Großprojekte der GEWOFAG war die Siedlung »Neu-Ramersdorf« zwischen der Anzinger/Rosenheimer und Melusinenstraße mit 449 Wohneinheiten. Bis 1930 standen 1718 Wohnungen, bis 1941 weitere 1093 zur Verfügung. Das Bauprogramm während des »Dritten Reiches« war dabei kein Verdienst der damaligen Machthaber, sondern basierte auf den Vorbereitungen der Stadtverwaltung bis 1933.

In der ersten Ausgabe des »Münchener Stadtanzeigers« vom 14. September 1945 schrieb Karl Preis: »*Als ich am 9. März 1933 das Wohnungsreferat mit einer in allen Teilen vorhandenen sauberen Verwaltung an einen Nationalsozialisten (→ Herrenchiemseestraße) abgeben mußte, hatten wir dank der unter der damaligen Stadtverwaltung unter der Führung des Oberbürgermeisters Dr. Scharnagl intensiv durchgeführten Wohnungs-Neubautätigkeit zwar noch einen Wohnungsmangel, jedoch keine Wohnungsnot mehr in München. Zwei Jahre noch hätten genügt und wir hätten damals als erste deutsche Großstadt die Wiederherstellung der freien Wohnungswirtschaft verkünden können. Als ich am 15. Mai 1945 wieder in meine Ämter berufen wurde, fand ich eine zerfahrene, in der Auflösung befindliche, vollständig desorganisierte Verwaltung vor und einen durch die Hitlerpolitik total in Unordnung geratenen zusammengeschrumpften und daher überbeanspruchten Wohnungsmarkt. Die Raumnot, voran die Wohnungsnot in München, hat in allen Belangen unvorstellbare Grenzen erreicht.*« Im Jahr 1939 gab es in München

rund 260 000 Wohnungen, 1945 nur noch 175 000, von denen allerdings lediglich 25 000 unbeschädigt waren.
Karl Preis (geboren 1884) gehörte der USPD, später der SPD an und arbeitete von 1920 bis 1933 als Wohnungs- und Siedlungsreferent. Wegen seines Sachverstandes hatte er dieses Amt nicht nur unter dem SPD-Stadtoberhaupt Eduard Schmid (bis 1924) inne, sondern auch unter dessen Nachfolger Karl Scharnagl von der BVP. Als »Marxist« mußte er im März 1933 seinen Posten verlassen. Genau ein Jahr, nachdem er im Mai 1945 seine Stelle wieder angetreten hatte, starb er am 9. Mai 1946. Im selben Jahr wurde der Melusinenplatz in Karl-Preis-Platz umbenannt.
Karl Preis ist auch in die Literatur eingegangen. Oskar Maria Graf läßt ihn als »Joseph Hochegger senior« in seinem Roman »Der Abgrund« auftreten.

Wollanistraße 4

Der Reichsbahnbedienstete Franz Faltner wohnte bis 1929 in der Abenthumstraße 3, zwischen 1929 und 1949 in der Wollanistraße 4 und anschließend in der Maria-Lehner-Straße 2. Faltner war seit 1931 aktives Mitglied der SPD und Leiter der »Eisernen Front München Ost« gewesen. Die »Eiserne Front« wurde im Dezember 1931 als Zusammenschluß von SPD, der Freien Gewerkschaften, des Reichsbanners Schwarz-Rot-Gold und den Arbeitersportverbänden gegründet, um den Nationalsozialismus zu bekämpfen. Die »Eiserne Front« hörte mit der Zerschlagung der Gewerkschaften im Mai 1933 zu existieren auf.
Nach der Machtübergabe an die NSDAP blieben die Kontakte zwischen den Mitgliedern der »Eisernen Front München Ost« bestehen. Franz Faltner war der Organisator dieses Kreises, der den neuen Machthabern Widerstand entgegensetzen wollte. Durch den im September 1933 in die Tschechoslowakei emigrierten Josef Lampersberger, der dort als Auslandsleiter der Exil-SPD tätig wurde, entstanden enge Verbindungen zwischen Ramersdorf und Prag. Anlaufpunkt für die Kuriere war der Reichsbahnangestellte Franz Faltner in München.
Einer der Kuriere war jedoch Spitzel der bayerischen politischen Polizei, die damit die Tätigkeit der Gruppe von Anfang an genauestens kannte. Unter ihren Augen wurde von Prag aus eine sozialdemokratische Widerstandsorganisation namens »Rote Rebellen« aufgebaut, deren Zentralfigur Faltner war. Bis zum Frühjahr 1934 hatte er mehr als 100 Personen für eine Zusammenarbeit gewonnen. Die Gruppe lieferte Berichte an die Auslandsabteilung der SPD in Prag über die Arbeitsbeschaffungsmaßnahmen durch den Bau der Autobahnen, Bilder aus dem Konzentrationslager Dachau,

Stimmungsberichte aus der Bevölkerung, Bilder von einer Luftschutzübung in Haidhausen, Berichte über den Bau eines Militärflugplatzes usw.

In umgekehrter Richtung trafen erhebliche Mengen Flugblätter und Broschüren in München ein, die die Verbrechen der Nationalsozialisten anprangerten und das deutsche Volk zur Selbstbefreiung aufriefen. Die »Roten Rebellen« verteilten diese im Münchner Osten, bis sich die politische Polizei zum Zuschlagen entschloß: Am 27. April 1935 wurde Faltner in der Tschechoslowakei von Agenten festgenommen und nach Bayern verschleppt.

Am 24. März 1937 verurteilte der Volksgerichtshof Franz Faltner zu zehn Jahren Zuchthaus. Insgesamt wurden 31 Personen der Widerstandsgruppe wegen »Landesverrats, Vorbereitung zum Hochverrat und Mordabredung« zu Strafen zwischen einem und drei Jahren Zuchthaus verurteilt. Ihre Haftstrafen verbrachten sie im KZ Dachau.

Nach seiner Befreiung kehrte Franz Faltner nach Ramersdorf zurück und arbeitete wieder bei der Reichsbahn.

Triester Straße

Im Jahr 1949 begann die US-Militärregierung, die von ihr beschlagnahmten Wohngebäude (→ Harlaching) zu räumen und ihr Personal in eigenen Wohnsiedlungen unterzubringen. Den Grundstein zu einer dieser Anlagen legte Gouverneur Murray D. van Wagoner am 25. Mai 1949. Für 20 Millionen Mark wurde die GEWOFAG beautragt, entlang der Triester Straße 450 Wohnungen zu errichten, die später der Münchner Bevölkerung zur Verfügung stehen sollten. Geplant und gebaut wurden die Gebäude vorerst jedoch für die Bedürfnisse der Besatzungsmacht.

Der Grundriß der Anlage entspricht US-amerikanischen Vorstellungen: Die Häuser im Inneren des Areals sind in Zeilen angeordnet, viel Platz ist zwischen den Häusern vorhanden. Die Triester Straße zieht sich autogerecht breit durch dieses Klein-Amerika, dessen Randbebauung eine deutliche Abgrenzung zur nicht-amerikanischen Umwelt darstellt. Die Eigenständigkeit der Siedlungseinheit zeigte sich im PX-Lebensmittelladen an der Wageneggerstraße und im eigenen Heizkraftwerk.

In nur sechs Monaten Bauzeit wurde die gesamte Siedlung mit ihrer Infrastruktur fertiggestellt. Diese größte Baustelle im damaligen Bayern symbolisierte für die deutsche Nachkriegsbevölkerung amerikanische Stärke und Leistungsvermögen. Fasziniert, aber auch etwas mißgünstig, berichtete die »Süddeutsche Zeitung« am 9. Juli 1949: »*Auf dieser riesigen Baustelle, auf der 23 bedeutende Münchner Baufirmen arbeiten, erhebt sich ein Wald von Gerüststangen. Baumaschinen,*

Feldbahnen, Förderbänder, Bauhütten, Fundamente, Ziegelstapel sind über das ganze Gelände verstreut. Lastwagen bringen stündlich Tausende von Ziegeln, den Kies, Holz und anderes Baumaterial heran. Bis vor kurzem waren es noch 18 Bagger, die oftmals gleichzeitig wie im Takt ihre gefräßigen Mäuler ins Erdreich gruben. Monoton drehen sich die Trommeln von 28 Beton- und 23 Mörtelmischmaschinen. 40 Schnellbauaufzüge, 20 Schockkräne und ein Kaiser-Turm-Drehkran sind unablässig in Bewegung. Mehr als 2000 Maurer, Zimmerer, Mechaniker, Installateure und Hilfsarbeiter stehen auf Gerüsten und an Maschinen oder machen sich sonstwie nützlich.«

Da all diese Arbeitskräfte und Baumaterialien dem übrigen Baumarkt entzogen waren, lautete der Nachsatz: »*Wann werden wir es erleben, daß auch für die Zehntausende Münchner Wohnungssuchender in ähnlichem Tempo an die Instandsetzung beschädigter Häuser oder gar an die Errichtung der ersten Wohnbaugruppen gegangen werden kann?*«

Rosenheimer Straße 218

Nach dem Zusammenbruch des Nationalsozialismus glaubten viele Menschen in Südbayern, die hiesigen Probleme seien von außen ins Land getragen worden. Als Schuldige machten viele die »Preußen« und die Anhänger eines deutschen Nationalstaates aus. Die Zukunft Bayerns sahen sie in einer Rückkehr zur Monarchie, in einem eigenständigen Freistaat, in einer Alpenrepublik oder in einem Donaubund gemeinsam mit Österreich.

Auch wenn sich diese Vorstellungen teilweise gegenseitig ausschlossen, so fanden sich ihre Anhänger in der Bayernpartei (BP) zusammen. Sie war am 28. Oktober 1946 von Ludwig Maximilian Lallinger (1908–1992) gegründet und von den US-Behörden am 7. August 1947 für München und am 29. März 1948 für ganz Bayern zugelassen worden. Die Geschäftsstelle der BP befand sich im ersten Stock der Rosenheimer Straße 218.

Max Ludwig Lallinger, 1948

Die Zielsetzungen der BP sprachen zahlreiche Anhänger der Christlich-Sozialen Union (CSU) an (→ Paul-Heyse-Straße 29–31). Zu einer ernsten Bedrohung für die CSU wurde die BP, als Landwirtschaftsminister Josef Baumgartner (1904–1964) die CSU am 26. Januar 1948 verließ und der BP beitrat. Baumgartner gehörte zu den Mitbegründern der CSU und setzte mit seinem Wechsel ein politisches Signal. Während die CSU bis 1950 20 000 Mitglieder verlor, gewann die BP in dieser Zeit fast ebenso viele hinzu.

Der spektakuläre Erfolg der BP bei den bayerischen Kommunalwahlen vom 30. Mai 1948 (→ Marienplatz) hatte die Partei selbstbewußt gemacht: Die SPD errang in München 27,9 %

der Stimmen, die BP 24,6%, die CSU 18,0%, die KPD 11,4%, der Rest fiel auf andere Parteien und Gruppen. Am 30. Mai 1949 erhob der inzwischen zum BP-Vorsitzenden aufgestiegene Baumgartner beim Bayerischen Verfassungsgerichtshof Klage, weil seiner Ansicht nach der Beitritt Bayerns zur am 24. Mai 1949 gegründeten Bundesrepublik Deutschland unrechtmäßig zustande gekommen sei. Das Gericht schloß sich dieser Auffassung jedoch nicht an.

Die BP begann nun einen »*Kreuzzug gegen Bonn*«, wie ihr Funktionär Gebhard Seelos verkündete: »*Wir wollen Rebellen sein gegen den zentralistischen Zwangsstaat und den nationalsozialistischen Sozialismus.*«

Bei der ersten Bundestagswahl am 14. August 1949 konnte die BP 20,9% der Stimmen in Bayern auf sich vereinen und damit 17 Bundestagsmandate erringen. Den »Kreuzzug gegen Bonn« trug zumindest ein BP-Parlamentarier nicht mit. Bei der Abstimmung über Konrad Adenauers Kanzlerschaft hatte die Fraktion Stimmenthaltung beschlossen. Ein Mitglied der BP mißachtete dieses Votum und stimmte für den »Preußen« aus dem Rheinland. Dies war die berühmte Mehrheit von einer Stimme, mit der Adenauer zum ersten Kanzler der Bundesrepublik wurde.

Herrenchiemsee-straße

Die im Jahr 1929 einsetzende Weltwirtschaftskrise führte nicht nur zu einer dramatischen Zunahme der Arbeitslosigkeit, sondern auch zu einem Zusammenbruch des Kapitalmarktes. Dadurch konnten die großen städtischen Wohnbauprogramme (→ Karl-Preis-Platz) nicht weitergeführt werden. In einem Bericht des städtischen Wohnungsausschusses vom 19. Februar 1932 wurde davon ausgegangen, daß in den nächsten Jahren 40 Prozent der deutschen Industrie verschwinden würden und die 32-Stunden-Woche mit entsprechenden Lohnkürzungen zwangsläufig kommen würde. Die Folge dieser Entwicklung sei, daß das Zusätzliche, das man zum Leben bräuchte, auf eigenem Grund und Boden erzeugt werden müßte.

Aufgrund dieser Situation entstand die Idee des Kleinsiedlungsbaues. Vor den Toren der Städte, wo der Baugrund billig war, sollten Einfamilienhäuser mit Hilfe billiger Kredite der öffentlichen Hand von den späteren Besitzern errichtet werden. Auf den dazugehörigen großen Grundstücken sollte der Anbau von Obst und Gemüse und Kleintierhaltung zur Selbstversorgung beitragen. Vorreiter dieser Siedlungsidee war der Münchner Architekt Guido Harbers (1897–1977), der zusammen mit dem Wohnungsreferenten Karl Preis (SPD) bereits vor 1933 einige Siedlungen in Freimann und Zamdorf hatte errichten lassen.

Kinder bei der Eröffnung der Mustersiedlung

Die Idee von der Selbstversorger-Siedlung paßte gut in die Blut- und Boden-Ideologie der Nationalsozialisten, nach der sich ein »gesundes«, bäuerliches Volk auf eigener »Scholle« ernährte. Außerdem eignete sie sich für die Kriegsvorbereitungen, da sie die deutsche Lebensmittelproduktion steigerte.

Guido Harbers war rechtzeitig der NSDAP beigetreten, so daß er am 9. März 1933 Karl Preis als Referent für Wohnungs- und Siedlungswesen sowie Arbeitsbeschaffung ablösen konnte und bis Ende April 1945 auf diesem Posten blieb.

Unter Harbers Leitung entstand nun 1934 die »Mustersiedlung« Ramersdorf entlang der heutigen Herrenchiemseestraße. Wie ihr Name ausdrückt, sollten an diesem Modell die Grundsätze nationalsozialistischer Siedlungspolitik deutlich werden. Die Wohnanlage diente als Kern der Deutschen Siedlungsausstellung 1934, die am 30. Juni 1934 eröffnet wurde, dem Tag, als die SA entwaffnet und eine Vielzahl von politisch mißliebigen Nationalsozialisten und Nicht-Nationalsozialisten ermordet wurde (→ Barer Straße 7–11).

Die Straßen und Häuser der »Mustersiedlung« sind auf die Kirche St. Maria ausgerichtet – ein wohl eher unbewußtes Zugeständnis an die machtvolle politische Stellung der katholischen Kirche als Institution. Die Straßen hingegen wurden nach acht »Blutzeugen der Bewegung«, die beim Hitler-Putsch am 9. November 1923 von der Polizei erschossen worden waren, benannt.

Über »Sinn und Ziel« der Siedlungsausstellung schrieb ihr Initiator Harbers: »*Die Ausstellung geht von dem nationalen*

Minister Hermann Esser, Oberbürgermeister Karl Fiehler (vorne) und Guido Harbers (im Hintergrund) bei der Besichtigung eines Musterhauses

Grundgedanken aus, dem Deutschen im eigenen Land das Leben wieder lebenswert zu machen. Ihm liegt der soziale Gedanke inne, der gesunden deutschen Familie ihren weiteren Erholungs- und Bewegungsraum in der deutschen Landschaft sowie ihren engeren Lebensraum auf eigener Scholle zu verschaffen und zu erhalten. Dieses dürfte wohl eine der festeren Grundlagen für unsere Zukunft sein; denn nur ein gesundes, frohes und glückliches Volk kann sich auf Dauer nach innen und – in gutem Einvernehmen zu seinen Nachbarvölkern – auch nach außen behaupten, in bestem Sinne also ein politisches Volk werden. Damit wirkt die Ausstellung für alte, feierlich verbürgte Grundsätze unseres Führers und die in ihrem Sinn bereits bisher erfolgte stetige geistige Aufbauarbeit seiner erprobten Mitkämpfer auf sozialem, wirtschaftlichen und kulturellem, vor allem aber auf wohnkulturellem Gebiete.«

Am südlichen Rand der Siedlung, dort wo die Autobahn beginnen bzw. enden sollte, legte Oberbürgermeister Karl

Fiehler am 2. Mai 1934 den Grundstein zum Münchner »Befreiungsdenkmal«. Es sollte an die Niederschlagung der Räterepublik durch rechtsradikale Freikorps fünfzehn Jahre zuvor erinnern. Auf der eingemauerten Gründungsurkunde hieß es: »*Mit diesem Stein soll die Erinnerung ewig wach bleiben an die Tage schwerster deutscher Prüfung und Not.*« Da sich Hitler, der sich persönlich um den Umbau seiner »Hauptstadt der Bewegung« kümmerte, mit der geplanten Architektur und der Benennung »Befreiungsdenkmal« nicht anfreunden konnte, ließ man es bei der Grundsteinlegung bewenden (→ Ichostraße).

Auch in anderer Hinsicht ging in dieser nationalsozialistischen Musteranlage nicht alles nach Plan. Die Siedlung sollte mit ihrer Wohnbevölkerung ein Vorbild für die »Volksgemeinschaft« sein. Alle »Stände« sollten hier harmonisch zusammenleben. Diese »Gemeinschaft der Arbeiter der Stirn und der Faust« kam jedoch nicht zustande: Nur 7 Prozent der Bewohner waren Arbeiter, meist besserbezahlte Facharbeiter, die sich eines der kleinen Häuser mit 56 m² Wohnfläche leisten konnten. Im Jahr 1941 stellte die »Arbeitsstelle München für Volksforschung und Heimaterziehung« fest: »*Es sind überwiegend freie Berufe und solche der Verwaltung und der Geschäftswelt der City.*«

Diese Kreise waren auf eine Selbstversorgung natürlich nicht angewiesen. Dementsprechend wurden auch die Gärten nicht im Sinne ihrer Erfinder genutzt. Die »Arbeitsstelle« schrieb: »*Von einer Siedlerwirtschaft im Sinne der Kleinsiedlungswirtschaft kann bei dieser ausgesprochenen Wohnsiedlung nicht die Rede sein; der Garten dient neben kulturellen Zwecken hauptsächlich der Erholung. Eine Kleintierzucht wäre hier nicht am Platze.*«

Sofort nach der Befreiung vom Nationalsozialismus änderte die Stadtverwaltung die Straßennamen der Siedlung. Sie wurden ersetzt durch harmlos-neutrale Ortsbezeichnungen aus dem bayerischen Oberland.

Rosenheimer/ Chiemgaustraße

Im Jahr 1934, am 21. März, gab Adolf Hitler südlich von Ramersdorf in einer großspurigen Rede die Parole »*Deutsche Arbeiter, fanget an!*« aus und »*eröffnete auf der ganzen Linie die Arbeitsschlacht*«, wie der »Völkische Beobachter« verkündete. Es ging um den Bau der Reichsautobahn von München bis zur österreichischen Landesgrenze.

Seit 1927 waren Entwürfe für den Bau eines deutschen Autobahnnetzes vorgelegen. Ab 1928 war sogar eine eigene Zeitschrift mit dem Titel »Autobahn« erschienen. Seitdem liefen die umfangreichen Vorbereitungen für den Bau der Fernstraßen, die aber wegen der Wirtschaftskrise nicht ausge-

Briefmarke mit der
Autobahn Salzburg,
1936

führt werden konnten. Erst die weltweite Erholung der Wirtschaft ab 1933 ermöglichte die Bauarbeiten, die ohne die jahrelangen Vorplanungen 1934 nicht hätten begonnen werden können.
Der Autobahnbau diente keineswegs nur der Arbeitsbeschaffung, sondern auch der Aufrüstung des Deutschen Reiches, die bereits seit den zwanziger Jahren zwar intensiv, aber nicht offen betrieben wurde. So sollte beispielsweise die Autobahn von München nach Österreich den Truppentransport und den Nachschub bei der geplanten Annektierung dieses Landes erleichtern.
Die Autobahn in Ramersdorf ging direkt in die Rosenheimer Straße über und war Teil der Planungen der Stadtverwaltung, München autogerecht umzugestalten. Vier Autobahnen – von Lindau, Stuttgart, Nürnberg und Salzburg kommend – sollten durch eine innerstädtische Ringstraße miteinander verbunden werden. In Ramersdorf sollte dieser Ring entlang der Werinher-, Claudius-Keller- und Melusinenstraße verlaufen. Als die dortige Wohnsiedlung ab 1928 gebaut wurde, sparte man breite Trassen aus, um die Ringstraße künftig realisieren zu können.
Der Autoverkehr sollte aber auch direkt in die Innenstadt geführt werden. Dazu war eine Verbreiterung der Rosenheimer Straße, der Ludwigsbrücke und des Tals vorgesehen. Diese Pläne des Leiters des städtischen Hochbauamtes, Fritz Beblo, aus dem Jahr 1928 wurden ab 1934 unter seiner Leitung verwirklicht. Den Abschluß bildete die erweiterte Durchfahrt unter dem Alten Rathaus, die am 27. Juni 1935 dem Verkehr übergeben wurde, der nun unbehindert bis auf den Marienplatz rollen konnte.

Clemens-August-Straße 6

Nach den staatlich organisierten antisemitischen Pogromen vom 9./10. November 1938 (→ Marienplatz) begann die endgültige Vertreibung der Juden aus dem öffentlichen Leben. Die noch im November 1938 gegründete »Vermögensverwertungs-GmbH« in der (→) Widenmayerstraße 27 erhielt von der Gauleitung den Auftrag, den gesamten jüdischen Besitz zu erfassen und zu verwerten. Dazu gehörten auch die Wohnungen in jüdischem Besitz.
Seit Februar 1939 existierten Pläne, Juden aus ihren Wohnungen zu vertreiben und in sogenannten Judenhäusern zusammenzupferchen. Insgesamt 1450 Wohnungen wurden bis zum Herbst 1941 auf diese Weise »entjudet« und vom städtischen Wohnungsamt an »verdiente« Personen vermittelt. Räumungsfristen gab es nicht, so daß die BewohnerInnen den größten Teil ihres Besitzes, insbesondere Möbel, zurücklassen mußten. Außerdem hatten sie vorher noch die

Renovierungskosten für ihre ehemaligen Wohnungen zu übernehmen.
Die »Judenhäuser« lagen inmitten »arischer« Wohngebiete. Seit Februar 1941 wurde deshalb der Bau von Lagern geplant, in denen die Münchner Juden »zusammengefaßt« werden sollten. Eines dieser Lager entstand im März 1941 an der (→) Knorrstraße 148, ein zweites wurde im Kloster der Barmherzigen Schwestern in der Clemens-August-Straße 6 eingerichtet. Am 18. Juli 1941 wurden rund 300 Menschen in das aus 38 kleinen Zimmern bestehende, als »Heimanlage« bezeichnete Lager eingewiesen. Die »Vermögensverwertungs-GmbH« achtete darauf, daß die oft über 60jährigen Menschen zum regelmäßigen Arbeitseinsatz getrieben wurden. Obwohl die Klosterschwestern das ihnen Mögliche taten, um den Inhaftierten das Leben zu erleichtern – so konnte beispielsweise die Kirche von den Juden zur religiösen Besinnung genutzt werden –, warf deren künftiges Schicksal seine Schatten voraus: Die Selbstmordrate war bei den Insassen sehr hoch. Am 1. März 1943 wurd die »Heimanlage« geschlossen, weil fast alle dort Lebenden in Vernichtungslager transportiert worden waren. Die letzten noch verbliebenen Juden kamen in das Gemeindehaus in der (→) Lindwurmstraße 125.
Ein Gedenkstein erinnert an das Lager, eine Tafel an Else Behrend-Rosenfeld (1891–1970), die Wirtschaftsleiterin der »Heimanlage«. Von ihr stammt der auf dem Denkmal angebrachte Satz: »*Wieviel leichter ist es, unter denen zu sein, die Unrecht erleiden, als unter denen, die Unrecht tun.*«
Else Behrend-Rosenfeld und ihr Mann Siegfried Rosenfeld verließen mit ihren beiden Kindern 1933 Berlin, weil sie als Juden dort ihre Existenz verloren hatten. Sie meinten, in Oberbayern ein Leben in Ruhe führen zu können. Dies war jedoch nicht der Fall. Im April 1939 gelang es dem Ehepaar, seine Kinder nach Großbritannien zu schicken, der Vater folgte im August 1939 auf Drängen seiner Frau nach. Als Else Behrend-Rosenfeld als Insassin des Lagers Berg-am-Laim von der Deportation direkt bedroht wurde, ging sie in den Untergrund und konnte 1944 in die Schweiz fliehen. Erst 1946 konnte sie ihre Familie in Großbritannien wiedersehen. Bereits ein Jahr später starb ihr Mann.
Else Behrend-Rosenfeld hat ihr Leben in Tagebüchern festgehalten. Die Einträge vom 28. August 1939 (Abreise ihres Mannes) bis zum 24. April 1944 (Ankunft in der Schweiz) erschienen bereits 1945 als Buch mit dem Titel »Ich stand nicht allein.«

Literaturverzeichnis

Andersch, Alfred
Kirschen der Freiheit.
Frankfurt 1952

Aretin, Erwin Freiherr von
Krone und Ketten.
Erinnerungen eines bayerischen Edelmannes.
München 1955

Bauer, Reinhard/Gerstenberg, Günther/
Peschel, Wolfgang (Hrsg.)
Im Dunst aus Bier, Rauch und Volk. Arbeit und Volk in München von 1840 bis 1945.
München 1989

Bayern, Konstantin von
Nach der Sintflut. Berichte aus einer Zeit des Umbruchs. 1945–1948.
Süddeutscher Verlag.
München 1986

Behrend-Rosenfeld, Else
Ich stand nicht allein. Leben einer Jüdin in Deutschland 1933–1944.
München 1988

Ben-Chorin, Schalom
Jugend an der Isar.
München 1974

Bokovoy, Douglas; Meining, Stefan (Hrsg.)
Versagte Heimat. Jüdisches Leben in Münchens Isarvorstadt 1914–1945.
München 1994

Bretschneider, Heike
Der Widerstand gegen den Nationalsozialismus in München 1933 bis 1945.
München 1968

Broszat, Martin et. al (Hrsg.)
Bayern in der NS-Zeit. 6 Bände.
München, Wien 1977–1983

Eiber, Ludwig
»Ich wußte, es wird schlimm...«. Die Verfolgung der Sinti und Roma in München 1933–1945.
München 1993

Fest, Joachim
Hitler. Eine Biographie.
Frankfurt 1976

Hanfstaengl, Ernst
Zwischen Weißem und Braunem Haus. Erinnerungen eines poliltischen Außenseiters.
München 1970

Hanke, Peter
Zur Geschichte der Juden in München zwischen 1933 und 1945.
Stadtarchiv München, München 1978

Hanko, Helmut
Thomas Wimmer 1887–1964.
München 1977

Heusler, Andreas
Zwangsarbeit in der Münchener Kriegswirtschaft 1939–1945. hrsg. von der Landeshauptstadt München.
München 1991

Hoegner, Wilhelm
Der schwierige Außenseiter. Erinnerungen eines Abgeordneten, Emigranten und Ministerpräsidenten.
München 1959

Kock, Peter Jakob
Bayerns Weg in die Bundesrepublik
München 1988

Kolbenhoff, Walter
Heimkehr in die Fremde.
München 1949

Kolbenhoff, Walter
Schellingstraße 48.
Erfahrungen mit Deutschland.
Frankfurt 1984

Krafft, Sybille (Hrsg.)
Frauenleben in Bayern von der Jahrhundertwende bis zur Trümmerzeit.
München 1993

Krauss, Marita; Grau, Bernhard (Hrsg.)
Die Zeichen der Zeit. Alltag in München 1933–1945.
Berlin 1991

Kritzer, Peter
Wilhelm Hoegner. Politische Biographie eines bayerischen Sozialdemokraten.
München 1979

Kühn, August
Zeit zum Aufstehen. Eine Familienchronik.
Frankfurt 1975

Lamm, Hans (Hrsg.)
Vergangene Tage. Jüdische Kultur in München.
München 1982

Miller, Alice
Am Anfang war Erziehung.
Frankfurt 1980

Mönnich, Horst
BMW. Eine Jahrhundertgeschichte.
Düsseldorf 1983

Müller, Ingo
Furchtbare Juristen.
München 1989

Nerdinger, Winfried (Hrsg.)
Bauen im Nationalsozialismus.
Bayern 1933–1945.
München 1993

Prinz, Friedrich (Hrsg.)
Trümmerzeit in München. Kultur und Gesellschaft einer deutschen Großstadt im Aufbruch 1945–1949.
München 1984

Rasp, Hans-Peter
Eine Stadt für tausend Jahre. München – Bauten und Projekte für die Hauptstadt der Bewegung.
München 1981

Richardi, Hans-Peter
Bomber über München. Der Luftkrieg 1939–1945.
München 1992

Schwierz, Israel
Steinerne Zeugnisse jüdischen Lebens in Bayern.
Bamberg 1992

Wetzel, Juliane
Jüdisches Leben in München 1945–1951.
München 1987

Weyerer, Benedikt
München 1919–1933. Stadtrundgänge zur politischen Geschichte.
München 1993

Verzeichnis der Parteien, Personen, Verbände, Vereine, Zeitungen und Zeitschriften

Abel, Peter *44*
Abendzeitung *56*
Adam, Wilhelm *91, 125, 135*
Adenauer, Konrad *180, 312*
Aichinger, Max *218*
Allgemeine Freie Münchner Gewerkschaft *58, 282*
Allgemeiner Deutscher Gewerkschaftsbund Pasing *209*
Allgemeine Ortskrankenkasse München-Land *213*
Allianz-Versicherung *22*
Amann, Max *44, 167*
American Joint Distribution Committee *294, 299*
Amtsblatt der Erzdiözese München-Freising *36*
Andersch, Alfred *236, 237*
Antifaschistische Aktionsausschüsse *57*
Antinazistische Deutsche Volksfront *199*
Arbeiterzeitung *140*
Arbeitsgemeinschaft Freier Münchner Gewerkschaften *69, 85, 143, 283, 303*
Aretin, Erwein von *27, 55*
Aschauer, Anton *182*
Aschenbrenner, Rosa *72*
Auer, Erhard *13*
Auerbach, Philipp *121, 199, 240, 300*
Aufhäuser, Auguste *24, 294*
Aufhäuser, Martin *23, 294*
Aufhäuser, Siegfried *24*
Aumer, Hermann *222, 300*

Baerwald, Leo *14*
Ballerstedt, Otto *113*
Bartels, Friedrich *192*
Basch, Julius *22*
Bauer, Joseph *39, 179*
Baumgartner, Josef *65, 203, 311*
Bayerische Heimatbewegung *257*
Bayerische Heimat- und Königspartei *283*
Bayerische Israelitische Gemeindezeitung *17*
Bayerische Landeszeitung *56, 233*
Bayerische Volkspartei *38, 46, 63, 101, 143, 178*

Bayerischer Gewerkschaftsbund *69, 305, 306*
Bayerisches Hilfswerk für die durch die Nürnberger Gesetze Betroffenen *300*
Bayerisches Rotes Kreuz *153*
Bayernpartei *65, 257, 311*
Bebenburg, Franz Karg von *206*
Beblo, Fritz *316*
Behnke, Edmund *272*
Behrend-Rosenfeld, Else *148, 317*
Belling, Rudolf *256*
Ben Gurion, David *49*
Ben-Chorin, Schalom *105*
Bendix, Alice *246*
Bernhard, Georg *139*
Bernheimer, Ernst *110*
Bernheimer, Ludwig *110, 114*
Berthold, Jakob *218, 219*
Bestelmeyer, German *155*
Binder, Otto *239*
Bischöfliche Synode der russisch-orthodoxen Kirche im Ausland *289*
Böckler, Hans *172, 173*
Bolds, Clarence M. *191*
Bonhoeffer, Dietrich *278*
Bormann, Albert *295*
Bormann, Gerda *295*
Bormann, Martin *102, 104, 295*
Borst, Bernhard *260*
Bouhler, Philipp *27*
Branz, Gottlieb *72, 153, 195, 238*
Branz, Lotte *195, 238*
Braun, Eva *244, 285, 287*
Braun, Otto *11*
Bredow, Kurt von *135*
Breitscheid, Rudolf *13*
Brücklmeier, Eduard *278, 292*
Bruckmann, Elsa *204*
Bruckmann, Hugo *203*
Brüderliche Zusammenarbeit der Kriegsgefangenen *199*
Buch, Walter *104, 295*
Büchner, Fritz *55*
Bund Nationalsozialistischer Deutscher Juristen *104*
Burger, Landgerichtsdirektor *129*

321

Caracciola, Günter *129, 278*
Chamberlain, Houston Stewart *203*
Chamberlain, Neville *94*
Christlich-Soziale Union *passim, 30, 38, 49, 63, 172, 236, 311*
Churchill, Winston *102, 287*
Clay, Lucius D. *174*
Cohen, Heinrich *23*
Conradi, Hans *289*
Cossmann, Paul Nikolaus *55*
Crispien, Arthur *13*

Daladier, Edouard *94*
Dankiw, Wasyl *149*
Dehler, Thomas *41, 178, 283*
Deimling, Rudolf *222*
Delp, Alfred *287, 292, 293*
Der Deutsche Block *179*
Der Gerade Weg *90*
Der Ruf *237*
Deubzer, Johann *183*
Deutsche Arbeitsfront *52, 69, 84, 104, 281*
Deutsche Demokratische Partei *132*
Deutsche Gemeinschaft *64*
Deutsche Sozialisten *46*
Deutsche Studentenschaft *235*
Deutscher Gewerkschaftsbund *70, 172, 308*
Deutschnationale Volkspartei *46*
Dichtl, Adolf *46*
Die Grünen *64*
Die Rote Fahne *236*
Dittmann, Wilhelm *13*
Dix, Otto *125*
Dohrn, Harald *129, 198, 278*
Dolch, Josef *260*
Dollfuß, Engelbert *165*
Donsberger, Josef *155*
Dorpmüller, Julius *266*
Dziewas, Gotthold *153*

Eberstein, Karl von *26, 27, 113, 295*
Ebert, Friedrich *134, 210*
Eckart, Dietrich *86, 281*
Egk, Werner *281, 284*
Ehard, Hans *31, 67, 95, 145, 159, 161*
Eicke, Theodor *113, 114, 197*
Eisenhower, Dwight D. *30, 234*
Eiserne Front München Ost *309*
Eisner, Kurt *186*

Elser, Johann Georg *177, 248*
Epp, Franz Xaver von *15, 29, 48, 127, 159, 160, 186, 258*
Erhard, Ludwig *63, 157*
Esser, Hermann *30, 33, 84, 179*

Fackler, Franz *57*
Faltner, Franz *309*
Faulhaber, Michael von *30, 34, 99, 149, 292, 296*
Fendt, Franz *39, 143*
Fest, Joachim *287*
Feuchtwanger, Erich *252*
Fiehler, Karl *45, 47, 62, 186, 192, 261, 264, 275, 277, 315*
Finck, August von *152, 294*
Fingerle, Anton *182*
Fischbacher, Jakob *203*
Föcher, Matthias *173*
Förster, Friedrich Wilhelm *139*
Frank, Hans *103, 115, 145, 187*
Freie Demokratischen Partei *41, 179*
Freie Deutschen Jugend *70*
Freiheitsaktion Bayern *46, 257, 258*
Freisler, Roland *141*
Freud, Siegmund *139*
Frey, Georg *23*
Frey, Irma *23*
Frick, Konstantin *187*
Frick, Wilhelm *16, 29, 187*
Frieb, Hermann *238, 278*
Frieb, Paula *238*
Friedmann, Werner *56*
Funk, Walther *108*
Funke, Linus *58*

Gemeinnützige Wohnungsfürsorge AG *24, 308, 310*
Gemeinnützige Wohnungsgenossenschaft Pasing *209*
Gerdes, Bertus *128, 130*
Gerlich, Fritz Michael *37, 90, 102, 113, 168*
Gerngroß, Rupprecht *257*
Gesellschaft für christlich-jüdische Zusammenarbeit *82*
Gewerkschaftszeitung *70*
Geyer, Julius *108*
Giesler, Hermann *127, 129*
Giesler, Paul *30, 127, 141, 142, 171, 258*

Gläser, Ernst *139*
Godin, Michael von *25, 28*
Goebbels, Joseph *40, 49, 110, 127*
Goethe, Wolfgang von *121*
Goldhammer, Bruno *283*
Goldschagg, Edmund *56*
Göring, Hermann *passim, 29, 48, 50, 102, 110, 155, 187*
Göttgens, Peter *257*
Gradel, Georg *210*
Graf, Oskar Maria *140, 293, 309*
Graf, Ulrich *192*
Graf, Wilhelm (Willi) *140, 197, 247*
Granitz, SS-Führer *153*
Grassmann, Max *132*
Griesheim, Karola von *161*
Gritschneder, Otto *285*
Gross, Karl Adolf *221, 223, 228*
Grotewohl, Otto *121, 164, 306*
Gruppe 47 *237*
Gruson, Hermann *271*
Grynszpan, Herschel *49*
Gürtner, Franz *16*

Haas, Franz *155*
Habe, Hans *234*
Häbich, Walter *57*
Hagen, Lorenz *96, 307*
Hahnzog, Klaus *239*
Halifax, Edward Wood *93, 94*
Hallgarten, Constanze *291*
Hamm, Erwin *41*
Hamm-Brücher, Hildegard *41*
Hanfstaengl, Edgar *165, 166*
Hanfstaengl, Ernst *165*
Hanfstaengl, Helene *165*
Harbers, Guido *312, 313*
Harnier, Adolf von *267*
Hausenstein, Wilhelm *293*
Hausleiter, Leo Friedrich *56*
Hausleiter-Westermann, Charlotte *56*
Haußleiter, August *64*
Hayn, Hans *197*
Heckel, Erich *125*
Heckscher, August *251*
Hegemann, Werner *139*
Heidemann, Johann Nepomuk *271*
Heines, Edmund *192*
Held, Hans Ludwig *245*

Held, Heinrich *30, 159*
Herf, Julius *285*
Heß, Ilse *192*
Heß, Rudolf *16, 102, 108, 192, 224, 235, 260, 268, 295*
Heydebreck, Hans-Peter von *197*
Heydrich, Reinhard *13, 22, 26, 50, 101, 107, 136, 295*
Heym, Stefan *234*
Heyse, Paul *62*
Hielscher, Erwin *183*
Hilferding, Rudolf *13*
Himmler, Gebhard *260, 264*
Himmler, Gudrun *299*
Himmler, Heinrich *passim, 13, 25, 90, 101, 107, 198, 201, 271, 295, 299*
Himmler, Margarete *299*
Hindenburg, Paul von *40, 91, 119, 134, 135, 159, 205*
Hipp, Otto *39, 257*
Hirsch, Josef *283*
Hirsch, Karl *161*
Hitler, Adolf *passim, 167, 177, 285*
Höcht, Paul *193*
Hoegner, Wilhelm *13, 30, 72, 116, 143, 195, 198, 282, 283, 301*
Hoffmann, Eugen *125*
Hoffmann, Heinrich *243, 264, 287*
Hoffmann, Henriette *244*
Hoffmann, Walter *236*
Höllerer, Julius *178, 283*
Hönigswald, Richard *138*
Horlacher, Michael *144, 180*
Huber, Kurt *140, 197*
Huber, Rupert *199*
Hübner, Rudolf *128, 130*
Hundhammer, Alois *39, 65, 285*
Hürth, Generalpräses *22*
Hutzelmann, Emma *199*
Hutzelmann, Hans *199*

Industriegewerkschaft Metall *305*
International Refugees Organisation *215*
Internationale Gesellschaft für medizinische Prophylaxe und Sozialhygiene *75*
Israelitische Jugendhilfe *246*
Isserlin, Aron *252*
Isserlin, Beate *252*
Isserlin, Benedikt *252*

Isserlin, Max *251*
Isserlin, Tina *252*

Jacobi, Hedwig *246*
Jewish Agency for Palestine *299*
Jodl, Alfred *187*
Johannes Paul II., Papst *21*

Kahn, Ralph *265*
Kahr, Gustav von *114*
Kaltenbrunner, Ernst *187*
Kameradschaft der Künstler Münchens e. V. *111*
Kampfgemeinschaft gegen Warenhaus und Konsumvereine *52*
Kassenärztliche Vereinigung Deutschlands *107*
Kästner, Erich *139, 234, 293*
Kaufmann, Julius *294*
Kaufmann, Luise *294*
Kautski, Karl *139*
Keitel, Wilhelm *127, 137, 187, 201*
Keller, Eugene *73, 115*
Kelly, James *115*
Keltsch, Adolf *80*
Kern, Christa *71*
Kerr, Alfred *139, 234*
Kerschensteiner, Hermann *106*
Kimberger, Engelbert *240*
Kirchner, Emil Ludwig *125*
Kirschner, Emanuel *17*
Klausener, Erich *37*
Klee, Paul *125*
Klein, NS-Führer *181*
Knoeringen, Waldemar von *72, 183, 238*
Koch, Ludwig *57, 71*
Köglmaier, Max *25*
Kokoschka, Oskar *125*
Kolb, Annette *293*
Kolbenhoff, Walter *95, 236*
Kolping, Adolf *22*
Kommunistische Partei Deutschlands *56, 162, 188, 283*
König, Lothar *292*
Konsumverein Sendling-München *51*
Körner, Oskar *194*
Krämer, Emil *24*
Krauß, Hans Georg *217*
Kroll, Gerhard *166*

Kronawitter, Georg *107*
Krupp, Alfred *266*
Kürten, Heinz *74*
Kurtz, Walter *47*
Kutscher, Artur *284*

Lallinger, Ludwig *196, 203, 311*
Lampersberger, Josef *309*
Lang, Hugo *63*
Lautenschläger, Karl *221*
Leber, Julius *13*
Lebsche, Max *284*
Lederer, Karl *264*
Lehmann, Julius Friedrich *75*
Leimböck, Georg *219, 220*
Leipart, Theodor *83*
Leipelt, Hans *197, 198*
Lenz, Hans *212*
Leonrod, Ludwig von *293, 294*
Leuschner, Wilhelm *278*
Ley, Robert *83, 85, 217*
Liberal-Demokratische Partei *41, 178, 283*
Liessmann, Adelheid *164*
Löb, Geschwister *278*
Löbe, Paul *13*
Loritz, Alfred *95, 203, 247*
Loy, Friedrich *68*
Ludendorff, Erich *119, 205*
Ludendorff, Mathilde *205, 240*
Ludwig, Emil *139*
Lützeler, Egon *214*
Lützeler, Sophie *214*

Mackensen, August von *221*
Maikowski, Hans *194*
Mandelbaum, Maier *252*
Mann, Heinrich *139*
Mann, Katharina (Katja) *92*
Mann, Klaus *40, 54*
Mann, Thomas *92, 156, 159, 291*
Mannzen, Walter *237*
Mantel, Philip *226*
Marianische Studentenkongregation *56*
Marx, Franz *73*
Marx, Karl *139, 163*
Mayer, Rupert *20, 115, 213*
Meidner, Ludwig *125*
Meiser, Hans *68, 97*
Meisinger, Josef *27*

Meißner, Karl *179*
Meitinger, Karl *277*
Meixner, Georg *38*
Mertz von Quirnheim, Albrecht von *293*
Mervat, Karl *199*
Mettenleiter, Johann Michael *274*
Meyer, Fritz *58*
Milch, Erhard *156*
Mitford, Unity *287*
Mohr, Therese *169*
Moll, Leonhard *17, 18, 19, 69*
Moltke, Helmuth James von *292*
Mosley, Oswald *287*
Mugler, Franz *162*
Muhler, Emil *79, 199*
Muller, Walter J. *143, 190, 306*
Müller, Adolf *231*
Müller, Hans *34*
Müller, Heinrich *27*
Müller, Johann *222*
Müller, Josef *64, 301*
Müller, Karl Alexander von *140*
Müller, Ludwig *98*
Münchener Post *13, 45, 72*
Münchener Zeitung *56*
Münchner Beobachter *76*
Münchner Kunsthandelsgesellschaft *111*
Münchner Merkur *62*
Münchner Mittag *62*
Münchner Neueste Nachrichten *55, 90*
Mussolini, Benito *93, 94*

Napoleon, Bonaparte *147*
Nationalsozialistische Deutsche Arbeiterpartei *passim, 42, 43, 119, 167, 175, 179, 204*
Nationalsozialistische Frauenschaft *104, 214*
Nationalsozialistischer Deutscher Studentenbund *235*
Nationalsozialistischer Lehrerbund *194*
Nationalsozialistischer Rechtswahrerbund *104*
Nawiaski, Hans *138, 144*
Neu Beginnen *238*
Neubauer, Otto *252*
Neubert, Wilhelm *109*
Neue Zeitung *56, 234*
Neuhäusler, Johannes *215, 296*

Neuland, Siegfried *147*
Neumeyer, Alfred *15, 81*
Neumüller, Gustav *222*
Nimmerfall, Hans *209, 210*
Nolde, Emil *125*
Norkus, Herbert *273*
Nussel, Georg *209*

Oberhuber, Karl *128, 129*
Oberndorfer, Siegfried *252*
Ohrenstein, Aron *147*
Olschewski, Wilhelm *239, 278*
Olschewski, Willi *239, 278*
Organisation 7 *257*
Organisation ukrainischer Nationalisten *149*
Organization for Rehabilitation through Training *299*
Osel, Hans *211, 212*
Ossietzki, Carl von *139*

Pacelli, Eugenio *35, 99*
Papen, Franz von *11*
Parteilose Katholiken *49*
Peitz, Gerhard *53*
Peitz, Heinrich *53*
Peschel, Max *58*
Pfaeffle, Otto *108*
Pfeiffer, Anton *65*
Pieck, Wilhelm *121, 163, 164, 305*
Pietzsch, Albert *108*
Pitzer, Franz Xaver *28*
Pius XI., Papst *36, 100*
Pius XII., Papst *35*
Plesch, Hans *27*
Pöhner, Ernst *24*
Preis, Karl *308, 312*
Pringsheim, Alfred *92*
Prittwitz und Gaffron, Friedrich Wilhelm von *63*
Probst, Adalbert *37*
Probst, Alfons *33*
Probst, Christoph *140, 198*
Pschorr, Georg *294*
Pschorr, Josef *108, 298*

Quandt, Herbert *200*
Quecke, Hans *129, 198*
Quidde, Ludwig *138*

Rath, Ernst vom *49*
Raubal, Angelika (Geli) *287*
Rehm, Albert *142*
Reichart, Johann *197*
Reichenau, Walter von *113, 136*
Reichskolonialbund *295*
Reichsvereinigung der Juden in Deutschland *82*
Reismüller, Georg *222*
Remarque, Erich Maria *139*
Reuter, Georg *58, 69, 173, 307*
Reventlow, Else *234*
Revolutionäre Befreiungsfront der Jugend des antibolschewistischen Blocks der Nationen in der Fremde *149*
Ribbentrop, Joachim von *187*
Richter, Hans-Werner *236, 237*
Rickmers, Johann *274*
Rieder, Leonhard *195*
Riemer, Hermann *228*
Rock, Eli *294*
Röhm, Ernst *26, 112, 135, 197*
Roosevelt, Franklin *165*
Rösch, Augustin *278, 292*
Rosenberg, Alfred *101, 155, 187, 231*
Rosenfeld, Siegfried *317*
Rosenthal, Jacques *105*
Roßhaupter, Albert *34*
Rote Gewerkschaftsopposition *56*
Rote Offensive *56*
Rote Rebellen *309*
Roth, Maximilian *129*
Rüdin, Ernst *253*
Rupprecht, Kronprinz *122*

SA *passim, 42, 112, 197*
Salisco, Alfred *129*
Sauckel, Fritz *187*
Sauer, Daniel *194*
Savonarola, Girolamo *20*
Schacht, Hjalmar *132*
Schäffer, Fritz *30, 38, 65*
Scharnagl, Karl *44, 47, 49, 52, 86, 121, 172, 199, 255, 282, 309*
Scharrer, Hans *129*
Scheid, Karl Friedrich *253*
Scheidwimmer, Xaver *111*
Scheithammer, Albert *141, 142*
Schelosky, Paul *243*
Schemm, Hans *38, 194, 215, 245*
Scheurer, Hugo *56*
Schiefer, Gustav *58, 69, 85, 143, 193, 282, 307*
Schilling, Bernhard *46*
Schirach, Baldur von *114, 235*
Schleicher, Kurt von *135*
Schlemmer, Oskar *125*
Schmid, Eduard *309*
Schmid, Jakob *141, 142*
Schmidt, Wilhelm *197*
Schmidt-Rottluff, Karl *125*
Schmitt, Heinrich *121, 164, 283*
Schmorell, Alexander *140, 197, 198, 243*
Schneidhuber, August *26, 197*
Schnurre, Wolfdietrich *237*
Schobert, Eugen von *136*
Schoeningh, Franz Josef *56*
Scholl, Hans *116, 140, 197, 198, 241*
Scholl, Hermann *142*
Scholl, Sophie *116, 140, 197, 198, 241*
Scholtz-Klink, Gertrud *104*
Schönberg, Arnold *40*
Schönerer, Georg von *241*
Schörghofer, Karl *265*
Schörghofer, Katharina *265*
Schühle, Hugo *298*
Schuhwerk, Wilhelm *288*
Schumacher, Kurt *203*
Schwarz, Franz Xaver *29, 48, 104*
Schwingenstein, August *56*
Schwitters, Kurt *125*
Seelos, Gebhard *257, 312*
Seidel, Hanns *158*
Seiler, Friedrich Wilhelm *24*
Seisser, Hans von *25, 28*
Sergl, Georg *268*
Seyss-Inquart, Arthur *187*
Siebert, Ludwig *30, 34, 126*
Siegmann, Michael *213*
Siemens, Carl Friedrich von *32, 152*
Siemens, Ernst von *32*
Sollacher, Georg *80*
Sollmann, Max *296*
Sozialdemokratische Partei Deutschlands *passim, 11, 32, 45, 72, 210, 283*
Sozialistische Arbeiterjugend *209*

Sozialistische Einheitspartei Deutschlands *164, 305*
Sozialistische Reichspartei *249*
Spanier, Julius *19, 82, 147, 174*
Spatz, Otto *75, 76*
Sperling, Fritz *121, 163*
Sperr, Franz *292, 293*
Spielmeyer, Walter *252*
Spreti, Hans-Joachim von *197*
SS *passim, 113, 197, 220, 271, 295*
Stalin, Josef *32*
Stang, Georg *46, 143*
Stegerwald, Adam *64*
Steinbeis, Johann *183*
Steiner, Felix *198*
Stenzer, Emma *210*
Stenzer, Franz *209, 210*
Stetzko, Jaroslaw *149*
Stoiber, Edmund *290*
Strasser, Gregor *135*
Strauß, Franz (Josef) *63, 66, 234*
Strauß, Richard *40*
Strauß, Walburga *234*
Streicher, Julius *15, 187*
Sturm, Georg *108*
Stürmann, Josef *153*
Stützel, Karl *13*
Südbayerische Volkszeitung *164*
Süddeutsche Zeitung *56*

Tacke, Gerd *31*
Tageszeitung *56*
Thaler, Oskar *80*
Thälmann, Ernst *163*
Thule-Gesellschaft *76*
Todorovich, Alexa *289*
Todt, Fritz *224*
Treitschke, Heinrich von *62*
Troll, Max *188*
Troost, Paul Ludwig *92, 151*
Truman, Harry *99*
Tucholski, Kurt *139*

Übelacker, Albin *130*
Uhlfelder, Max *51, 53*
Ulbricht, Walter *121*
United Nations Organization *290*
United Nations Relief and Rehabilitation Administration *215, 286*

Unser Weg *300*

Vasallo di Torregrossa, Alberto *99*
Veit, Friedrich *97*
Vereinigung der Katholiken in Wirtschaft und Verwaltung *293*
Vereinigung der Verfolgten des Naziregimes *240*
Viktor Emanuel, König *123*
Vogel, Hans-Jochen *20, 49*
Vogl *219*
Völkischer Beobachter *passim, 167, 231*
Volksfront-Bewegung *44*
Vollnhals, Otto *294*
Voßler, Karl *143*

Wagner, Adolf *29, 30, 34, 39, 45, 48, 68, 85, 126, 127, 173, 222, 277*
Wagner, Richard *281*
Wagoner, Murray D. van *95, 180, 191, 310*
Walz, Ernst *46*
Weber, Christian *46, 122*
Weber, Maria *252*
Wegner, Hans *161, 162*
Wehrle, Hermann Josef *292, 293*
Weil, Helene *247*
Weil, Julius *247*
Weisenberger, Karl *264*
Weiß, Wilhelm *233*
Wels, Otto *13, 72*
Wessel, Horst *29, 210*
Westermayr, Richard *162*
Wilkinson, James R. *130*
Willstätter, Richard *293*
Wimmer, Hans *261*
Wimmer, Thomas *45, 48, 49, 72, 73, 193, 283*
Winter, Anni *286*
Wirtschaftliche Aufbauvereinigung *248*
Wlassow, Andrej *289*
Woerner, Anton *225*
Wolf, Paula *285*
Wolff, Theodor *139*
Wönner, Max *69*
Wunder, Alois *210, 212*
Wurm, Theophil *99*
Wüst, Walter *141, 142*

Zehetmeier, Winfried *246*
Zehner, Zita *48*
Zentralkomitee der befreiten Juden in Bayern *287, 299*

Zentrumspartei *101, 178*
Zöberlein, Hans *242*
Zorn, Rudolf *158*
Zumbusch, Leo von *138*

Platz- und Straßennamen

Am Schützeneck 7 *213*
Am Staudengarten *194*
Antonienstraße 7 *246*
Arcisstraße 12 *92*
Armannspergstraße 3 *193*
Augustenstraße 98 *239*
Aussiger Platz *276*
Avenariusplatz *215*
Avenariusstraße *215*

Bäckerstraße 14 *212*
Bahnhofsplatz *59*
Barer Straße *112*
Barer Straße 7–11 *112*
Bodenstedtstraße *211*
Bogenhauser Kirchplatz *293*
Brienner Straße 15 *99*
Brienner Straße 20 *107*
Brienner Straße 23 *106*
Brienner Straße 26 *105*
Brienner Straße 28 *104*
Brienner Straße 45 *103*
Bruggspergerstraße 45 *193*

Carl-Orff-Bogen *271*
Chiemgaustraße *315*
Clemens-August-Straße 6 *316*
Crailsheimstraße *261*

Dachauer Straße 140–146 *259*
Dachauer Straße 665 *227*
Delpstraße 12 *287*
Denninger Straße 8 *290*
Dietrichstraße 2 *260*
Domagkstraße 33 *265*
Donaustraße 5 *289*
Donaustraße 25–31 *288*

Ettstraße 2 *24*
Eversbusch-/Höcherstraße *223*
Eversbuschstraße 134 *224*
Eversbuschstraße 195 *226*

Färbergraben 6 *53*
Flurstraße 1 *181*
Frankfurter Ring 218 *265*
Frankplatz 19 *266*
Franz-Joseph-Straße 13 *241*
Franz-Joseph-Straße 47 *240*
Franz-Nißl-Straße 53 *222*
Franz-Nißl-Straße 55 *222*
Franz-Stenzer-Straße *210*
Frauenplatz *22*
Freimanner Bahnhofstraße *266*
Friedrich-Ebert-Straße *194*
Friedrichstraße 34 *243*

Galeriestraße 4 *124*
Garchinger Straße 37 *264*
Georg-Reismüller-Straße 34 *221*
Geschwister-Scholl-Platz *137*
Giesinger Berg *185*
Grusonstraße *271*

Habsburgerplatz *241*
Habsburgerplatz 2 *243*
Habsburgerplatz 5 *242*
Habsburgerstraße *240*
Hanfstaenglstraße 16–20 *288*
Harnierplatz *266*
Harthauser Straße 48 *192*
Harthauser Straße 94 *192*
Heckscherstraße 9 *251*
Heidemannstraße 50 *271*
Herbert-Quandt-Straße *199*
Hermann-Schmid-Straße 5–7 *81*
Hermann-Schmid-Straße 8 *82*
Herrenchiemseestraße *312*
Herzog-Max-Straße 3–7 *14*
Herzog-Rudolf-Straße 3–5 *41*
Hofgarten *125*

Hohenzollernstraße 16 *245*
Holbeinstraße 11 *300*
Holzhofstraße 6 *178*
Hotterstraße *53*

Ichostraße *186*
Infanteriestraße 17 *258*
Ingolstädter Straße 193 *271*
Innere Wiener Straße 1 *179*
Innere Wiener Straße 19 *179*
Ismaninger Straße 109 *290*

Kaflerstraße *213*
Kardinal-Faulhaber-Straße 7 *34*
Karl-Preis-Platz *308*
Karlsplatz *11*
Karlstraße 6–30 *114*
Karlstraße 10 *113*
Karlstraße 12 *114*
Karlstraße 14 *114*
Karlstraße 16 *114*
Karlstraße 18 *114*
Karlstraße 20 *114*
Karlstraße 21 *114*
Karolinenplatz 1 *103*
Karolinenplatz 2 *104*
Karolinenplatz 3 *104*
Karolinenplatz 4 *104*
Karolinenplatz 6 *104*
Kaufingerstraße 28 *22*
Kaulbachstraße 47 *149*
Kaulbachstraße 49 *148*
Kaulbachstraße 65 *147*
Kiefergartenstraße *271*
Knorrstraße 148 *277*
Kölner Platz 1 *252*
Königsplatz *90*
Kraepelinstraße 2 *253*
Krauss-Maffei-Straße 2 *217*

Landsberger Straße 486 *210*
Landwehrstraße 7–9 *69*
Lautenschlägerstraße *221*
Lenbachplatz 3 *110*

Lenbachplatz 8 *11*
Lerchenauer Straße 76 *255*
Lindwurmstraße 125 *80*
Löfftzstraße 3 *260*
Löfftzstraße 10 *260*
Löwengrube 18 *23*
Löwengrube 23 *23*
Ludwigsfelder Straße 11 *224*
Ludwigstraße 2 *126*
Ludwigstraße 13 *131*
Ludwigstraße 14 *134*
Ludwigstraße 28 *145*
Luitpoldpark *254*

Maffeistraße 7 *23*
Mandlstraße 28 *247*
Mangfallstraße *196*
Maria-Eich-Straße *215*
Maria-Theresia-Straße 17 *295*
Maria-Theresia-Straße 26 *295*
Maria-Theresia-Straße 28 *294*
Marienplatz *44*
Marsstraße 43 *201*
Mathildenstraße 3 *72*
Mattighofer Straße *269*
Max-Joseph-Platz *40*
Max-Planck-Straße 1 *180*
Maximiliansplatz 8 *108*
Maximilianstraße 5 *41*
Meiserstraße *96*
Meiserstraße 10 *92*
Meiserstraße 13 *97*
Mettenleiterplatz *273*
Miesbacher Platz 15 *195*
Möhlstraße *296*
Möhlstraße 2 *298*
Möhlstraße 3 *298*
Möhlstraße 5 *298*
Möhlstraße 10 *299*
Möhlstraße 12 a *299*
Möhlstraße 14 *300*
Möhlstraße 21 *294*
Möhlstraße 23 *294*
Möhlstraße 27 *294*
Möhlstraße 29 *293*

Mühlbaurstraße 15 *286*
Münchener Freiheit *245*
Museumsinsel *170*

Naupliastraße *194*
Neuberghauser Straße 9 *292*
Neuberghauser Straße 11 *293*
Neuhauser Straße 14 *20*
Nikolaistraße 10 *247*
Nimmerfallstraße 48 *210*
Nusselstraße *209, 210*
Nymphenburger Straße 86 *203*

Oberbiberger Straße *194*
Oberwiesenfeld *255, 258*
Odeonsplatz *117*

Pasteurstraße *226*
Paul-Heyse-Straße *61*
Paul-Heyse-Straße 2–4 *62*
Paul-Heyse-Straße 29–31 *63*
Pettenkoferstraße 8 a *74*
Pienzenauerstraße 15 *291*
Platz der Freiheit *205*
Platz der Opfer des Nationalsozialismus *107*
Platzl 9 *42*
Prannerstraße 8 *32*
Prannerstraße 10 *31*
Prielmayerstraße 7 *115*
Prinzregentenplatz *281*
Prinzregentenplatz 16 *285*
Prinzregentenstraße 1 *151*
Prinzregentenstraße 7 *159*
Prinzregentenstraße 11 *160*
Prinzregentenstraße 24—28 *155*
Professor-Huber-Platz *137*
Promenadeplatz *28*
Promenadeplatz 2 *29*

Reichenbachstraße 27 *173*
Reinhard-von-Frank-Straße 8 *220*
Reitmorstraße 29 *166*
Residenzstraße 1 *121*

Richard-Wagner-Straße 27 *90*
Riesenfeldstraße 115 *279*
Romanstraße 7 *205*
Rosenheimer Straße 29 *175*
Rosenheimer Straße 145 *303*
Rosenheimer Straße 218 *311*
Rosental 16 *51*
Rotbuchenstraße 81 *193*

Saarstraße 14 *256*
Salvatorplatz 2 *38*
Schellingstraße 39–41 *231*
Schellingstraße 44 *234*
Schellingstraße 48 *236*
Schellingstraße 78 *238*
Schererplatz *213*
Schillerstraße 51 *75*
Schleißheimer Straße 416–426 *278*
Schöllstraße 8 *226*
Schönfeldstraße 7 *134*
Schwanthalerstraße 13 *67*
Schwere-Reiter-Straße 35 *258*
Sendlinger Straße 8 *55*
Sendlinger Straße 34 *56*
Sendlinger Straße 52 *57*
Sendlinger-Tor-Platz *58*
Siegestor *147*
Sonnenstraße *67*
Sophienstraße 6 *115*
Spengelplatz *273*
Spicherenstraße 4 *182*
St. Martins-Platz 1 *186*
Stadelheimer Straße 12 *196*
Stadelheimer Straße 24 *198*
Steinerweg 1 *214*
Steingadener Straße *196*
Stielerstraße 6 *83*
Stiglmaierplatz *89*
Stresemannstraße *194*
Sudetendeutsche Straße *275*

Tal 38 *43*
Tegernseer Landstraße 161 *188*
Tegernseer Landstraße 202–224 *189*
Theresienhöhe *87*
Theresienwiese *83*
Thierschstraße 7 *169*
Thierschstraße 11–17 *167*
Thierschstraße 41 *167*
Thomas-Mann-Allee 10 *291*
Triester Straße *310*

Ungererstraße 51 *246*
Ungererstraße 130 *261*

Voitstraße 8 *260*
Vollmarstraße 12 *194*

Wagmüllerstraße 12 *154*
Wagmüllerstraße 14–16 *153*
Wagnerstraße 3 *247*
Widenmayerstraße 18 *165*
Widenmayerstraße 25 *162*
Widenmayerstraße 27 *161*

Wilhelm-Hertz-Straße 10 *251*
Willroiderstraße 8 *192*
Willroiderstraße 10 *192*
Wollanistraße 4 *309*

Zenettistraße 44 *79*
Ziemssenstraße *77*

Benedikt Weyerer
München 1919–1933
Stadtrundgänge zur politischen Geschichte
Herausgegeben von der Landeshauptstadt München
224 Seiten mit 156 Abbildungen
ISBN 3-927984-18-3

Das Buch ist Stadtführer und Geschichtsbuch zugleich. Die Zeit zwischen 1919 und 1933 ist in vieler Hinsicht ein »dunkles« Kapitel in der Geschichte der bayerischen Hauptstadt.
Die Rundgänge bieten die Möglichkeit, jene oft verdrängten Jahre im wahrsten Sinne des Wortes zu begreifen. So können Häuser, Straßen und Plätze zugleich vertraute Umgebung und mahnende Erinnerung an die Vergangenheit sein.

Buchendorfer Verlag

Lesebücher zur Geschichte des Münchner Alltags

Buchendorfer Verlag

Verdunkeltes München
Die nationalsozialistische Gewaltherrschaft, ihr Ende und ihre Folgen
244 Seiten mit 44 Beiträgen und vielen Abbildungen

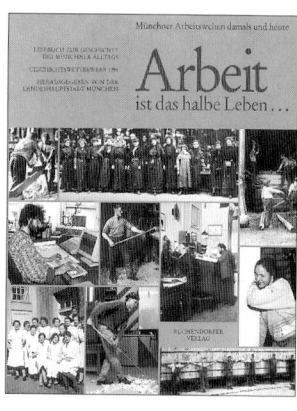

In München geboren – von München angezogen – nach München verschlagen
320 Seiten mit 64 Beiträgen und vielen Abbildungen
ISBN 3-927984-08-6

Arbeit ist das halbe Leben...
Münchner Arbeitswelten damals und heute
192 Seiten mit 41 Beiträgen und vielen Abbildungen
ISBN 3-927984-13-2

Jugendbilder
192 Seiten mit 35 Beiträgen und vielen Abbildungen

Stadtteilgeschichten, Lebensgeschichten
*Vom Glasscherbenviertel zur Schlafstadt
Geschichte der Münchner Stadtteile
144 Seiten mit 28 Beiträgen und vielen Abbildungen
ISBN 3-927984-03-5*

Frauenleben in München
*248 Seiten mit 42 Beiträgen und vielen Abbildungen
ISBN 3-927984-17-5*

Jüdisches Leben in München
*Jüdisches Leben in München in zwei Jahrhunderten
274 Seiten mit 36 Beiträgen und vielen Abbildungen
ISBN 3-927984-38-8*